모래와 돌 (상)

Sand and Pebbles

지은이 무주 이치엔(無住一圓, 1226~1312)은 일본 중세 가마쿠라鎌倉 시대의 승려로 자는 도교道曉이고, 이치엔보一圓房로도 불린다. 18세에 출가하여 율학과 선·천태·밀교 등을 두루 익혔는데, 그의 수행은 그대로 일본 불교의 특징을 담고 있다. 특히 그는 와카和歌가 곧 다라니라는 주장을 펼쳤다. 그가 편찬한 『샤세키슈沙石集』는 일본 중세의 대표적인 불교설화집이며, 그 밖에도 『조탄슈雜談集』·『쇼자이슈聖財集』 등의 저술이 있다.

옮긴이 정천구(丁天求, Jung, Chun-koo)는 1967년생으로 부산대학교 국문학과를 졸업하고 서울대학교 대학원에서 석사와 박사를 받았다. 현재는 부산대학교 한문학과에서 강의를 하고 있다. 『삼국유사三國遺事』를 연구의 기축으로 삼고 문학사와 문학사상 불교문학 등 다양한 관점에서 접근하여 동아시아 여러 문헌들의 비교 연구를 하고 있다. 논문으로는 「三國遺事와 中·日 佛敎傳記文學의 비교 연구」, 「本地垂迹說과 佛國土思想의 비교-『佛祖統紀』·『三國遺事』·『元享釋書』를 중심으로」 등이 있고 역서로는 『베트남 선사들의 이야기』가 있다.

모래와 돌(상)

2008년 7월 10일 1판 1쇄 인쇄
2008년 7월 15일 1판 1쇄 발행

지은이 _ 무주 이치엔
옮긴이 _ 정천구
펴낸이 _ 박성모
펴낸곳 _ 소명출판
등록 _ 제13-522호
주소 _ 137-878 서울시 서초구 서초동 1621-18 (란빌딩 1층)
대표전화 _ (02) 585-7840
팩시밀리 _ (02) 585-7848

somyong@korea.com | www.somyong.co.kr

값 25,000원

ISBN 978-89-5626-309-0 94910
ISBN 978-89-5626-308-3 (전2권)

모래와 돌 (상)

沙石集

무주 이치엔 지음 | 정천구 옮김

소명출판

일러두기

1. 이 책은 『沙石集』(渡邊綱也 校注, 日本古典文學大系 85, 岩波書店, 1966)를 번역한 것이다.
2. 번역을 위해 아래의 책들도 참조하였다.
   『沙石集』, 小島孝之 校注・譯, 新編日本古典文學全集 52, 小學館, 2001
   SAND & PEBBLES(Shasekishū), trans. by Robert E. Morrell, State Univ. of New York Press, 1985
   고지마 다카유키(小島孝之)가 번역하고 주석을 단 『沙石集』는 저본이 다른 것이어서 문체와 구성, 몇몇 설화의 유무에서 차이가 있으나, 완역한 것이므로 큰 도움이 되었다. 영문 번역본은 설화에 따라 완역과 축약 번역을 달리 하고 있는데, 원문의 의미를 이해하는 데에 도움이 되었다.
3. 저본의 원문에서는 권5와 권10이 각각 본(本)과 말(末)로 이루어져 있는데, 번역에서는 본과 말의 구분을 없애고 하나로 합쳐서 일련 번호를 매겼다.
4. 일본사 및 일본문화의 특성을 드러내는 용어, 인명이나 지명, 관직명 등과 같은 고유명사는 원음을 밝혀 적는 것을 원칙으로 하였다(다만, 주석에서는 번거로움을 피하기 위해서 원음을 밝혀 적지 않고, 한자도 우리말 독음으로 하였다.)
5. 일본사 및 일본문화와 관련된 용어에 대해서는 원문을 이해하는 데에 도움이 되도록 주석을 달았다. 다만, 불교 용어와 인명은 자주 나오므로 책 말미에 따로 모아서 풀이해 두었다.

역자 서문

벌써 일곱 해가 지났다.

박사논문을 쓰고 난 뒤, 우연히 영문으로 쓰여진 『모래와 돌』(*SAND & PEBBLES*, Albany : State University of New York Press, 1985. 일본 고전문학 연구자인 로버트 모렐Robert Morrell이 번역한 것으로, 완역은 아니고 발췌역이다)이라는 책을 구해서 읽게 되었다. 책을 주문할 때는 막연하게나마 일본의 어떤 고전을 번역한 것이겠거니 했는데, 막상 읽고서는 깜짝 놀랐다. 일본 중세의 불교설화집이었다. 『삼국유사』와 견주어 보기에 적합한 자료였다.

내 학문의 화두는 『삼국유사』다. 석사논문과 박사논문도 그 중심은 『삼국유사』였다. 그러나 그것만으로는 부족했다. 그래서 중국과 일본의 고전과 비교를 했다. 그런데 뒤늦게 이런 책이 눈에 띈 것이다. 얼른 원전을 찾았다. 다행히 서울대 중앙도서관의 고서 서고에 1928년에 출판된 『샤세키슈沙石集』가 있었다. 또 불교설화집이라는 생각에 동국대 중앙도서관 불교학자료실을 뒤졌더니, 이와나미岩波 서점에서 간행

된 것이 있었다. 이 둘을 복사해서는 겁없이 번역하기 시작하였다.

13세기에 일본어로 쓰여졌기 때문에 그 작업은 결코 만만한 게 아니었다. 학부 때 잠시 일본 고어古語를 공부하기는 했지만, 번역할 엄두를 내기에는 턱없이 부족한 능력이었다. 그러나 아무려면 어떤가? 가진 건 시간뿐이고 또 아무 것에도 매이지 않은 몸이니. 그저 세월을 낚듯이 한 글자 한 문장 차근차근 풀어갔다. 어려웠지만 재미있고 즐거웠다. 그렇게 작업하다가 부산에 내려오게 되었고, 이어 다른 책, 베트남의 『선원집영禪苑集英』(『베트남 선사들의 이야기』라는 제목으로 나와 있다)을 번역하느라고 두어 해 손을 놓게 되었다. 그러다가 2003년에 학술진흥재단의 명저 번역 사업에 이 책의 번역을 신청했고, 그것이 받아들여져서 이렇게 마무리를 짓게 되었다.

분명 어설프고 미흡한 부분들이 많겠지만, 일단 세상에 내놓아야 더 좋은 책으로 다듬어질 기회가 생기리라 생각한다. 나 자신은 번역을 하는 과정에서 일본사와 일본문화, 불교사상에 대한 공부를 할 기회를 얻었고 또 충분한 즐거움을 누렸다. 이제는 여러 분야의 여러 연구자들을 통해 더 가치 있게 쓰이기를 바란다.

금정산 아래 낙서재에서
옮긴이

모래와 돌(상) _ 차례

권3

권4

권5

모래와 돌(하) _ 차례

권8

권9

권10

서문

거친 말이든 부드러운 말씨든 모두 제일의第一義로 돌아가며, 생업을 영위하는 일도 실상實相과 어긋나지 않는다. 그러므로 합당하지 않은 말이나 꾸미는 말狂言綺語과 같은 공연한 짓거리도 간접적 인연으로 삼아 불승佛乘의 오묘한 길로 들어가게 하고, 세간의 천박하고 하찮은 일을 비유로 삼아 최상의 깊고 오묘한 이치를 알게 하려고 한다. 그래서 늙은이의 얕은 잠에서 깨어 일어나 쓸모없어진 손으로나마 보고 들은 것들을 생각나는 대로 굳이 좋고 나쁨을 가리지 않고 붓가는 대로 써서 모아 두었다.

이 늙은 중은 무상[1]이 순간순간 닥쳐옴을 깨달을 때나 저승길에 한 걸음씩 다가가고 있다는 것에 놀랄 때에, 황천가는 먼 길에 필요한 노자를 마련하고 또 깊은 고해苦海를 건네줄 배를 준비할 요량으로 흥미를 끄는 일이나 덧없는 세상사를 모아서 적어두었다. 붓을 들어 쓸 때에는 광음光陰을 아끼지 않았고, 훗날의 어진 이들에게도 부끄럽지 않다. 쓸데

1) 무상無常 : 본래 헛됨을 뜻하는 말이었으나, 일본어에서는 죽음을 의미하는 말로 쓰인다. 대체로 아래에서도 그렇게 쓰였다.

없는 짓으로 보일지라도, 불법의 크나큰 이익을 깨닫지 못하는 사람들, 화광[2)]의 깊은 뜻을 알지 못하는 사람들, 지혜와 어리석음이 다르다는 것도 구별하지 못하는 사람들, 인과의 이법이 정해져 있다는 것도 믿지 못하는 사람들, 그런 사람들을 위하여 경전이나 논서의 분명한 문장을 가져오거나 또는 선현들이 남긴 일깨우는 말들을 끌어왔다.

저 도에 들어가도록 이끄는 방편은 하나만이 아니다. 깨달음을 여는 인연, 그것은 많다. 그 큰 뜻을 안다면, 모든 교의가 다르지 않음을 깨달을 것이다. 또 수행을 해나간다면, 일체 수행의 종지가 모두 똑같은 것임을 알리라. 그래서 잡담을 늘어놓으면서도 경전의 글들敎門을 끌어오고, 우스운 이야기를 하는 가운데서도 해행解行을 드러내었다. 이를 꿰뚫어 보는 사람은 이 변변찮은 글을 얕보지 않고 불법의 이치를 깨달을 것이며, 허황되다고 내치지 않고 오히려 인과의 작용을 가려낼 것이며, 생사의 윤회를 벗어나는 매개로 삼고 열반의 도시로 들어가는 길라잡이로 삼을 것이다. 이것이 바로 이 어리석은 늙은이가 뜻한 바다.

저 황금을 구하는 자는 모래沙를 모아 추출하고, 옥을 가지고 노는 무리는 돌石을 깨서 갈고 다듬는다. 그런 의미에서 '샤세키슈(沙石集; 모래와 돌의 모음)'라고 이름하였다. 권수는 열 권으로 꽉 채웠으며, 조목은 모두 백 개가 넘는다.

때는 고안弘安 2년(1279) 삼복三伏 한여름, 임하[3)]의 빈사貧士 무주無住가 모아서 묶어내다.

무주 이치엔無住一圓

---

2) 화광和光 : '화광동진和光同塵'의 준말이다. 『도덕경道德經』 4장의 "빛을 부드럽게 하고, 티끌과 하나가 되네和其光, 同其塵"에 그 출전이 있다. 불교에서는 보살이 중생을 구제하기 위해 그 지혜와 공덕을 숨기고 먼지로 더렵혀진 인간세상에 몸을 나타내는 일을 가리킨다. 특히 일본에서는 '본지수적설本地垂迹說'에 전용되어, 부처와 보살이 일본의 신으로 출현하는 것을 이른다.

3) 임하林下 : 선종의 학료學寮를 가리키는데, 일본에서는 교토京都나 가마쿠라鎌倉 등 중앙에 있는 선종의 대사원大寺院을 총림叢林이라 하는 것에 대해 지방에 있는 선종의 큰 사찰을 이렇게 지칭한다.

권1

1. 다이진구太神宮에서 있었던 일

지난 고초(弘長; 1261~64) 연간에 다이진구[1]에 참배했을 때 일이다. 어떤 신관神官이 그 신사[2]에서는 삼보三寶라는 이름은 꺼려서 말하지 않으며, 신전 가까이에는 승려들도 접근할 수 없다고 말해주었다. 이는 옛날 이 나라가 아직 세워지지 않았을 때의 일에서 유래한다고 하면서, 아래의 이야기를 들려주었다.

거대한 바다의 밑바닥에 있던 대일여래大日如來의 인문印文이 이끄는

1) 다이진구太神宮 : '오카미노미야'로도 읽는다. 이세신사伊勢神社의 내궁內宮을 가리키며, 황태신궁皇太神宮이라고도 부른다. 신토神道의 아마테라스가 주된 제신祭神이다.
2) 신사神社 : 신토의 신들을 제사지내기 위해 세운 건물 또는 시설을 총칭하는 말. 옛날부터 야시로神社, 미야宮, 모리社, 호코라祠 등으로도 불리고 있다.

대로 오카미노미야[3)]가 창을 푹 내리 찔렀다. 그 창끝에 맺혔던 물방울이 이슬처럼 되었을 때, 제육천第六天의 마왕魔王이 멀리서 보고, "저 물방울은 국토가 되어서 불법을 널리 퍼뜨리고 인간들을 생사의 윤회에서 벗어나게 해줄 조짐이다"라고 말하고는, 이를 막기 위해 내려왔다. 오카미노미야는 마왕을 만나서, "나는 삼보라는 이름도 말하지 않고, 나 자신도 그것을 가까이 하지 않을 것이니, 어서 천계로 돌아가십시오!"라고 회유하였다. 그러자 마왕은 돌아갔다.

바로 그 존귀한 약속을 어기지 않으려고 승려들도 본전本殿 가까이 가지 않으며, 사단[4)]에서는 경전도 공공연하게 들고 다니지 못한다. 삼보와 관련된 것도 직접 말하지 못하니, 부처를 '다치스쿠미'[5)]로, 경전은 '소메가미',[6)] 승려는 '가미나가',[7)] 신당神堂은 '고리타키'[8)] 등으로 불렀다. 겉으로는 불법을 근심거리로 여기지만, 속으로는 삼보를 깊이 지키는 일을 하기 때문에 우리 나라의 불법은 전적으로 오카미노미야의 수호를 받고 있는 셈이다.

이 신사는 우리 나라의 모든 신들의 부모에 해당한다. 스사노오노미코토[9)]가 아마쓰쓰미[10)]를 저지른 일이 싫었던 오카미노미야가 천상의 바위문을 닫고 숨어버리자, 온 세상이 캄캄한 암흑이 되어버렸다. 팔백만이나 되는 수많은 신들은 슬퍼하였고, 오카미노미야를 꾀어서 나오게 하기 위해 화톳불[11)]을 피우고 가구라[12)]를 추었다. 그러자 오카미노미

---

3) 오카미노미야太神宮 : 아마테라스오미카미天照大神를 가리키며, 일신日神이기 때문에 태양의 불격화佛格化인 대일여래大日如來를 본지本地로 한다.

4) 사단社壇 : 사전社殿이라고도 한다. 이는 신사의 신체神體를 모시는 건물인데, 일반적으로 신사의 원초적인 형태에서는 반드시 두지는 않았다.

5) 다치스쿠미 : '꼼짝 않고 서 있는 것' 또는 '그 자리에 못 박힌 듯 서 있는 것'을 뜻한다.

6) 소메가미染紙 : '물들인 종이'를 뜻한다.

7) 가미나가髮長 : '긴머리'를 뜻한다.

8) 고리타키香燒 : '향을 태우는 것'을 뜻한다.

9) 스사노오노미코토素戔烏尊 : 아마테라스의 동생이다.

10) 아마쓰쓰미天津罪 : 일본 신화에서 여러 신들이 산다는 하늘을 고천원高天原이라 하는데, 거기에서 범한 죄.

야는 신녀神女들이 어떻게 노는지 알고 싶은 생각이 들어서 바위문을 조금 열고 내다보았다. 그러자 그때 세상이 환해졌다. 사람들은 서로 얼굴을 쳐다보며 "아, 이 얼마나 즐거운 일인가!" 하고 소리쳤는데, 이것이 최초로 한 말이다.[13)]

그런데 다지카라노오노미코토[14)]라는 신이 바위문에 새끼줄[15)]을 끌어와서, "이 속으로 다시 들어가지 못하도록 하겠다"고 하고는, 이윽고 오카미노미야를 안고 나왔다. 오카미노미야는 드디어 해와 달이 되어 천하를 밝게 비추었다. 그래서 해와 달의 빛을 받는 것도 이 신사의 은덕이다.

이 모두 거대한 바다의 바닥에 있던 대일여래의 인문에서 비롯된 것인데, 내궁[16)]과 외궁[17)]이 바로 양부[18)]의 대일여래라고 전해지게 된 것도 이 때문이다. 천상의 바위문은 바로 도솔천이며, 다카마가하라[19)]라

11) 정화庭火라고 해서 가구라를 베풀 때에 피우는 화톳불이다.

12) 가구라神樂 : 신에게 제사지낼 때 연주하는 무악舞樂. 대개는 1년에 한 번, 적게는 수년에 한 번, 제사를 지내는 마당에서 신들을 청하여 음악을 연주하고 춤을 추고 노래하면서 신을 제사지낸다.

13) 이 신화는 『고어습유古語拾遺』에 나오며, 『고사기古事記』나 『일본서기日本書紀』에는 나오지 않는다. 『고어습유』는 역사서로, 헤이제이平成 천황의 명을 받아 인베 히로나리齋部廣成가 대동大同 2년(807)에 찬술한 책이다. 천지개벽 이래의 역사 한가운데에 왕실의 전승을 위치시킨 것이 특징이다. 왕실에 유리한 기술이 있지만, 『고사기』와 『일본서기』와 거의 동일한 내용을 싣고 있으면서도 독자적인 전승도 많이 담고 있다. 본문의 신화 역시 그러하다.

14) 다지카라노오노미코토手力雄尊 : 완력이 대단하다고 하는 신. 미도아케扉開신이라고도 한다. 이 때 던져진 바위문이 신농국信濃國으로 떨어져서 호은산戸隱山이 되었다고 한다. 그래서 호은신사戸隱神社의 제신으로 받들어지게 되었다.

15) 시메木綿라는 줄로, 성스런 곳의 경계를 표시하고 들어가는 것을 금하는 표지로 쓰였다.

16) 내궁內宮 : 이세신궁伊勢神宮의 하나. 아마테라스오미카미를 모신 다이진구인 황태신궁皇太神宮의 다른 이름이다.

17) 외궁外宮 : 곡물의 여신인 풍수豊受(도요우케)를 모신 곳.

18) 양부兩部 : 밀교의 금강계金剛界와 태장계胎藏界를 가리킨다.

19) 다카마가하라高天原 : 고위高位・천상天上에 있는 광대한 세계. 신들이 거주하고 아마테라스가 지배하는 곳이다. 신토神道의 수직 3원적 세계관의 하나로, 시다쓰쿠니下國(黃泉)・아시하라노나카쓰쿠니葦原中國(현세)에 대해 우와쿠니上國이다.

고도 한다.[20]

신대[21]의 일들은 모두 그 말미암는 바가 있다. 진언眞言 쪽에서는, 도솔은 깨달음의 법계이며 밀엄국密嚴國이라고 한다. 저 깨달음의 도시에서 나와서 일역(日域; 일본국)에 자취를 드리웠다는 것이다. 따라서 내궁은 태장계胎藏界의 대일여래가 되고, 사중만다라四重曼荼羅를 본떠서 다마가키[22]·미즈가키·아라가키 등의 담으로 에워쌌다. 또 아홉 개의 가쓰오기[23]로 지붕을 가로질러 놓아, 태장계의 구존九尊을 나타내었다. 외궁은 금강계金剛界의 대일여래 혹은 아미타라고도 한다. 금강계의 다섯 지혜五智를 본뜬 다섯의 월륜月輪이 있다. 태장계와 금강계 양부를 음양으로 보면, 음은 여자, 양은 남자가 된다. 그러므로 태장계의 팔엽八葉을 본떠서 신사에는 야오토메[24]가 있게 되었고, 금강계의 다섯 지혜는 남성으로 취급되므로 다섯 명의 가구라우도神樂人가 있게 되었다.

또 신전의 지붕을 띠로 이는 것도, 절구를 세 번 찧어야 할 정도의 거

---

20) 여기서 일본의 본지수적설本地垂迹說의 일단을 엿볼 수 있다. 미륵이 하생하기 위해 머물던 도솔천을 아마테라스가 지배하는 다카마가하라와 연결시키고 있는데, 이는 미륵과 도솔천을 본지로, 아마테라스와 다카마가하라를 수적으로 보는 것이다. 말하자면, 아마테라스는 미륵의 현현이고, 다카마가하라는 도솔천의 다른 이름인 셈이다.

21) 신대神代: 신세神世라고도 한다. 이는 일본의 신화 및 신토神道와 관련된다. 구체적으로는 『고사기』 상권, 『일본서기』 권1·2(神代卷)에 정리되어 있는 천지개벽天地開闢에서 우가야후키아에즈鸕鶿草葺不合命(신무神武 천황의 아버지)의 신화에 의거한 신들이 활약한 시대를 가리킨다. 이 신대사神代史는 신화를 다루고 있어 사실史實로 볼 수는 없으나, 고대인의 사유세계는 물론이고 신토의 이해를 위해서는 불가결한 부분이다.

22) 다마가키玉垣: 신사나 신성한 공간, 혹은 황궁의 주위를 둘러싼 담이다. 옥리玉籬·옥장玉墻으로도 표기한다. 미즈가키瑞籬·아라가키荒垣 등과 혼용되는 경우가 많은데, 이중 삼중으로 담이 둘러있을 경우에는 일반적으로 가장 내측을 미즈가키, 그 외측을 다마가키 또는 아라가키라 한다. 그러나 다마가키와 미즈가키가 혼동되는 경우도 있다. 이세신궁의 내궁에 있어서는 사중으로 담이 둘러있지만, 가장 내측을 미즈가키(또는 다마가키), 가운데의 이중을 다마가키(두 번째의 다마가키, 세 번째의 다마가키), 가장 외측을 이다가키(板垣; 판자 울타리)라 부른다.

23) 가쓰오기鰹木: 신사 건축에서 특징적으로 보이는 것으로, 신사나 궁전의 마룻대 위에 마룻대와 직각 방향으로 늘어놓은 나무다. 고대에는 왕족이나 호족의 주택에 이용되었지만, 후에는 신사의 주요건물에만 사용되었다.

24) 야오토메八人女: 신사에서 봉사하고 가구라를 연주하는 여덟 명의 소녀.

친 공양미를 쓴 것도, 모두 백성들의 번거로움과 나라에서 대는 비용을 생각해서다. 가쓰오기도 곧게 하고 서까래도 휘지 않게 했는데, 이는 사람들의 마음을 곧게 하려는 생각에서 비롯된 것이다. 그러므로 마음을 바르게 해서 백성들의 번거로움이나 나라에서 대는 비용을 생각하는 사람은 신의 뜻에 꼭 들어맞다고 할 만하다.

그런데 이 신사의 신관은 자연스럽게 『범망경梵網經』에서 설한 십중금계十重禁戒를 지킨다. 사람을 살해하면 영원히 그 씨족에서 추방된다. 바라이죄波羅夷罪를 범한 승려가 더 이상 불제자로 여겨지지 않는 것과 같다. 사람을 때리거나 칼로 다치게 하면 관직에서 쫓겨나는데, 이는 가벼운 죄로 취급된 것이다. 또 이 신사에서 꺼리고 싫어하는 것은 다른 신사와는 좀 다르다. 산옥[25]을 '생기生氣'라고 하는데, 50일간 삼간다. 또 죽음은 '사기死氣'라고 하면서, 꼭같이 50일간 삼간다. 죽음은 태어남에서 오고, 태어남은 바로 죽음의 시작이기 때문이다. 그러니까 태어남과 죽음을 모두 삼가야만 하는 것이다.

어리석게도 이치를 그릇되이 이해하는 모든 무리들을 도우려고 불생불멸의 비로자나毗盧遮那가 법신의 자내증自內證으로부터 나와서 진실로 자취를 드리우신 참뜻은, 생사의 윤회를 멈추고 상주常住의 불도로 들어가게 하려는 것이다. 그러므로 태어남도 죽음도 삼간다는 것은, 어리석은 이로 하여금 괴롭게 생사를 윤회하게 만드는 망령된 업을 짓지 않고 지혜롭게 영묘한 불법을 수행하여 정토에 태어나고 깨달음을 얻게 하려는 일이다. 진실로 불도를 믿고 행하는 것이야말로 오카미노미야의 뜻에도 꼭 들어맞는 것이라 할 만하다. 그러나 그저 현세의 영화만을 생각하고, 복덕과 장수만을 바라거나 집착하는 마음이 깊어서 꺼리기만 하고, 불도를 구하는 마음은 전혀 없다면, 신의 뜻에도 맞지 않다.

본지수적本地垂跡은 그 형태는 다양하나, 그 뜻은 다르지 않다. 한漢나

25) 산옥産屋 : 출산의 더러움을 꺼려 주거와는 별도로 산실을 두는 풍습이 있었다. 현재에도 각지에 이런 풍습이 남아 있다. 여기서는 아이를 낳는 것을 가리킨다.

라 때에는 불법을 널리 펴기 위하여 유동儒童과 가섭迦葉, 정광定光 3인의 보살을 공자와 노자, 안회顔回라고 하여, 먼저 외전[26]을 가지고 사람들의 마음을 부드럽게 하고, 그 다음에 불법을 유포하였다. 그리하였으므로 사람들이 모두 이를 믿게 되었다. 우리 나라일본에서는 화광의 신들이 먼저 자취를 드리우는 것으로써 사람들의 황폐한 마음을 온화하게 만들고 불법을 믿게 하는 방편으로 삼았다. 본지의 깊은 이익을 우러러 받들고 화광의 친근한 방편을 믿으면, 현세에서는 갖가지 재앙을 멈추고 안온하게 살려는 바람을 이룰 것이며, 내세에서는 한없는 영원한 깨달음을 열게 될 것이다. 이 나라에서 태어난 사람들은 이 뜻을 더욱 잘 분별해야 할 것이다.

2. 가사기笠置의 게다쓰보解脫房 스님이 다이진구에 참배한 일

어떤 신관[27]이 다음의 이야기를 해주었다.

고 가사기笠置[28] 스님이 보리심을 기원하기 위해 하치만 신사[29]에 머

26) 외전外典 : 불가의 입장에서 붓다의 가르침을 전하는 경전은 내전이라 하고, 불교 이외의 가르침을 전하는 것을 외전이라 한다.

27) 권1 1의 신관과 같은 사람으로 여겨진다.

28) 가사기笠置 : 경도부京都府 상락군相樂郡 입치산笠置山에 있는 신의진언종新義眞言宗의 절. 천무제天武帝가 젊었을 때, 산중에서 길을 잃었다가 산신山神에게 기도하여 돌아온 일이 있는데, 그 은혜를 갚기 위해 미륵 석상을 짓고 이를 본존으로 창건한 절이다. 미륵사彌勒寺라고도 하고, 칙원사勅願寺라고도 하지만, 세상에서는 그 지명을 따라 가사기지笠置寺라고 부른다. 여기서는 가사기지에 머물고 있던 게다쓰보를 가리킨다.

29) 하치만八幡 신사 : 일본의 신사 신앙 가운데서 가장 전국적으로 분포된 것이 하치만八幡 신앙이다. 하치만신은 나라奈良 시대부터 신탁을 내리는 신으로 숭배되었고, 헤이안平安 시대에는 왕성을 진호鎭護하는 신이 되었다. 그 후에는 원씨源氏의 씨족신이

물었을 때다. 꿈에 신이 나타나,

"내 힘으로는 감당하기 어렵다. 이세의 오카미노미야[30]에 가서 빌도록 해라."

라고 알려주면서 여행길도 자세히 가르쳐주었다.

그런데 꿈속에서 얼마 가지 않았을 즈음에 외궁[31]의 남쪽 산을 곧장 넘게 되었다. 산의 정상에는 못이 있었고, 거기에는 크고 작은 연꽃들이 피어 있었다. 어떤 것은 꽃봉오리가 활짝 열렸고 어떤 것은 오므리고 있었는데, 빛깔과 향기가 참으로 오묘하였다. 곁에 있던 어떤 사람이 말하였다.

"이 연꽃은 이 신사의 신관이 이미 정토에 왕생하였다는 것을 나타내려고 활짝 핀 것입니다. 왕생하려고 하는 사람은 저 오므리고 있는 연꽃입니다. 이 화광의 방편으로 많은 사람들이 왕생합니다. 저 오므리고 있는 연꽃이 커지면 즈네모토經基의 네기[32]라고 하는, 왕생할 수 있는 꽃이 됩니다."

그리고 신사에 참배하여 법보시가 행해지는 것을 보았다.

꿈에서 깨어나, 이윽고 바랑을 짊어지고 꿈속에서 지시받은 대로 혼자서 떠났다. 길을 가면서 보니, 꿈과 조금도 틀리지 않았다. 다만 외궁의 남쪽 산기슭을 돌아드니 큰 길이 있고 산으로 난 길은 없었는데, 이것만 달랐을 뿐이었다. 신단神壇의 형태도 꿈에서 본 것과 다를 바 없었

되었고, 무가武家의 수호신으로 숭앙되었다. 여기에 나오는 하치만은 남산하치만男山八幡 또는 석청수하치만石淸水八幡이라고도 한다. 본문의 신사는 경도부京都府 철희군綴喜郡 팔번정八幡町 남산男山 위에 있다.

30) 여기서는 다이진구를 오카미노미야라고 하였다.

31) 이세신사伊勢神社의 외궁. 와타라이노미야度會宮 또는 도요우케다이진구豊受大神宮라고 부른다.

32) 네기禰宜 : 신직神職의 하나. 간누시神主의 다음으로, 하후리祝의 상위에 위치하며, 때로는 신직의 총칭으로 사용되기도 한다. 본래는 신의 마음을 편안하고 온화하게 하여 그 가호를 바라는 "네구"에서 유래하였고, 신에게 청원하는 일을 맡은 자나 제사에 종사하는 자를 가리키게 되었다.

다. 마침 젊은 속인이 있어서 불러 세우고는, 꿈에서 들은 네기의 일을 말해주고 물었다. "이곳에 즈네모토라고 하는 네기가 있는가?" 젊은이는 "그건 바로 저의 이름입니다. 네기가 될 것이기는 하지만, 지금은 네기가 아닙니다"라고 대답하였다.

그러자 가사기 스님은 바랑에서 금을 석 냥 꺼내서 그에게 건네주었다. 이윽고 그 젊은이의 집에서 하룻밤을 머물면서 신사에 대해 자세하게 물었다. 젊은이는 이렇게 말하였다. "제가 이번 생에서 생사의 윤회를 벗어나지 못하고 다시 인간에 태어난다면, 이 신사의 신관으로 태어나 화광을 방편으로 삼겠다고 맹세하였습니다." 저 즈네모토와 친했던 신관의 이야기니, 틀림없는 일일 것이다.

3. 생사에서 벗어나기 위해 신에게 빌었던 일

미이데라[33]의 장리長吏인 고켄(公顯; 1110~1093) 승정僧正은 현교와 밀교에 밝고 도심이 깊은 사람으로 널리 알려져 있었다. 이때 고야잔高野山의 묘헨明遍 승도僧都가 고켄의 행업[34]을 의심스럽게 여겨 젠아미다부쓰善阿彌陀佛라고 하는 은둔 승려에게 고켄의 행동거지를 살펴보게 하였다.

33) 미이데라三井寺 : 장등산長等山의 원성사園城寺. 천태종天台宗 사문파沙門派의 총본산이다. 천무天武 재위 2년(674)에 홍문제弘文帝의 아들인 대우여다왕大友輿多王이 창건하였다. 천안天安 2년(858)에 원진圓珍이 이를 중흥하고, 연력사延曆寺의 별원別院으로써 별당직別當職 — 후에 장리長吏로 고쳤다 — 을 두고 관정도량灌頂道場으로 삼았다. 천지天智 · 천무天武 · 지통持統 세 임금의 산탕産湯을 길었던 우물이 있었던 까닭에 어정御井 또는 미이데라라고 불렸다.

34) 행업行業 : 불도를 닦는 행위.

젠아미다부쓰는 고야잔의 노송나무로 짜 만든 삿갓을 쓰고, 정강이까지 내려오는 검은 옷을 입은 이상한 차림으로 고켄 승정의 처소로 가서는, 여차여차해서 왔노라고 말하였다. 고켄은 고야잔에서 온 성자라는 말을 듣고 반갑게 생각하며 곁채로 불러 들여, 고야잔의 일과 내세의 이야기 등을 나누면서 함께 밤을 샜다.

이튿날 아침, 고켄은 정의[35]를 입고 한 칸 정도 되는 방에서 제물을 올리고는 휘장이 드리워진 쪽을 향해 절을 하고 있었다. 젠아미다부쓰에게는 기이한 작법作法으로 여겨졌다. 그렇게 사흘 동안 변함없이 하였다. 이 일을 차근차근 살펴본 젠아미다부쓰가 물었다.

"그대가 아침에 행하는 일은 기이하게 보였습니다. 어떤 행법입니까?"

고켄은 "말씀하지 않으셨더라도 설명해드리려고 했는데, 이렇게 물어주시니 기쁩니다"고 하면서 다음과 같이 설명하였다.

"저는 현교와 밀교의 거룩한 가르침을 배웠습니다. 그러나 생사의 윤회를 벗어날 수 있는 길을 생각해보니, 저의 힘은 약하고 지혜는 얕았습니다. 수승한 인연의 힘[36]을 떠나서는 생사를 벗어나려는 바람을 이루기가 어려웠습니다. 그래서 도읍에서 모시고 있는 크고 작은 신들은 말할 것도 없고, 지방이나 산간벽지에 이르기까지 제가 전해들은 신이 있다면 가리지 않고, 일본국 내의 크고 작은 모든 신의 성스런 이름을 써서 이 한 칸의 공간에 받들어 모셔두고는, 『반야바라밀다심경』 30권과 신주神呪 등을 독송하여 신들과 부처님을 즐겁게 해드리면서 오로지 이 화광의 방편에 의지하여 생사의 고리에서 벗어나려고 애쓰고 있습니다. 이 밖에는 달리 하는 것이 없습니다. 그 까닭은 위대한 성인이신 부처님의 방편은 나라에 따라 다르고, 또 근기에 따라 다르고, 정해진 형태가 없기 때문입니다.

'성인은 일정한 마음이 없다. 만인의 마음을 그 마음으로 삼는다'[37]

---

35) 정의淨衣 : 제식 때에 입는 흰 옷.

36) 여기서는 특히 일본에서 인연이 깊은 신들을 뜻한다.

고 하는 것과 같이, 법신은 일정한 몸이 없고 만물의 몸을 그 몸으로 삼습니다. 그러므로 위없는 무상의 법신을 따라 생겨나고 사라지고 변화하는 십계十界는 모두 일지비로一知毘盧의 완전한 몸입니다. 천태天台의 언어로 말한다면, 성구性具의 삼천십계의 의보依報와 정보正報는 모두 법신을 구비한 완전한 덕이어서 본래부터 갖추고 있는 성덕性德을 수행으로 얻은 수덕修德으로 나타내고, 널리 드러내는 색신色身의 힘으로써 구계九界의 미혹한 중생을 제도합니다. 또 밀교의 관점에서 보면, 사중만다라는 모든 집착을 여읜 법신이 구비한 십계입니다. 자내증은 자성회自性會의 본질을 비추고, 또 밖으로 드러내어 대자대비의 이익을 드리웁니다. 현교와 밀교의 참뜻에 따라 헤아려야 합니다. 법신에 말미암아서 십계에 몸을 나투고 중생을 이롭게 합니다. 오묘한 본체 위의 오묘한 작용으로 말하자면, 물을 떠날 수 없는 파도와 같습니다. 진여를 떠난 연기緣起란 역시 없습니다.

그런데 서방 천축의 상대上代 시절에는 부처와 보살이 그 모습을 나투어 중생을 제도하였습니다. 우리 나라는 흩어져 있는 낟알과 같이 작은 변두리 나라입니다. 그래서 사납고 거친 이 땅의 중생들처럼 인과의 법칙을 알지 못하고 또 부처님의 법을 믿지 못하는 부류들에게는 동체무연[38]의 자비로 말미암아 등류법신等流法身이 자재하게 현현하는 것이니, 악하고 삿된 귀신의 모습으로 현현하거나 독사나 맹수의 몸으로 나타나 포악한 무리들을 조복시키고 불도에 들도록 합니다.

그러니까 다른 나라에서 인연있는 몸[39]을 중히 여기는 것처럼, 이 나라에 있는 그에 상응하는 몸[40]을 가벼이 여겨서는 안 됩니다. 우리 나

---

37) 『도덕경』 49장에 "성인은 일정한 마음이 없나니, 백성의 마음을 제 마음으로 삼는도다聖人無常心, 以百姓心爲心"라는 구절이 나온다.

38) 동체무연同體無緣 : 동체란 불보살이 중생과 한 몸이라는 뜻이며, 무연은 평등하여 차별이 없는 것을 가리킨다.

39) 다른 나라란 천축이고, 인연이 있는 몸이란 바로 불보살을 가리킨다.

40) 불보살에 상응하는 존재들이란 신토의 신들을 가리킨다.

라는 신국神國[41]으로서 불보살이 임시로 자취를 드리운 곳입니다. 또 우리들은 모두 그[42]의 후예들로서 똑같은 기운을 받았으므로 그 인연이 얕지 않습니다. 이 밖에 다른 본존을 살펴보면, 오히려 감응하는 길과는 멀리 떨어져 있다고 할 만합니다. 따라서 중생의 근기에 따라 감응하는 화광의 방편을 믿고 받들면서, 생사 윤회를 벗어나게 해주는 긴요한 가르침을 바라는 것이 마땅합니다.

대저 황금으로 만든 사람이나 짐승의 형상을 볼 때, 황금을 빼고 생각한다면 그 형상에 우열이 생깁니다. 그러나 황금만 보고 형상을 잊으면 어떠한 차이도 없게 됩니다. 이와 같습니다. 정해진 형상이 없는 법신, 그런 법신이라는 황금으로 사중만다라 십계에 있는 중생의 근기에 따라서 형상을 짓습니다. 만약 형상을 잊고 본체를 믿는다면, 어디에든 법신의 이익이 없겠습니까? 지혜의 문은 높은 것을 탁월한 것으로 만들며, 자비의 문은 낮은 것을 오묘하게 합니다.[43] 난장이와 키재기하면 작은 사람도 이길 수 있는 것과 같습니다. 큰 자비의 이익은 등류의 법신으로써 특히 근기가 열등한 중생에게 다가가서 사납고 거친 중생을 이롭게 해주므로 탁월합니다. 그래서 화광동진이야말로 모든 부처가 베푸는 자비의 지극함이라고 믿고서, 이와 같이 다소 기이해 보이는 행법을 오래도록 계속해왔습니다."

젠아미다부쓰는 "참으로 고귀한 뜻을 두셨습니다"고 하면서 따라 기뻐하였고, 돌아와서 묘헨 승도에게 자세하게 말해주었다. 그랬더니 승도는 "지혜로운 자라면 어리석은 행업을 짓지 않을 것이라고 생각한 그대로, 썩 좋게 생각되는군요"라고 말하면서 함께 기뻐하며 눈물을 흘렸

41) 일본에서 자국을 신국神國, 즉 신의 나라라고 하는 관념은 신토가 확립되고 체계화되면서 강화되었다. 이는 과거세에 불국토였고 불보살들이 살았다고 하는 신라의 불국토 사상과는 매우 다른 것이다. 본지수적설은 토착신들을 불보살의 수준으로 끌어올리고 불보살을 잡신화하는 과정에서 확립된 것이기 때문이다.

42) 구체적으로는 아마테라스를 가리킨다.

43) 지혜로써 상구보리하고, 자비로써 하화중생하는 것을 가리킨다.

다고 한다. 그 은둔 성자가 말해주었다.

지자대사智者大師 지의智顗가 『마하지관摩訶止觀』에서, "지관止觀이란, 고상한 자에게는 고상하게, 비열한 자에게는 비열하게 응한다"고 풀이한 것처럼, 화광의 수적[44]에서도 고상한 자에게는 고상하게 응할 것이다. 밀교의 깊은 뜻으로는, 십계는 모두 정해진 형상을 떠난 법신이 드러난 바이므로 염마閻魔의 몸도 비로자나의 모습도 참으로 사중법신四重法身을 갖추었고, 또 한량없는 다섯 지혜, 즉 오지무제지五智無際智를 구비하고 있다. 그 내적 깨달음으로 들어가면, 염마나 아귀, 축생의 몸을 바꾸지 않은 채로 자성법신[45]의 마음을 열어 보인다. 그래서 옛 고승[46]이 말하기를, "아비지옥阿鼻地獄의 의보와 정보는 오로지 지고한 성인이신 부처의 자심自心에 있고, 비로자나의 몸과 그 국토는 아둔한 자의 짧은 생각을 넘지 못한다"고 하였다.

또 세 가지 즉신성불卽身成佛이 있는데, 이구성불理具成佛·현덕성불顯德成佛·가지성불加持成佛 등이 그것이다. 이구성불이란 사람들은 본래부터 부처라는 뜻이다. 다만 아집으로 말미암아 불성이 드러나지 못할 뿐이다. 현덕성불이란 모든 부처는 현덕의 성불을 성취하여 자재하게 이익을 베푼다는 것이다. 가지성불이란 이미 불과를 획득한 부처가 몸과 입, 뜻으로 짓는 삼업의 오묘한 쓰임을 배워 증상연增上緣으로 삼고, 우리 마음에 구족해 있는, 다함없고 장엄한, 갠지즈강의 모래알 수만큼의 공덕의 쓰임을 드러내는 것이다. 믿는 마음이 진실하여 나의 삼업이 부처의 삼업에 상응할 때는 행인즉불行人卽佛, 즉 수행자가 곧 부처가 된다.

---

44) 수적垂迹 : 불보살이 구체적인 모습을 드러내어 행위나 언어 등을 통해 중생을 교화하고 구제하는 것. 수적의 본원本源으로서 불보살의 깨달음 그 자체는 본지本地라 한다.

45) 자성법신自性法身 : 자신의 본성이 바로 법신이라는 것, 즉 그 자신이 본래 진리라고 하는 뜻이다.

46) 형계담연荊溪湛然을 가리킨다.

무라카미村上 임금이 치세할 때의 일이다. 궁중에서 오단법五壇法을 닦게 한 적이 있는데, 그때 지에慈惠 승정이 중단中壇의 아사리를 맡았다. 임금이 몰래 엿보았더니, 지에는 행법 중에 스스로 부동명왕不動明王을 이루어 본존과 조금도 다름이 없었다. 간초寬朝 승정은 항삼세명왕降三世明王의 아사리를 맡았는데, 어떤 때에는 항삼세 본존이 되고 어떤 때에는 승정이 되고 하였다. 이를 몰래 본 임금은 "안타까운 일이로고! 간초가 망령된 생각을 일으켰구나!"라고 말하였다. 반면에 다른 승려들은 본래의 모습 그대로였다.

경전[47]에 이르기를, "일체중생은 모두 여래장如來藏이니, 보현보살 자신이 어디에나 있기 때문이다"고 하였다. 우리들은 원래부터 법신이었다. 미망과 깨달음으로 말미암아 차별이 생긴 것이다.

역시 『부증불감경不增不減經』에서도, "바로 이 법신이 오도[48]를 유전하면, 이를 일러 중생이라 한다. 바로 이 법신이 육바라밀을 수행하면, 이를 일러 보살이라 한다. 바로 이 법신이 윤회의 흐름을 거슬러 올라가서 그 근원을 다 없애면, 부처라 한다"[49]고 말하고 있다. 지금 수적과 연관지어 생각해 보면, "곧 이 법신이 화광동진하는 것이니, 이를 일러 신(神 : 카미)이라고 한다"고 이해할 수 있을 것이다.

그런데 본지수적에서 그 본체는 동일하다고 하지만, 근기에 따라 주어지는 이익은 잠깐 사이에도 우열의 차이가 난다. 우리 나라에서 그 이익은, 수적의 측면에서 보면 결국 빼어나다고 할 수 있으리라! 그 까닭은 이러하다.

---

47) 『대방광불화엄경소연의초大方廣佛華嚴經疏演義鈔』 권61에, "보현은 스스로 그 몸이 편재하므로, 일체 중생이 모두 여래장이로다普賢自體遍故, 一切衆生皆如來藏"라는 구절이 나온다.

48) 오도五道 : 지옥·아귀·축생·아수라·인간·천상의 육도六道 가운데서, 아수라를 지옥에 포함시켜 오도라 한다.

49) "波浪漂流往來生死名爲衆生. 舍利佛. 卽此法身厭離世間生死苦惱. 棄捨一切諸有欲求. 行十波羅蜜. (…중략…) 修菩提行名爲菩薩. (…중략…) 卽身法身 (…중략…) 名爲如來應正遍知."

옛날에 엔노교자役行者가 요시노야마吉野山에서 수행하고 있을 때, 석가가 그 모습을 나투셨다. 그러자 엔노교자는, "이 존엄한 형상으로는 이 나라의 중생을 교화하기 어렵습니다. 숨으세요!" 라고 말하였다. 이어서 미륵彌勒이 고귀한 모습을 드러내시었다. "이것도 어울리지 않습니다"라고 말하였다. 그때 장왕권현[50]이라는 무시무시한 형상이 나타났다. "이것이야말로 우리 나라를 교화시킬 수 있습니다"라고 말하였다. 지금도 그 자취를 드리우고 계신다.

세상의 주겁住劫이 다하는 때에, 석존은 야차가 되어 도심道心이 없는 자를 먹어치우면서 사람들이 도심을 일으키도록 하였는데, 그것도 바로 이런 의미다. 수행자가 신심이 깊고 마음을 전일하게 하여 삼가고 공경한다면, 이익을 얻는다. 우리 나라의 풍속에서는 신들이 새롭게 상벌을 마련한 까닭에 사람들이 믿음과 공경을 두텁게 하였다. 불보살은 이치에 따라 응하므로 먼 곳까지 그 이익이 미친다고 하더라도, 그것은 화광의 방편[51]보다 온화하여서 어리석은 사람에게는 믿음을 갖게 하는 일이 적다. 그러나 모든 부처가 베푸는 이익도 괴로움이 있는 사람에게는 특히 두텁다. 그러므로 어리석은 무리를 이익되게 하는 방편이야말로 참으로 깊은 자비의 빛을 지니며 짙은 선교善巧의 모습을 띤다. 이는 푸른빛이 쪽빛에서 나왔으면서도 쪽빛보다 더 푸른 것과 같으니, 그 존귀함이 부처에서 나왔으면서도 부처보다 더 존귀해지는 것은 신에게 화광하는 이익이 있기 때문이다.

옛날에 고승이 절을 세울 때에는 반드시 먼저 신이나 부처의 영靈을 불러 모셔서 받들었는데, 이는 화광의 방편을 떠나서는 불법을 세우는 것이 어렵기 때문이었다. 저 승정 고켄의 뜻도 이러한 데에 있을 것이

---

50) 장왕권현藏王權現 : 금강장왕보살金剛藏王菩薩이라고도 한다. 일본 수험도修驗道의 독자적인 주존主尊이다. 부처를 호위하는 집금강신執金剛神이 금강장왕보살이 되었고, 거듭 장왕권현으로 발전한 것이다.

51) 신토의 신들에 의한 방편을 가리킨다.

다. 뜻이 있는 자는 그러한 자취를 배워야 할 것이다.

4. 신이 자비를 귀하게 여긴 일

와슈和州에 있는 미와三輪의 조칸보常觀坊 스님은 자비로운 사람이었다. 그는 밀교의 종지를 으뜸으로 하였으며, 사람들이 불법과 인연을 맺어 미래에 성불할 수 있도록 해주려고 널리 진언을 전수하였다고 알려져 있다. 어느 때, 혼자서 요시노吉野의 산[52]으로 참배하러 가다가, 길가에서 어린애 두셋이 나란히 앉아 하염없이 울고 있는 것을 보았다. 어쩐지 슬프게 느껴져서 물었다. "왜 울고 있니?" 열 두셋 정도 되어 보이는 여자 아이가 "어머니가 나쁜 병이 들어서요 돌아가셨는데요, 아버지는 멀리 가셨어요. 이웃 사람들은 더럽다고 생각해서 장사를 지내주질 않아요. 저는 여자구요, 동생들은 변변치 못해요. 그래서 슬픈 나머지 이렇게 울고만 있는 거예요"라고 말하면서 눈물을 그치지 못하였다.

참으로 마음속 깊이 가엾게 여겨지면서 이런 생각이 들었다. '이번 참배는 그만두고 이 아이들을 도와야겠다. 참배는 언제라도 다시 할 수 있다.' 그래서 적당하게 가까운 들판으로 주검을 지고 가서, 다라니 등을 외우면서 얼른 장사지냈다. 그런데 미와로 되돌아가려고 하자, 갑자기 몸이 굳더니 움직일 수가 없었다. '아하, 생각났다! 신을 뵙기 전에는 결재潔齋를 엄중하게 해야 하는데, 그걸 알면서도 이런 일을 했으니, 내게 신벌神罰이 내린 거로구나!' 그는 몹시 놀라며 이렇게 생각하였다. 시

52) 내량현奈良縣 길야군吉野郡에 있는 금봉산金峰山.

혐삼아 요시노 쪽을 향해 발걸음을 떼니, 조금도 문제가 없었다. 그제서야 '그러면 참배해도 된다는 신의 뜻이신가?' 하는 생각이 들었다. 그래서 참배하려고 발걸음을 떼는데, 아무 문제가 없었다. 그렇지만 왠지 두려운 생각이 들어서 신사에 당도해서도 멀리 떨어져 있는 나무 아래에 멈추어 서서 염송을 하며 법보시를 올렸다. 바로 그때, 신들린 무녀가 춤을 추며 달려와서는 "스님! 어째 그러십니까?" 하고 묻는 것이었다.

조칸보는 가슴이 두근거리며 두려운 생각이 들었다. '이 얼마나 어처구니 없는 짓인가! 여기까지 와서는 안 되는데……. 신께서 책망하시겠지?' 가까이 다가온 무녀는 "어찌하여 스님은, 이토록 오시기를 기다리고 있는데, 왜 늦었습니까? 저는 스님이 하신 일을 꺼리지 않습니다. 오히려 자비를 행하신 일을 귀하게 여깁니다"라고 하더니, 스님의 옷소매를 당기면서 배전[53]으로 이끌고 갔다.

조칸보는 너무나도 황송하고 송구스럽게 느껴져서 가사의 소매가 젖을 정도로 눈물을 흘렸다. 그렇게 법문을 듣고 참배하고는 울면서 돌아왔다.

이에 앞서 에신惠心 승도가 참배했을 때에도 신의 신탁이 있었다. 에신이 법문 등을 아뢰어 올리면 훌륭하고도 좀처럼 드문 어떤 것을 느끼게 했고, 천태의 법문을 미심쩍어서 물으면 명쾌하게 대답해주셨다. 이렇게 차차 가르침을 받은 에신이 근본이 되는 중요한 일에 대해 물었을 때였다. 이 무녀는 기둥에 기대서서 발을 꼰 채로 깊은 생각에 잠긴 모습을 하고서, "너무도 오랫동안 화광동진한 나머지 잊어버렸구나!"라고 말을 하였다. 그것이야말로 오히려 애틋하게 느껴졌다.

도다이지[54]의 이시히지리 교주石聖經住는, "나는 관음의 화신이다"라

---

53) 배전拜殿 : 사찰이나 신사에서 절하는 곳.

54) 도다이지東大寺 : 화엄종의 총본산. 성무聖武 임금에 의해 건립되었고, 천평승보天平勝寶 4년(752)에 대불大佛의 개안開眼 공양이 행해졌다. 감진鑑眞에 의해 계단원이 건

고 자칭하였음에도 사람들이 믿지 않자, 엄청난 맹세의 글을 썼다. 그러자 어떤 사람이 말하였다. "그대가 관음의 화신이라고 자칭하여도 사람들은 믿지 않으니, 신통한 일을 드러내 보여주는게 좋겠소. 맹세의 글 따위는 전혀 쓸모없는 것이오." 그러자 이시히지리는 이렇게 대답하였다. "너무도 오랫동안 몸을 나투지 않았던지라, 이제는 신통력조차 잊어버렸군요." 이 일을 잘 생각해보니, 참 이상도 하다. 말법 시대에는 때에 맞게 행동하여도 불보살의 권자權者[55]조차 구별하기 어렵게 되니 말이다. 말하자면, "소나 양의 눈으로 중생을 헤아려서는 안 된다"는 것이다. 참으로 알기 어려운 일이다.

오와리尾張 지방의 아쓰타 신사[56]에 있던 신관이 해준 이야기다. 쇼렌보性蓮房라는 스님이 모친의 유골을 안고 고야高野에 가다가, 신사 근처에서 하룻밤 묵으려고 했다. 사람들은 모두 그가 안고 있는 것이 무엇인지를 알고는 재우려 하지 않았다. 그래서 하는 수 없이 대궁[57]의 남문 곁에서 기도하며 밤을 새우게 되었다.

그날 밤, 대궁사[58]의 꿈에 신의 사자使者라고 하는 신관이 와서는 "오늘 밤 대단히 중요한 손님이 와 있소. 아주 정성껏 모셔주었으면 하오" 라고 말하는 것이었다. 꿈에서 깬 대궁사가 하인을 사단社壇으로 보내어, "밤새 온 사람이 있었는가?" 하고 물어보게 했더니, 이 쇼렌보 외에는 아무도 없었다. 하인이 돌아와서 이같이 아뢰었다. 그래서 이 쇼렌보

립되어 수계授戒의 제도가 정비되었다.

55) 권자權者 : 신이나 부처가 중생을 제도하기 위해 사람으로 몸을 바꾸어 나타냈을 때의 사람을 가리킨다.

56) 아쓰타熱田 신사 : 제신은 아쓰타대신熱田大神을 주신으로 하고, 천조대신天照大神·소잔오존素盞嗚尊·일본무존日本武尊·궁책원명宮簀媛命·건도종명建稻種命 등을 제사지낸다. 세 가지 신기神器 가운데 하나인 초치신검草薙神劍을 신체神體로 하여 제사지내며, 이세신궁伊勢神宮과 함께 유서깊은 대사大社이다.

57) 대궁大宮 : 신궁神宮을 높여 부르는 말.

58) 대궁사大宮司 : 신관들의 우두머리.

를 안으로 청하였더니, 쇼렌보는 "모친의 유골을 들고 있어서 들어갈 수가 없습니다"라고 말하면서 사양하였다. 그러나 대궁사는 이렇게 말하였다. "신이 계신 곳에서는 만사를 신의 뜻에 따라 행하는 법이오. 오늘밤에는 이렇게 신께서 몸을 나투셨으니, 나로서는 꺼릴 수 있는 일이 아니오." 그리고는 안으로 청하여 갖가지로 환대해주었고, 그를 고야로 떠나 보낼 때에는 말이며 안장이며 노자까지 주도록 지시하였다. 꽤 근래에 있었던 일이다.

또 지난 번 조큐의 난[59] 때에 있었던 일이다. 거기 오와리에 살던 백성들은 두려워서 아쓰타 신사 주변으로 모여들었다. 신사의 울타리 안에 세간의 재물이나 잡다한 살림살이까지 들여오는 바람에 발 디딜 틈이 없었다. 그때 부모를 여읜 사람도 있었고, 또 산기産氣가 있는 여인도 있었다. 신관들은 제지할 수 없어서, 신이 강림하여 분부를 내리시도록 가구라神樂를 행하면서 모든 사람들과 한 마음으로 기도하였다. 그러자 네기禰宜에게 신탁이 내렸다. "내가 하늘에서 이 땅에 내려온 것은 만인을 기르고 보호하기 위함이다. 이때야말로 사람들을 꺼려서는 안 되느니라." 사람들은 모두 하늘을 우러러보며 신의 자비에 대해 기뻐하면서 한결같이 소리 높여 그 덕을 칭송하고, 사모하는 눈물을 흘렸다. 그때 그곳에 있었던 사람이 지금도 살아 있어 나에게 이야기해주었다.

그러므로 신의 높으신 뜻은 어디서나 변함이 없다. 그저 마음을 맑게 지니고, 몸도 더럽히지 말아야 하리라.

---

59) 조큐承久의 난: 조큐承久 3년(1221)에 일어난 난으로, 조큐의 변이라고도 한다. 후조우상황後鳥羽上皇이 정권 회복을 위해 북조의시北條義時를 토벌하려다 패하고, 그 결과 중공제仲恭帝는 폐위되고 굴하제堀河帝가 즉위하였으며, 후조우상황은 은기隱岐로, 토어문상황土御門上皇은 토좌土佐(후의 아파阿波)로, 순덕상황順德上皇은 좌도佐渡로 유배되었다.

5. 신이 자비와 지혜가 있는 사람을 귀하게 여긴 일

가스가 신사[60]의 신이 탁선하여, "묘에보明惠房와 게다쓰보는 나의 장남과 차남이다"고 말씀하신 적이 있다. 어느 땐가 이 두 사람이 가스가 신사에 참배하러 가는데, 가스가 들판의 모든 사슴들이 무릎을 꿇고 엎드려 공경을 표하였다고 한다.

묘에보 스님이 천축으로 가려는 생각을 마음속으로만 하고 있었을 때, 유아사湯淺[61]에서 가스가의 신이 신탁을 내려서 그에게 가지 못하도록 하였다. 그 신탁을 기록한 일기도 있다는 말을 전해 들었다. 아득히 멀리 떨어질 것을 생각하니 슬프다고 신이 말하였으므로 묘에보도 가지 않고 머물게 되었다고 하니, 애달프게 느껴진다. "그런데 만약 떠날 결심을 한다면, 천축에 무사히 도착할 수 있겠습니까?"라고 묘에보가 묻자 "내가 지켜준다면 어찌 무사하지 않겠는가?"라는 대답을 주셨다고 한다. 바로 그때 신이 스님의 손을 핥아주셨는데, 일생 동안 그 향기가 남아 있었다고 한다.

게다쓰보 스님이 가사기笠置에서 반야대[62]라고 이름 붙인 한적한 곳에 자리잡고서 신을 청하여 모셨을 때, 동자의 모습으로 나타나 스님의

---

60) 가스가春日 신사 : 등원씨藤原氏의 씨족신이었던 녹도鹿島·향취香取·매강枚岡의 제신을 춘일春日 어개산御蓋山 기슭에 권청勸請하였던 신사. 등원씨가 천황의 외척으로서 지위를 배경으로 춘일제春日祭는 공제公祭가 되어 조정의 특별한 대우를 받았다. 여기에 후대에 갖가지 성격이 덧붙으면서 전국에 그 신앙이 퍼졌다.

61) 화가산현和歌山縣 유전군有田郡, 백기궁치白崎宮峙의 사이, 탕천만湯淺灣으로 생각된다.

62) 반야대般若臺 : 정경貞慶에 의해 입치사笠置寺의 한 집으로 세운, 『대반야경』을 넣어 둔 6각의 세 칸짜리 경장經藏. 『본조고승전本朝高僧傳』에 다음 구절이 나온다. "찬하여 말한다. (…중략…) 이런 까닭에 가스가의 신은 자주 반야대에 자취를 드러내어 법을 묻고 구족계도 받았으니, 진실로 신인의 덕에 부합하도다!讚曰, (…중략…) 是以春日明神, 屢現影於般若臺, 問法受戒, 誠協于神人之德哉!"

목에 걸터앉으셨다. 그리곤 이런 시를 읊었다.

내가 가리니
가서 지켜내리라
이 반야대般若臺를.
석가모니 부처의
거룩한 법 있는 한.

어떤 때에는 반야대 도량의 허공에서 신의 음성만이 들렸다고 한다.

나를 알아라
석가모니 부처가
세상에 나와
맑고 밝은 달로써
세상 비추는 것을.

항상 법문 따위를 베풀어주셨다고 한다. 참으로 석가모니께서 세상에 계셨을 때의 일을 듣는 기분이란 참 황공하기도 하고 부럽기도 하다.
"지혜의 빛이 있는 자는 지혜의 빛과 함께 한다"고 말한다. 신은 안으로는 지혜가 밝고, 밖으로는 자비가 신묘하다. 그러니 지혜도 자비도 다 갖추었다면, 반드시 신도 우리와 함께 하리라 생각한다. 어떤 책[63]에 이르기를, "불은 마른 것에 붙고, 물은 젖은 곳에서 흐른다"고 하였다. 참으로 집착을 없애고 마음을 말린다면, 지혜의 불이 타오를 것이다. 인정의 물기를 머금는다면, 자비의 물도 반드시 솟아날 것이다.

---

63) 『순자荀子』「권학편勸學篇」을 가리킨다. "施薪若一, 火就燥也, 平地若一, 水就濕也."

6. 화광의 이익이 매우 깊었던 일

난토[64]에서 소보[65]의 직책에 있던 승도 쇼엔障圓[66]은 게다쓰보 스님의 제자로서 석학이라는 명성이 있었으나, 악도魔道에 떨어지는 바람에 어떤 여인에게 붙어 갖가지의 일을 말하였다. 그 가운데에 이런 것이 있다.

"우리 신[67]께서 쓰시는 방편은 빼어나다. 조금이라도 신앙심을 가진 사람이라면 어떠한 죄가 있더라도 다른 곳의 지옥으로 보내지 않으시고, 가스가春日 들판 아래에 지옥을 만들어서 거기에 가두어두신다. 매일 아침 일찍 제3의 어전御殿에서 온 지장보살이 쇄수기[68]에 물을 담아 산장[69]으로 그 물을 뿌리는데, 한 방울의 물이 죄인의 입에 들어가면 괴로움을 잠깐 동안 면하게 된다. 또 조금이라도 바른 생각에 머물 때에는 대승 경전의 주요한 문구나 다라니 등을 소리내어 외우면서 듣게 하는 일을 날마다 게을리 하지 않도록 해주신다. 이런 방편으로 점점 지옥의 구렁텅이에서 벗어나게 하신다. 학승들은 가스가야마春日山의 동쪽에 있는 고센香山이라는 곳에서 신께서 강설하시는 『대반야경』을 들으며 의론하거나 문답을 주고받는데, 이는 인간 세상과 다르지 않다. 옛날에 이 세상에서 학인이었던 자들은 모두 여전히 저세상에서도 학인이었다. 직접 신의 설법을 듣는 것이야말로 황송한 일이다."

지장은 본사本社[70]의 네 곳 가운데 하나다.[71] 특히 그 이익이 뛰어나다

---

64) 난토南都 : 교토를 북도北都라고 하는 데 대해 나라奈良를 난토라 한다.
65) 소보少輔 : 태정관太政官이 통할하는 여덟 개 성省의 차관次官의 하위직.
66) 쇼엔障圓 : 정경貞慶의 아우인데, 자세한 건 알려져 있지 않다.
67) 춘일대명신春日大明神을 가리킨다.
68) 쇄수기灑水器 : 세정용洗淨用의 향수를 담는 그릇.
69) 산장散杖 : 밀교의 수법修法에서 사용하는 막대기.
70) 가스가신사를 가리킨다.

고 말한다. 그는 부처님 입멸 후에 중생을 이끄는 보살이며, 중생 제도의 부촉을 받은 살타[72]다. 그의 본지와 수적은 어느 것이나 미덥다. 따라서 화광하여 베푸는 은혜는 다른 신이나 부처와도 똑같으리라. 히요시日吉 대궁大宮[73]의 뒤편에서도 많은 산승들이 덴구天狗[74]가 되었다가, 화광의 방편으로 말미암아 그 몸을 벗었다고 전해진다. 여러 본사 가운데서 십선사[75]의 영험이 특히 높다고 하는데, 그 본지도 지장살타다.

요컨대 사람의 몸을 받았다는 생각을 내어서 불법을 만났을 때는, 하나의 방편을 붙들어서 윤회에서 벗어나려는 뜻을 두어야 한다. 『심지관경心地觀經』에서는, "한 부처, 한 보살의 방편에 의지하는 것이 긴요하다"고 설하였다. 그러므로 안으로는 불성이 항상 내재한다고 하는 이치를 믿고, 밖으로는 본지수적의 자비로운 방편에 의지하여서 생사 윤회를 벗어나는 길을 마음 속 깊이 새겨두어야 한다.

삼악도의 불구덩이는 바로 우리 발 밑에 있다. 우리는 육도라는 긴 밤의 꿈에서 아직 깨어나지 못하고 있다. 받기 어려운 사람의 몸을 받고, 만나기 어려운 불법을 만나면서도 삼도三途의 옛 마을로 돌아간다면, 천 번을 후회하고 백 번을 슬퍼한들 무슨 소용이 있겠는가? 윤회하는 수많은 생에서 희유하게 사람으로 태어나고, 억겁의 시간 속에서 한 번 부처의 가르침을 접하게 된다. 마음을 느슨하게 하고 헛되이 세월을

---

71) 가스가신사의 제3전第三殿 아메토고야네天兒屋根命의 본지가 지장보살이다.

72) 살타薩埵 : 지장보살을 줄인 말. 원뜻은 '유정有情'이다. 보살과 같은 뜻이다.

73) 히요시日吉 대궁大宮 : 대화大和 조정의 수호신이었던 대삼륜신大三輪神을 권청하였던 것이 시초이다. 주신은 오모노누시大物主神이고 오나무치大己貴와 동일신이며, 히에이잔比叡山의 수호신으로 일컬어지며, 산왕권현山王權現이라고도 한다.

74) 덴구天狗 : 상상의 괴물로 깊은 산에서 살며 형체는 사람과 비슷하고 코가 높고 얼굴은 붉으며, 날개가 있고 우단선羽團扇을 소지하고 있으며, 자유자재로 비행한다고 한다. 일종의 도깨비인데, 불가에서는 명리를 탐한 중이 사후에 마계에 떨어져 덴구가 되어서 불도 수행을 방해한다고 한다.

75) 십선사十禪師 : 연력사延曆寺의 수호신인 산왕칠사山王七社, 즉 대궁大宮 · 이궁二宮 · 성진자聖眞子 · 팔왕자八王子 · 객인客人 · 십선사十禪師 · 삼궁三宮의 칠사 가운데서 십선사를 가리킨다.

보내는 일은 없어야 한다. 시간은 사람을 기다리지 않으며, 죽음 또한 미리 알 수 없다. 힘써 행하여야 할 것이다.

7. 신이 도심을 귀하게 여긴 일

난토南都에 에이초永超라는 승도가 있었다. 공부하는 방의 창문에 늘 팔을 괴고 형설의 공을 쌓아 석학이라는 명성을 얻었다. 어느 때 가스가 신사에 참배하러 갔을 때다. 꿈에 신이 나타나 그에게 말을 걸었다. 에이초는 유가[76]와 유식唯識 등 교법에 대해 의심스러운 것을 묻고, 신에게서 대답을 들었다. 다만 그 얼굴을 보지는 못하였다.

꿈속에서 에이초는 다음과 같이 말하였다.

"학문 수행의 길에 들어서서 배움에 전념한 지 여러 해 되었습니다. 유식의 교법을 받들어 신께 법락[77]을 갖추어 올렸습니다. 그리하여 이렇게 직접 귀하신 몸을 뵙고 고귀한 말씀도 듣게 되었습니다. 현세의 일만이 아니라 과거세에서 훈습된 것까지도 기쁘게 생각됩니다만, 아울러 존안을 뵈올 수 있다면, 아, 환희의 마음이 얼마나 깊어지겠습니까!"

신이 대답하였다.

"참으로 그대가 학문 수행한 공은 세상에 드문 것이라 여겨서 이렇게 그대와 묻고 답하는 것이다. 하지만 그대에게 깨달음을 향한 마음이 없기 때문에 얼굴은 마주하고 싶지 않다."

꿈에서 깬 에이초는 부끄러움으로 간담이 서늘해지는 것을 느꼈다.

---

76) 유가瑜伽 : 정신을 집중하여 자기를 절대자와 합일시키는 명상 수행법.

77) 법락法樂 : 신전神前에서 경전이나 다라니 등을 외우면서 신들을 즐겁게 하는 일.

'참으로 부처의 가르침은 어떠한 종파라 할지라도 생사에서 해탈하게 하려는 것이다. 명예나 이익을 생각해서는 안 된다. 그런데도 난토[78]와 호쿠레이[79]의 승려들이 하는 꼴이란, 오로지 명리를 추구하면서 그것만을 가야할 길로 생각하고 깨달음은 소홀히 하고 있다. 이 때문에 혹은 마구니의 길에 떨어지고 혹은 악취[80]에 빠지니, 애석한 마음 금할 길이 없구나!'

이렇게 생각한 에이초는 지체없이 세상에서 은둔하여 오로지 생사윤회에서 벗어나는 일에 힘썼다.

옛날 미이데라三井寺가 산문[81]에 의해 불태워져서[82] 당탑堂塔·승방·불상·경전 등 남은 것이 없게 되고, 스님들도 산이며 들로 흩어져서 인적이라곤 없는 절이 되어버렸을 때 일이다. 절의 스님 가운데 한 사람이 신라묘진[83]을 참배하러 갔다가 밤을 새워 기도하던 중에 꿈을 꾸었다. 신이 신전의 문을 열고 들어오는데, 대단히 기분이 좋은 듯이 보였다. 스님은 꿈속이었음에도, 저도 모르게 이렇게 말하였다.

"절의 불법을 수호하겠다고 맹세하였는데도 이렇게 절이 소실되었으니, 얼마나 그 슬픔이 크실까 하고 생각하고 있었는데, 전혀 슬픈 기색이라곤 없으시니, 이 어찌 된 일입니까?"

신이 대답하였다.

"참으로 그렇다. 어떻게 통탄스럽지 않겠는가? 그렇더라도 이 일로 말미암아 참된 보리심을 일으킨 스님이 한 사람이라도 있다는 것을 알

78) 난토南都 : 여기서는 나라에 있는 흥복사를 지칭한다.
79) 호쿠레이北嶺 : 흥복사를 난토라 하는 데 대해, 히에이잔比叡山에 있는 연력사延曆寺를 호쿠레이라 한다.
80) 악취惡趣 : 악도惡道와 같은 말이다.
81) 산문山門 : 미이데라 즉 원성사園城寺를 사문寺門이라 하고, 연력사를 산문이라 한다.
82) 연력사 승려들에 의해 원성사가 소실된 것은 에이호永保 원년(1081)이다.
83) 신라묘진新羅明神 : 미이데라의 수호신.

왔으니, 더없이 기쁘다. 당탑이나 불경 같은 재보는 언제라도 만들 수 있다. 그러나 보리심을 일으키는 사람은 천만명 가운데서도 얻기 힘들다."

불가사의한 신의 뜻이라고 생각하다가 꿈에서 깨어난 그 스님은 보리심을 일으켰다고 전해진다.

보리심을 일으켜서 진실한 길로 들어선 것을 기뻐하였다는 그 신의 뜻은, 다른 신이라도 다르지 않을 것이다. 이번 생의 일에 대해서 신에게 기도하는 것은 신의 뜻에 맞지 않다는 것을 알아야 한다. 전생의 과보로 말미암아 이번 생의 부유함과 가난함은 정해진다. 무리하게 현세의 일을 신이나 부처에게 기도하는 것은 더더욱 부끄러워해야 한다. 참으로 어리석은 줄 알아야 한다. 같은 행업이라도 깨달음으로 향하게 하고 또 회향하여야 할 것이며, 비록 신의 뜻과 부합하지 않더라도 깨달음을 향한 마음을 지니도록 바라야 한다.

산문 동탑의 북쪽 계곡에 매우 가난한 스님이 있었다. 그 스님이 히요시日吉 신사에 백일 동안 참배했을 때다. 자기 신상에 관해 기도하자 "생각해보겠다"고 하는 신의 계시가 있었다. 그러나 기뻐하면서 지내는 동안, 사소한 일로 말미암아 여러 해 머물었던 승방에서 쫓겨나게 되었다. 달리 갈 곳도 없던 차에, 서탑西塔[84]의 남쪽 골짜기에 있던 승방에서 머물게 되었다. 계시를 입은 뒤로 무언가를 기대하는 마음을 가지고 기다렸으나, 이렇다 할 일도 일어나지 않았을 뿐 아니라 승방 주인에게서 쫓겨나기까지 하였다. 스님은 면목이 없게 되었다고 여겨서 다시 참배하여 기도하였더니, 거듭 계시가 내렸다.

"전세에 닦은 업이 변변찮아서 아무리 해도 현세에는 받을 복이 없는 까닭에, 동탑의 북쪽 골짜기는 추운 곳이고 해서 서탑 남쪽 골짜기의

84) 서탑에는 석가당釋迦堂, 상행삼매당常行三昧堂 등이 있다.

따스한 곳으로 가게 해주었다. 이건 지극히 작은 은혜일 뿐이라고 생각하겠지만, 이 이상의 복은 내 힘이 미치지 못한다."

그래서 이 스님은 단념하고, 그 후로는 기도하지 않았다고 한다. 그래서 "신의 힘도 업력業力은 이기지 못한다"고 말하는 것이리라.

석가모니께서 세상에 계실 때의 일이다. 5백명의 석가 종족들이 폐유리吠瑠璃 태자의 공격을 받았을 때에 석존은 도와주지 않았다.

"석존의 친족들이니 석존이 어떤 신통을 발휘해서라도 도우려 할 것이다."

라고 사람들이 의심하자, 석존은 그 의심을 풀어주기 위해 석가의 무리 가운데 한 사람을 발우에 담아 천상으로 몰래 올려보냈다. 남은 무리들이 공격을 받던 날, 그 사람도 발우 속에서 저절로 죽어버렸다. 석존은 그 인연에 대해 이렇게 설하셨다.

"석가의 무리들 5백명은 옛날에 5백명의 어부였는데, 한 마리의 거대한 물고기를 바다에서 끌어올려 해친 일이 있다. 저 거대한 물고기로 말하자면, 바로 지금의 유리 태자다. 나는 그때 동자였다. 풀잎으로 물고기의 머리를 쳤던 까닭에, 지금도 그 두통을 앓고 있다."

석존에게도 그때의 번뇌가 남아 있었던 것이다. 하물며 범부가 되어서 인과의 이치를 거스를 수 있겠는가?

리군지利軍支라는 비구는 나한의 성자이기는 했지만 몹시도 가난하였는데, 걸식을 해도 먹을 것을 전혀 얻지 못하였다.85) 붓다가 가르침을 펴는 탑의 먼지를 쓸어내면, 그날은 음식을 얻을 수 있었다. 어느 땐가 리군지는 늦잠을 자는 바람에 청소하는 데에 늦어버렸다. 그래서 사리불舍利佛이 대신 청소하였다. 그 후, 걸식을 해도 아무 것도 얻지 못하였

---

85) 이 이야기는 『증일아함경增一阿含經』 권26에 나온다.

다. 이레 동안 아무 것도 먹지 못하고, 모래를 먹고 물을 마시다가 굶어 죽었다. 부처님이 그 인연에 대해 이렇게 설하셨다.

"과거세에 그 모친에게 불효하였으니, 모친이 굶주려서 먹을 것을 달라고 할 때에, '모래를 먹거나 물을 드세요'라고 하면서 7일 동안 먹을 것을 드리지 않아 결국 모친을 죽게 하는 업을 지었다. 그래서 성자가 되었어도 여전히 그 과보를 받은 것이다."

이러하므로 가난이나 비천함도, 난관에 봉착하거나 괴로운 일을 겪는 것도 모두 내가 과거세에 지은 허물에서 비롯된 것이다. 그러니 세상이나 다른 사람을 원망해서는 안 된다. 오로지 번뇌로 가득한 자신의 마음을 부끄러워하고, 지금부터라도 허물이 없고 죄도 없는 몸을 만들어서, 정토와 깨달음을 바라야 한다. 니조인二條院의 사누키讃岐는 이런 마음을 읊은 것이 아닐까 한다.

근심조차도
옛일 때문인 줄을
생각 못하면
얼마나 이 세상을
원망을 하겠는가!

대체로 부처나 신들의 감응도 자그마한 인연을 통해서야 나타난다. 현세의 꿈 같은 세속적 영화는 아무래도 좋다. 이루어지지 않을지라도, 내세에서 깨달을 수 있도록 간절하게 기도하는 것이야말로 신의 뜻에 부합하리라.

간슌桓舜 승도라는 산승[86]이 있었다. 너무도 가난하여 히요시日吉 신

86) 산승山僧 : 중세 일본에서는 원성사의 승려를 사승寺僧이라고 하고, 연력사의 승려를 산승이라 하였다.

사에 머물면서 기도하였다. 그러나 계시도 얻지 못하고 헛되이 시간만 흘러가자, 산노 대사[87]를 원망하면서 히에이잔比叡山을 떠나 이나리 신사[88]로 가서 기도하였다. 얼마 지나지 않아, 신이 '천석千石'이라고 씌어 있는 표찰로 그의 이마를 누르는 꿈을 꾸었다. 아주 기쁘게 여기고 있었는데, 다시 꿈에서 이나리 신이 말하였다. "히요시 신께서 제지하시니, 아까 주었던 표찰을 돌려받겠소." 간슌도 꿈속에서 말하였다. "히요시 신 당신께서 헤아려주지 않으시는 건 괜찮지만, 다른 곳에서 받는 은혜마저도 제지하시는 건, 참 이해하기 힘듭니다." 그러자 이나리 신이 다시 나타나서 이렇게 말하였다.

"나는 위계가 낮은 작은 신이어서 판단할 수가 없다. 허나 히요시 신은 큰 신이시며, '간슌은 이번 생에서 생사의 윤회에서 벗어날 수 있는 자다. 그런데도 세속의 영화가 주어진다면, 그것이 장애가 되어 벗어나기 어렵게 된다. 이런 까닭에 그가 아무리 기도하여도 들어주지 않고, 아무 것도 주지 않았던 것이다'고 나에게 말하셨으므로, 이렇게 되돌려 받는 것이다."

그제서야 신께서 깊은 자비심으로 그렇게 하셨음을 느끼고, 꿈속에서도 황송해 하였다. 잠에서 깨자마자 즉시 히에이잔으로 돌아가서, 내세의 깨달음을 얻으려는 한결같은 마음으로 힘써 수행하여 마침내 왕생하였다고 한다. 따라서 신이나 부처에게 기도하는 일은 비록 계시가 없더라도 헛된 것이 아니다. 어떻게든 헤아려주시는 일이 있을 것이다. 우리는 다만 신심을 다하고 공력을 기울이며, 눈에 보이지 않는 이익을 믿어야 한다.

호지보寶地房의 쇼신證眞 법인法印이 꾼 꿈에 대한 이야기다. 쇼신은 서

---

87) 산노山王 대사 : 히요시묘진日吉明神의 별칭.

88) 이나리稻荷 신사 : 제신은 기도전희지명奇稻田姬之命을 주신으로 하고, 포진주명布津主命・관원도진菅原道眞・대산사명大山咋命 등을 함께 제사지낸다.

쪽 사카모토坂本에서 올라오고 계시던 십선사十禪師를 뵈려고 하였다. 십선사는 수레를 타고 계셨고, 권속들이 위풍당당하게 따르고 있었다. 쇼신은 무언가를 여쭈려고 하다가, 노모가 빈궁하게 지내시는 것을 생각하고는 "저의 노모를 봉양할 수 있도록 헤아려 주십시오"라고 아뢰었다. 신의 모습은 참으로 훌륭하였고 기분도 상쾌해 보였는데, 이렇게 아뢰는 말을 듣고서는 풀이 죽은 듯 수척해지더니, 무엇엔가 골몰하는 것 같았다.

'참으로 세간의 일을 아뢰었기 때문에 탐탁치 않게 여기시는구나.' 라고 생각한 쇼신이 다시 말하였다.

"노모의 일은 여생이 얼마 남지 않았으므로 어떻게든 꾸려갈 수 있습니다. 내세의 깨달음을 얻기 위해서는 어떻게 해야 합니까? 부디 도와주시옵소서."

그러자 신의 낯빛이 처음과 같이 밝아지더니, 기분 좋게 웃으면서 고개를 끄덕이는 것이었다. 이를 본 쇼신의 보리심은 더욱더 깊어졌고, 생의 마지막을 훌륭하게 보냈다고 한다.

오직 세간의 일에만 마음을 기울이면서 신이나 부처에게 기도하는 것은 아무리 생각해도 어리석은 짓이다. 화광의 참뜻은 중생을 불도로 이끄는 데에 있다. 세간의 이익이란 그저 잠시 동안의 방편에 지나지 않는다. 위의 일은 쇼신의 손제자에게서 들었다. 확실한 이야기다.

8. 생명을 신에게 바친 의심스런 일

아키安藝의 이즈쿠시마[89]는, 사람들이 깨달음을 얻을 수 있도록 기도하기 위해서 찾는 곳이다. 그 까닭에 대해서 누군가가 이렇게 말해 주었다.

옛날에 코보弘法 대사가 이곳에 찾아와서 깊고 깊은 법을 보시하였을 때, 신이 나타나 무엇이든지 바라는 것이 있으면 다 들어주겠다고 하였다. 이에 대사가 말하였다. "저에겐 별로 바라는 것이 없습니다. 이 말법 시대에 깨달음을 구하는 사람들에게 도심을 베풀어주십시오." 신은 "들어주겠다"고 대답하였다.

그리하여 옛날부터 승려들도 끊임없이 참배하러 온다고 한다.

어떤 승려가 신사에 참배하여 그 부근을 돌아보다가, 바다에서 헤아릴 수 없이 많은 생선을 잡아 제물로 바치는 광경을 보게 되었다. 화광의 본지는 부처와 보살이다. 무엇보다 자비를 우선으로 하므로, 인간에게도 살생을 금하도록 하였다. 그런데도 이와 같은 일이 있으니 너무도 의심스러운 짓이라 생각한 승려는 특별히 이 의심을 풀어달라고 기도하였다.

그러자 승려에게 이런 계시가 내렸다.

"참으로 의심스런 일이로다! 인과의 이치를 알지 못하고 쓸데없이 생명을 해쳐서는 나에게 제물로 바치는데, 이는 구제받기 어려운 자들이 허물을 나에게 떠넘기고 자신들의 죄를 가볍게 하려는 것이다. 그렇지만 죽임을 당한 생물들은 과거세의 업보로 받은 목숨을 다한 것일 뿐이다. 결국 저들은 헛되이 내버려진 생명을 나에게 바치는 인연에 힘입어, 불도로 들어가는 방편을 얻고 있다. 따라서 과거세의 업보로 받은 목숨을 다한 생선들을 내 힘으로 끌어모으게 한 것임을 알라."

이 말을 듣자, 승려의 의심은 말끔히 사라졌다.

---

89) 이즈쿠시마嚴島 : 광도현廣島縣 좌백군佐伯郡 궁도정宮島町에 있는 이즈쿠시마신사嚴島神寺. 시저도희명市杵島姬命을 주신으로 하고, 단진희명湍津姬命 · 전심희명田心姬命을 합사合祀하였다. 평가平家의 씨족신이다.

신슈信州의 스와諏方, 시모즈케下州의 우쓰노미야[90]에서 사냥을 주로 하여 사슴이나 새를 공물로 바치는 것도 이 때문이리라. 부처나 보살이 임시로 몸을 나투는 권현의 방편을 범부들은 알 수가 없다. 진언으로 조복시키는 법[91]에서도 이르기를, 세상을 위해 또 남을 위해 수행자가 자비로써 중생을 이롭게 하려는 염원을 세워서 해악을 끼치는 포악한 자를 조복시킨다면, 그들도 반드시 자비에 머물게 되어 삿된 마음을 버릴 것이며 다음 생에서는 깨달음을 얻을 것이라고 하였다. 다만 수행자가 원수를 대하는 마음으로 행한다면, 그것은 저 진언하는 법의 본뜻이 아니다. 필시 죄장[92]이 되어버릴 것이고, 또 조복시키는 법도 이룰 수 없게 된다. 신의 방편도 이런 의미일 것이다.

무릇 살생을 하지 않고 불법의 가르침대로 계율을 지키고 수행을 하며 반야지혜를 보시로 삼아 바치는 것이야말로 참으로 신의 뜻에도 부합한다고 할 것이다. 그런 까닭에 옛날 어떤 고승은, 중국의 유교와 도교에서 가르침을 처음 퍼뜨릴 때에 소나 양을 잡아 제사지내는 것에 대해서 말하기를, "불법을 쉽게 전파하기란 어렵다. 그래서 천축의 보살이 중국에 태어나서 먼저 외전外典을 널리 전하여 부모의 영묘한 마음의 작용을 알게 하고, 제사지내는 마음을 가르쳐서 불법으로 이끄는 방편으로 삼은 것이다"고 하였다. 따라서 외전의 가르침은 방편적인 가르침이지, 올바른 불법은 아니다. 불법이 널리 전해진 뒤에는, 석가모니의 가르침을 행하는 사람들은 그러한 제사를 불법으로 제사지내는 의식으로 고쳐 행하고 있다.

이렇게 보면, 우리 나라가 부처님의 법에 대해서는 이름도 들은 적이 없고 인과의 이치도 알지 못하였던 때에는, 부처를 섬기고 법을 행하는

---

90) 우쓰노미야宇津宮 : 하내군河內郡에 속하고, 강평康平 연간(1058~65)에 우도궁宇都宮의 좌주座主 검교종원檢校宗圓이 성을 지은 땅이다.

91) 부동不動 · 항삼세降三世 · 군다리軍荼利 등의 명왕明王이나 금강야차 등 분노의 형상을 드러낸 것을 본존으로 하여 원수나 삿된 무리들을 항복시키려는 밀교의 행법이다.

92) 죄장罪障 : 깨달음이나 해탈을 방해하는 악한 행위.

방편으로 신토神道의 제의를 가르쳐서 점점 불법으로 나아가게 하였던 것이라고 생각할 수 있다. 그러다가 본지의 의미를 미루어 알게 되고 불법의 가르침이 점점 퍼지게 되면서 옛부터 내려오던 신토의 방식은 버리고 법보시를 받들어 행하게 되었으니, 진실로 신의 뜻에도 부합하는 것이다. 사람의 마음이란 오랫동안 익혀온 방식을 버리기가 어렵고, 내면에 물들어 있는 것을 잊기 어려운 법이지만, 그렇다고 해서 사물에 대해 삼가는 마음이 적거나, 제의를 중시하면서 법보시를 받들어 행하는 일이 적은 것은 아무리 생각해도 어리석기 짝이 없다. 나아가 계율을 지키는 것이야말로 신의 뜻에 부합하는 일이다. 구마노熊野 세 곳의 권현[93]에 참배하는 것도 모두 계행에 어긋나지 않는다. 모든 신령한 신사에서 옛날부터 경전을 강설하고 수행을 쌓은 것은 본지의 뜻에 부합하기 때문이었으니, 그 화광의 위력이 탁월한 건 당연하다.

중국의 어떤 산기슭에 영험이 대단하다는 사당이 있었다. 사람들은 이곳을 숭상하여 소나 양, 물고기, 새 따위를 제물로 바쳤다. 그런데 그 사당의 신이란 것이 한낱 낡은 솥이었다고 한다. 어느 때엔가 어떤 선사가 이 솥을 두들기며, "신은 어디에서 오는가? 영험은 또 어디에 있는가?"라고 말하면서 완전히 부수어버렸다.

그때 푸른 옷을 입은 속인이 한 사람 나타나서 관을 쓴 머리를 숙이며 선사에게 예를 표하며 "저는 이 곳에서 괴로움을 많이 겪었습니다. 이제 선사께서 무생無生의 설법을 베푸시어, 그로 말미암아 홀연 전생에 지은 업고에서 벗어나 천상 세계에 태어나게 되었습니다. 이 은혜 보답할 길이 없습니다"라고 말하고는 떠났다.[94]

그렇다면, "살생을 해서 제물을 바치면 신도 괴로움을 겪고, 청정한

93) 구마노의 세 권현은 화가산현和歌山縣의 동·서모루군東·西牟婁郡, 삼중현三重縣의 남·북모루군南·北牟婁郡에 걸친 웅야삼산熊野三山에 있다.
94) 이는 당나라 때의 파조타破竈墮 화상 이야기이다. 『조당집祖堂集』 권3에 나온다.

법을 보시하고 깊고 오묘한 이치를 설해주면 즐거움을 누린다"고 말할 수 있으리라. 이런 뜻을 잘 알아서, 허물 없는 공물을 바치고 현묘한 법을 보시하여야 한다.

9. 화광의 방편으로 망령된 생각을 그치게 한 일

가즈사[95] 지방의 다카타키高瀧라는 곳에 지토[96]가 있었다. 그가 구마노熊野로 참배하러 갈 때였다. 오직 하나뿐이었던 딸을 무척 사랑하여서, 또 그 딸에게 도움이 될 거라고 생각하여 데리고 갔다. 이 딸은 얼굴과 자태가 대단히 빼어났다.

구마노의 승방에는 아무개 아사리라고 하는 젊은 승려가 있었다. 교토 출신이었다고 하는 이 승려는 그 처녀를 보자마자 처녀를 마음에 두게 되었다. 아무래도 마음을 억누르기 어렵게 되자,

'청정한 수행에 뜻을 두고 영험있는 신사에서 불법을 행하리라 생각하였으면서도 이런 악연을 만나자 허망한 생각을 누르기 어렵게 되었으니, 정말 분하다!'

라고 생각하면서, 본존과 권현權現에게 "이런 마음을 멈추게 해주십시오" 하고 기도하였다.

그럼에도 날이 갈수록 그 모습이 더욱 눈앞에 어른거렸다. 잊혀지지도 않고 다른 아무 것도 생각할 수 없게 되자, 도저히 견디지 못하여 마음 가는 대로 바랑을 짊어지고 훌쩍 떠나 가즈사 지방으로 내려갔다.

---

95) 가즈사上總 : 지금의 천엽현千葉縣의 중앙부에 있었던 지방.
96) 지토地頭 : 가마쿠라鎌倉 막부가 장원을 관리하도록 두었던 직책.

그런데 가마쿠라鎌倉를 지나 무쓰라[97]에서, 가즈사로 건네줄 배편을 기다리면서 물가에 드러누웠는데, 오래도록 걸어서 피로해진 탓인지 깜빡 잠이 들었다. 꿈에서 그는 배를 타고 가즈사로 건너가 다카타키까지 물어물어 찾아갔다. 저 지토가 맞이하며 말하였다. "어찌하여 여기까지 찾아오셨습니까?" "왠지 가마쿠라에 가고 싶었고 또 수행도 할 겸 길을 나섰는데, 댁이 가까운 곳에 있다는 말을 전해 듣고, 한번 뵈려고 찾아왔습니다." 그래서 지토는 융숭하게 대접하였다. 이윽고 승려가 떠나야겠다고 말하자, 지토는 "잠시 이 시골 생활이라도 맛보고 가십시오"라고 하면서 붙잡았다.

본래부터 그런 뜻이 있었던 승려는 두말 않고 머물었다. 그리고 이제나저제나 기회를 엿보고 있다가 처녀와 몰래 정을 통하였다. 서로 마음이 깊어졌을 즈음에 사내 아기가 태어났다. 처녀의 부모는 이를 알고 대단히 화를 냈으며, 불효한 짓을 했다고 하면서 지체 없이 딸을 연고가 있는 사람 밑에서 숨어 지내게 하였다. 이렇게 해가 가고 달이 가자, 그 부모도 결국 "하나밖에 없는 딸인데. 이젠 어찌할 수 없는 일 아닌가"라고 하면서 용서해주었다.

이 승려 또한 젊고 용모도 빼어난 심상한 사람이었고, 재치도 있고 필체도 훌륭하였다. 그래서 처녀의 부친은 "이제는 사위로 받아들일 수밖에 ……"라고 하면서 자신의 대리로 삼고 가마쿠라로 올려보내어 장원의 일을 보고하게 하였다.[98]

손자도 그 용모가 참으로 빼어났으므로 조부모는 잘 대해주고 돌보아주었다. 아기는 두셋 더 태어났다. 그러다가 이 아이가 열 세 살이 되던 해였다. 원복[99]을 위해 가마쿠라로 길을 떠나게 되었다. 갖가지 세간

---

97) 무쓰라六浦 : 횡빈시橫浜市 금택구金澤區에 있는 곳으로, 옛날에는 육운六運 · 육면六面이라고도 썼다. 신내천현神奈川縣 구량기군久良岐郡에 속하였다.

98) 지토라는 직책은 정기적으로 막부에 보고를 하는 것이 임무였다. 그 임무를 사위에게 맡겼다는 말이다.

99) 원복元服 : 일본에서 남자 아이가 12세에서 16세 사이에 거쳐야 했던 통과의례의 하

을 충분히 갖추고 배도 몇 척 마련하여 바다를 건너가는데, 바로 그때 맹렬한 바람이 불고 파도가 높게 일었다. 그 아들이 뱃전에서 먼 곳을 구경하다가 잘못하여 바다로 떨어졌다.

"어이쿠, 어이쿠!" 하고 소리를 내질렀지만, 아들은 물에 가라앉아버리고 더 이상 보이지 않았다.

가슴이 무너지는 슬픔을 느낀 승려는 당황하며 허둥대다가 꿈에서 깼다. 그런데 그 13년간의 일은 아주 선명하게 떠올랐으나, 사실은 잠깐 잠든 사이에 일어난 일일 뿐이었다. 설령 바람을 이루어 즐거움과 번영을 누렸다 할지라도, 잠시 동안의 꿈이었을 뿐이었다. 기쁨도 있었지만, 또한 슬픔도 있었다. 모든 게 부질없는 것이라 여겨진 승려는 이윽고 발길을 돌려 구마노로 돌아갔다. 참으로 화광의 방편이 있었다고 하리라.

옛날에 장주莊周는 잠든 사이에 나비가 되어 백년 동안이나 꽃밭에서 노니는 자신을 보았는데, 깨어나 생각해보니 잠깐이었을 뿐이었다. 장자는, "장주가 꿈에 나비가 된 것인가, 나비가 꿈에 장주가 된 것인가?"라고 말하였다. 참으로 현실이라 생각될지라도 사실은 꿈이었던 것이다. 또 꿈이라고 해도 분간하기 어렵다는 걸 말한 것이다.

무릇 삼계를 윤회하고 태어나는 모든 생명이 끊임없이 변하는 것, 이 모두는 무명의 잠 속에서 꾸는 망상妄相의 꿈이다. 그래서 『원각경圓覺經』에서도, "비로소 알았도다, 중생은 본래부터 부처였음을. 태어남도 죽음도 열반도 간밤의 꿈과 같도다!"라고 설하였으니, 진실로 깨달음을 얻어서 보면, 시작을 알 수 없는 아득한 옛날부터 되풀이되는 생사가 되었든 시각始覺의 열반이 되었든 다만 한순간의 잠에 지나지 않는다는 걸 알게 된다. 본각불생[100]에 도달한 마음이야말로 잠도 없고 꿈도 없는 참

나. 머리에 관冠을 얹고 어릴 때의 이름을 바꾸고 실명을 준다. 여기에서는 가마쿠라 막부에 그것을 알리기 위해 올라간 것이다.

100) 본각불생本覺不生 : 일체 중생에게 본래부터 갖추어져 있는 불성을 본각本覺이라 하

된 마음이다.

옛사람도 말하기를, "어제의 생시와 오늘의 꿈은 서로 다른 것이 아니었구나! 생시의 경계도 지나가버리면 꿈과 같도다. 꿈속의 일도 때에 맞으면 생시와 같으리라. 지혜있는 사람이라면 누가 꿈과 생시를 다르다고 할 것인가?"라고 하였다. 참으로 심오한 이치야말로 깨닫기 어렵도다. 꿈같이 헛된 세상사임을, 분별있는 자는 의심하지 말라.

백낙천白樂天이 말하기를, "번영도 쇠퇴도 지나면 모두 꿈이요, 근심도 기쁨도 잊으면 이것이 바로 선禪이로다!"고 하였다. 지나가버리기 때문에 공空은 아니다. 때에 맞아도 자성自性이 없기 때문에 공이다. 그러므로 태어나면서도 태어남이 아니다.[101] 온갖 법이 참으로 꿈인 줄을 알고, 기뻐하지도 않고 근심하지도 않아 마음이 고요해지면, 저절로 공문空門에 상응하게 되리라.

또 그는 "선禪의 공덕은 스스로 보는 데에 있으니, 남이 깨닫지는 못한다. 근심할 일을 만났을 때에도 근심하지 않는다"고 말하였다. 이 말뜻은, "꿈속에서 일어난 일이라면, 기쁨도 근심도 마음에 담아둘 게 못된다. 우리가 분명히 알고 있다고 생각하는 세간의 일들도 모두 꿈이다. 태어남을 기뻐하고 죽음을 근심하며, 만남을 즐거워하고 헤어짐을 슬퍼하는 것은, 이것이 꿈인 줄을 알지 못하는 마음 때문이다. 이러한 일에 전혀 마음이 흔들리지 않는다면, 그는 공문에 들어간 사람이라 하리라. 입으로만 선을 말하지 않고, 뭇 생각을 끊고 마음이 고요해져야만 선이라 할 수 있다"는 것이다. 장자는 "잘 짖는다고 좋은 개가 되는 것은 아니며, 말을 잘 한다고 지혜로운 사람이 되는 것은 아니다"고 말하였다.

그렇다면 법문을 잘 설하는 사람이라 할지라도 마음에서 명예와 이익, 오욕[102] 따위를 떨쳐버리지 못한다면, 공문과는 거리가 멀다고 하

고, 본각은 일어나는 것이 아니라는 게 불생不生이다.

101) 실상은 생겨나지도 않고 사라지지도 않으므로, 뭇 인연이 흩어지고 모여지는 것에 말미암아 생겨나고 사라지는 갖가지 현상은 모두 실상이 아니라는 말이다.

리라. 『범망경梵網經』에서 이르기를, "입으로는 곧 공을 설하면서 그 행위는 있음 가운데에 있구나"라고 하였다. 말법 시대에는 진실한 지혜나 도심을 지닌 자가 드물어서, 입으로는 법을 설하면서도 마음으로는 이치대로 행하지 않는 자가 많다. 그리하여 꿈속의 일을 진실이라 생각하여 집착이 깊어지고 애욕이 두터워지는 일이 많다.

『유식론唯識論』에서는 이렇게 말하였다.

"진실한 깨달음을 아직도 얻지 못해 항상 꿈속에 있구나. 이 때문에 부처는 생사란 긴긴 밤과 같다고 하였다."[103)]

자은慈恩 대사는 "마음 밖에 법이 있으면 생사를 윤회할 것이며, 한 마음임을 깨달아 안다면 영원히 생사의 굴레에서 벗어나리라"[104)]고 풀이하였다. 생사의 긴긴 밤에서 헤어나지 못하는 것은, 마음 밖에서 법을 보고 허망하고 진실하지 못한 경계에 매여 있기 때문이다. 마음 밖에서 법을 보지 않는다면, 법이 곧 마음이요 마음이 곧 법임을 알아 생사윤회에서 벗어나게 될 것이다. 사리에 밝은 사람은 마음이 모든 현상을 낳는 근원임을 깨달아서 삼유[105)]의 잠에서 깨어나야 한다.

---

102) 오욕五慾 : 눈 · 귀 · 코 · 혀 · 몸의 다섯 감각기관으로 말미암아 갖게 되는, 색 · 소리 · 냄새 · 맛 · 느낌 등에 대한 다섯 가지 욕망.

103) "未得眞覺, 恆處夢中. 故佛說爲生死長夜."

104) "有心外法, 輪回生死, 覺知一心, 生死永棄."

105) 삼유三有 : 욕계欲界 · 색계色界 · 무색계無色界의 삼계에서 존재하는 방식인 욕유欲有 · 색유色有 · 무색유無色有를 가리킨다.

10. 정토종 사람이 신을 업신여기다가 벌 받은 일

진제이[106]에 정토종[107]을 공부하는 속인이 있었다. 그는 지토이기도 했는데, 자신이 맡은 영지 내에 있던 신사의 밭神田[108]을 점검한 뒤에 장부에서 누락된 토지를 자신이 가졌다. 이로 말미암아 신사의 승려들과 신관들이 분노를 터뜨리며 가마쿠라 바쿠후幕府에 소송을 제기하였다. 하지만 바쿠후에서는 "여분의 토지를 자신이 가지는 일은 지토로서는 당연한 것이다"라고만 대답하고, 아무런 조처도 취하지 않았다. 그러는 한편, 지토에게도 말을 하였으나, 지토는 전혀 양보하지 않았다. 그래서 결국 승려들과 신관들은 "저주나 받아라!" 하고 말하였는데, 지토는 오히려 "조금도 두렵지 않다. 아무리 저주를 해봐라, 정토종의 수행자가 신 따위를 걱정할 줄 아느냐? 아미타불이 구제를 위해 비추는 접취接取의 광명을 받은 수행자를 신이 어떻게 벌을 내리겠느냐?"라고 조롱하면서 깔보았다고 한다.

신관들은 대단히 화가 나서 저주를 내렸다. 그로부터 얼마 지나지 않아서, 지토는 지독한 병에 걸려 미칠 지경이 되었다. 비구니인 그 모친이 너무도 놀라서 "나에게 효도한다고 생각하고, 제발 저 신사의 밭을 돌려드리고 잘못하였다고 아뢰어라" 하고 울면서 하소연하였으나, 아무 소용이 없었다. 자식의 병이 점점 깊어지자, 불안해진 그 모친은 견딜 수가 없어서, 신을 불러서 모신 뒤에 병자의 집에 심부름꾼을 보내어

---

106) 진제이鎭西 : 규슈九州의 별칭.

107) 정토종淨土宗 : 일본에서 법연法然을 종조宗祖로 하는, 오로지 염불을 통해 수행하는 종파. 아미타불의 본원本願을 믿고 아미타불의 명호를 외워서 극락정토에 왕생하는 것을 설한다.

108) 신전神田 : 신사의 갖가지 비용을 충당하기 위하여 신사에 배분된 밭. 조세를 면제받은 불수조전不輸租田이다.

이렇게 말하였다. "제발 신사의 밭을 돌려 드리겠다고, 병을 낫게 해주시면 신사에 밭을 더 보태드리겠습니다고 아뢰어라." 그러나 미친 기색이 역력한 병자는 목을 배배틀며 "왜 신에게 그렇게 해?"라고 말하면서 조금도 뉘우치지 않았다.

갔다 온 심부름꾼이 "여차여차 하였습니다"고 가만히 말하는데, 마침 그때 신녀에게 신이 내려 여러 가지 분부가 있었다. 그러자 그 모친이 신을 달래며 말하였다. "병자는 신사의 밭을 돌려 드리겠다고 했습니다. 이번만은 그의 목숨을 살려주십시오." 그러자 신녀가 한바탕 웃고는 말하였다. "목을 배배틀며, '왜 신에게 그렇게 해?'라고 말한 자다. 저 얼마나 추잡한 마음인가! 나는 십일면관음의 화신이다. 본사本師인 아미타불의 본원에 의지하여 진실한 마음으로 염불한다면, 이는 참으로 바랄만한 일이요 고귀한 일일 것이다. 허나 이토록 추잡하고 흐려진 마음이라면, 어떻게 아미타의 본래 서원과 상응하겠는가!" 그리고는 탁탁 손톱을 튀기면서 눈물을 주루룩 흘렸는데, 이 일을 전해 들은 사람들은 모두 눈물을 흘렸다고 한다.

병자의 배배틀린 목은 결국 낫지 않았고, 병자는 그대로 숨이 끊어졌다고 한다. 최후의 순간에, 오래도록 스승이셨던 선지식이 염불을 권하였으나, "교활하게시리!" 하고 소리치면서 베개를 들어 스승을 치려다가 오히려 제 머리를 쳤다고 한다. 참으로 보기 드문 인생으로 여겨진다.

그 후, 비구니인 모친도 병을 앓게 되어서 하쿠산[109]의 신을 불러 모시고는 병을 낫게 해달라고 빌었다. "나는 말리려고 애썼으니, 신께서 책망하시리라고는 생각하지 않습니다." 그러자 신이 대답하였다. "진실로 말리려고 했던 일은 사실이지만, 자식을 생각하는 마음이 간절하였

109) 하쿠산白山 : 가하加賀 · 월전越前 · 비탄飛驒 · 미농美濃에 걸쳐있는 높은 산으로, '시라야마'라고도 한다. 부사富士 · 입산立山과 함께 일본 삼산三山의 하나다. 옛날부터 수험도修驗道의 행장行場으로 유명하다. 이 하쿠산의 제신은 백산묘리대보살白山妙理大菩薩이라 하고, 본지를 십일면관음十一面觀音이라고 한다.

기 때문에 마음 속으로는 나에 대한 원망이 일어나서 편안하지 않을 것이다." 드디어 그 모친도 세상을 떠났다.

죽은 지토의 자식이 그 집을 이어 받은 지 얼마 안 돼서, 집의 마룻대에 해오라기가 둥지를 틀었다. 점을 쳐 보았더니, "신께서 책망하시는 것이다"라는 점괘가 나왔다. 그 집에 머물고 있던 음양사[110]는 "신이 내린 벌이 무슨 대수겠는가? 내가 막아내겠다"라고 말하였으나, 술잔을 든 채로 마치 밧줄에 묶인 것처럼 손이 뒤로 꺾이며 자지러지더니, 그 자리에서 죽었다고 한다.

그 음양사의 후손이 지금도 살아 있어 이 일을 직접 사람들에게 이야기해주었다. 근자의 일이므로 들은 자들이 많이 있다. 저 지토의 자손과 친척들이 지금도 살아 있어서 좀 꺼려지지만, 이는 그저 남의 일을 떠벌리기 위해서가 아니다. 다만 신의 위력을 가볍게 여기지 말아야 할 이유를 사람들에게 알리기 위해서다.

무릇 염불종[111]은 더러움으로 가득한 시대에 알맞은 긴요한 가르침이며, 범부가 생사의 윤회를 벗어나게 해주는 길이다. 참으로 탁월한 가르침이기는 하지만, 여타의 행업이나 선업을 꺼리고, 다른 종파에서 섬기는 불보살이나 신들까지도 가벼이 여기며 여러 대승의 법문을 비방하는 자들이 있다고 한다. 이런 속된 무리들은 염불 이외의 행업을 통한 왕생을 인정하지 않는 자들이며, 특히 잘 이해하지도 못하면서 다른 불보살을 얕보는 자들이다. 염불종에 속하는 종파라도 각기 다른 점이 있지만, 대체로 그들의 소의경전이나 주석한 글을 살펴보면, 근본 교의에서는 "여타의 행업을 통해서도 왕생한다"고 말하고 있다.

『관경觀經』[112]에, "대승 경전을 독송하는 것, 제일의를 요해하는 것,

110) 음양사陰陽師 : 음양오행에 기초하여 신비적인 방술을 행하던 자.
111) 염불종念佛宗 : 오로지 아미타불의 명호를 부르면서 극락왕생을 기원하는 종파. 당시 일본에는 정토종淨土宗·진종眞宗·시종時宗·융통염불종融通念佛宗 등이 이에 속했다.
112) 관경觀經 : 본래는 『관무량수경觀無量壽經』 또는 『관무량수불경觀無量壽佛經』이다.

부모를 봉양하는 것, 오계팔계五戒八戒를 지키는 것, 세간에서 말하는 오상[113]까지도, 회향하면 왕생할 수 있다"는 대목이 나온다. 『쌍관경雙觀經』[114]에서는, "사십팔대원四十八大願 가운데서 열 여덟번째[115]는 특히 염불로써 행하는 것이다. 열 아홉번째[116]는 갖가지 공덕을 닦아서 회향하는 자를 아미타불이 와서 맞이하겠다고 맹세한 것이며, 스무번째[117]는 선근공덕善根功德을 심고 생각을 하나로 모으면 왕생하게 된다는 것이다"고 말하고 있다.

그렇다면 염불은 갖가지 행업 가운데서도 특히 손꼽히는 것으로, 하나의 바람 위에 서 있으며[118] 으뜸이요 근본이다. 다른 행업들은 모두 생인[119]의 바람에 입각해 있는 곁가지이며 말단이다. 그렇다고 해서 이러한 행업으로는 왕생할 수 없다고 어떻게 말할 수 있겠는가? 선도善導대사의 주석에도, "어떠한 행업이든 회향하면 모두 왕생할 수 있다"[120]고 풀이되어 있으니, 어떠한 행업이나 선업이라도 회향한다면 왕생할 수 있다고 말한 것 같다. 잡행雜行에 관해서는, "비록 회향하여 왕생을 얻는다 할지라도, 엉성하고 잡스런 행업이라 할 것이다"[121]고 풀이하였다. 그렇지만 멀다거나 가깝다고 하는 차이는 있을 지라도, 왕생할 수 없다고 말하는 것은 아닌 듯하다.

더군다나 『법화경』을 독송하거나 진언을 읊어서 왕생하려고 한 평소의 바람을 이룬 일에 대해서는 경전에서도 말하고 전기에도 쓰여 있으

113) 오상五常 : 유가儒家에서 내세우는 인 · 의 · 예 · 지 · 신 다섯 가지 덕목.
114) 『쌍관경雙觀經』 : 『무량수경無量壽經』, 『대무량수경大無量壽經』 또는 『대경大經』으로도 불린다.
115) 염불왕생원念佛往生願을 가리킨다.
116) 내영인접원來迎引接願을 가리킨다.
117) 계념정생원係念定生願을 가리킨다.
118) 아미타불 48대원 가운데서 제18원에 기초하여 종지宗旨를 세우는 일이다. 일원건립一願建立이라고 한다.
119) 생인生因 : 바르게 과보를 낳는 원인의 씨앗.
120) 『반주찬般舟讚』에 보이는 구절이다. "萬行俱迴, 皆得往."
121) 『관경소觀經疏』 「산선의散善義」에 보이는 구절이다. "雖可廻向得生, 衆名疎雜之行也."

며, 인도와 중국, 일본 세 나라에도 그 선례가 많다고 한다. 다른 행업을 억눌러서 대승의 공능을 잃어버리거나, 다른 가르침의 이익을 비방하고 경멸하는 일은 마땅하지 않다. 그러므로 다만 우러러 본원을 믿고 정성스럽게 염불하여 공을 쌓아야지, 다른 행업을 비방하거나 다른 불보살과 신을 얕보는 일은 옳지 못하다. 앞서 얘기한 지토의 임종에서 바로 이러한 허물을 볼 수 있다. 앞 수레가 뒤집히면 뒷 수레는 이를 경계로 삼는 법.[122] 진실로 왕생하려는 마음이 있는 자라면, 이런 일을 잘 분별해야 한다.

이와 같은 말에는 틀림없이 신랄하게 비난하는 뜻도 담겨 있지만, 그저 내 생각의 일단을 피력하려 한 것일 뿐이다. 다른 행업을 통한 왕생을 인정하지 않는 태도는 얼핏 아미타를 찬미하는 것 같지만, 사실은 비방이 된다. 그 까닭은, 아미타의 자비는 광대해서 갖가지 행업이나 선업을 닦은 사람들을 극락으로 맞아들이고, 또 극락은 가없는 세계여서 다른 가르침을 따르거나 다른 종파에 속하는 자들도 포용하기 때문이다. 이러하므로 아미타가 다른 부처보다 앞서고 그의 정토가 다른 정토를 뛰어넘으며, 누구나 그가 세운 사십팔대원에 의지하고, 그의 광대무변한 국토도 장엄하기 이를 데 없는 것이다. 다른 행업을 닦거나 다른 가르침을 따르는 자를 가려서 내치고 그들은 왕생하지 못한다고 한다면, 아미타불은 자비심도 적고 그 국토의 경계도 좁다고 해야 할 것이다.

어떤 유모가 아씨를 기르는데, 지나치게 자랑하여, "내가 기르는 아씨는 용모가 아름다우시고 눈은 가느다랗고 사랑스러우시다"라고 말하였다. 그때 누군가가 "눈이 가느다란 건 좋은 게 아니야!"라고 말하자, "아니예요, 한쪽 눈은 크세요!"라고 말했다 한다. 아울러 생각해보라. 이처럼 저들도 아미타를 제대로 칭송하지 못하고 있는 것이다.

다른 행업을 통한 왕생을 인정하지 않는 태도에 대해서도 해석은 구

---

122) 『한서漢書』, 「가의전賈誼傳」에 그 출전이 있다. "前車覆後車誡. 秦世所以亟絶者, 其轍迹可見, 然而不避, 是後車又將覆也."

구하다. 어떤 평범한 스승은 "다른 행업으로는 왕생할 수 없다는 것은 세 가지 마음을 갖추지 못했을 때 일이다. 이 세 가지 마음을 갖춘다면, 다른 행업도 모두 염불이 되어 왕생하게 될 것이다. 아미타의 명호를 부른다 하더라도 세 가지 마음이 없다면, 왕생하지 못할 것이다"고 말하였다. 이렇게 풀이한다면, 다른 행업을 통한 왕생도 가능하다는 데에는 의심할 여지가 없다. 말할 것도 없이 세 가지 마음이 없으면, 염불하더라도 왕생하지 못한다. 다른 행업이나 염불에서도 전혀 다를 게 없다. 옛날에 깨달음을 얻으신 분들은 이와 같이 다른 행업과 염불을 구분하지 않았고, 기틀에 따라 염불을 권하면서 종지를 널리 폈으니, 그러한 뜻에는 허물이 없다. 다만 어리석은 후학과 재가자들이 그저 남의 말만 듣고 다른 행업을 비방할 뿐이다.

예전에 염불의 가르침이 널리 퍼졌을 때에, 다른 부처와 다른 경전들은 모두 쓸데없는 것이라고 하면서, 혹은 『법화경』을 강물에 던져 버리고, 혹은 지장보살의 머리를 여뀌로 문질렀다고 한다. 어떤 마을에서는 하녀들이 이웃집의 일을 들먹이면서, "옆집 지장보살요? 벌써 눈알까지 갈아서 으깨었어요!"라고 말하였다고 한다. 이 얼마나 한심한 짓인가!

어떤 정토종의 승려는 지장보살에게 공양할 때에 아미타불이 그 곁에 서 있는 것이 괘씸하다고 해서 끌어내렸다고 한다. 또 어떤 사람은, "지장을 믿는 사람은 지옥에 떨어질 거다. 지장은 지옥에 있기 때문에!"라고 말하였다고 한다. 그렇다면 아미타불도 관음보살도 중생을 이롭게 하려는 방편으로 대자비심을 내어 고통을 대신 받겠다고 맹세하였으니, 스스로 지옥에 가 계시겠구먼! 지장보살에 한정된 것은 아니지 않은가. 이 모두 부처의 본바탕을 알지 못하고 차별심에 깊이 사로잡혀 있기 때문에 생긴 일이다.

북쪽 지방에 1천 부의 경전을 독송한 지경자[123]가 있었다고 한다. 어떤 염불 수행자가 권하여서 염불로 왕생할 수 있다는 가르침을 따랐는데, "법화경을 읽는 자는 반드시 지옥에 떨어질 것이오. 딱하기 그지 없는 죄업이오. 잡스런 행업을 닦는 것도 어리석은 짓이오!"라는 말을 믿은 것이다. 그 지경자는 "그런데도 염불은 전혀 하지 않고 수년간 독경만 하였으니, 이 얼마나 억울하고 분한 일이냐!"라고 말하고는, 기거하면서 입을 잠시도 쉬지 않았고, 마음에도 틈을 주지 않았다. 그러나 이런 그릇된 생각 탓인지 지독한 병에 걸려 미칠 듯하자, "경전을 읽은 일이 억울하구나! 억울하구나!"라고만 흥얼거렸다. 결국은 자신의 혀와 입술도 모두 깨물어 끊고는 피투성이가 된 채, 미쳐 죽었다고 한다. 염불을 권했던 승려는 이렇게 말하였다고 한다. "법화경을 읽은 죄를 참회하였고, 그 죄값음으로 혀와 입술을 깨문 것이니, 죄는 사라지고 반드시 극락왕생하게 될 것이오."

또 오래전, 도성에 염불의 가르침이 널리 퍼졌을 때다. 악인惡人이 왕생할 수 있는 방법124)을 주장하는 무리들이 계율을 지키거나 경전을 독송하는 자는 왕생하지 못한다는 내용을 만다라로 그린 일이 있는데, 존귀해 보이는 승려가 경전을 읽고 있는 곳에는 광명이 비치지 않고, 살생을 저지른 자에게만 구제의 광명이 내리비치는 것을 묘사한 것이었다. 이 그림이 세간에 떠돌 즈음, 난토南都에서 조정으로 상주문125)을 올린 일이 있었다. 거기에는 이렇게 씌여 있었다.

---

123) 지경자持經者 : 은둔하여 오로지 독송하기만 하는 자. 헤이안平安 시대에서 가마쿠라 시대에 걸쳐 특히 성하였다. 주로 『법화경』을 수지 독송하였는데, 여기서도 그러하다. 이는 일본 중세의 불교사서인 『원형석서元亨釋書』 권11을 통해 잘 엿볼 수 있다.

124) '악인정기설惡人正機說'이라 하는데, 이를 내세운 승려는 신란(親鸞, 1173~1262)이다. 신란이 스승인 법연法然을 계승하여 주창한 것으로, 악인이야말로 아미타불이 그의 서원을 통해 구제해 준다는 사상이다. 이는 불교의 기본인 평등사상에서 나온 것인데, 이를 알지 못하고 본문에서처럼 글자 그대로 받아들이면서 다른 종파를 배척한 무리들도 나왔던 것이다.

125) 나라의 흥복사興福寺에서 올린 문서로, 정경貞慶이 기초한 「흥복사주상興福寺奏上」이 그것이다.

"저 지옥도를 보는 자는 악행을 저지른 것을 참회할 것이고, 이 만다라를 받드는 자들은 선업을 닦은 일을 슬퍼할 것입니다."

넉자 구로써 판단한다면,[126] 선한 사람에게도 타고난 악한 성품이 있고, 겉으로는 선하게 보이지만 명리를 구하는 마음이 있어서 참되지 못한 사람도 있다. 악한 사람에게도 전생에 쌓은 선이 있다. 겉으로는 악한 사람으로 보이지만, 속에는 선한 마음이 있고 부처의 가르침을 구하는 마음도 있는 사람이 있다. 이러한 경우가 있는데도, 어리석은 승려나 속인들은 자신의 견해에 집착하여 남을 깔보는 마음에 사로잡혀서, 계율을 지키고 선업을 닦는 이들을 "악한 사람이다, 잡스런 행업을 닦는다, 왕생하지 못할 거다"며 비방하고 헐뜯는다. 반면에 악업을 짓는 선하지 못한 자들을 향해서는, "선인이다, 구제의 광명이 비출 것이다, 반드시 왕생할 것이다"고 확언하니, 이런 삿된 견해는 너무도 큰 허물이 된다.

이런 허물은 거룩한 가르침을 배워서 옛날의 깨달았던 이들에게 다가가려는 사람들에게는 드물다. 그러나 변두리의 속인들에게는 이러한 허물이 있다는 말이 간혹 들려온다. 염불을 내세우는 종파만이 아니라 천태종이나 진언종, 선종 등에도, 특히 지방에 있는 말류들 가운데는 그런 그릇된 견해를 내세우는 학파들이 많지 않겠는가? 그러니 어떻게 해서라도 지혜로운 이를 가까이 하고, 거룩한 가르침을 나의 앎으로 만들어서 그릇된 견해의 숲으로 들어가지 않도록 해야 할 것이다.

이런 까닭에 경전[127]에서는, "깨달음의 현묘한 결과를 얻기 어려운 것이 아니라, 참된 선지식을 만나기가 어려운 것이다"[128]고 설하였고, 옛 고승은 "세상을 구제하러 온 밝은 스승을 만나지 못하면, 대승의 법약法藥을 억지로 먹으리라"고 말하였던 것이다. 천태대사 지의도, "영리

126) 존재에 관한 네 가지의 분류법인 '사구분별四句分別'을 가리킨다.
127) 『심지관경心地觀經』을 가리킨다.
128) "菩提妙果不難成, 眞善知識實難遇."

한 외도는 그릇된 것을 바른 것 안에 넣어 삿된 법을 바른 법으로 바꾸지만, 아둔한 내도內道는 바른 것을 그릇된 것 안에 넣어 바른 법을 삿된 법으로 만든다"[129]고 풀이하였다. 육조대사六祖大師 혜능慧能도, "사특한 사람이 바른 법을 풀이하면 바른 법도 삿된 법이 되고, 바른 사람이 삿된 법을 설하면 삿된 법도 바른 법이 된다"고 말하였다.

근래에는 바른 견해를 갖춘 자가 드물고, 여래의 바른 법을 그릇된 마음으로 보아 자기와 남을 모두 삿된 길로 이끄는 자들이 많다. 소는 물을 마셔서 젖을 내고, 뱀은 물을 삼켜서 독을 만든다. 법이란 한 가지의 맛을 지녔지만, 삿된 것이 되느냐 바른 것이 되느냐는 오로지 사람에게 달렸다. 이러한 뜻을 잘 알아서, 그릇된 견해로 지을 허물에서 벗어나 참되고 바른 길로 들어가야 하리라.

---

129) 이 글은 『마하지관摩訶止觀』에 나오는데, 무주가 자국어로 쓴 글과는 조금 다르다. 그러나 그 의미에서는 차이가 없다. 『마하지관』의 원문을 제시하면 이렇다. "利根外道, 以邪相入正法, 令著無著, 成佛弟子; 鈍根內道, 以正法入邪, 令無著有著, 成邪佛弟子."

권2

1. 부처의 사리를 얻으려 한 사람

가와치河内 지방에 쇼렌보生蓮坊라는 재가 수행자[1]가 있었다. 여러 해 동안 부처의 사리를 얻고 싶다는 뜻을 깊이 지니고, 불공삼장不空三藏이 번역한 「일심정례一心頂禮」[2]라는 사리를 예찬한 글을 매일 5백 번씩 소리내어 읽고 오체투지의 예배를 하면서 기원하였다.

십 사오년이 지난 뒤, 쇼토쿠聖德 태자의 무덤에 참배하여 각별히 정

---

1) 원문은 입도자入道者다. 일본에서 비구를 좇아서 오계를 받고 삭발하고 승복을 입었지만 절에 들어가지 않고 속가에 머무는 사람을 가리킨다. 여기서는 재가 수행자로 번역하였다.

2) 일심정례一心頂禮: 일심으로 오체투지五體投地하는 것. 여기서는 글 제목으로 쓰였는데, 불공의 「일체여래심비밀전신사리보협인다라니경一切如來心祕密全身舍利寶篋印陀羅尼經」 1권을 가리키는 듯하다.

성을 다해 맹세하며 빌었다. 한밤중에 꿈속에서 한 노승이 무덤에서 나오더니 말하였다.

"네가 소망하는 사리에 대해서는 네 곁에 누워있는 자에게 말하라." 이 말을 듣고 깜짝 놀라며 깨어나서는 곁을 돌아보았다. 머리칼이 어깨까지 드리워진 살갗은 하얗고 키가 크고 나이는 스물 두셋 정도 되어 보이는 아루키 미코[3]가 누워 있었고, 다른 사람은 없었다. 이 사람이야말로 사리를 받드는 자라고 생각하면서 "어이!" 하고 불러 깨우고는 이렇게 말하였다.

"바로 지금 이런 시현示現을 입어 여차저차 했습니다. 사리를 지니고 계십니까? 제게 넘겨주시겠습니까?" 그러자 미코가 말하였다. "정토당淨土堂으로 가시면 넘겨드리겠습니다. 쉬운 일입니다."

쇼렌보는 의외라고 생각하면서 정토당 뒷문으로 따라갔다. 그곳에서 미코는 허리춤에 매달고 있던 부적 주머니에서 예닐곱 치가량 크기의 수정탑水精塔을 꺼내는 것이었다. 그랬더니 불전에 항상 켜두는 등불도 미치지 못하는 어두운 뒷편을 그것이 환하게 밝혔다. 거의 온몸의 털이 곤두설 정도였다. 사리를 열 알 정도 꺼내어 보이면서 말하였다. "이 가운데서 하나를 고르십시오." 쇼렌보는 "나에게 인연이 있는 사리가 있다면, 그 조짐을 보여주십시오"라고 말하고는 합장하며 기도하였다. 그랬더니 사리 한 알이 벌레가 기는 것처럼 기어서 다가오는 것 같았다. "이거다!"고 하면서 건네받았다. 감격의 눈물을 누를 수 없었다. 다시 무덤 앞으로 돌아온 뒤, 쇼렌보가 간절하게 말하였다. "도대체 어떤 분이십니까? 사시는 곳은 어디십니까? 존함은 어찌 되시는지요? 날이 밝으면 숙방[4]으로 찾아와 주십시오. 좋은 인연을 맺고 싶습니다."[5] "달리

---

3) 아루키 미코あるき御者 : 신이나 신사神社에 봉사하는 미혼의 여성을 미코巫女 · 신자神子라 하는데, 각지를 돌아다니며 신령한 말을 탁선託宣하였던 무녀를 아루키 미코라 한다. 민간의 주술신앙을 담당하였지만, 중세 말기에는 매춘을 일삼게 되었다.

4) 숙방宿坊 : 신사에 참배하는 자가 묵는 숙소.

5) 내세에 함께 왕생하자고 약속하는 것을 이른다.

사는 곳이 있는 건 아닙니다. 다만 이름은 자쿠조寂靜라고 합니다"라고 말하더니, 미코는 대답은 별로 하지 않고 잠이 들어버렸다.

쇼렌보가 잠깐 졸다가 새벽녘에 눈을 떠 보니, 그 미코는 보이지 않았다. 스스로 한심하다고 생각하면서 여기저기 사람들에게 물어보았지만, "이 7, 8일 동안 보이긴 했으나, 어디서 왔는지 또 어떤 사람인지 전혀 모르겠습니다"라는 대답만 들었을 뿐이었다. 신이 몸을 나투신 것이 틀림없으리라.

쇼렌보는 그 뒤에도 예배를 계속하였다. 5백 번씩 독송하면서 예배하는 것을 게을리 하지 않았다. 확실하게 그 사리를 보고 또 그 일을 자세하고도 꼼꼼하게 들은 어떤 스님이 말해주었다. 꽤 근래의 일이다.

그러므로 사람은 오로지 신심을 지녀야 한다. 이런 재가 수행자처럼 지혜라곤 없는 속인이라 할지라도 진실하게 신심을 지닌다면, 감응이 없을 수 없다. 경전에서도 "믿음은 도의 근원이요, 공덕의 어미다"[6]고 설하였고, "재보가 쌓인 산에 들어가서 빈손으로 돌아오는 것은 믿음의 손이 없었기 때문이다"[7]는 구절도 보인다. 믿음에는 두 가지가 있다. 해신解信과 심신深信이 그것이다. 해신은 지혜의 문에서 법의 이치를 완전히 이해하고 믿는 것이다. 심신은 오로지 띠끌만큼의 의심도 없이 부처의 가르침을 일념으로 믿는 것이다. 수행에서는 심신을 통해 들어가는 것이 더 쉽다. 대승의 불법이 정식情識[8]으로는 미칠 수 없는 것이라면, 먼저 심신深信으로써 귀의하여 믿고, 그 다음에 심오한 깨달음으로 들어가야 한다. 『법화경』에서도, "사리불도 믿음으로 들어가야 하느니"[9]라고 설하였고, "믿음이 없는 자는 일천제一闡提라 불리며 부처가

6) 60권본 『화엄경』 권6의 「현수보살품賢首菩薩品」에 나오는 구절이다.

7) 『대지도론大智度論』 가운데에 다음 글이 나온다. "經中說信. 如人有手, 入寶山中, 自在取寶. (…중략…) 無信如無手. 無手人入寶山中, 則不能有所取."

8) 정식情識 : 범부가 미혹된 마음으로 짓는 견해.

9) 『법화경』 「비유품譬喩品」에 다음의 구절이 나온다. "汝舍利佛, 尙於此經, 以信得入, 況餘聲聞."

될 수 없다"[10]고도 말하였다.

산사山寺의 승려를 믿는 어떤 재가자가 있었다. 세간의 일이든 출세간의 일이든 그 승려에게 의지하였고, 병이 나면 약에 대해서도 그 승려에게 물었다. 그러나 이 승려는 의술에 대해서는 전혀 몰랐으므로 무슨 병이든 한결같이, "등나무의 옹두리[11]를 달여 드시오"라고 가르쳐주었다. 그런데 이 말을 믿고 그대로 따랐더니, 온갖 병이 다 나았다고 한다.

어느 땐가 이 재가자가 말을 잃어버렸다. "어떻게 하면 좋겠습니까?" 하고 물었더니, "등나무의 옹두리를 달여 드시오"라는 예의 그 말을 해주었다.

재가자는 왠지 내키지 않았지만, '무언가 이유가 있겠지' 하는 생각으로 믿었다. 그러나 등나무를 너무 베어 없앤 바람에 그 근처에는 하나도 찾을 수 없게 되었는지라, 조금 먼 곳으로 가서 산기슭을 뒤지고 다녔다. 그러다가 골짜기 근처에서 잃어버렸던 말을 발견하였다. 이것 역시 믿음이 지극했던 결과다.

경전 가운데는 마구니가 부처의 몸을 빌어 나타나서 수행자의 불도를 퇴전[12]시키려고, "네 몸의 가죽을 벗겨서 종이로 삼고, 피를 뽑아 먹물로 삼고, 뼈로써 붓을 삼는다면, 내 마땅히 불법을 설하리라"[13]고 말하였다는 대목이 나온다. 이때 신심을 깊게 가져 마귀가 말한 대로 한다면, 바로 그 참된 신심으로 말미암아 마구니는 물러간다. 또 부처가 몸을 나투어 법을 설해주므로 도를 깨친다고도 한다.

부처님이 세상에 계셨을 때 일이다. 노년에 출가한 비구가 절에 와서

---

10) 담무참曇無讖이 번역한 『대반열반경大般涅槃經』 36권본 권5에 나온다.

11) 일본에는 등나무를 달여 먹으면 위장병에 효과가 있다는 속설이 있다.

12) 퇴전退轉 : 수행을 게을리하여 아랫자리로 떨어지는 것.

13) 『범망경梵網經』에 다음과 같은 대목이 나온다. "五千大鬼常遮其前 (…중략…) 若佛子, 常應一心, 受持讀誦, 大乘經律, 剝皮爲紙; 刺血爲墨; 以髓爲水; 折骨爲筆, 書寫佛戒 (…중략…) 開佛自誦, 心心頂戴, 喜躍受持."

는 신심을 깊게 지니고, "제가 깨달음의 열매를 먹게 해주십시오"라고 빌었다. 젊은 승려가 그를 깔보며, "공양을 준비하면 되오!" 하고 속여 말하였다. 노비구는 그 말대로 준비하였다. 그런데 선국禪鞠이라고 해서 좌선할 때에 졸음을 물리치기 위해 정수리에 두는 공같이 생긴 물건이 있는데, 젊은 승려가 이것을 노비구의 머리에 올려놓으면서, "이것이 바로 초과初果요!"라고 말하였다. 노비구는 이를 깊게 믿었고, 참으로 초과를 얻었다. "초과는 이미 얻었소!"라고 노비구는 말하였다. 그러자 또, "제이과第二果요!"라고 하면서 공을 머리에 얹었다.

이렇게 차례로 제사과第四果까지 하였는데, 정말로 깨달음의 열매를 얻고 도품道品의 공덕을 자유자재로 설할 수 있게 되었다. 그제서야 승려들은 부끄러워하고 두려워하면서 자신들의 잘못을 빌었다.

도바법황鳥羽法皇이 히에이잔比叡山으로 행차하였을 때 일이다. 전당원前唐院[14]의 보배 창고를 열어서 엔닌圓仁 대사의 보물을 관람하던 중에, 동그란 물건이 떨어지는 소리가 났다. 무슨 물건인지 물어보았지만, 산승들은 아무도 이것을 알지 못하였다.

"대사께서 살아 계실 때부터 있었던 보물입니다"라고 말할 뿐이었다. 이때 소납언少納言인 신제이信西가 아뢰었다. "이것은 선국이라 하는 것입니다. 지관止觀의 좌선을 할 때에 머리에 올려 두는데, 졸면 떨어집니다. 놀라 깨어나서 다시 좌선하게 하는 물건입니다." 또 지팡이 앞에 동그랗게 비단으로 감싸둔 물건이 있었다. 이것에 대해서도, "법장法杖이라 하는 것으로, 좌선할 때에 몸이 흐트러지면 이것으로 찌릅니다"라고 설명하였다.

또 형구形具처럼 만든 나무에 대해서는, "조로助老라고 하는데, 나이든

14) 전당원前唐院: 자각대사慈覺大師 원인圓仁(794~864)이 중국에서 돌아온 뒤, 가지고 왔던 법보法寶를 보관하기 위해 절을 하나 지어서 머물었다. 지증대사智證大師 원진圓珍(814~891)이 원성사園城寺에 당원唐院을 세우면서 앞의 것을 전당원이라 부르게 되었다.

승려가 좌선할 때에 힘이 들면 허리를 이것에 걸치고 쉽니다. 대체로 팔걸이 같은 것입니다"라고 말하였다. 그의 재주와 기지는 놀라웠다. 하물며 집안 일에 대해서는 얼마나 환했겠는가!

부처의 제자 가운데 수리반특須利般特은 너무도 우둔하여서 자신의 이름조차 잊을 정도였다. 부처가 지관의 법문을, "관觀은 빗자루와 같고, 지止는 쓰레받기와 같다"는 비유로써 가르쳤는데, 빗자루라는 이름을 반복하면 쓰레받기는 잊어버리고, 쓰레받기를 반복하면 빗자루를 잊었다. 부처는 이를 불쌍히 여겨 오백 명의 나한을 그의 스승으로 삼아서 여름 석달 동안 하나의 게송을 가르치게 하였다. 그것은 "입을 지키고 뜻을 추스르며 몸을 그르치지 아니하리니, 이와 같이 하는 자는 세상을 구제할 수 있으리"[15]라는 것이었다. 이 글의 뜻은, 입을 조심하여 망령된 말을 하지 말 것이며, 뜻을 추슬러 망령된 생각이 일어나지 않도록 할 것이며, 몸으로는 허물을 짓는 일이 없도록 하라는 것이다. 이와 같이 하는 자는 생사의 윤회에서 벗어날 수 있으리라는 말이다. 수리반특은 이 게송을 믿고 그대로 행하여 아라한과를 얻었다고 한다. 그렇다면 재주나 기지가 많은 것보다는 믿고 행하는 것이 더 긴요하고, 믿고 행한다면 한 게송 한 구절만으로도 깨달음을 얻을 수 있다고 하겠다.

경전에서도, "천 편을 독송하더라도 한 구절을 듣고 깨치는 것만 못하리라"[16]고 하였고, 또 "항상 그 마음을 바르게 할 뿐, 다른 것은 배우지 않는다"[17]고도 하였다. '바르게 한다'는 것은 전혀 삿된 생각이 없고 억지로 분별하지 않는다는 뜻이다. 생각을 일으키는 것有念은 모두 삿된 것이다. 생각을 일으키지 않는 것無念이 바른 것이다.[18] 이를 깊이 새겨

---

15) "守口攝意身莫犯, 如是行者得度世."

16) 『법구경法句經』에 이런 구절이 나온다. "경전을 수없이 독송한들, 알지 못하면 무슨 소용 있으리? 한 구절이라도 바로 알면 깨쳤다고 하리라.雖多誦經, 不解何益? 解一法句, 行可得道"

17) "常正其心, 不學餘事." 여기서 "배우지 않는다"는 말은 차별상差別相에 대해서 분별심分別心을 내지 않는다는 뜻이다.

두면, 반드시 깨달음에 이를 것이다.

2. 약사여래가 이익을 베푼 일

히타치常陸 지방의 주군中郡[19]이라는 곳에 초당草堂이 있었다. 그 곳에는 약사여래가 안치되어 있었다.

초당 근처의 어떤 집에 열 두세 살 남짓 되는 아이가 있었다. 그 아이가 몹쓸 병에 걸려 숨이 끊어지자, 근처의 들판에 버렸다. 하루가 지나고 이틀이 지났는데도, 날짐승도 길짐승도 먹으려 하지 않았다. 이 약사여래가 아이를 업고 집으로 데려올 것이라 믿었기 때문인데, 마침내 소생하였다고 한다. 이 약사여래상을 지토地頭가 집으로 옮겨서 초당을 지어 받들어 모셨다. 그 뒤에 그 아이는 법사가 되어 승사承仕의 일을 맡았다고 한다. 근래의 일이다. 말법 시대라 하더라도 감응이 헛되게 되는 일은 없다. 분에이(文永; 1264~75) 말경의 일이다.

오와리尾張의 아쓰타熱田 신사에 젊은 하인이 있었는데, 올해[20] 11월 15일에 갑자기 두 눈이 멀었다. 마음이 우울해지자 진구지[21]에 참배하

---

18) 진리를 관조할 때에 구체적인 형상을 생각하는 것이 '생각을 일으킴'이다. 형상에 매인 입장을 부정하고 형상을 초월하여 달관하는 '생각을 일으키지 않음'이야말로 바르다고 한다.

19) 앵천櫻川 상류 지방.

20) 이 글의 편자인 무주가 46~48세 경이었던 1270년대로 추정된다.

21) 진구지神宮寺 : 일본에서 신불神佛이 혼효混淆하던 시대에 신사에 나란히 세워진 절. 여기서는 아쓰타 신사에 병설되어 있던 사원을 가리킨다.

여 약사여래에게 기도하였다. 이듬해 3월 15일 밤, 꿈에 한 승려가 다가와서, "너는 일어나 눈을 뜨거라, 뜨거라!" 하고 말하였다. "눈이 멀었습니다요" 하고 아뢰었는데, "그냥 눈을 뜨거라!" 라고 말하는 것 같았다.

그래서 눈을 뜨려고 하니, 문득 눈이 떠졌다. 맹인이 되었을 때, 신관이 그를 내쫓아버린 일이 있었다. 눈을 뜬 뒤에 다시 일을 하려고 찾아갔다. 이치에는 맞지 않는 일이었으나, 신관은 자초지종을 듣고 허락해주었다. 이를 직접 본 자가 해준 이야기다. 분에이文永 연간에 있었던 일이다.

3. 아미타불阿彌陀佛이 이익을 베푼 일

가마쿠라鎌倉에 마치노쓰보네町の局라는 굉장한 부자가 있었다. 가까이서 그를 모시는 여자 아이가 있었는데, 아마도 전생에 선업善業이 있었던 듯하였다. 염불을 믿어서 남의 눈을 피해 몰래 염불을 자주 읊조렸다.

그 주인은 고약한 사람이었다. 천박한 일도 꺼렸지만, 축하할 일조차 괘씸하게 여기는 그런 사람이었다. 정월 초하루, 식사 시중을 들면서 여자 아이는 늘 하던 것처럼 무심결에, "나무아미타불!" 하고 염불하였다. 이 주인이 이걸 듣고 이만저만 아니게 화를 내었다. "지긋지긋하게시리! 사람이 죽은 것처럼 오늘도 염불을 하니, 아무리 생각해도 괘씸하구나!" 이윽고 아이를 꽁꽁 묶고서는 동전을 빨갛게 달구어 그 뺨에 갖다 대었다. '염불하는 게 어째서 허물이 되는 거지' 하고 생각하면서, 아이는 동전이 뺨에 닿았는데도 여전히 아미타불의 명호를 외웠다. 뜻밖에도 아프지 않았다.

그런데 그 주인이 새해의 근행勤行을 하려고 지불당22)에 가서 본존인 아미타불의 금색 찬란한 입상에 예배를 올리려고 보니, 본존의 뺨에 동전 형상이 검게 나타나는 것이었다. 괴이하게 여기면서 차근차근 살펴보았더니, 불에 달구었던 동전의 모양이 자신이 여자 아이의 볼에 갖다 대었던 바로 그 자리에 나 있었다. 참혹하다는 생각이 들어서 여자 아이를 불러서 보았더니, 아무런 흉터도 없었다.

주인은 매우 놀라며 부끄러워하였다. 이내 참회하면서 불사佛師[23]를 불러 그 상처에 금박을 입히게 하였는데, 아무리 겹겹이 입혀도 상처는 도무지 숨겨지지 않았다. 지금도 그 불상은 남아 있는데, 금소불(金燒佛; 동전을 달군 부처)이라고 부르고 있다. 나도 직접 예배를 한 적이 있는데, 그때 그 상처가 삼각형의 모습으로 나타났다. 틀림없는 일이다.

불보살의 경계에서는 신심이 깊은 사람이라면 누구나 현세와 내세의 바람이 없을 수 없다. 다만 믿음과 외경심이 적고 행업도 모자랄 때에는 죄장의 구름이 두터워서 감응의 빛도 차단된다. 세간 사람들이 큰 은혜를 준 사람이나 사모하는 벗에게 마음을 다하여 공력을 기울이는 것처럼 부처님에게 공을 들이고 뜻을 지극히 한다면, 그 이익에 대해서는 의심할 게 없다. 그런데 처자는 애정을 다해 부양하고, 손님은 정중하게 대접하고, 임금과 어버이를 위해서는 목숨을 바치고, 명리를 위해서는 몸을 아끼지 않으면서, 불법을 위해서는 신명을 버리는 사람이 없으니, 참으로 어리석다. 나 아닌 다른 사람은 이번 생에서 잠시 빌린 벗일 뿐이지만, 부처는 다가올 긴 밤[24]의 참된 스승이시다. 힘을 다하고 공력을 기울인다면, 현세와 내세에 이익을 받을 것이다. 그러한 선례는 많다. 그러니 후학들은 의심하지 말라.

---

22) 지불당持佛堂 : 불상이나, 조상의 위패를 모셔두는 사당.

23) 불사佛師 : 불공佛工이라고도 하며, 불상을 만드는 공인工人.

24) 『성유식론成唯識論』에, "참된 깨달음을 아직 얻지 못해 항상 꿈 속을 헤매니, 이 때문에 부처는 생사의 긴 잠이라고 설하셨다未得眞覺, 恒處夢中, 故佛說爲生死長夜"라는 말이 나온다.

4. 약사여래와 관음보살이 이익을 베푼 일

오와리尾張 지방의 야마다山田군에 우마노조[25]인 아키나가明長라는 자가 있었다. 조큐의 난 때, 그는 고토바상황後鳥羽上皇의 교토 쪽에 섰다가 구이세杙瀨 전투에서 심하게 부상을 입었다. 이미 숨통이 끊어졌다고 생각한 다른 무사들은 그를 버려두고서 말을 달려 교토로 올라왔다. 그러나 그의 벗 두 사람은 빠져나와 그 근처를 몰래 돌아다니며 그를 찾아다녔다.

밤이 되자, 시신이라도 거두어서 공양하려고 싸움터를 돌아보았다. 무수히 상처를 입었는데도 숨이 아직 끊어지지 않은 그를 발견하였다. 그래서 어깨에 메고 아오하카青墓의 북쪽 산으로 데리고 갔다. 무수한 상처 가운데서도 화살이 목을 꿰뚫고 땅에 닿을 정도로 삐져 나온 것이 가장 위험하였다.

"누구도 나를 살릴 수 없네. 내 머리를 가지고 떠나게!"라고 말하였으나, 그것도 그렇지만 딱해 보이기도 하였고, 또 어쩌면 도울 수 있을지도 모른다고 벗들은 생각하였다.

바로 그때, 낙오자를 찾으려고 적의 무사들이 여기저기서 큰소리를 지르고 있었다. 또 날도 밝아오고 해서 하는 수 없이 커다란 고목의 텅 빈 구멍에 벗을 숨겨둔 채, 두 사람은 다시 숨었다. 무사들은 핏자국을 좇아서 그 일대를 다 뒤졌다. 그렇지만 찾지 못하고 돌아갔다.

얼마 뒤, 검은 옷을 입은 승려 한 사람이, "요코쿠라[26]에서 오는 길이

25) 우마노조右馬允 : 우마료右馬寮의 삼등관三等官. 대윤大允과 소윤小允이 있고, 종7위 상上에서 정7위 상上에 상당하는 관직이다.

26) 요코쿠라橫倉 : 기부현岐阜縣 읍비군揖斐郡 곡급촌谷汲村에 있다. 창倉은 장藏으로도 쓴다. 횡장사橫藏寺가 있고, 연력延曆 22년(803)에 전교대사傳教大師 최징最澄이 약사여래상을 가져와서 여기에 집을 짓고 양계산兩界山이라 불렀다.

오"라고 말하면서 풀잎을 으깨서 주는 것이었다. 이것을 받아 먹으니, 뱃속에 피가 흐르는 것 같고, 몸도 가벼워지고 기운을 북돋아주는 느낌도 들었다. 순간, 이 승려는 감쪽같이 보이지 않았다. 벗 두 사람이 다시 돌아와서, "어찌된 일인가?"라고 하면서 나무 속에서 안고 나왔다. 아키나가는 "여차저차한 일이 있었고, 몸이 가벼워졌다네"라고 하였다.

이윽고 걸어서 고향 오와리로 내려오는 도중에 오리쓰가와下津河[27]에 이르렀는데, 물이 불어 있었다. 어쩌지 못하고 망설이다가 간토關東에서 돌아오던 무사들과 맞닥뜨리게 되어, 그대로 붙잡히게 되었다. 아키나가는 한번 죽었어야 할 몸이 구차하게 목숨을 이었다가 치욕을 당하게 되었다고 분하게 여기며, 강물에 몸을 내던지려고 강가로 걸어갔다. 그때 젊은 승려 한 사람이 이렇게 말하는 것이었다. "류센지龍山寺에서 오는 길입니다. 도움을 받아 살아났으니, 죽어서는 안 됩니다. 자신을 해치지 마십시오." 아키나가는 꿈인가 하고 생각했지만, 분명 생시였다. 여전히 상처는 욱신거렸고, 날씨도 더웠다. 더 이상 견디기 어렵다고 느껴져서 다시 몸을 내던지려고 강으로 다가가는데, 또 그 승려가 밧줄로 잡아끌며 말렸다. "죽어서는 안 되네, 그래서는 안 되네!" 마침내 아키나가는 단념하였다.

아쓰타熱田 신궁神宮의 강설에 참석한 대중들과 신관들이 때마침 이 일을 전해듣고, 아키나가를 붙잡은 무사들에게 달려와서 말하였다. "저희들에게 맡겨주십시오. 신사 근처에 살면서 강설하는 법회를 여는 데에도 힘써서 공덕이 있는, 이러이러한 사람입니다." "이름있는 사람이구나!"라고 말하면서도 무사들은 놓아주지 않았다. 이윽고 아키나가를 가마쿠라로 데려가서 요시토키義時 앞으로 끌고 갔다.

요시토키는 명을 내렸다. "즉시 목을 베어라!" 그리고는 유히由比 해안으로 보냈다.

---

27) 애지현愛知縣 도택시稻澤市 하진정下津町을 흐르는 하천.

그런데 예의 그 승려가 또 나타나서, 환영의 상태에서 아키나가에게 말하였다. "슬퍼하지 마라, 죽지 않을테니." 그렇지만, '이제는 마지막이다'고 생각한 아키나가는 일심으로 염불하였다.

그러다가 미다레바시亂橋라는 다리 근처에서 오랜 벗과 마주쳤다. 벗이 말고삐를 잡아 당기면서 말하였다. "이 사람아, 어디로 가는가?" "구이세에서 죽었어야 할 몸이 오히려 치욕을 당하고 이 지경이 되었네. 이제는 머리를 베이러 해안으로 가고 있다네. 마지막으로 자네를 보게 되었으니, 기쁘네." 아키나가는 눈물을 흘렸다. "나는 자네의 오랜 벗이네. 사가미도노相模殿[28]께 아뢰어야겠네. 잠시만 기다리게." 벗이 급히 말을 몰고 가서 뵙고 아뢰니, 요시토키는 "이 사람에게 맡겨라"는 내용의 글을 써주었다. 벗은 즉시 말을 달려 돌아와서는 아키나가를 풀어달라고 하여 데리고 돌아왔다. 그리고 여러 가지로 돌보아준 덕분에 아키나가는 목숨을 구할 수 있었다. 아키나가는 아주 늙을 때까지 고향에서 살았다. 그 목의 상처로 말미암아 목은 쉬어버렸다고 한다.

그의 손자들이 지금 살아 있다. 그의 양자였던 승려가 말해준 것이니 확실한 일이다. 옛날에는 이러한 일이 때때로 있었으나, 말법 시대에는 드문 일이 되었다. 꿈에서조차 드문 일인데, 생시에 신이 몸을 나투어서 도와준 이익은 그야말로 황송하게도 귀한 일이다.

미노美濃의 요코쿠라橫倉에 있는 약사여래는 근본중당[29]에 있는 약사상의 나무 조각을 잘라내서 만들었다고 하는데, 그 영험이 대단하다고 전해진다. 아키나가는 여러 해 동안 이곳에 참배하였다. 오와리 지방의 류센지龍山寺는 옛날에 용왕이 하룻밤 만에 지어서 바친 절이다. 날이 밝아서 보니 구덩이가 파여 있었다고 하는데, 지금도 그 흔적이 남아 있다. 마두관음馬頭觀音을 모셔두었다. 신령한 부처라고 해서 사람들이

28) 요시토키義時를 가리킨다.

29) 근본중당根本中堂 : 히에이잔比叡山 동탑東塔에 있다. 연력延曆 7년(788)에 최징最澄이 일승지관원一乘止觀院이라고 하면서 창건하였다. 히에이잔에 최초로 세운 당우堂宇이다.

모여들었다. 아키나가는 매월 정해진 날에 참배하였는데, 특히 18일에는 『관음경觀音經』을 서른 세 번씩 독송하였다.[30] 아키나가는 바로 이러한 인연으로 도움을 받은 것이다. 아무리 생각해보아도 황송한 일이다.

관음은 구주사바久住娑婆의 보살 가운데서 시무외자施無畏者라는 이름을 얻은 보살이다. 이 사바세계는 청각으로 이로움을 얻는 세계여서, 불법을 듣는 인연을 통해 이치를 깨닫는다. 관음은 그 옛날 뛰어난 청각으로 득도한 보살로서, 이 세상을 교화하기 위해 머물고 있다. 『수능엄경首楞嚴經』 가운데에, 문수보살이 이 일을 칭송하는 대목이 나온다. 특히 일역日域 불법의 기원인 쇼토쿠 태자는 구세관음救世觀音의 현신이다.

밀교 전통에서 미타彌陀는 방편적인 작용을 드러내고, 예토를 버리고 정토를 택하며, 수행을 통해 깨달음을 이룬 여래다. 출가자의 모습을 하고 있다. 인위[31]의 관음은 실체다. 그는 예토를 벗어나지 않고 자성청정의 이치를 드러내며, 속된 모습을 하고서도 본성이 흔들리지 않고 누른 개흙에도 검어지지 않아, 연꽃이 진흙탕 속에서도 물들지 않는 것과 같다. 그런 까닭에, '자성청정을 얻은 법성여래'라는 이름을 얻었다. 또 연꽃으로 삼매야형三昧耶形을 짓는데, 그만한 까닭이 있다. 모든 중생의 마음 속에 깨달음의 연꽃이 있다고 하는 것은 그 본성이 관음이라는 말이다. 모든 중생의 불성은 곧 미타와 관음이 될 만한 본성이다. 불보살은 특히 연꽃 위에 앉아 계신다. 관음의 본래 서원에는 없는 부처의 자비와 지혜는 있지 않다는 걸 알아야 한다. 그러므로 모든 부처의 마음은 자비다. 모든 자비는 관음이다. 또 『묘법연화경』에서도 관음을 본체로 하고 있다. 아울러 우리 나라는 일승一乘의 미타와 관음의 인연이 있는 나라다. 깊이 믿어야만 한다.

---

30) 『법화경』「보문품」에 관음은 서른 세 가지 모습으로 변화한다고 설해져 있기 때문에 서른 세 번 읽는 것이다.

31) 인위因位 : 불과佛果를 얻기 위한 원인이 되는 자리, 즉 부처가 되는데 필요한 수행의 자리로, 곧 보살의 자리를 뜻한다.

가난하여 살기 힘들게 된 젊은 여인이 있었다. 항상 기요미즈데라[32]에 가서 예불하여 공덕을 많이 쌓았으므로 신이 몸을 나투었다. 어떤 노승이 와서, "곁에 있는 사람의 옷을 훔쳐라" 하고 일러주었다. 그 말을 듣고서는 꿈에서 깼다. '이 일을 어떻게 할까?' 하고 거듭거듭 고민하다가, 틀림없이 신이 나타나 보인 것이니 어떤 창피스런 일을 당하더라도 어떻게든 해야겠다고 결심하였다. 곁의 병풍에 걸려 있던 흰 옷을 끌어내려 뒤집어쓰고는 이윽고 집으로 향했다.

5가街의 다리[33]에서 오반[34]으로 여겨지는 무사가 위풍당당하게 걸어오다가 이 여인과 마주쳤다. 무사가 물었다. "어떤 분이시기에 혼자 다니십니까?" 여인은 절에 참배하고 돌아가는 길이라고 대답하였다. "그럼 가시지요, 댁으로 함께 가겠습니다." 무사는 이렇게 대수롭지 않게 말을 건넸다. "의지할 곳 없는 몸이니, 가엾게 여기신다면 어디든 따라가겠습니다." "참말입니까?" 무사가 물었더니, 여인은 정말이라고 하면서 그 까닭을 말해주었다. 무사가 달빛 아래에서 보니, 여인의 용모와 자태가 단아해 보였다. "그러면!" 하고, 무사는 여인을 말에 태워 데리고 갔다.

응당 인연이 있었던 것이리라. 서로 생각하는 마음도 얕지 않았다. 해가 지나면서 아이도 생기고 집안도 번창하였다. 오슈奥州 어딘가에 살았다고 한다.

그로부터 10년 정도 지나서 남편이 다시 오반이 되었으므로 처자식도 함께 상경하게 되었다. 여인은 교토에 아무 연고도 없었으나, 사실대로

32) 기요미즈데라清水寺 : 교토에 있는 법상종 계열의 사찰. 보귀寶龜 11년(780) ― 일설에는 9년이라고도 하고, 12년이라고도 한다 ― 에 연진延鎭이 창건하였다. '북관음사北觀音寺'라고도 불린다. 연력延曆 24년(805)에 칙원도량勅願道場이 되었고, 대동大同 2년(807)에 음우산音羽山 기요미즈데라로 개칭하였다. 본존은 천수관음千手觀音이다.

33) 교토에 있는 다리로, 청수교清水橋・권진교勸進橋 등으로도 불린다.

34) 오반大番 : 헤이안 및 가마쿠라 시대에, 왕궁의 수호 및 수도의 경비를 맡기 위하여 교토에 올라와 있던 여러 봉건 영주들의 무사다.

말하기엔 정말이지 서글프게 여겨져서 친척이 있는 것처럼 말해왔다. 서울에 올라와서 어느 부유한 집 앞을 지나칠 때, 그 여인이 말하였다. "이곳이 바로 제 고모님께서 사셨던 곳이에요." 그렇게 말하고는 가마를 집 안으로 들이게 하였다. 여인은 안으로 들어가 주인을 찾아 이렇게 말하였다. "본래 저는 교토에서 살았지만, 연고가 있는 분들이 모두 돌아가셔서 친척이라곤 없게 되었습니다. 그런데도 남편에게는 여기가 고모님댁이라고 말했습니다. 부디 헤아려주십시오! 우리가 만나는 건 처음이지만, 짐짓 아는 체 해주십시오." 그리고는 품속에서 금 오십냥을 꺼내어 주인에게 건네주었다. 그럭저럭 어려움은 없었다. "조카야, 어서 들어오너라!" 주인은 활달하게 맞아들였다. 그 집은 매우 유복하였고, 두 사람은 황송할 정도로 환대를 받았다.

그런데 술을 권커니 잡거니 하다가 다소 차분해졌을 때, 주인이 말하였다. "도대체 어찌된 일이기에, 서울에 사람도 많은데 우리 두 사람이 이토록 친해질 수 있을까? 세상에 드문 인연인 게 분명해!" "참으로 이건 현세의 일만은 아닐 거예요. 틀림없이 전생에 깊은 인연이 있었을 거예요. 일이 이렇게 되었으니, 제 자신의 일을 있는 그대로 말씀드리겠어요." 여인은 이렇게 대답하고는, 처음부터 있었던 일을 자세하게 이야기해주었다. 그러자 갑자기 주인이 손뼉을 치면서 말하였다. "그 참, 불가사의한 일이네. 그 옷은 내 옷이었는데……. 일전에 도둑을 맞은 뒤로는 부처님을 원망하면서 줄곧 예불하러 가지도 않았으니, 이 얼마나 어리석어! 이렇게 헤아려주셔서 훗날에 경사스런 일이 생기도록 해주신 걸 몰랐으니, 범부의 마음이란 이토록 허망하구나. 관음보살의 자비로우신 방편은 참으로 참으로 고마우시구나!" 서로 소매를 적시도록 울고는, 드디어 함께 기요미즈데라에 갔다.

서로 알다고 할 수 없는 인연이었던 만큼, 그 뒤로도 시골에서는 그 지방의 물건을 올려보냈고, 서울에서도 갖가지 물품을 내려보냈다. 아무리 친척지간이라고 한들 이보다 더 가까울 수 있겠는가? 위대한 성인의 방편 또한 놀랍기 그지 없도다.

무릇 재가자든 출가자든, 지혜가 있든 없든, 사람마다 모두 부처를 섬기고 경전을 독송할지어다. 그리하여 신심을 청정하게 하고 정성을 다하면, 감응이 헛되지 않을 것이다. 믿지 않고 게을리 하고 소홀히 하면, 이익은 생기지 않는다. 그러므로 우리는 신심을 다하지 않는 허물을 스스로 경계해야 한다. 어떠한 일이 있더라도 불보살을 원망해서는 아니 된다.

모든 부처에게는 진신眞身과 응신應身이 있다. 또 중생에게는 망령된 마음과 지혜로운 마음이 있다. 부처의 진신은 정해진 형상이 없는 영원불변한 법신이다. 이는 망령된 마음으로는 느낄 수 없다. 지혜로운 마음이라야 이를 비추어볼 수 있다. 집착을 여의고 망령된 생각을 끊은 무상무념無相無念의 지혜가 이치와 상응할 때에 비로소 법신을 느낀다는 뜻이다. 응신은 중생이 번뇌에 사로잡힌 견해 가운데 있으면서 우러러 보게 되는, 오묘하게 작용하는 방편이다. 부모를 그리워하고 스승과 임금을 깊이 의지하는 것과 같이 믿음을 깊게 지녀야 한다. 마음가짐을 지극히 하고 공력을 들일 때, 세속의 이익도 따른다. 병고에서 벗어나게 하고 액난을 없애주며, 악취에서 벗어나게 해주고 선취에 태어나게 해주는 방편이 바로 이것이다. 부처는 먼저 응용應用[35]으로써 중생을 도와 업장을 제거하고 죄업을 소멸시키고 인간이나 천상이나 정토에 태어나게 하며, 중생이 점점 지혜로운 성품을 드러내면 이에 따라서 진신을 보여준다. 그러므로 우선 망령된 마음 가운데서도 오묘한 작용의 덕을 깊게 의지하고, 그 다음에 꿰뚫어 보는 지혜로써 진신의 본체를 비추어 보아야 한다. 이러한 뜻을 잘 알지 못하면, 혹은 응신만 믿고 정해진 형상이 없는 법신은 믿지 못하게 되고, 혹은 정해진 형상이 없는 법신은 숭앙하면서도 응용의 방편은 가벼이 여기게 되니, 모두 어리석은 짓이

35) 응용應用 : 중생의 근기에 응해서 드러내는 부처의 작용.

다. 자비로운 응용은 파도와 같고 빛과 같다. 물을 떠나서는 파도가 없고, 등불을 떠나서는 빛이 없는 법. 본체와 작용은 막힘이 없이 융통하며, 둘이 아닌 하나다. 분별하여 둘로 보는 일은 없어야 한다.

중생의 마음도 그 진심眞心에서는 본체니, 물과 같다. 번뇌에 사로잡힌 견해 즉 정식情識은 작용이니, 파도와 같다. 다만 파도를 가라앉혀서 물을 얻듯이, 응용을 믿고 참을 꿰뚫어 보아야 한다. 이런 까닭에 안으로는 영원불멸의 법신을 꿰뚫어 보고 주체와 객체를 잊어야 하며, 밖으로는 자비의 오묘한 작용을 믿고 감응을 신뢰하여야 한다. 이는 수행자가 알아야 할 요체요, 수행에서 새겨두어야 할 점이다.

5. 지장보살이 간병한 일

가마쿠라에 수승도[36]를 맡은, 밀종[37]의 뛰어난 학승이 있었다. 나이 여든이 되자, 젊은 제자들 가운데서 기량이 빼어난 어떤 이에게 비밀한 법을 전수하고 또 인신印信도 건네주려고 생각하였다. 그러나 그 승려는 나이가 열 아홉인데도 아직 관정灌頂을 받지 않고 있었다. 게다가 노승은 감기에 걸려서 노망과 함께 병이 날로 심해졌고, 급기야 법을 전할 수 없게 될까 탄식하였다. 그리하여 제자들과 함께 염마천閻魔天에게 공양하여 목숨을 연장하고 또 이 젊은 승려에게 관정을 주어 지혜의 생명

36) 수승도帥僧都 : '수帥'는 태재부太宰府의 장관을 일컫는 말인데, 근신近臣이 그 직책에 있을 경우, 그 직명의 앞에 붙여 부르는 경우가 있다. 여기서는 태재부의 장관직을 맡으면서 동시에 승도僧都의 직책을 맡은 경우임을 알 수 있다.

37) 밀종密宗 : 진언종을 가리킨다.

을 잇게 하리라는 생각을 노승이 제자들에게 말하자, 제자들은 일제히 간하였다. "스승님의 연세에 이런 기도를 하시면 평판도 나빠지고 적절하지 않습니다. 도리없는 일입니다." "내 목숨이 아까워서 그러는 게 아니다. 법의 생명이 아까워서 그러는 거야. 남들이 무어라 말해도 괴로울 건 없어. 법을 위해서 백일의 여유를 달라고 빈다면, 염마왕께서 어찌 거절하시겠느냐?" 이렇게 말한 노승은 제자들에게 행법[38]을 시작하게 하였다.

10월 초가 되자, 이듬해 정월에 관정을 행할 수 있도록 하려고 백일의 가행加行을 똑같이 시작하였다. 그렇게 하는 동안에 노승의 마음도 평상시와 같이 되어서 주요한 법을 그럭저럭 전수해줄 수 있었다. "나는 몸으로 밀교의 핵심을 전하면서 미타와 지장이 하나임을 알았다. 그럼에도 대승의 법을 만난 표시로 지장보살을 받들어 따랐고, 광명진언光明眞言을 외워서 지옥에 떨어진 중생들을 구제하려고 하였다. 그러니 내가 어느 날에 죽든지 24일을 내 월기[39]로 삼거라. 바로 이번 달 24일부터 나의 월기를 시작하거라." 노승은 이렇게 말하고는 10월부터 월기를 시작하게 하였다.

그렇게 해서 정월 14일에 관정의 작법을 행하였고, 별탈없이 끝마쳤다. 그러나 15일부터 다시 병이 깊어졌다. "이제는 걱정할 일이 없다!" 노승은 거룩한 재보聖財와 세속의 재물世財을 부탁해서 맡기고, 죽은 뒤의 중음[40]을 준비하게 하는 등 일일이 지시하며, 오로지 임종을 위한 채비를 차렸다.

병세가 깊어지고 며칠이 지난 뒤, 간병하던 이들이 모두 쉬러 갔을 때였다. 용모가 수려한 어떤 젊은 승려가 와서는, 무어라 말할 수 없을 정도로 지극하게 간병하는 것이었다. 누구인지는 알 수 없었다. 이삼 일

38) 여기서는 수명복덕壽命福德을 증진시키는 증익법增益法을 가리킨다.
39) 월기月忌 : 고인이 죽은 날에 행하는 매월의 법사法事.
40) 중음中陰 : 죽은 후 49일간의 기간.

정도 지났을 즈음, 날마다 간병하던 이 승려를 가리키며 물었다. "이 이는 어떤 사람인가?" 그렇지만 다른 사람들 눈에는 보이지 않았으므로 아는 사람이 아무도 없었다. 자세한 사정을 들은 제자들이 모두 말하였다. "지장보살이 간병하는 것 아니겠습니까?" "참으로 그럴 수 있겠구나. 그가 돌아갈 때에 석장을 어깨에 훌쩍 메면[41] 보이지 않게 되는 게. 아, 얼마나 황송한 일이냐!" 노승은 감격하여 눈물을 참지 못하였다. 제자들도 함께 기뻐하며 눈물을 흘렸다고 한다.

정월 24일, 노승은 단정하게 앉아 인계印契를 맺고, 제자들과 함께 아미타의 긴 진언과 지장보살의 보배로운 명호 따위를 소리내어 외우고는 선정에 드는 듯이 입적하였다. 그의 제자가 이 이야기를 해주었다. 참으로 지장보살의 이익이야말로 대단하구나!

모든 부처와 보살의 내면의 깨달음과 드러난 작용을 논한다면, 내면의 깨달음은 모두 자성이요 법신이며 비로자나의 전체다. 작용을 드러내는 제존諸尊은 법왕의 한 직책을 담당하며, 법계의 한 문에서 나와서 본래의 서원과 자비심에서 나온 서원을 따로 하여 모든 중생을 이롭게 해준다. 그런데 지장보살은 천제[42]까지 아우르는 자비의 서원을 세우고, 위대한 스승인 붓다의 부촉을 받아 부처가 없는 무불無佛 세계의 도사導師[43]로서 악도에 떨어진 중생의 이익을 우선으로 하므로 어떤 현성[44]보다 뛰어나다. 그래서 『십륜경十輪經』에서는 이렇게 설하고 있다. "보현과 문수, 관음, 미륵 등 갠지즈강의 모래알 수만큼 많은 보살에게 백겁의 세월 동안 염송하고 예배하고 공양하며 갖가지 바라는 바를 기도하는 것보다는, 지장보살에게 밥 한 그릇 먹는 동안 염송하고 예배하

41) 통상적으로 지장보살은 석장을 가지고 있는 형상으로 그려진다.

42) 천제闡提 : 일천제一闡提의 줄임말. 부처를 비방하고 성불의 인연을 결여한 중생이다.

43) 도사導師 : 부처나 보살 등과 같이 중생을 불도로 인도하는 사람.

44) 현성賢聖 : 선에 화하고 악을 제거하였으나 아직 진리를 깨닫지는 못하고 범부의 위치에 있는 자를 현賢이라 하고, 참된 지혜를 발하여 깨달음을 얻은 자를 성聖이라 한다.

면서 바라는 것을 구하라. 오래도록 자비로운 큰 서원을 닦고 용맹정진한 것이 다른 보살을 능가하기 때문이다." 이는 모두 다른 보살들이 한쪽에만 마음을 기울이기 때문에 그런 우열이 생긴 것이다. 석가대사께서도 지장의 기량을 직접 보시고서, "내가 입멸한 뒤 미륵이 세상에 오기 전까지 중생을 부촉하노라"고 말씀하시고, 편안한 마음으로 입멸하셨다.

모든 중생을 구제할 때까지 사바세계에 머무는 보살은 갠지즈강의 모래알 수만큼 많다. 그들의 지혜와 자비와 신통과 묘용, 그 어느 것인들 미흡한 것이겠는가? 그렇지만 지장의 서원이 가장 깊어서 부촉을 받았던 것이다. 그러므로 석가모니 입멸 후에는 다른 본존을 숭앙할 필요가 없다. 지장이 바로 지금 중생 구제를 맡은 능화[45]요 혼탁한 세상의 길잡이니, 말법 시대의 중생들은 오로지 이 지장에게 의지하여야 한다.

중생의 불성이 부처와 감응하여 합치되기만 한다면 언제든 이익이 있지만, 모든 부처와 보살 가운데서도 특히 우리들과 인연이 있는 보살은 살타薩埵다. 석존은 모든 가르침을 베푼 스승이지만, 교화의 인연을 다한 뒤에 실보實報와 적광寂光의 땅으로 되돌아갔기 때문이다. 영원히 영취산에 머물면서 설법을 계속하고 있는[46] 색신도 우리들을 위하기에는 이미 멀어져버렸다. 아미타여래는 마흔 여덟 서원을 세운 원주願主지만, 십만억의 나라나 떨어져 있는 화지보각華池寶閣에 계시므로 세 가지 마음으로 염불하는 기연이 아니면[47] 아미타여래가 비추는 광명을 받지 못하게 된다. 그러나 지장보살은 자비가 깊고 두터워서 정토에도 머물지 않으신다. 중생 구제의 인연을 다하려고 입멸조차 바라지 않으신다. 그저 악도를 거처로 삼고, 죄인들을 벗할 따름이다.

---

45) 능화能化 : 소화所化의 상대어로, 능히 남을 교화하는 자를 뜻한다.

46) 원문은 상재영산常在靈山으로, 상재주영취산常在住靈鷲山을 줄인 말이다. 『법화경』「여래수량품如來壽量品」에서는, 석가는 80세에 입멸하였지만, 그 법신은 영원히 영취산에 남아서 설법을 계속하고 있다고 설하고 있다.

47) 지성심至誠心 · 심심深心 · 회향발원심廻向發願心으로 염불하는 일을 뜻한다.

석존도 성문승·연각승·보살승 등 삼승의 근기와 성품이 익을 때를 기다려 여덟 가지 교화의 상八相을 나타내시며, 아미타불도 염불하는 중생의 선한 공덕을 헤아려두었다가 그들이 눈을 감을 때에 협시 보살인 관음과 세지勢至와 함께 와서 맞아들인다고 한다. 그러나 지장보살은 근기가 익을 때를 기다리지 않으며, 임종의 저녁만이 아니라 영원히 육도의 길에 서서, 아침 저녁으로 사생四生의 족속들에게 들러붙어 있으면서 오히려 인연 없는 중생을 도와준다. 오랑캐에게도 그 몸을 나툰다고 하지 않던가! 하물며 모래 한 알 티끌 하나 정도의 선근이라도 있다면, 용이 물을 얻고 호랑이가 산에 있는 것과 같으리라.[48] 여덟 가지 추운 지옥과 여덟 가지 뜨거운 지옥의 고통에서 구해내어 인간과 천상, 모든 부처의 정토로 보내주시리라. "우리 정토는 위는 안양安養과 지족知足이요, 가운데는 가라타산伽羅陀山과 보타락산補陀落山이며, 아래는 복사(福舍; 佛寺)와 인간계와 천상계의 선취善趣다"라고도 말씀하신다. 말법 시대에 어리석고 부끄러운 줄 모르는 승려나 속인들은 다음 생에서 악도를 벗어나기 어렵다. 그렇다면 이 보살에게 공을 기울이고 제 뜻을 옮기지 않는 자는 도대체 어떤 마음을 지닌 자인가?

지장보살은 현교와 밀교에서 모두 의지한다고 한다. 겐닌지[49]의 본원[50] 승정 에이사이榮西가 입으로 전한, '지장의 비결'[51]이라는 한 권의 비밀한 책이 있다. 그 핵심은 지장은 대일여래의 유연한 방편의 지극함이요, 부동不動[52]은 굳세고 강한 방편의 지극함이라는 것이다. 이는 오

---

48) 『대혜보각선사어록大慧普覺禪師語錄』에, "不起一念, 未是諸人放身命處, 一念纔生, 如龍得水, 似虎靠山, 全体任麼來, 全体如是住"와 "龍得水時添意氣, 虎逢山色長威獰"이라는 글이 보인다.

49) 겐닌지建仁寺 : 일본 임제종 겐닌지파建仁寺派의 본산. 건인 2년(1202)에 원뢰가源賴家에서 개창하였으며, 에이사이가 처음 주지를 맡았다.

50) 본원本願 : 불당이나 탑, 불상 등을 일으킬 때에 발기한 사람.

51) 지장地藏과 부동不動에 관한 비결秘訣을 서술한 것으로 생각되는데, 확실치는 않다. 지금은 전하지 않는다.

52) 부동명왕不動明王을 가리킨다.

로지 절복[53]과 섭수[54]의 지극함일 뿐이다. 세간에서 문文과 무武의 정치로써 사해의 백성을 다스리는 것과 같다. 강함과 부드러움의 방편으로 모든 중생을 포용하는 것, 이것이 법왕의 다스림이요 교화다.

에신惠心 승도의 누이인 안요安養 비구니가 숨을 거두려 할 때, 슈가쿠인修學院의 승정 쇼산勝算은 화계주火界呪를 외우고, 승도는 지장의 보배로운 명호를 소리내어 부르면서 기도하였다. 그러자 부동명왕이 안요를 화염 앞에서 밀어내고, 지장이 그녀의 손을 잡아당기면서 되돌아가게 하는 게 보이더니, 이내 소생하였다.

또 에신 승도를 시봉하던 제자가 갑자기 죽었다. 귀신에 씌인 모습을 하더니, 부동명왕의 자구주를 외워달라고 하였으므로 승도는 지장의 보배로운 명호를 소리내어 불러주었다. 그 제자가 소생해서는 이렇게 말하였다.

"사내 네댓 명이 함께 저를 데리고 가려고 하자 젊은 승려가 나타나 풀어달라고 하였는데, 그들은 더욱 탐탁치 않게 여기고 저를 몰아치며 갔습니다. 그러자 이 승려는, '나야말로 섭섭하지만, 그래도 시비 따위는 일삼지 않고 이 사람을 도로 데려갈 것이오'라고 말하였습니다. 그때 머리를 중앙에서 좌우로 가른 동자 둘이 흰 지팡이를 들고 나타나서 그 사내들을 모두 쫓아 버리고 저를 빼앗아 젊은 승려에게 맡기는 것이었습니다. 그래서 함께 돌아가게 되었다는 생각을 하자마자 이렇게 되살아나게 된 겁니다."

이것이야말로 지장은 유연하게 행하고 부동은 거칠게 도와준다고 전해지는 것과 딱 맞아떨어진다. 지장과 부동의 방편을 떠나서는 전혀 생사의 윤회를 벗어날 수 없는 이유를 잘 보여준다. 지장은 육도의 모든 생명을 고통에서 구제해준다. 이는 모든 부처와 보살이 중생을 이롭게

---

53) 절복折伏 : 중생 교화의 한 방법. 악인이나 악법을 위력 · 설법 · 기도 등으로써 꺾어 불법을 따르게 하는 것이다.

54) 섭수攝受 : 절복과 달리, 자비심으로 중생을 포용함으로써 교화하는 방법.

하는 것보다도 뛰어나다고 한다. 부동은 세 가지 장애三障와 네 마구니四魔의 장애를 없애주는 일을 하는데, 역시 다른 여래보다 뛰어나다고 한다. 육도에서 벗어나지 못하고 네 마구니를 제거하지 못하고서야 누가 해탈의 문에 들어설 수 있겠는가? 잘 생각해야 한다.

〈에이닌永仁 3년(1295) 11월 21일. 이 글의 문자에 오류가 있어 약간 손질하여 다시 써 넣으면서 칠순 노안老眼을 문질러댔다. 악필이기는 하지만, 이 뒷면에 몇 자 적는다. 원체 어리석은 노인이 초고를 썼는데다, 뜻밖에 초안 그대로인 채 낙양에 공표하였는지라 꺼려지는 바가 많다. 그저 우매한 속인으로 하여금 신심을 더하게 할 수 있다면 다행이고, 감히 지혜로운 사람 앞에 내밀기는 어렵다.〉[55]

6. 지장보살이 갖가지 이익을 베푼 일

가마쿠라의 해안에 오래된 지장당地藏堂이 있었다. 거기엔 장육丈六의 지장이 안치되어 있었고, 그 근처 포구 사람들이 늘 참배하러 왔다.

어느 때 평소처럼 참배하러 왔던 포구 사람들 모두 꿈을 꾸었는데, 용모와 자태가 빼어난 젊은 승려가 이렇게 말하는 것이었다. "평소에 늘 찾아와주었는데, 이제 내가 딴 사람에게 팔려서 다른 곳으로 가게 되었소. 그래, 섭섭해서 작별 인사하러 왔소이다." 사람들은 모두 괴이쩍게 여겼다. 알고보니, 이 지장당의 주인이 가난한 나머지 조상으로부

55) 여러 판본 가운데서 고본古本에만 덧붙어 있는 글이다.

터 물려받은 이 법당을 팔았던 것이다.

도지[56]의 대권진大勸進인 간교보願行坊 스님이 이것을 사서 이계당二階堂[57] 근처로 옮겨 세우려고 하였다. 막상 불상을 옮기려고 보니까, 인부가 부족하였다. 고민하고 있던 차에, 어디에선지 신분은 비천해 보이나 힘깨나 쓸 법한 법사가 나타나서는, "열 사람 몫의 일을 할 수 있습니다"라고 말하는 것이었다. 이걸 드는 데에는 열 사람으로도 부족한데, 이 법사는 몸을 아끼지 않고 번쩍 들고는 아주 쉽게 옮겼다. 그런데 간교보가 음식을 대접하려고 하니, 지운 듯이 사라져 버렸다. 사람들은 신불神佛의 조화라며 괴이하게 여겼다. 동료 승려가 확실하게 보고서 들려준 이야기다.

그런데 저 불상은 목덜미가 궁상스러웠다. 이것을 간교보가 불사佛師를 불러 고치려 하였다. 불사는 이렇게 말하였다. "신령한 불상이어서 함부로 깨뜨릴 수 없습니다." 그래서 다른 불사를 부르려고 하였는데, 이 불사가 다시 찾아왔다. "꿈에 젊은 승려가 찾아와서, '그저 내 몸을 바르게 해주시오. 고통은 없을 겁니다' 하고 부탁하기에 왔습니다." 이렇게 말한 불사는 불상을 바로잡았다. 그 뒤에 어떤 단나가 와서는 공봉승[58]에게 보시를 하였는데, 불상의 얼굴과 그 사람의 얼굴이 다르지 않았다고 한다. 당시의 불가사의였다. 저 스님의 제자가 들려준 이야기인데, 세간에도 알려져 있다. 그런데 저 꿈을 꾸었던 포구 사람들은 믿음을 다하여 거기까지 걸어와서 참배하였다. 딴 곳 사람들도 이를 전해 듣고 와서 숭상하였다고 한다.

---

56) 도지東寺 : 일본 진언종 도지파東寺派의 본산. 연력延曆 15년(796), 등원이세인藤原伊勢人에게 칙령을 내려, 나성문羅城門의 좌우에 동서東西 양사兩寺를 세워 평안성平安城을 진호鎭護하게 하였는데, 좌사左寺 또는 좌대사左大寺를 서사西寺에 대해 도지라 부른 것이다. 홍인弘仁 4년(823)에 공해空海에게 하사하였고, 그 후로 진언종의 근본도량이 되었다.

57) 가마쿠라에 있었다고 한다.

58) 공봉승供奉僧 : 신사에서 본존을 맡아 봉사하는 승려.

불상을 깨뜨리고 보수하는 일에 대해 『대론大論』[59]에서는, "부처님의 상호를 위하여 깨뜨린 것은 죄가 아니고, 오히려 복을 얻는다"고 하였다. 좋게 하려고 먹은 마음에는 괴로움이 없다. 그래서 조달調達은 피를 흘려서 아비지옥에 떨어졌고, 기파耆婆는 피를 흘려서 도리천에 태어났던 것이다. 피를 흘린 일은 같지만, 얻은 과보는 달랐다. 뜻한 바가 선하냐 악하냐에 달렸기 때문이다. 짓는 업 자체에는 옳고 그름이 정해져 있지 않다. 부처가 임시로 몸을 나툰 생신[60]도 거의 이와 같다. 고귀한 불상도 이것에 준한다. 다만 경솔하게 깨뜨려서는 안 된다.

가사기笠置의 미륵은 채색하고 난 뒤에 영험이 없어져버렸다고 한다. 오래된 불상을 있는 그대로 숭앙하는 것도 한 방도다. 단 그 형체가 추해지거나 모습이 불완전해지면, "그 앞에 휘장을 걸쳐라"고 하는 율법이 있다. 못생긴 아가씨일지라도 그 모습을 깊이 감추어서 드러내지 않으면 마음이 끌리는 것처럼, 불상도 그렇게 해서 마음을 끌어 수행자의 믿음을 일으킬 수 있다면 좋다.

최근 가게유코지勘解由小路에 이익이 현저한 지장이 있었다. 서울에 사는 남녀들이 모여들어 저자를 이룰 정도였다. 그들 가운데 아름답고도 사랑스런 젊은 여인이 있어 늘 와서 밤새워 기도하였다.

그런데 젊은 법사가 머물러 기도하다가 이 여인에게 마음을 빼앗겨 버렸다. '어떻게 하면 다가갈 수 있을까?' 하고 생각한 나머지, 이왕이면 본존이 몸을 나툰 것처럼 해서 다가가면 좋겠다는 생각을 해냈다.

이 여인이 밤중에 근행[61]하다가 피로해져서 잠깐 쉬고 있을 때, 이 젊은 법사가 여인의 귀에 대고 나지막이 말하였다. "돌아가다가 처음 만난 사람을 따르라!" 그리고는 멀찍이 떨어져서 지켜보았다. 어슴푸레하게

---

59) 『대지도론大智度論』을 가리킨다.
60) 생신生身 : 부처나 보살이 중생 구제를 위해 신통력으로 임시로 드러낸 몸.
61) 근행勤行 : 날마다 일정한 시간에 불당에서 독경하거나 예배하는 일.

날이 밝아올 무렵, 여인이 일어나 몸종을 깨우고는 황급히 돌아갔다.

법사는 '됐다!'고 생각하였다. 우연히 마주칠 수 있도록 얼른 신발을 신고 쫓아가려 하였다. 그러나 신발 둔 곳을 잊어버리고, 이리저리 찾다가 찾지 못하였다. '늦어버렸구나!' 하면서 신을 한 쪽만 신고, 여인이 앞서 내려갔을 방향으로 쫓아갔다. 가게유코지에서 동쪽으로 갔으리라 여겨 그쪽으로 달려 갔지만, 여인은 보이지 않았다.

이 여인은 그렇게 될 운명이었는지 가라스마루烏丸 아래로 내려갔다. 새벽 달빛 속으로 어떤 재가 수행자가 말을 타고 다른 네댓 명과 함께 오고 있었다. 여인이 멈추어 서서 무언가를 말할 듯한 기색을 보이자, 이를 본 재가 수행자가 말에서 내려 물었다. "하실 말씀이 있으신지요?" 여인은 멈칫거리며 나서지 못하였다. 잠시 있다가, 몸종을 시켜서 이렇게 말하게 하였다. "말씀드리기 외람됩니다만, 가게유코지의 지장보살께 요 며칠 참배하며 바람을 아뢰었더니, 몸을 나투시고는 '오늘 새벽 돌아갈 때에 처음 만난 사람을 따르라'고 말씀하셨습니다. 말씀드리기 외람됩니다만, 말한들 또 어떠랴 싶어서 말씀드렸습니다." 정말 부끄러워하는 기색이었다.

이 재가 수행자는 여러 해 전에 아내를 여의고 이제 삼년째가 되었는데, 이 지장보살에게 참배하여 부처님의 처분에 따라 부부의 인연을 맺으리라 하여 아직 처를 맞아들이지 않고 있던 차였다. 그런데 이 지장당으로 오는 길에 이런 일이 생긴 것이다. 여러 말 할 것 없이 곧바로 여인을 말에 태우고 돌아갔다. 그는 시골에 영지도 가지고 있는, 그리 가난하지 않은 무사 수행자였다.

한편, 젊은 법사는 이쪽으로 뛰고 저쪽으로 뛰어다니고 있었다. 나막신을 한 쪽만 신은 채 땀을 뻘뻘 흘리고 숨을 헐떡거리며 돌아다녔지만, 어찌된 영문인지 여인을 만날 수 없었다. 날이 밝자, 만나는 사람들에게, "이러이러한 사람이 저러저러한 곳으로 갔느냐?"고 물었다.

이윽고 법사는 마음이 내키지는 않았으나, 그 재가 수행자의 집으로 갔다. "그건 지장보살이 몸을 나툰 게 아니었습니다. 제가 주제넘게 몸을 나툰 듯이 한 겁니다." 큰소리로 떠들어댔지만, "이거 무슨 짓이오? 미쳤소?"라고 말하는 사람만 있을 뿐, 아무도 신경쓰지 않았다.

마음이 흐린 자에게는 이익이 없다. 신심을 깊게 지니고 부처님의 말씀이라고 받들었으므로 여인은 자신이 생각한 대로 바라던 바를 이루었다. 위대한 성인의 방편은 참으로 훌륭하도다!

구라마鞍馬의 노승도 불보살이 몸을 나투는 이런 일로 해서 승방이 소에게 완전히 짓밟혀 부서지는 일을 겪었는데, 견주어서 생각해볼 일이다. 널리 알려진 이야기여서 자세하게 말하지는 않겠다.

스루가駿河 지방의 후지가와富士河 근처에, 살생을 업으로 삼는[62] 사내가 있었다. 누군가의 권유를 받아 작은 지장보살상을 하나 집에 모셔두고, 때때로 꽃과 향을 바치며 우러러 받들었다.

어느 날 꿈에 귀신에게 잡혀 끌려가는데, 이 지장보살이 놓아줄 것을 청하였다. 그러자 귀신이 말하였다. "이 자는 살생의 업을 지었으니, 지옥으로 가야 합니다." "지금부터는 살생을 그만두도록 가르치겠습니다. 부디 허락해주십시오." 지장이 이렇게 간청해서 자신을 데리고 돌아오는 꿈이었다.

그 뒤로 한두 달 정도는 살생을 하지 않았지만, 결국 본래대로 되돌아갔다. 약간의 병을 앓더니, 또 숨이 끊어졌다. 이번에는 소머리와 말머리를 한 옥졸[63]들이 결박하여 몰아치며 가는데, 또 지장보살이 와서 애원하였다. 옥졸들이 말하였다. "전번의 약속을 어겼으니, 이젠 놓아줄 수 없습니다." "이번만 봐주시고, 부디 살려주십시오. 앞으로 다시는 살려달라고 하지 않겠습니다." 지장이 이렇게 사정사정하여 구해내었다. 훈계도 하면서 이번에는 살생을 그만두어야 할 이유를 단단히 일러주

62) 사냥이나 수렵으로 생계를 이었다는 말이다.
63) 이들은 모두 지옥의 옥졸들이다.

고는 소생시켰다.

그 뒤로 한 해 정도는 살생을 하지 않았는데, 다시 살생을 하려 할 즈음에 중한 병에 걸려서 갑작스레 눕더니 그대로 숨이 끊어졌다. 허다한 옥졸들이 와서는 결박해서 끌고 갔다. 그런데 이번에는 지장보살이 보이지 않았다. '아, 슬프도다! 거듭 약속을 어겼더니, 지장보살에게도 버림을 받았구나!' 사내는 이렇게 생각하면서 오로지 한 마음으로 빌었다. 그러자 지장보살의 그림자 같은 것이 문득 곁을 스쳐가는 것처럼 느껴졌다. 사내는 그 옷자락을 쥐고 매달리려 하였다. 지장보살은 뿌리치고 달아나려 하였다. 그때 옥졸들이 말하였다. "어찌하여 이런 사악한 사람을 부당하게도 구하려 하십니까? 번번이 거짓말을 하였는데도 말입니다." "나는 전혀 구하려 하지 않았소. 그가 내 옷자락을 붙잡았을 뿐이오." 지장이 이렇게 말할 때, 한 옥졸이 화살을 쏘아 사내의 등을 꿰뚫었다. 또 다른 옥졸은 창으로 가슴을 찔러 꿰뚫었다. 창끝이 땅에까지 닿았다. 이제 옥졸들이 갔다고 생각하는 순간, 되살아났다.

깨어난 뒤에도 가슴에는 흉터가 남고 부스럼이 생겼다. 사내는 오래도록 앓고 난 뒤에 출가하였다. 그때부터 내세에서 깨달음을 얻기 위해 계속 힘쓰면서 지장보살을 공경을 다하여 공양하였다고 한다. 이는 고안(弘安; 1278~87) 연간에 있었던 일이다.

와슈和州의 이코마生馬에 론시키보論識房라는 승려가 있었다. 법상종法相宗의 학인으로서 주로 경전을 강설하였지만, 신자들의 보시를 받을 이유가 없다고 여겨서 지재64)에 힘쓰며 조그만 밭뙈기를 경작하여 생활하였고, 암자를 지어 은거하면서 『법화경』을 독송하는 것으로 내세의 일을 도모하였다. 그가 죽은 뒤, 사누키보讚岐房라는 제자가 암자를 물려받았다. 그 제자는 병을 좀 앓다가 이내 숨이 끊어졌다. 그런데 하루 낮

64) 지재持齋 : 강경講經이나 설경說經 등을 하지 않고 오로지 계율을 지켜서 자기의 다음 생을 위해 힘쓰는 것.

과 밤이 지나 소생하더니, 이렇게 말하였다.

"염마왕의 궁궐에 갔는데, 염마왕이 제가 업보로 받은 수명을 살펴보더니, '보명報命이 아직 다하지 않았군' 하면서 저를 놓아주더군요. 하지만 저는 어디로 가야 할지 방향도 분간하지 못하였습니다. 그러고 있는데, 스승이신 론시키보께서『법화경』한 권을 손에 들고 나타나셔서는, '이 무슨 일인가?' 하고 물으시지 않겠어요? 그래서 저는, '이리이리 되었습니다. 놓여나기는 했지만, 어디로 가야 좋을지 방향을 통 못잡겠습니다'고 대답하였습니다. 그러자 스승께서는, '자, 스님! 내가 머물고 있는 곳에 가 보세나'라고 말씀하시고는 저를 데려가는 것이었습니다. 조그만 암자에는 석가모니의 모습을 그린 그림이 걸려 있었고, 책상 위에는『법화경』한 부가 놓여 있었습니다. 스승께서는 이렇게 말씀하셨지요. '나는 그릇된 일에 뜻을 두었기 때문에 여기로 오게 되었네. 불제자가 할 일이란 법을 설해서 남에게 들려주고 법을 듣는 인연을 맺도록 하는 것이라네. 밭을 경작하는 일은 불자가 할 일이 아니었던 게야. 그게 허물이 되었던 게지. 나처럼 해서 끌려온 사람이 많다네. 그렇기는 해도, 다른 고통은 없다네'라고요. '그런데, 저는 어떻게 되는 겁니까?' 하고 여쭈었더니, '잠시 기다려보시게. 여기에 지장보살이 계시니, 그분께 애원해보면 될 걸세'라고 말씀하시겠지요. 얼마 있으니까, 석장 소리가 나더니 지장보살께서 지나가시는 겁니다. 그래 달려가서는, '제발 도와주십시오. 보명이 아직 다하지 않아 풀려나기는 했지만, 어떻게 될지 도무지 알 수가 없습니다' 하고 빌었더니, '자, 자!' 하시면서 염마왕 앞으로 저를 데리고 가지 않겠어요? 그리고는, '참으로 이 법사는 풀려난 겁니까?' 하고 물으셨고, 염마왕이 '그렇습니다. 풀어주었습니다'고 말하자, 지장보살께서 '그렇다면 지체 말고, 자!' 하고 말하더니, 아득히 너른 들판에 저를 데려갔습니다. 한참을 가니, 들판에는 아귀들이 이루 헤아릴 수 없을 정도로 많이 있었습니다. 그 모습은 그림에 그려져 있는 그대로였지요. 그 가운데 어떤 아귀가 이렇게 말하더군요. '저 사누키보는 내 아들이오. 저 놈을 키우려고 많은 죄를 지었다가 이런 과보를 받고, 배고픔과 목마름의 고통을 겪고 있소. 달리 방도가 없소. 저기, 먹을 걸 좀 주시오'라고요. '잘못 생각하였소. 이 사람은 생긴 건 당신 자식과 똑같아도, 다른 사람이오'라고 지장보살이 말하였습니다. 그러자, '틀림없이 내 아들이오. 고향도 부친도 이러이러 하지 않소?'라고 분명하게 말하는 것이었습니다. 그래도 지장보살은, '공연한 말이야. 그와 비슷하긴 하지만, 다른 사람이야. 자, 가세!'라고 말하고는, 곧바로 저를 데리고 가버리는 것이었습니다. '아이고, 아이고!' 하고 아귀가 탄식하였지만, 신경 쓰지 않고 멀찌감치 가버렸지요. 지장보살은, '실은 그 아귀는 자네 모친이네. 자네를 키우다가 그런 과보를 받았지. 그렇지만 자네를 잡아먹고 그 고통을 가라앉히더라도, 그건 오래가지 못하네. 또 자네가 인간 세상에 태어나더라도 기쁘지 않을 거고, 목숨을 내놓지 않는 것도 편하지 못할 것 같아서, 내 거짓말을 해서 자네를 구한 거라네. 삼가고 삼가게. 모친에 대한 효도란, 차근차근 준비해서 그 고통에서 벗어나게 해드리고, 자신이 내세에서 깨달을 일을 위해 힘써 수행하는 것이지. 나는 한가하지 않은 몸이니, 돌아가야겠네. 여기서부터 가는 길은 자네가 기억할 것이야'라고 말하였습니다. '날 내버려두고 바삐도 가 버리셨구나' 하는 생각을 하자마자 깨어난 겁니다."

저 법사와 제자를 모두 만나본 적이 있는 스님이 들려준 이야기다. 꽤 근래의 일이다.

은둔하여 수행하던 승려가 있었다. 각별히 내세에 마음을 두고 염불에 전념하던 수행자였다. 자신의 공양을 위해 경작을 하였는데, 그러던 중에 이유없이 깊이 죄를 느꼈다. 어느 날 밤에 꿈을 꾸었다.

어떤 산자락에 불수레火車[65]가 있었다. 거기엔 사자가 매여 있었다.

---

65) 화차火車 : 죄인을 태우고 지옥으로 데리고 가기 위한, 불이 타오르는 수레.

옥졸이 이 수레를 몰고 있었다. 화염이 어찌나 대단하던지 보기만 하여도 섬뜩한 게, 무어라 말할 수 없을 정도였다. 옥졸이 말하였다. "이것으로 적에게 고통을 줄 것이오." 무어라 대답도 하기 전에 두려움이 엄습하였다. 그 산꼭대기에 젊은 승려 세 사람이 서 있다가 말하였다. "옥졸이 말하는 걸, 그대는 들었소?" "들었소." "그것은 경작하면서 많은 벌레들을 살생한 자를 적이라 해서, 경고한 것이오." 그리고는, "극락왕생을 기뻐해야 할지니, 어찌 한탄스럽게 예토를 생각하나?"라는 말을 세 차례나 되풀이하여 읊어대는 것이었다. 그 광경을 보다가 꿈에서 깨어났다. 그 뒤로는 경작일랑 털끝만치도 생각하지 않게 되었다고 하는데, 그 사람에게서 직접 들었다. 지장보살의 방편이로다! 황송하다는 생각이 들었다.

가마쿠라에 아주 절친한 무사 둘이 있었다. 함께 지장보살을 믿고 우러러 공양을 올리곤 하였다. 한 사람은 살림살이가 가난하여서 낡은 지장의 형상이나마 마련하여 향과 꽃을 받들어 올렸다. 또 한 사람은 살림살이가 넉넉하였으므로 장중한 불상을 세우고 아름답고 화려한 불감[66]을 마련해서 우러러 공양하였다. 넉넉한 이 사람이 먼저 세상을 떠나게 되었을 때, 가난한 벗이 지장을 믿는다고 해서 본존상을 넘겨주었다. 가난한 무사는 기뻐하며 새 본존을 우러러 받들며 공양하였고, 오래된 낡은 지장은 한 쪽으로 밀쳐두고 공양도 하지 않았다. 그러던 어느 날, 꿈에 이 지장이 원망하는 기색으로 나타났다.

누구에게나
세상을 구하려는
마음 있는 걸.
빌어온 모습이야

66) 불감佛龕 : 불상을 모셔두는 조그만 집.

어떠하든지간에.

이렇게 길게 읊조리는 것을 보고서 무사는 놀라 깨어났다. 허둥대며 그 지장을 불감에 안치하고 새 본존과 똑같이 공양하였다.

조슈常州의 츠쿠바산筑波山 기슭에 나이든 재가 수행자가 있었다. 그는 지장을 손수 우스꽝스럽게 조각하고서 우러러 받들며 공양하였다. 집안의 남녀들은 모든 일을 이 지장에게 빌었다. 헛되지 않았는지 분수에 알맞는 이익이 각자에게 주어졌다.

그 집에 어린아이가 있었는데, 실수하여 우물에 떨어져 죽었다. 그 어미는 슬피 울면서 조리에도 닿지 않는 한탄을 하였다.

"온갖 바람을 다 들어주던 이 지장보살이 내 아들을 죽여버렸으니, 아이고 분하다!"

그날 밤 꿈에 이 지장이 우물가에 서서 말하였다.

"나를 원망하지 마라. 내 힘이 미칠 수 없는 정해진 업보였으니. 후세에는 내가 이 아이를 도우리라."

그리고는 우물 밑바닥에서 아이를 들쳐 업고 나오는 것이었다. 이를 본 여인의 한탄도 점점 누그러졌다.

옛날 덕망높은 스님이 한 말이 전해지고 있다.[67] 부처의 진신에는 정해진 모습도 없고 망령된 생각도 없다. 대자비심에서 나온 부처의 근본서원과 온갖 선을 낳는 자비심의 힘에 따라 갖가지 모습을 나투신다. 형상도 응신의 하나다. 그러므로 수행자의 신심이 얼마나 깊은지와 지혜의 정도에 따른다. 나무나 돌로 생각하는 자에겐 부처도 단지 나무나 돌로 나타나신다. 나무나 돌에서도 부처를 떠올린다면, 부처의 공덕이

67) 아래의 글 가운데서 어디까지가 대덕의 말인지는 가늠하기 어렵다.

주는 이익이 있다. 공경심도 신앙심도 참으로 깊고 또 진실로 정성을 다한다면, 응신의 이익은 조금도 멀리 있지 않다. 그러나 어리석은 마음으로 함부로 가벼이 행동한다면, 이익의 작용이 나타나기는 어려우리라. 사람은 공경하면서도 부처님 앞에서는 부끄러움도 두려움도 없이 행동한다면, 어찌 부처의 공덕을 입고 이익을 받을 수 있겠는가? 아무리 생각해도 그것은 어리석은 자의 습관이다.

7. 부동不動의 이익에 관한 일

신슈信州의 어떤 산사에 고귀한 스님이 있었다. 몸과 입과 뜻으로 하는 삼밀三密 수행을 오래도록 훈습하였고, 제자들도 많았다. 나이가 들어 병으로 누웠다. 의지할 데가 없는 것처럼 보이는 게 마구니의 방해가 있는 것으로 여겨지기도 했고, 눈빛도 바르지 않고 마음도 여느 때와는 달라 보였으므로, 제자들은 모두 스승이 임종시에 바른 생각을 일으키도록 자구주慈救呪를 외우고 오롯한 마음으로 기도하였다. 이들 가운데에 있던 수행자 한 사람이 왕생을 기원하는 지극한 마음을 일으켰는데, 머리에서 시커먼 연기가 날 정도로 소리를 있는 대로 다 내어서 기도하였다. 이렇게 두어 시간 정도 기도한 뒤, 길게 숨을 내쉬더니 아무 말도 하지 않았다.

"어떻게 된 거요?" 사람들이 모두 이렇게 묻자, 잠시 있다가 말하였다. "스님의 불도를 방해하려는 갖가지 마구니들이 수를 헤아릴 수 없을 정도로 눈에 보였습니다. 스님을 도우려는 생각에서 혼신을 다하여 용맹하고도 힘차게 주문을 외웠습니다. 신심이 뼛속을 뚫고 지나간다고 느껴질 때에 부동의 칼을 뽑아 휘둘렀는데, 그런 생각이 들자 마음이 조금씩 가라앉았습니다." 스승도 눈빛이 바르게 되고 마음도 환하게 밝아져서 임종 준비를 평온하게 할 수 있었다. 또 이 수행자의 일을 함께 기뻐한 스승은, 오래 전부터 간직하고 있던 본존과 사리 등을 문하의 주요한 제자들이 아닌 이 수행자에게 전하였으며, 그 임종도 여법하여 훌륭하였다고 한다.

이튿날, 오래도록 신자로서 수행하던 재가자가 달려와서는 이렇게 말하는 것이었다. "어젯밤 꿈에, 온갖 마구니들이 스님의 득도를 방해할 때에 부동명왕이 나타나 내쫓아버리고 스님의 임종을 훌륭하게 만들어 주는 것을 보았습니다." 이 일은 의심의 여지없이 부동의 방편으로 말미암아 깨달음의 길로 나아간 것이라고, 문도들은 찬탄하면서 기뻐하였다.

경전[68]에서는, "남염부주의 중생은 세 가지 장애가 무겁기 때문에 부동을 마음에 두어야 한다"고 설하고 있다. 약간의 선행에는 오히려 장애가 있다. 참다운 보리심이나 행업이 있다면, 확실히 장애가 있다. 이런 까닭에, "깨달음이 높아지면 마구니도 왕성해진다"고 말하는 것이다.

옛 대덕도 말하기를, "부동명왕과 지장의 힘에서 멀어져서는 생사를 벗어날 수 없다"고 하였다. 지장은 대일여래가 지닌 자비심의 극치요, 부동은 대일여래가 지닌 지혜의 궁극이다. 세상의 만물이 음양의 화합으로 말미암아 나고 자라는 것과 같이, 번뇌를 끊고 열반에 들게 하는 깨달음도 자비와 지혜의 방편으로 말미암아 성취할 수 있다. 신주神呪를 지니고 명호를 불러서 마구니의 장애를 떨어버리고, 임종 때에 바른 생각을 일으키도록 기도해야 한다.

불보살의 이익은 수행자가 성심을 다할 때 감응하는 것이니, 종을 치는 것에 따라서 소리가 나고 골짜기에 울리는 소리에 따라서 메아리가 일어나는 것과 같다. 쇠나 돌과 같이 마음이 없는 것도 사람이 두드리

---

68) 『보적경寶積經』 권20에, "부동여래의 명호를 외면, 재앙과 해로움이 소멸되리라念不動如來稱名, 災害消除"라는 구절이 나온다.

면 오히려 소리를 낸다. 하물며 신이나 부처의 서원을 믿는다면, 어찌 덕을 베풀지 않겠는가? 감응이 멈추는 것은 신심이 부족하기 때문이다.

세상에서도 주군의 은혜를 입으면 가신은 그 뜻이 신실해지고, 가신이 신명을 아끼지 않고 충성을 다하면 주군은 은혜를 베푼다. 싸움터에서도 목숨을 기꺼이 버린다. 그렇지만 그런 은혜는 겨우 하나의 몸, 하나의 목숨을 도울 뿐이다. 내세에서 깨달음을 얻게 해주는 인연은 되지 않는다. 설령 처자를 부양한다 할지라도, 그들이 저승길의 동무가 되어주지는 않는다. 때로는 그러한 은혜조차 없는 일도 있다. 또 있다고 하더라도 몇 번 되지 않는다. 가령 커다란 은혜를 입었다 할지라도, 주어지는 군역이나 부역이 많고 해야 할 일이 번다하다면, 내 이익은 얼마 되지 않는다. 이것으로 말미암아 몸도 피로해지고 마음도 괴로워진다. 면목 없는 일도 생기고 부끄러운 일도 생긴다. 이런 사소한 일 때문에 도리어 몸을 내던지기도 한다. 하물며 불법의 이익은 다만 현세에서 그치지 않음에랴! 그토록 끊기 어렵던 아득한 옛날부터 반복되던 윤회를 끊고, 들어가기 어려운 상주常住의 오묘한 도에 들게 된다. 그러니 이를 위해 누가 목숨을 아끼겠는가?

불법의 이익은 설혹 현세의 삶을 위한다고 할지라도, 현세뿐만 아니라 내세에도 그 이익이 있다. 경전 가운데서 비유를 들면 이렇다. "부처의 경지를 이루려고 행하는 선근善根은, 가령 세간을 위한다고 하더라도 끝내는 해탈의 인연이 된다. 예를 들면 장자[69]의 밭에 씨를 뿌리고 물을 끌어들이고 때맞추어 김을 매면, 이 종자를 자라지 않게 한다고 해도 반드시 그 과실을 얻게 되는 것과 같다."

또 진언의 공능에 대해 일행一行 선사가 풀이하기를, "가령 수행자가 형상이 있는 실지[70]를 이루고 세간의 복덕을 위해 행하더라도 삼밀을 훈습하고 닦는다면, 마침내는 불과를 이룬다"고 하였다. 세간의 물은 반

69) 장자長者 : 복덕福德이 수승殊勝한 사람.
70) 실지悉地 : 비법을 닦아서 진언의 오묘한 결과를 성취하는 일.

드시 큰 바다로 흘러 들어간다. 이 큰 바다는 물의 총체이기 때문이다. 일체의 선善은 반드시 법성으로 돌아간다. 법성은 이 모든 선의 총체이기 때문이다. 그렇더라도 수행자가 깨달음으로 회향할 때에는 실지가 빨라진다. 형상이 있는 것에 머물거나 집착한다면, 이익은 막힌다. 최후의 이익은 헛될지라도, 현세의 이득은 수행자의 마음먹기에 달려 있다. 이러한 이치를 알아서 진실한 지혜를 익히고 용맹정진하여 오음五陰의 무거운 짐을 내던지고, 법신과 보신, 응신 등 삼신의 오묘한 과위에 올라야 할 것이다.

8. 미륵 수행자 이야기

근래에 야하타八幡의 이와시미즈[71]라는 곳에 유이신보[72]라는 스님이 살고 있었다. 그는 고귀한 진언사眞言師로 알려져 있었다. 히로사와[73]의 호주인류[74]를 전하면서, 미륵의 수행자로서 내원內院의 왕생을 기원하며 여법하게 수행하는 스님이었다. 수행하던 중에 도량 가운데에 도솔

71) 이와시미즈石淸水 : 경도부京都府 철희군綴喜郡 팔번정八幡町 남산男山 위에 있는데, 남산팔번궁男山八幡宮이라고도 한다.

72) 유이신보唯心房 : 상세한 전기는 알 수 없고, 『본조고승전本朝高僧傳』 권5에 이 설화가 실려 있다.

73) 히로사와廣澤 : 진언종東密을 대표하는 고오야小野・히로사와 두 유파 가운데 하나. 교토 차아야嵯峨野에 있는 히로사와이케廣澤池는 우다宇多 천황의 손자 관조寬朝가 편조사遍照寺와 함께 세운 것이라 한다. 이 지명이 유파의 이름으로 되었다.

74) 호주인류保壽院流 : 관조寬朝 이래로 제신濟信・성신性信・관조寬助 등으로 상승相承된 히로사와 유파가 관조寬助 문하에서 여섯으로 분파되었는데, 그 가운데서 영엄永嚴에서 시작된 유파를 호주인류라 한다.

천의 내원이 나타났다고 하니, 형상이 있는 유가瑜伽를 성취한 수행자임이 분명하다. 수행 중간에 외물의 방해를 받아 잠시 도솔천의 내원이 나타나지 않는 일도 있지만, 다시 행해서 항상 나타나게 하였다. 자비심이 있어서 전수도 쉽게 해주었으므로 은둔 수행하는 스님들도 그에게서 많이 전수받았다고 한다.

어떤 스님이 진언에 뜻을 두었는데, 일이 있어서 간토關東로 내려가게 되었다. 그 스님이 교토로 올라와서 전수받아야 하는 이유를 물었더니, 유이신보가 말하였다. "반드시 올라와서 익혀야 하오. 말법 시대라 하더라도 진언의 공능은 얕볼 수 없소. 결코 남에게 알려서는 아니 되오. 내 진언의 공능을 보여주겠소." 유이신보가 그 스님에게 혀를 쑥 내밀고 인印을 맺게 하였더니, 스님은 감로수 같은 달콤함을 맛보았다. 그리고 또 인을 풀었더니, 그 맛을 잃었다. 또 방울 모양의 인을 맺고 흔들었더니, 매우 진기한 방울 소리가 났다. 유이신보가 말하였다. "이는 스님께서 진언에 대한 믿음을 내시도록 하기 위함이오. 추호도 남에게 알리지 마시오."

어떤 스님이 내게 이야기해준 것이다. 분에이文永 말 경에 있었던 일이다. 유이신보는 태장계의 행법을 행한 뒤, 방울도 울리지 않고 예반禮盤 위에 올라서 입멸하였다고 한다. "미륵의 정토는 항상 나타난다. 도솔천의 내원으로 왕생하는 것을 의심하지 말라"고 제자들에게 가르쳤다고 한다. 미륵을 태장계의 대일여래라고 배운 일이 있으니, 그 행법도 태장계다. 내원에 왕생해서 고조대사[75]도 만나겠지? 참으로 부럽구나!

저 미륵자존彌勒慈尊은 보처보살이며, 내세로 이끄는 보살이다. 『상생경上生經』에, "도솔천에 상생하기 위한 인因은 매우 용이하다. 일념으로 희구하는 마음으로 한 번 남무南無의 공덕을 부르면, 그 품었던 뜻을 이

75) 고조대사高祖大師 : 한 종파의 개조를 가리키는 말. 여기서는 진언종의 개조인 홍법대사弘法大師 공해空海를 가리킨다. 공해의 『어유고御遺告』에, 입적 후에는 도솔천의 미륵보살 곁에 있을 것이라는 예언이 기록되어 있다.

룬다"고 한 것이 보인다. 또 삼회三會의 뜰에서 해탈을 얻는 것에 대해서도, "고작 한 덩어리의 밥을 중생에게 베푸는 인연으로도 용화회龍華會에서 미륵을 친견하고 해탈을 얻을 수 있다"[76]고 하였다. 석가모니가 남긴 법을 따르는 제자로서 삼보에 귀의하고 오계를 지키고 가사를 걸친 사람이라면, 초회初會에 해탈하게 될 것이라고도 한다.[77]

천축의 풍습을 보면, 많은 사람들이 상생을 기원한다. 천축이 보토報土는 아니지만, 석가모니와 같은 종족이라는 인연이 있으므로 범부의 바람이 이루어지기엔 충분하다. 보리심이 아니더라도 인연을 얻기는 또 쉽다. 안양과 도솔천의 우열을 논하면 안양이 못하지만, 그래도 안양은 불퇴不退다. 도솔천은 그 내원과 외원外院이 같지 않아서 외원을 퇴위退位라고 한다. 그러나 외원에 있더라도 미륵자존의 교화에 참여하고 삼회에 참석하는 데에는 부족함이 없다. 더욱이 내원은 사십구원四十九院 안에 무량수원無量壽院을 두고 있는데, 이는 아미타의 극락과 한가지라 할 수 있다. 한 부처의 정토에 태어났다면, 모든 부처의 국토에 태어난 것과 다를 바 없다. 이 모두는 시비를 일삼거나 하나의 견해에 치우쳐서 고집하거나 서로 비방해서는 안 된다는 것을 말한다.

극락 왕생은 반드시 보리심이라야 된다고 한다. 『정토론淨土論』에서는, "반드시 보리심을 일으켜야 한다"고 하였다. 담란曇鸞도 주석에서 같은 뜻을 밝혔으니, "저 극락에서 누릴 쾌락에 대해 듣고서 그 쾌락을 얻으려고 한다면, 중생을 제도하려는 마음이 있어야만 거기에 태어날 수 있다"고 말하였다. 그러나 상생하기 위한 인因에는 보리심이 따로 없다. 왕생을 희구하는 뜻이 깊고 약간의 정업淨業만 있어도 왕생할 수 있다. 밀교에서는 안양과 도솔천을 밀엄과 연화장이 얕고 간략하게 된 것이라고 한다. 연화장은 꽃잎과 같고, 밀엄은 연화대蓮花臺와 같다. "연화장은 하나다"라고 말할 수 있을지라도, 방편과 진실, 본체와 작용의 차별

---

76) 『심지관경心地觀經』에 나온다.

77) 『미륵하생경彌勒下生經』의 내용으로 여겨진다.

이 없는 것은 아니다.

또 미륵은 태장계의 대일여래요 미타는 금강계의 대일여래라고 말하는 일도 있다. 태장계와 금강계 양부의 대일은, 실제로는 이치와 지혜가 둘이 아니기 때문에 평등하며 하나다. 또 삼십칠존三十七尊 가운데에는 서방에 무량수불이 있고, 이 무량수불의 네 친근보살親近菩薩인 법法보살·리利보살·인因보살·어語보살 등은 각각 관음·문수·미륵·정명[78]이다. 아울러 미타와 미륵은 스승과 제자, 원인과 결과라는 차이는 있으나, 우열을 지어서는 안 된다. 다만 밀교에서는 원인을 진실이라 하고, 결과를 방편이라 한다. 인위因位의 미륵이 과불果佛인 미타를 넘어서서는 안 된다고 할지라도, 미륵은 재가자의 모습을 고치지 않고 본래부터 지니고 있던 덕성을 바꾸지 않기 때문에 반드시 욕계 밖에 따로 정토를 두지 않는다는 것이 그 핵심이다. 스스로 깨닫는 자증의 구극이라면 어디든 법계궁法界宮 아닌 곳이 없다. 자성이 청정하고 본래 태어남이 없는 경지에서는 가짐도 버림도 없고, 성스러움과 속됨의 꼴도 없다. 세속의 관습에 따라 중생을 이롭게 할 뿐이다.

과불인 미륵은 속세를 떠난 출가자의 모습을 하고 있다. 예토를 싫어하여서 정토에 자리하고 있으며, 어리석고 범속한 자들을 인도하는 모습을 방편적으로 드러내고 있다. 중간 이하의 근기에게는 출가자의 모습으로 몸을 나투어서, 이 더러운 세상을 싫어하고 떠나려는 뜻을 내어 정토에 태어나고 깨달음을 얻어야 할 이유를 보여준다. 나선형으로 말아 올린 머리는 출가를 나타낸다. 비유하자면 이렇다. 세간의 현인은 세상을 등지고 산으로 들어간다. 백이와 숙제가 고사리만 캐어 먹다가 수양산首陽山에서 굶어 죽은 것과 같다.[79] 또 면상산面上山에서 불에 타 죽

78) 정명淨名 : 유마거사를 가리킨다.

79) 백이와 숙제는 고죽군孤竹君의 아들로, 충효로 이름이 높았다. 주 무왕이 은의 주왕을 토벌하려 했을 때, 이를 간하였으나 듣지 않자 수양산에 은거하였다. 주나라가 천하를 통일한 후에는 주나라에 벼슬하는 것을 깨끗하지 않다고 여겨 고사리만 먹다가 굶어죽었다.

은 이[80]도 있다. 허유許由가 영수潁水에서 귀를 씻고, 소부巢夫가 소에게 그 물을 먹이지 않고 끌고 간 것과 같다.[81] 성인은 나라에 벼슬하여 티끌 세상과 뒤섞이면서도 빛을 품고 자취를 숨기니, 개흙에도 검어지지 않고 진흙에도 물들지 않는다. 이와 같아서 미륵은 현인처럼 예토를 버렸고, 미타는 성인처럼 욕계에 머물고 있다.

참된 내증은 같다고 할지라도, 원인은 깊고 결과는 얕다. 현인은 얕고 성인은 깊은 것과 같다. 예토를 버린 것은 다소 소원해진 것이고, 욕천欲天에 머문 것은 참으로 사이가 가까워진 것이다. 보살의 덕이란 그 본체로 말하자면, 진여평등인 까닭에 사생의 생물들과 조금도 떨어져 있지 않다. 그 작용으로 말하자면, 항상 중생을 따라 방편을 펴기 때문에 육취[82]의 함식[83]에서 잠시도 떠나 있지 않다. 인위의 보살이 중생에게 주는 이익은 과덕果德의 부처가 행하는 교화보다도 수승하다고 말할 수 있다. 그러나 이는 일단 풀어본 것일 뿐, 참으로 시비할 일은 아니다.

고야잔의 대탑大塔은 태장계와 금강계가 둘이 아니라고 하는 불이不二의 총체다. 거기서 정소[84]까지는 5리, 180정町[85]이다.[86] 그 정소에는 미륵이 안치되어 있는데, 이는 태장계의 대일여래에 해당한다. 그러므로 태장계의 180존의 종자種子는 정町마다 세워진 솔도파率都婆다. 또 안쪽의 법당까지는 1리, 금강계의 37존의 종자를 나타낸다. 구카이空海는 금

---

80) 면상산面上山에서 불에 타 죽은 이는 개자추蓋子推다. 『사기史記』에는 '면상산緜上山'으로 되어 있다. 『사기』 권39, 「진세가晋世家」에 나온다.
81) 허유와 소부는 중국 고대 요순 시대의 은자이다. 요임금이 천하를 양위하겠다고 말하자 허유는 그 말을 더럽게 여겨 영수潁水에서 귀를 씻었다. 소를 끌고 영수에서 물을 먹이려 하였던 소부는 그 물이 소의 입을 더럽힌다고 상류로 끌고 갔다고 한다.
82) 육취六趣 : 육도六道와 같은 말이다.
83) 함식含識 : 유정有情이나 중생과 같은 말이다.
84) 정소政所 : 고야잔의 사무를 맡아보는 곳. 고야잔의 기슭에 세워진 자존원慈尊院을 가리킨다.
85) 정町 : 거리의 단위. 1리里는 약3.9km, 36정이니, 180정은 5리쯤 된다.
86) 180정은 태장계의 180존尊에 해당한다는 것을 암시한다.

강계의 대일에 해당한다. 혹 금강살타金剛薩埵라고도 하고, 혹은 여의륜 관음如意輪觀音이라고도 한다. 미타와는 한 몸이다. 그러므로 금강계의 대일여래와 똑같다. 중생의 근기가 부처의 교화를 받아들이는 것이 같지 않으므로 이는 당연하다. 위에서 원인의 보살을 실체로 하고 결과의 부처를 방편이라고 한 것은, 깨달음의 실상이나 성불의 자취가 잠깐 드러난 그 모습에 따른 것이다. 이로써 미륵자존이 보여주는 덕의 작용은 매우 뛰어난 것임을 알 수 있다.

무릇 말법 시대에 진언의 이익이 있다는 것에 대해서는 경전에 쓰여 있다고도 하고 드러난 증거라고도 하는데, 의심해서는 안 된다. 우선 경전은 『육바라밀경六波羅蜜經』을 가리킨다. 거기에서 이르기를, "삼세 제불의 법장法藏은 다섯으로 나눈다. 첫째는 소다람장素多覽藏이니, 선정을 좋아하는 근기에게 설한다. 둘째는 비나야장毘奈耶藏이니, 위의를 좋아하는 근기를 위하여 설한다. 셋째는 대법장對法藏이니, 지혜를 좋아하는 근기에게 설한다. 넷째는 반야장般若藏이니, 대승의 제일의인 '일체는 공이요 정해진 형상이 없다'고 하는 공무상空無相의 법문을 좋아하는 근기에게 설한다. 다섯째는 다라니장陀羅尼藏이니, 이는 진언의 가르침이다. 처음 셋은 소승의 삼장이다. 넷째는 모든 대승이요, 다섯째는 밀종이다. 계율과 선정, 지혜의 삼학으로도 할 수 없고 모든 대승의 근기로도 충분하지 못한 자, 즉 업장이 두텁고 근기가 우둔한 자를 위하여 다라니장을 설하여, 문득 무명을 없애고 열반을 깨닫게 해준다고 한다. 이 다섯 법장을 우유와 유락[87]과 생소[88]와 숙소[89]와 제호[90] 등에 비유하면, 앞의 넷은 가벼운 병을 다스리고 제호라는 묘약은 중병을 다스리는 것과 같아서, 현교로써 다스리지 못하는 근기를 밀교가 구제한다"고 하였

---

87) 유락乳酪 : 소나 양의 젖을 정제하여 반고형半固形으로 만든 것인데, 대략 치즈와 같다.
88) 생소生蘇 : 유락의 상부에 생긴 응고된 것.
89) 숙소熟蘇 : 생소를 다시 정제한 것.
90) 제호醍醐 : 가장 잘 정제된 유락. 최상을 맛을 내며, 모든 병의 묘약으로 일컬어진다.

다. 그렇다면 소승의 삼장은 정법 시대에 널리 행해져서 많은 사람들을 득도하게 해준다. 이는 하품의 약으로 가벼운 병을 치유하는 것과 같다. 현교의 모든 대승은 상법 시대에 널리 행해지니, 중품의 약으로 중간쯤의 병을 다스리는 것과 같다. 말법 시대에 들어서서는 다라니장의 이익이 현저해지니, 상품의 약으로 중병을 치료해야 한다. 진언의 교법 속에서는 말법이 이미 설해져 있다.

일본의 풍습에서 국왕과 대신은 관정을 받고 진언을 행한다. 범부들은 익히거나 행할 수 없는 것으로 생각되어왔다. 경전에서는 귀천을 따지지 않는다. 다만 자연스럽게 계율을 지킨 공력이 없으면, 간절하게 바라는 마음도 소용없을 것이다. 진언종의 교법은 내증의 법을 통해서 지극한 경지에 오르게 하기 때문에 저절로 이러한가? 그래서 혜과惠果 대사도, "사람 가운데서 귀한 자는 국왕이요, 법 가운데서 귀한 것은 밀교다"라고 말하였던 것이다. 이 말은 『쇼료슈性靈集』 속에 보인다. 그럼에도 이러한 교법의 의미를 분별하지 못하는 세간 사람들은, 정법 시대에 근기가 빼어난 자나 청정한 승려라야 배우고 행할 수 있고 재가의 남녀들은 알지 못하며 말법 시대의 근기에게도 해당되지 않는다고 여긴다. 그러면서 이를 비방한다. 그건 어리석고 또 과문한 탓이다. 더구나 정토종의 사람들은, "성도문聖道門은 말법 시대 만년에는 이익이 없다"고 말하니, 참 어리석다. 이는 경전[91]의 글과도 크게 어긋난다.

진언 계통의 경전에서는 그저 말법의 이익에 대해 설하기를, "선남선녀는 이 법을 수행해야 한다"고 하였다. 다만 법을 전하는 스승이 되는 것은 비구승에게 한정되고, 스스로 긴요한 교법을 닦는 일에는 재가 출가를 따지지 않는다. 게다가 인연 있는 본존의 진언을 지니고 외우는 일에서는 신분을 가리지 않는다. 일본 정토종의 개조인 호넨法然도 이

91) 밀교 계통의 경전을 가리킨다.

경전의 문구를 인용하며, "염불이 말법 시대에 효과가 있는 것은 진언의 교법과 같다"고 풀이하였는데, 그의 『센타쿠슈選擇集』에 나온다. 앞서 깨친 분들의 견해도 이와 다르지 않았다. 말류의 학인들이 함부로 치우쳐 고집하면서 다른 종파를 비방하는데, 다 쓸데없는 말들이다.

진언의 이익에 대해서는 경전에 분명히 나와 있다. 또 당시에 드러난 증험을 말하자면, 코보弘法 대사가 당나라에서 청룡사靑龍寺의 혜과 대사로부터 밀교를 전해 받을 때에 우리 나라로 삼저三杵를 던지면서, "진언 수행을 할 만한 곳에 가서 머물어라" 하고 빌었는데, 오고五鈷는 도지東寺에 머물고, 삼고三鈷는 고야잔에, 독고獨鈷는 도사土佐 지방에서 멈추었다고 한다. 그로부터 400여 년이 지나면서 그 세 곳은 삼밀 수행의 신령한 땅이 되었고, 세상 사람들이 모여 귀의하였다. 인연을 맺으려는[92] 망자들의 유골을 그 산에 거두어들이는 일에는 귀천이 없었고, 또 도시든 시골이든 햇수를 거듭하면서 더욱 성행하고 있다.

대저 법이 흥하고 무너지는 것, 사물이 성하고 쇠퇴하는 것, 이는 사람의 행위에 있지 않다. 반드시 하늘이 그렇게 되게 했기 때문이다. 이렇게 생각하면, 밀교에서 "말법 시대에도 이익이 있다"고 한 말을 믿을 만하다.

다이고醍醐에 있는 다케타니竹谷의 조간보乘願坊 스님은 정토종의 탁월한 승려로 알려져 있었다. "망자의 깨달음을 추선 공양하려면, 어떤 법이 좋을까?"라는 칙서가 내리자, 보협인다라니寶篋印陀羅尼와 광명진언이 탁월하다면서 그 이유를 아뢰었다. 문도들이 이를 유감스럽게 생각하며 이렇게 말하였다. "정토문의 스승이시여! 염불이야말로 광대한 선근이며 위없는 공덕입니다. 다른 어떠한 것에 맞서더라도 부족한 게 없는데, 다른 종파의 이익됨을 높이고 우리 종파를 그 다음으로 하시니, 이는

92) 불보살이 중생을 제도할 때에 인연 있는 이가 먼저 그 교법을 받게 된다. 따라서 인연이 있기를 바란다는 것은 먼저 제도할 기회를 얻을 수 있기를 바란다는 말이다.

마땅하지 않습니다." 이에 대해서 스님은 다음과 같이 설명하였다고 전해진다.

"참으로 염불에는 갖가지 공덕이 두루 갖추어져 있고 기도에 따라서 그 바람을 이룬다고 하는데, 모두 선근의 덕임에 의심의 여지가 없다. 어떠한 법엔들 이러한 이익이 없겠는가. 다만 십악오역을 범한 자가 왕생하려면, 선지식을 만나고 아미타불의 명호를 열 번 불러야만 아미타불이 와서 맞이하게 되고 극락에 태어날 수 있다. 보협인다라니로 말하면, '십악오역의 죄인은 악도에 떨어져서 벗어날 기약이 없으나, 그에게 자손이 있어 이 신주神呪를 겨우 일곱 번만 반복하더라도 저 죽은 혼을 회향시킨다. 저 뜨겁게 펄펄 끓는 구리구덩이나 쇠구덩이가 문득 변하여 팔공덕지八功德池가 되고, 연꽃이 피어서 그 속에 가부좌를 틀고 앉게 되며, 보배로운 천개天蓋가 머리 위에 머물면 그 연꽃이 날아오르듯이 해서 잠깐 사이에 극락에 태어나니, 모든 부처의 지혜를 증득하고 그 자리는 보처[93]가 된다'는 것이다. 광명진언에 대해서는 의궤에서, '지옥에 떨어져서 고통과 근심에 빠진 중생에게 이 진언을 한 번 외워서 회향시키면, 무량수불이 이 혼에게 손을 내밀어 극락세계로 인도하신다'고 설하고 있다. 더군다나 '열 번 스무 번 반복해서 외우면 그 공덕은 이루 헤아릴 수 없다'고 설하고 있음에랴! 또 '망자의 무덤에서 이 진언을 마흔 아홉 번 반복하여 외워서 회향시키면, 무량수불이 이 거룩하게 된 영혼을 등에 업고 극락세계로 데리고 가신다'고 설하고 있다. 또 『불공견색신변진언경不空羂索神變眞言經』 권27 가운데에는, '이 다라니를 충족시키고 흙과 모래에 가지기도하기를 백 여덟 번 반복한 뒤에 이 흙과 모래를 무덤에 뿌리고 주검에 뿌리면, 흙과 모래에서 빛이 나와 영혼을 구제하여 극락으로 보낸다'고 설해져 있다. 그러나 염불에 관해서는 이 정도의 문헌상의 증거를 아직 보지 못하였다. 그럴 만한 도리가 있다고

93) 보처補處 : 앞선 부처에 이어서 성불한 보살의 자리.

할지라도, 문헌상의 증거가 없는 것은 아뢰기가 어렵다. 불법에서는 치우침이 있어서는 안 되기 때문에, 내 종파니 남의 종파니 가르는 일이 있어서는 안 된다. 염불에 관해서도 분명한 문헌상의 증거가 있다면, 그것에 따라 아뢸 것이다."

참으로 지혜로운 사람이라는 명성에 걸맞게 치우침이 조금도 없는 마음을 지니고 있다. 조간보 스님의 말로써 결국 본문을 대략 설명한 셈이다. 조정에 그와 같이 소상하게 아뢰었는지는 분명하게 전해 듣지는 못했지만, 그 말에 해설을 덧붙여 승려와 속인의 신심을 불러일으키는 일은 허물이 되지 않을 것이다. 저 경전의 글을 혹은 소략하게 혹은 광범하게 제시하는 것을 진실한 법보시라 하고 부처의 설법이라 여긴다면, 이 금언[94]은 우러러 받들며 들을 만하다. 선도善導가 『의관경등명반주삼매행도왕생찬依觀經等明般舟三昧行道往生讚』의 서문에서 내세운 뜻과도 합치된다. 그 글에서는 이렇게 말하였다.

"장애가 두텁고 근기가 아둔한 자는 다른 가르침에서는 누락되기 때문에 다라니장으로써 그들을 이롭게 한다. 이는 다른 약으로는 치유할 수 없는 중병을 제호의 묘약으로 치료하는 것과 같다. 이 다라니로 문득 무명을 없애고 열반을 깨닫게 한다."

이렇게 되면 한층 더 정토에 왕생하는 게 쉬워진다. 여섯 자의 명호[95]도 지니기 쉬운데, 한 자의 다라니라면 근기가 둔한 자라도 익히기 쉽다.

또 염불은 전적으로 타력에 의존하고, 진언은 세 가지 힘에 의존한다. 염불에서는 "특히 이 경전에 머물면, 백세 동안 머물 것이다"[96]고 말하고, 진언에서는 "말법 시대에도 사리의 이익은 마땅히 있다"고 말한다.

---

94) 금언金言 : 부처의 설법, 즉 부처의 입에서 나온 불멸의 법어를 뜻한다.

95) '나무아미타불'의 여섯 자를 말한다.

96) 『대무량수경大無量壽經』의, "當來之世, 經道滅盡. 我以慈悲哀愍, 特留此經, 止住百歲"라는 구절에 의한 것이다. 특류차경은 특류염불이라고도 하는데, 이는 『대무량수경』을 가리킨다.

그러므로 염불문에서, 서로 같은 법문을 가리켜 성도聖道[97]라고 말하면서 그것은 이익이 없다고 하는 건 납득하기 어렵다. 염불은 타력이라고 말하지만, 자력도 있다.[98] 그러니까 염불에는 두 가지 힘이 있다. 진언에서, "나의 공덕력과 여래의 가지력加持力, 그리고 법계력法界力으로써 한다"[99]고 한 것처럼 세 가지 힘이 있다. 비유하자면, 못뽑이의 손잡이는 여래의 가지력이고, 앉음새는 법계력이며, 내 손은 나의 공덕력이다. 못뽑이에 의지하면 커다란 못도 쉽게 뽑을 수 있는 것과 같다. 두터운 장애를 제거하는 일을 저절로 알게 된다. 옛사람이 이렇게 비유한 것은 들어보지 못했으나, 내 생각은 그러하다. 염불과 진언은 그 운치에서 서로 비슷하고 의리의 해석에서도 서로 보완하는 관계에 있으므로 믿음을 한층 더해줄 만하다. 논쟁이 벌어지더라도 별 도리가 없다.

근래에 세이잔[100]의 정토종 사람들도 모두 진언을 익힌다고 들었다. 참으로 그러해야 한다. 진언에서는, "여섯 자의 명호도 다섯 부처의 종자와 함께 익혀야 완전한 진언이 된다"고 한다. '아阿' 한 글자는 틀림없이 진언의 핵심이다. 깊이 익히면 설상언어舌相言語가 되니, 이 모두 진언이다. 부처의 명호가 왜 진언에는 없을까? 진언은 모두 법신설법法身說法이어서 세세[101]토록 끊어짐이 없고, 기억하고 지녀야 하는 가르침이어서 생생[102]토록 잊는 일이 없다.

---

97) 성도聖道 : 정토문의 상대어. 이 세상에서 성스런 과보를 깨닫는 자력문自力門을 말한다. 천태와 진언 두 종파의 가르침이 그것이다.

98) 염불문은 여래의 본원本願에 의지하는 타력뿐만 아니라, 스스로 신앙하고 염송하는 자력도 있다는 것이다.

99) 『대일경소大日經疏』에 다음 구절이 나온다. "以我功德力故, 以如來加持力故, 以法界平等力故. 以此三緣故, 則能成就不思議業也."

100) 세이잔西山 : 정토종의 일파. 개조인 법연法然의 제자인 증공證空이, 사사師事한지 23년만에 스승으로부터 『선택집選擇集』을 부촉받고 그 종지를 통효通曉하였으며, 스승의 사후에 산성山城 서산西山의 삼고사三鈷寺에 주석하면서 종의宗義를 내세우면서 그 일문一門을 '서산파西山派'라고 하였다.

101) 세세世世 : 과거 · 현재 · 미래.

102) 생생生生 : 생사를 되풀이하며 지내는 많은 세상.

삼대아승기겁三大阿僧祇劫 동안의 수행을 한결같이 '아阿' 한 글자로 한다면, 오상유가五相瑜伽의 보배로운 곳간을 한 번의 관심觀心으로 열 수 있다. 한 글자의 진언이라면, 근기가 아둔한 자라도 익히기 쉽다. 본유本有의 만다라를 익히면, 두터운 장애에 막힌 자도 깨닫기가 어렵지 않다. 지혜가 얕을지라도 신심이 깊다면, 이익이 없을 수 없다. 관하는 일을 소홀히 하더라도 가지력이 있으므로 실지를 이루기는 쉽다. 가까이로는 안양과 지족에 태어나고, 멀리로는 밀엄과 연화장으로 가게 된다. 또 현세에서는 재앙과 업장을 떨어내고, 내세에서는 깨달음을 얻는다. 국토를 기원하더라도 그 효험은 현저하다. 망자를 조상함에 있어서도 그 이익은 탁월하다. 여래의 내증의 비밀한 보고요, 중생을 돈오하게 하는 법문이다. 조금이라도 불법과 인연을 맺고 억지로라도 힘써 행할 만하다.

9. 보살이 대신 괴로움을 받은 일

불법의 효험이 현저한 일, 보살이 중생을 이롭게 함이 광대한 일에 대해 들으니, 중생이 번뇌에 시달리고 감응이 멈추는 일이 있어서는 안 되겠다는 생각이 든다. 그런데 괴로움에 허덕이는 중생도 너무 많아서 끝이 없다. 불보살에 의지하는 사람이라 할지라도 감응이 나타나지 않는 일이 있다. 이럴 때에는 범부의 마음에 일어나는 의심을 풀어주기 어렵다.

이제 경전의 뜻에 견주어보고 옛 대덕의 해석에 의거하여 이해하면, 일체 중생은 스스로 업을 짓고 그에 따라 제각각 괴로운 과보를 받는다는 걸 알 수 있다. 지은 업은 수백 수천 겁을 지나더라도 잊혀지지 않고 인과 연이 되어 서로 만나서 결국은 그 과보를 받는다고 한다. 보살의 행원行願이 있다고 한들 어떻게 쉽사리 그를 도울 수 있겠는가? 신의 위력도 업력을 이기지는 못한다고 한다. 만약 이유도 없이 무리하게 구제할 수 있다면, 모든 중생이 괴로움에 떨어지는 일은 애초에 없었을 것이다.

이런 까닭에 '대신 받는 괴로움代受苦'에 대해서 옛 대덕이 일곱 가지로 그 뜻을 말하였다. 첫째는 자비의 의락意樂을 이룬다. 이는 반드시 대신해서 괴로움을 받는다는 것이 아니다. 이것은 초발심 때의 의락이다. 둘째는 온갖 고행을 닦고 만물을 위해 증상연增上緣을 이룸으로써 대신한다고 한다. 자비로운 선근의 힘이 중생의 신심에 더해져서 대신 괴로움을 받거나 법을 설하며, 부처나 보살이 와서 맞이한다고 한다. 법신은 형상이 없는 것이기는 하지만, 오랜 서원에 답하여서 중생의 선근이 익으면 저 인식 작용으로 감득하여 이익을 준다. 이를 증상연이라 한다. 중생의 선근을 거들어서 괴로움을 없애고 즐거움을 가져다준다. 이는 『열반경』 가운데에 보인다.

석가모니께서 세상에 계실 때 일이다. 한 여인이 어떤 스님을 믿고 공양하였다. 이 스님이 중한 병을 얻어 약을 써야 할 정도가 되었으나, 도저히 세간에서는 약을 구할 수 없었다. 이에 여인이 자신의 허벅지 살을 베어서 먹게 하였더니, 스님의 병이 나았다. 여인은 고통을 참기가 힘들어, "나무아미타불! 나무아미타불!" 하고 부르면서 신심을 다하였다. 이때 석존이 와서 약을 건네주었고, 그것으로 고통을 멈출 수 있었다. 또 법을 설하는 것을 듣고 도를 깨치기에 이르렀는데, 불전佛殿에 가서 이 일을 부처님께 아뢰었다. 이에 부처님께서 말씀하셨다. "모두 내가 한 것이 아니다. 나는 약을 주거나 법을 설한 일이 없다. 다만 나의 자비로운 선근의 힘이 너의 신심에 움직여서 이런 일이 일어난 것이다."

이는 증상연이라 할 만하다. 무심無心의 오묘한 작용은 모두 이와 같다. 해가 따뜻하게 비추면 서리가 녹고, 달이 밝아서 물에 비치는 것과 같다. 어째서 꼭 무심이라고 하는가? 무심이기 때문에 이루지 못한다고 하는 것이 없고, 두루 미치지 않는다는 것도 없다. 만약에 어떤 마음을 둔다면, 경계가 생겨서 평등은 이루어지지 않는다. 불보살이 중생을 이롭게 함은 오직 증상연으로 완성된다. 만약 이러한 인연이 없다면, 중생 자신의 선근이 있다고 하더라도 그 힘은 약하다. 또한 보살의 자비심이 깊다고 할지라도 중생의 선근이 없다면, 그 자비심을 더할 데가 없다. 달이 밝아도 물이 흐리면 물에 비치지 않고, 해가 따뜻하더라도 구름이 가리고 있으면 서리는 녹지 않는다. 이것이 천연天然의 이치다. 세간의 일을 가지고는 알 수 없다.

셋째는 번뇌에 사로잡혀 고통을 받는 것들을 위해 법을 설하고 악행을 그치게 하는 것이다. 업인을 끊어서 괴로운 과보를 없애고 대신 고통을 받는다는 것이다. 이 또한 천연의 이치다. 설법은 무간無間의 업을 바꾼다고 한다. 넷째는 중생이 무간의 업을 짓는 것을 보고, 그가 목숨을 끊고 스스로 대신하여 지옥으로 들어가는 것이다. 이는 확실히 괴로움을 대신해서 받는 일이다. 다섯째는 초발심으로 항상 악도에 머물거나, 혹은 굶주림에 허덕이는 세상에 거대한 물고기로 태어나 중생을 위해 먹히는 것이다.

석존이 옛날에 큰 뱀이 되었을 때 일이다. 재계[103]하고 낮잠을 자는 동안에 금빛 무늬가 나타났다. 이 때문에 사냥꾼이 그 껍질을 벗기려 하였다. 잠에서 깬 뱀은 독을 뿜어 해치려는 생각을 일으켰다. 그러나 다시 생각하기를, "오늘 재계하였어. 사람을 해쳐서는 안돼!"라고 하면서 껍질이 벗겨지는 괴로움을 참았다. 벌레들에게 뜯어 먹힐 때는 서원을 세워서, "나를 먹은 중생은 모두 미래에 제도되어라"라고 말하였다. 그리하여 목숨이 다하였을 때, 이 인연으로 해서 그 모든 벌레들을 제도하였다고 한다. 이것이 바로 '대신 받는 괴로움'이다.

---

103) 재계齋戒 : 부정한 마음을 깨끗하게 하는 것을 재라 하고, 몸의 허물을 금하는 것을 계라 한다.

여섯째는 바람도 괴로움도 모두 똑같이 참된 본성이라면, 바람이 곧 괴로움이고 괴로움이 곧 바람이 되므로 대신하게 된다고 한다. 일곱째는 법계를 몸으로 여기고 나와 남이 다르지 않다고 하여 중생의 괴로움을 곧 보살의 괴로움으로 삼아서 대신 받는 것을 말한다. 이 가운데서 다른 것은 의세[104]와 의락의 법문이다. 틀림없이 제2의 증상연과 제4, 제5의 대신 받는 괴로움에는 이익이 있다. 결국 감응이 있는가 없는가, 이익이 느리게 오는가 빨리 오는가 하는 이치를 이해하여야 할 것이다.

비유를 들어 말하자면, 중생의 근기는 나무와 같고 보살의 자비는 불과 같다. 불로써 땔나무를 태우니, 밖의 불은 증상연과 같아서 나무 속의 불을 일으키는 힘이 된다. 만약 이 증상연만으로 하고 나무 속의 불을 기다릴 필요가 없다면, 바싹 마른 나무나 물이 오른 생나무나 그 타는 것은 똑같아진다. 그러나 나무 속의 불을 기다리기 때문에 불타오르는 것에 느리거나 빠른 차이가 있다. 이와 같이 불보살의 자비와 원력이 모든 중생에게 평등하게 내려진다 할지라도, 중생의 근기가 미숙할 때에는 감응이 없다. 근기가 미숙하면 죄장이라는 물의 장애가 생겨서 자비라는 감응의 불을 붙일 수 없다. 신심이 약하고 지해智解가 일어나지 않는 것, 이것이 근기가 미숙했을 때의 모습이다. 생나무에 불이 붙지 않는 것과 같다. 만약 참으로 믿음과 앎이 있다면, 감응은 헛되지 않는다. 바싹 마른 나무에 불이 쉽게 붙는 것과 같다.

중생의 마음 속에 불성이 있는 것은 나무 속에 불의 성질이 있는 것과 같다. 생나무가 점점 마르는 것은 선근이 생겨나는 것과 같다. 불보살의 원력은 밖에서 오는 불과 같다. 나무 속에 불의 성질이 있다고 하더라도 방편이 없다면, 불의 성질은 나타날 길이 없다. 마찬가지로 불을 일으킬 인연이 있다고 하더라도 불의 성질이 없다면, 불은 모습을 드러내지 않을 것이다. 이와 같이 불성은 있다고 하더라도 불보살의 자비로

104) 의세義勢 : 수승한 사람이 어떤 일에 전념하거나 또는 굳게 지켜 결코 굽히지 않는 기력.

운 방편이 없다면, 그 불성은 드러나지 않는다. 이러한 인연의 법칙은 천연의 이치다. 이러한 견해는 경전이나 논서 가운데에 보인다. 그러므로 안으로는 진여의 불성이 본래부터 갖추어져 있음을 믿고, 밖으로는 불보살의 자비로운 원력의 신묘한 힘에 의지하여 증상연으로써 악취에서 벗어나 청정한 불국토에 태어나야 한다. 범부의 몸을 바꾸어 부처의 몸을 얻어야 한다.

무엇보다도 증상增上의 수승한 인연에 의지해야 한다. 활활 타오르는 불길 속에서는 생나무도 타버리는 것과 같이, 불법이 번성하는 절에서는 막 출가한 자라도 힘써 수행하고 정진하게 된다. 이는 연緣의 강한 힘에 말미암은 것이다. 다만 절을 나서서 선연善緣을 멀리하게 되면, 불법의 기운은 없어진다. 이는 생나무가 타는 듯하다가도 그 속의 불을 끌어내지 않으면 그대로 꺼져버리는 것과 같다. 속에 있는 불의 성질이 약하게 작용하기 때문이다. 그러나 계속해서 노력하면 점점 생나무도 마르게 된다. 불성이 강하다 할지라도 선연을 가까이 해야 한다. 그러면 선근을 두텁게 쌓을 수 있다. 만약 선근을 두텁게 쌓은 사람이라면, 선연에서 멀어지더라도 불법을 내버리지 않는다. 마른 나무의 속에 있는 불을 끌어내기만 하더라도 잘 타는 것과 같다. 이로써 근기의 미숙과 성숙, 감응의 느림과 빠름의 경계를 잘 이해하여 함부로 불보살의 자비로운 원력을 의심해서는 안 된다. 오로지 죄장의 물을 마르게 하고 자비로운 원력의 불을 기다려야 할 것이다. 스스로 선근을 이루는 힘이 있다면, 성스런 감응이 더해질 것을 의심해서는 안 된다. 차근차근 신심을 견고하게 할 뿐, 위대한 성인이 베푸는 갖가지 교화의 방편들을 의심하지 말라.

10. 불법과 맺은 인연은 헛되지 않다는 이야기

고야잔에서 검교[105]의 직책을 맡은 난쇼보南證房 가쿠가이覺海는 근래에 밀종의 명장明匠으로 알려져 있다. 전생의 일을 알고 싶은 생각이 들어서 코보 대사에게 기도하였는데, 대사는 일곱 생의 일을 보여주었다.

"처음에는 덴노지[106]의 서쪽 바다에서 자그마한 조개로 태어났다가 파도에 휩쓸려 자연스럽게 해안으로 밀려갔고, 어린아이가 이걸 주워서 금당[107]으로 가져갔다네. 거기서 부처의 사리를 찬탄하는 소리를 들었기 때문에 죽은 뒤에 덴노지의 개로 태어나게 되었네. 항상 경문과 다라니 소리를 들었기 때문에 다시 소로 태어나게 되었지. 대반야경을 서사書寫할 종이를 짊어졌기 때문에 말로 또 태어났어. 구마노熊野에 참배하러 가는 사람을 태워서 함께 참배하였기 때문에 시등[108]을 피우는 사람으로 태어났고, 항상 그 불빛으로 사람을 비춘 까닭에 지혜의 업에 점점 젖어들어 난쇼보南證房의 승사承仕로 태어났다네. 삼밀의 행법을 항상 귀로 듣고 눈으로 보면서 몸에 배도록 수행하였기 때문에 지금의 검교로 태어나게 된 거라네."

이 말을 들은 가쿠가이는 불법의 결연을 깊이 믿었다.

『여선견율론如善見律論』 가운데에도 다음과 같은 이야기가 나온다. 부

105) 검교檢校 : 고야잔 · 구마노 · 닛코오日光 등에서 일산일사一山一寺를 총괄하고 절의 사무를 감독하는 직책.

106) 덴노지天王寺 : 천태종 계통의 사찰. 성덕태자聖德太子가 창건하였다. 용명천황用明天皇 2년(587)에 난파옥조難波玉造의 해안에 세워졌지만, 추고천황推古天皇 원년(593)에 황릉荒陵으로 옮겨졌다. 오사카에 있으며, 황릉사荒陵寺 · 난파대사難波大寺 · 금광명사천왕화호국사金光明四天王火護國寺 등으로도 불린다.

107) 금당金堂 : 본존을 안치하는 불전.

108) 시등柴燈 : 신전神前에서 피우는 모닥불. 재등齋燈이라고도 한다. 천태종의 역사에 의하면, 관평寬平 2년(890)에 상응화상相應和尙이 일길사日吉社의 뜰에서 행한 것이 시등호마柴燈護摩의 시초라 한다. 이 불을 피우는 자를 시등분柴燈焚이라고 한다.

처님이 세상에 계실 때 일이다. 어떤 뱀이 연못에서 나와 부처님의 설법을 풀 속에 숨어서 듣고 있었는데, 목동이 이를 알지 못하고 지팡이 끝으로 쳐서 죽였다. 그러나 법을 들은 인연으로 도리천에 태어났고, 신통에 의해서 곧장 제천과 함께 부처님 계신 곳으로 갔다. 부처가 천상에 태어날 인연에 대해 설하고 있었는데, 제천과 함께 그 법을 듣고 초과를 얻었다.

또 천축에 어떤 바라문이 있어 사람의 해골을 팔고 있었다. 살 사람이 구리 젓가락으로 해골의 귓구멍을 뚫어서 깊으면 값을 많이 쳐주고 얕으면 적게 쳐주었으며, 전혀 뚫리지 않으면 값을 쳐주지 않았다. 그 까닭을 묻자, 이렇게 대답하였다. "옛날부터 법을 들은 사람의 귓구멍은 깊고, 적게 들은 사람은 얕다고 하오. 전혀 듣지 않은 사람은 귓구멍이 없소." 그런데 법을 들은 사람의 해골을 사서 탑을 세우고 거기에 안치해서 공양하면 천계에 태어난다고 한다. 하물며 스스로 법을 듣고 믿고 이해하고 수행한 사람임에랴! 그러므로 『성선주의천자소문경聖善住意天子所問經』에 이르기를, "법을 듣고서 비방을 일으켜 지옥에 떨어지는 것이, 갠지즈 강의 모래알 수만큼의 부처를 공양하는 것보다 낫다"109)고 하지 않았는가?

무릇 불법 가운데는 결연을 논한 것과 현세의 이익을 설한 것이 있는데, 그 이유는 대단히 다르다. 그러나 교문이 아무리 너르다 하더라도 결국 경・율・론 삼장에 지나지 않는다. 경은 마음을 고요하게 해서 진리를 깨닫는 것을 중심으로 하고, 율은 계율을 설하고, 논은 지혜를 밝힌다. 율은 위의를 근본으로 하고 현세의 이익을 으뜸으로 하며 세간의 비방이나 미움을 멀리하고 어기거나 범하는 것을 억누르기 때문에, 설령 공덕이 있다고 할지라도 허물과 뒤얽히면 이 이익이 억눌린다. 열에 하나나 둘이라도 허물이 있다면, 경계하라. 청정한 비구라면 삿된 재물로써 조성한 불상에 예배를 해서는 안 된다고 한다.

---

109) "聞法生謗墮於地獄, 勝於供養恒沙佛者."

『열반경』에서는, "율을 보완하는 제문制門이 엄격하다. 그러므로 파계승이 부정한 재물을 끌어 모으는 데에 공양을 하였다면, 설령 몰랐다고 하더라도 그 사람은 지옥에 떨어진다. 청정한 비구는 저 파계승이 마셨던 강물一河[110]을 마셔서는 안 된다"고 설하고 있다. 대체로 율장이 경계하는 뜻은, 사소한 잘못도 그 이익을 눌러버리고 허락하지 않는다는 것이다. 이는 불법을 일으켜 융성하게 하고 또 깨달음을 얻고 과법果法을 얻게 하기 위함이다. 경전에서는 설령 과실을 저질렀더라도 먼 이익을 보고 기연을 바라면서 그것에 나아가라고 설하였다.

『십륜경十輪經』에서는 "파계한 비구가 장님이 되어서 자식을 품고 아내의 손에 이끌려 술집에서 술집으로 전전하는데도 그를 사리불이나 목련처럼 공경한다면, 복을 받을 만하다"고 설하고 있다. 같은 경전에 "첨부화[111]는 시들더라도 다른 꽃들보다 빼어나다. 파계한 비구는 외도보다 훨씬 훌륭하다"는 말도 보인다. 『심지관경』에서는, "파계했을지라도 바른 견해를 지닌 자는 나라의 복전이다. 계율을 지킬지라도 그릇된 견해를 지닌 자는 악지식이다"고 하였다. 『비화경悲華經』에서도, "가사를 걸친 사람이라면 반드시 해탈할 것이다"라고 말하였다.

어떤 여인은 장난삼아 가사를 걸친 인연으로 말미암아 파계한 비구니가 되었는데, 드디어 그 인연으로 아라한과를 얻었다고 한다.[112] 또 취중에 출가하겠다는 마음을 내었다가 드디어 여법하게 출가의 인연을 이룬 경우도 있다고 한다.[113] 『대집경大集經』에서는 귀중한 보배에 비유하여 이렇게 설하고 있다.

---

110) 일하一河의 물 : 같은 흐름의 물을 긷는 것도 다른 생의 연緣이라는 뜻으로, 생면부지의 나그네끼리 같은 나무 그늘에서 쉬는 것도 다 전세의 깊은 인연이라는 뜻을 지닌 '한 나무의 그늘'과 상통한다. 여기서는 파계의 비구나 악행을 범한 비구와는 같은 냇물을 마시지 말라는 뜻으로 사용되었다.

111) 첨부화瞻富花 : 첨포수瞻葡樹의 꽃. 황색이고 향기가 높으며, 향료나 약재의 재료로 쓰인다.

112) 이 설화는 『대지도론大智度論』 권13에 나온다.

113) 이 설화는 『대지도론』 권13에 나온다.

"금이나 은 따위가 없을 때에는 백랍[114]까지 보배가 된다. 깨달은 사람도 없고 계율을 지킨 사람도 파계한 사람도 없을 때에는, 머리를 깎고 가사를 걸치고 승려의 모습을 하기만 해도 공양하여야 하며, 결박하거나 죽여서는 안 된다. 가령 죄를 저질렀다고 할지라도 법에 따라서 절에서 내쫓아야 한다. 만약 국왕이나 대신들이 그를 결박하고 죽인다면, 현자와 성자들은 나라를 떠나고 재앙이 자주 닥치고 이웃 나라들은 다투어 국경을 침범할 것이다."

그런데 경전에서는, "허물이 있더라도 그 덕을 보며, 열에 하나나 둘이라도 덕이 있다면 이를 저버리지 않는다"고 말하였다. 가령 악도에 떨어진다고 할지라도, 깨달음을 얻을 만한 인因이 있는지를 보기 때문이다. 상불경보살常不輕菩薩을 가벼이 여기고 비방하는 중생들이 있다. 이를 '독고毒鼓의 연緣'이라 한다. 독고의 연이란, 북에 독을 발라서 이를 두드리면 그 소리를 듣는 중생이 모두 목숨을 잃는다는 것이다. 법음[115]이 무명과 악업을 위해 독이 되어서 그것들을 없애는 것에 비유된다.

보살의 논장論藏이야말로 득실의 많고 적음이나 죄와 복의 경중을 판가름한다. 이런 까닭에 계율에 맞게 절제하더라도 결연이 헛되지 않는다는 것을 믿고 선연善緣을 잊지 말아야 한다. 경전을 힘써 공부할지라도 죄와 업장에 얽히는 일이 없도록 잘 살피고, 복업을 짓는 데에 소홀히 하지 말고, 죄 지을까 삼가며 무상無相의 선에 뜻을 두어야 한다. 이러한 분별은, 지혜로써 가벼운 것은 버리고 무거운 것을 취하며, 허물은 멀리하고 덕을 경모하면서 불도로 들어가는 방편을 판별하는 것이다. 함부로 바른 길을 벗어나서는 안 된다. 옛적에 깨치신 분들은 이를 "성스런 가르침의 큰 뜻"이라고 하였다. 추호도 잊어서는 안 된다. 이것이 바로 삼학을 밝히는 밝은 눈이요, 오장五藏[116]을 깨치는 지혜의 열쇠다.

---

114) 백랍白鑞 : 납과 주석의 합금.
115) 법음法音 : 설법이나 독경 소리.
116) 오장五藏 : 법장法藏을 경 · 율 · 논 · 잡雜 · 금주禁呪의 다섯으로 분류한 것.

권3

1. 미치광이가 한 영리한 일

어떤 마을에 간질병을 앓는 사내가 있었다. 이 병의 특징이라면 불이나 물 근처 또는 사람이 많이 모인 곳에 가면 발작을 일으키는 것이었으니, 매우 괴로운 병이었다. 세상에서 흔히 지랄병이라고 하는 것이 이것이다.

어느 때엔가 큰 강의 둑 위에 있다가 예의 그 병이 도져 발작을 하면서 강으로 떨어졌다. 숨이 끊어졌는지 물 위에 떠서 멀리 흘러가 강 한가운데 모래톱으로 밀려 올라갔다. 한참 있다가 깨어나서 주위를 둘러보았더니, 뜻밖에도 강 한가운데였다.

'이거 어떻게 된 거야?'

사내는 마음을 진정시키면서 곰곰 생각하였다.

'내가 강가 둑 위를 거닐고 있었던 건 기억나는데……. 그 다음엔 무슨 일이 있었지?'

이렇게 여러모로 생각하더니, 바로 그 병이 도져서 강으로 떨어진 것임을 알았다.

'아, 얼마나 위태로운 목숨인가!'

비참한 생각이 든 그는 혼잣말로 중얼거렸다.

"죽는 것이야말로 사는 것이요, 사는 것 그대로가 죽는 것이로구나. 잘 죽는다는 건, 얼마나 희유한 죽음이겠는가!"

정말이지 강물의 흐름이 급하고 수심이 깊었다면, 숨이 끊어져서 그대로 가라앉아 죽어버렸을 것이다. 그러나 죽지 않고 물에 떠서 흘러갔고 또 이렇게 중얼거렸으니, 대단히 영리하도다. 참으로 드문 말이다. 그 말은 특정한 일에 한정된 것이지만, 그 뜻은 넓어서 세간과 출세간의 깊은 이법에까지 통하는 것이라 생각된다.

어떤 산사의 법사에게 이 이야기를 해주었더니, 그가 다음의 이야기를 들려주었다.

"저에게도 이와 비슷한 일이 있었습니다. 스승으로 모시던 노승께서 하인을 어떤 지토에게 빼앗기자 끊임없이 송사를 벌였지요. 허나 송사할 이유가 없는 일이어서, 판결이 내리더라도 뜻대로 될 수는 없었어요. '이 송사를 그만 두십시오!' 하고 제자들도 말렸지만, 원래 고집스러운 양반인데다가 늙으면서 삐딱해져서 간하는 말도 듣지 않았습니다. 도리어 화만 냈습니다. 어쨌든 그 마음을 달래기 위해서 그 지토의 아랫사람을 찾아가서 제가 이렇게 말했지요. '제 스승이신 노승께서 하인의 문제를 제기하신 자세한 사정을 말씀해주셨습니다만, 지토께도 그럴 만한 까닭이 있어서 그 하인을 부린 것일테니 이 송사는 반드시 그만두어야 한다고 저희 제자들이 스승을 만류하였습니다. 그럼에도 늙고 비뚤어진데다 화만 내므로, 어떻게든 달래보려고 여기까지 오게 되었습니다. 그렇기는 하지만, 노승께서 잘못 생각하시고 하신 말씀에도 그만한 까닭이 있을 겁니다. 그저 이렇게 와서 말씀이라도 해드리면, 지토께서 여차여차한 말씀을 해주셔서 저희가 그렇게 아뢸 수 있게 해주실 것이라 생각했습니다. 그러면 노승을 더욱 잘 달랠 수 있으리라 생각하여 이렇게 말씀드리는 것입니다. 거듭거듭 송구하다는 말을 지토께 전해주십시오.' 이렇게 제가 양보하고 돌아오려는데, 그 사람이 나를 불러 세우더니, '이 스님은 소양이 있고 분별있는 사람일 게다. 참으로 그쪽이 이치에 닿지 않지만, 스님께서 하신 말씀에 느낀 바 있어 이 하인을 스님께 드리는 바이오'라고 말하고는 하인을 주는 것입니다. 저는 재삼 거절하였지만, 구태여 주므로 그 하인을 데리고 돌아왔습니다. 이거야말로 지는 것이 이기는 것이요, 이기려 하면 지게 된다는 것이지요. 현명하게 졌던 것이지요. 희유한 패배라고 말할 수 있을 겁니다."

이는 하나의 흥미로운 비유다.

출가한 사람이 지녀야 할 여법한 모습을 계율의 측면에서 보면, 집을 나서며 친가를 떠나고, 장원도 전답도 소와 말 등 육축[1]도 모두 버리고, 세 벌의 옷과 바리때 하나만을 몸에 지닌 채 사해를 집으로 삼고, 백성들의 문에 서서 두타를 행하는 것이니, 무진장한 먹을 것이 있고 광대한 집도 있으며 절집이 모두 내 집이 된다. 장원에서 나는 모든 것은 내 먹을거리다. 집이 따로 있으면, 사해에는 집이 없다. 전답을 가진다면, 모든 곳이 내 것이 되지 않는다. 그러므로 이를 두고, "집이 없는 것이야말로 집이 있는 것이며, 집을 가지려 한다면 집은 없어질 것이다"고 말할 수 있다.

속인들의 어리석은 마음은 언제나 부모나 친족·처자·권속들과 함께 희희덕거리고 즐거움을 크게 누리겠다는 것으로 가득하다. 그렇지만 무상[2]이라는 섬찟한 귀신은 박정하게 구니, 별리別離의 고통을 벗어나기 어렵다. 늙음도 젊음도 일정하지 않으니, 먼저 죽고 뒤에 죽는 게 서

1) 육축六畜 : 소·말·양·개·돼지·닭 등의 가축.
2) 무상無常 : 죽음을 의미한다.

로 뒤바뀌는 일이 허다하다. 그러므로 애정을 끊고 집을 나서며 은의를 버리고 무위의 길에 들어서서 진실로 은혜를 갚는 자의 모습을 하여야만, 유전을 거듭하는 삼계의 마을을 떠날 수 있다. 속세를 등지고 참된 이치의 길에 들어서는 것을 미친 듯 어리석은 일이라고 세속의 인정은 여기고 있다. 참으로 어리석은 생각이 아닐 수 없다.

당唐나라 때 지엄智嚴 선사는 출가하기 전 무덕(武德; 618~26) 연간에 낭장郎將으로서 싸움터에 나가 거듭 공훈을 세워서 몇 번이고 상과 관작을 받을 만하였다. 그러나 나이 마흔이 되자, 출가하여 산 속에서 수행하였다고 한다. 옛 동료 두 사람이 그를 찾아와서 말하였다. "낭장! 미쳤소이까? 어찌하여 이리 되셨습니까?" "광기에서 깨어났다고 해야 할 것일세. 자네들이야말로 광기가 대단하게 일어나고 있구먼. 색을 탐하고 명성을 좋아하며 성공을 뽐내고 주군의 은총을 받으려 하니, 이는 생사를 유전하게 하는 업이네. 어떻게 하여야 거기서 벗어날 수 있을까?" 이에 두 사람은 탄복하며 떠났다.

천축에 승군勝軍이라는 논사가 있었는데, 그는 안혜安惠와 계현戒賢의 제자였으며 현장 삼장의 스승이었다. 그는 천문과 지리·내전內典·외전外典 등과 크고 작은 갖가지 종파의 학설에 두루 밝았다. 속인이면서도 세상을 등지고 장림사杖林寺라는 곳에 틀어박혀서 오로지 생사 윤회를 벗어나기 위한 수행에 전념하였다. 계일대왕戒日大王이 불러서 국사로 삼으려고 열 여덟 곳의 큰 영지를 하사하였으나 받지 않았으며, 자주 불러도 굳게 사양하였다. "사람의 녹을 받으면 사람의 일을 근심하게 되고, 그러다 보면 몸을 얽어매는 생사의 번뇌를 끊으려는 생각을 서둘러 하게 됩니다. 그러니 무슨 여가에 임금을 섬기겠습니까?" 이렇게 말하고는 부름에 응하지 않았다.

진실로 남의 은혜를 입게 되면 그 사람의 몸이 되어서 자유롭지 못하게 된다. 슬픔이든 근심이든 남의 것을 내가 떠맡으면, 현세에서도 내 몸을 괴롭게 하고 마음을 수고롭게 할 것이다. 따지고 보면 이렇다 할 은혜도 없고, 혹 있다 하더라도 있는지 없는지 모를 정도다. 또 크나큰 은혜를 받으면, 수고로움도 많고 형벌도 있고 공역公役에 내몰리는 일도 많다. 이 세상의 즐거움도 없을 뿐 아니라 여가 또한 없고, 여가가 없으면 내세의 깨달음을 위해 힘쓸 수도 없으며 불법 수행의 뜻도 세우기 어렵다. 이것이야말로 슬픈 일임을 알지 못하고 또 괴로운 일인 줄 분별하지도 못하고 다만 그리되어야 할 일로만 여기며 사람의 몸을 받은 이 생을 헛되이 버리고 결국은 삼악도의 옛 마을로 돌아가게 되니, 참으로 어리석은 일이다. 승군 논사의 말을 폐부에 새겨서 기억해두라. 지각이 있는 자는 반드시 그 자취를 배워야 한다.

모습은 속인이라 할지라도 세상을 벗어난 마음의 출가를 했다면, 참 부러운 일이다. 말법 시대에는, 몸은 출가한 것과 같이 하여 삭발하고 물들인 옷을 입으며 무루청정無漏清淨한 법을 배우고서는 도리어 그것을 명리와 영달을 구하는 수단으로 삼고, 입신출세를 목적으로 하고 부귀에 뜻을 두면서 나아가 국사國師가 될 것을 바라고 높은 자리를 탐하니, 참으로 이 말법 시대에 도의가 쇠퇴하고 인정이 척박해짐이 슬프도다! 그러나 얻기 어렵고 지극히 드문 사람의 몸으로 태어나서 만나기 어려운 우담바라와 같은 불법을 만났으니, 지각이 있는 사람이라면 신불에게도 기도하고 선지식을 가까이하며 보리심을 일으켜서 해탈을 위한 행업에 힘써야 할 것이다.

선도善導 화상이 다음과 같은 가르침을 주었다.

> 널리 길벗인 지식知識들에게 권하노니,
> 길벗들은 서로 가까이하고 멀어지지 말라.
> 부모와 처자가 수백 수천만이 있다 하여도
> 그들은 깨달음의 선지식이 아니로다.
> 순간순간마다 얽혀서 악도에 떨어지고

몸을 나누어 과보를 받아도 서로 알지 못하네.
〈누구는 돼지나 양이 되어 육축六畜 속에서〉[3]
털이 나고 뿔이 돋나니, 언제나 깨닫게 되려나.
다행히 사람의 몸 얻어 종요로운 법을 듣고
문득 이 사바의 집 버리고 저 미타의 집으로 돌아가네.
아비와 자식이 만나는 건 불변의 기쁨이 아니로다.[4]

진실로 부모와 처자 · 붕우 · 권속들이 그립고 함께 살고 싶다는 생각이 들더라도, 그들을 떠나서 불도를 닦고, 속세를 버리고 생사 윤회에서 벗어날 출리出離의 길을 어서 가야 한다.

석가대사釋迦大師가 윤왕輪王의 지위를 버리고 단특산檀特山에 들어갔을 때다. 따라온 종자 사약舍遣을 왕궁으로 돌려보내려 하자, 사약이 울며 말하였다.

"깊은 궁중에서 자라 만인에게 우러름을 받으신 분이 이런 산속에서 오직 혼자서 어떻게 머무실 수 있겠습니까? 부디 여기 남아 시중들게 해주십시오."

"태어날 때에도 홀로 태어났고, 죽을 때에도 홀로 가는 것. 어찌 그 사이에 꼭 사람과 함께 할 필요가 있겠느냐? 내가 위없는 도를 이루면 일체 중생이 나와 함께 할 것이니라."

석가모니는 이렇게 말하고 사약을 왕궁으로 돌려 보냈다. 과연 삼계에서 홀로 존귀한 존재가 되어 사생이 귀의하고 숭앙하였다.

참으로 무상이란 생각대로 되는 것이 아니다. 누구하고 함께 살아야 한다는 건 없다. 늙었거나 어리다고 하는 선후의 차이가 있기는 하나,

---

3) 원문에는 없으나, 본래 시에 있는 것이어서 채워 넣었다.
4) 선도가 지은 「반주찬般舟讚」에 나온다. "普勸同行知識等, 同行相親莫相離. 父母妻兒百千萬, 非是菩提增上緣. 念念相纏入惡道, 分身受報不相知. 或在猪羊六畜內, 披毛戴角何時了. 慶得人身聞要法, 頓捨他家歸本國. 父子相見非相喜."

결국은 허망하게도 전부 죽는다. 각자가 지은 선악의 업에 따라서 제각각 괴로움이나 즐거움의 과보를 받을 즈음에는, 나도 다른 사람들을 알아보지 못하고 다른 사람들도 나를 알아보지 못한다. 털이 나거나 뿔이 돋아 날짐승이나 길짐승이 되고, 물고기의 몸을 받아 산에서 살거나 바다에서 헤엄칠 때에는, 서로 죽이기를 일삼으며 옛날의 은혜도 애정도 알지를 못한다. 그러므로 진실한 보리심을 내어서 부모 처자를 떠나 산림에 묻혀서 한가하고도 고요하게 지내면서 선지식을 가까이 하고, 정법을 들으며 이법대로 사유하고, 부처가 설한 바대로 수행하여 생사윤회를 벗어나서 정토에 태어나 무생인無生忍의 자리에 오르고, 삼명육통三明六通을 지니고 사변팔음四辯八音을 갖추며, 숙명지宿命智로써 은소지식恩所知識을 알고, 신경통神境通으로써 중생의 근기에 맞게 몸을 나투며, 선교방편으로써 중생의 마음을 움직여 교화하고, 변재지혜辨才智惠로써 법을 설하며 중생을 불길이 이는 집火宅에서 데리고 나와 무루의 청정한 국토로 나아가야 하리라. 그 중간에는 그림자가 형체에 매여 있는 것처럼 따르면서 갖가지 채비를 차리고 방편을 통해 불법에 들어가야 한다.

보현의 열 가지 바람은 보살의 공통된 바람이다. 항순중생恒順衆生의 바람[5]은 모든 중생을 항상 따라다니면서 방편으로 교화시키는 것이다. 상수불학常隨佛學의 바람[6]이란, 모든 부처를 좇아서 불도를 배우게 하는 것이다. 그러므로 몸을 무수하게 나누어서 육도 사생의 인연없는 중생조차 돌본다. 하물며 인연있는 중생임에랴! 또 정토에 머물면서 부처도 섬겨야 한다. 그렇게 한다면, 옛날에 인연이 있었던 부모와 처자를 교화시켜서 마침내 함께 부처의 정토에서 열락을 받게 하고, 무루무생無漏無生의 국토에 머물면서 생로병사의 근심없이 헤어짐의 고통스런 탄식도 없이 항상 함께 모든 부처를 섬기며 언제나 함께 할 수 있다. 중생을 이롭게 할 때는 옛날에 헤어져서 지금 만났다는 생각을 계속해야 할 것이다.

5) 보현의 열 가지 바람 가운데 아홉 번째.

6) 보현의 여덟 번째 바람.

또 법상대승法相大乘[7])에서는 삼성三性의 법문을 펴서 미혹과 깨달음의 관계를 보여준다. 말하자면 편계소집성遍計所執性 · 의타기성依他起性 · 원성실성圓成實性 등이다. 편계소집성이란 인연화합에 의해서 임시로 생겨나는 법에서 "내가 참이요 법이 참이다"고 하는 망정妄情을 일으켜 망정을 진실한 법으로 여기고, 육도 사생의 형체와 산하 대지의 형상에 집착하여 번뇌를 일으키며 업을 지어 허망한 고락苦樂을 받고, 생사의 고리를 끊는 일이 없어 생사의 유전을 멈추지 못하게 되는 것이다. 따라서 편계소집성은 전혀 본체와 작용이 없다. 망령되게 분별하는 알음알이만 있고, 이치는 없다. 비유하자면, 삼으로 엮은 노끈을 뱀이라 생각하여서 두려워하는 마음을 지니면, 이 마음에서 뱀의 형상을 보는 것과 같다. 노끈 그 자체에는 전혀 본체도 작용도 없다.[8]) 육도 세계는 아주 명백하게 보인다 할지라도, 그것은 다만 무명의 잠 속에서 보는 망령된 형상일 따름이다. 그러니 마음을 멈추고 집착을 일으키지 말아야 한다.

의타기성이란 일체 중생에게는 팔식八識이 있는데, 그 가운데 제8 아뢰야식에서 온갖 법의 종자, 중생이 머무는 세계, 오근五根 등의 본질이, 시작이 없는 저 아득한 때로부터 이어져 오면서 인연으로 말미암아 임시로 합쳐져서 있지 않은 것非有을 있는 것有처럼 만드는 것이다. 하지만 너무나 또렷해서 거친 것과 세밀한 것, 본체와 가상假相의 차이를 볼 수 있다. 이는 물에 비친 달이나 거울에 비친 모습과 같다. 이렇게 임시로 인연에 따라 일어나는 것을 의타기성이라 한다. 말하자면 본래 노끈은 없고, 다만 삼으로 엮어져서 임시로 노끈이 된 것과 같다. 실체는 전

---

7) 법상종은 대승의 가르침을 펴기 때문에 이렇게 이른다.

8) 다른 판본에서는 "뱀의 본체와 작용이 없다"고 하였는데, 이는 노끈은 뱀이 아닌데 뱀으로 보는 것에는 뱀의 본체와 작용이 없는데 있다고 여기는 것으로 보았기 때문이다. 그런데 본문에 이어지는 글을 보면, 이와는 사뭇 다른 논의가 펼쳐지고 있다. 여기에는 매우 중층적인 의미가 내재해 있다. 말하자면, 노끈과 뱀의 관계에서는 노끈이 본체이고 또 작용이 되지만, 노끈과 삼의 관계에서는 노끈 자체는 본체도 작용도 없고 바로 삼이 본체이면서 작용하는 것이 되기 때문이다.

부 삼이다. 법은 모두 진여다.

다음으로 원성실성이란 진여의 오묘한 이치, 온갖 법의 참된 본성으로, 이는 번뇌를 끊어 진여의 실상을 깨달아서 분별심이 없어진 경계다. 노끈은 임시로 빌어온 형상이며, 그 본체는 공이다. 다만 삼이 있을 뿐이다. 만법유식萬法唯識, 제경유심諸境唯心[9]이 이것이다. "삼계는 오로지 하나의 마음일 뿐이며, 마음 밖에 따로 법은 없다"고 하는 경전의 문구에서도 이런 의미는 드러나 있다. 외도와 소승을 깨뜨리고 대승의 의리를 세우는 일, 이것이 이 법상종의 근본이다. 얕고 깊은 문을 세워서 형상과 본성이 다르다는 것을 판가름한다. 그러므로 유식의 관심행법은 편계소집의 허망이라는 경계를 빌어서 의타기성과 원성실성 두 지혜의 경계를 두는 것이다.

천친天親은 이렇게 노래하였다.

> 눈 앞에 작은 사물을 세워
> 이를 유식성唯識性이라 하네.
> 그러하나 얻을 게 있으므로
> 진실로 유식에 머무름 아니네.
> 만약 끄달리는 것에서
> 지혜에 전혀 얻은 게 없다면,
> 이때는 유식에 머물어서
> 주체와 대상 둘을 떠났기 때문이라.[10]

"마음으로 분별하는 것, 이것이야말로 유식성이다. 조금이라도 이런 생각이 있다면 얻을 게 있게 되니, 이는 허망한 것이다. 이는 진여의 이

---

9) 삼라만상 모두 마음의 본체인 식識에 의해서 나타난 가상假相이며, 인식되는 일체의 대경對境은 아뢰야식 속에 존재하는 가능태로서의 종자가 변화되어 나타난 것일 뿐, 식 이외에서는 존재하지 않는다는 것을 의미한다.

10) "現前立小物, 謂是唯識性. 以有所得故, 非實住唯識. 若時於所緣, 智都無所得, 爾時住唯識, 離二取相故."

법에 어긋난다. 만약 지혜에서 전혀 얻을 게 없고, 지혜 밖에 대상이 없고 대상 밖에 지혜가 없어서 지혜와 진여가 평등해지고, 평등해져서 능취와 소취의 구별을 끊고, 주체와 대상을 관하는 지혜도 없어질 때, 참으로 유식성에 머물 수 있게 되리라"고 풀이할 수 있다. 이는 처음으로 도를 본, 초지견도初地見道의 자리다. 그러므로 머물려 할 때에는 머물지 못하고, 머물려 하지 않을 때에 머물게 된다. 이를테면 유식의 관행觀行이 성숙해진 뒤에는 머물려 하지 않는 것이야말로 머무는 것이고, 머물려고 한다면 머물지 못할 것이라는 말이다. 그러면 이는 참으로 머물지 않은 것이니, 자칫하면 머물지 못할 것이라는 게 분명하다.

또 『금강경』에서 석가대사는 그 옛날에 보살행을 하고 보리심을 내어 연등불燃燈佛의 수기를 받은 일에 대해 설하면서, "내가 깨달음을 얻었을 때에는 조금도 얻은 게 없었다. 만약 깨달음에서 얻은 게 있었다고 한다면, 연등불이 나에게 수기를 주시지 않았을 것이다. 얻은 게 없었을 때, 마땅히 부처가 될 것이라는 수기를 얻은 것이다"[11]고 하였다. 석존이 옛날에 깨달음을 얻으신 일을 우리 나라 말로 바꾼다면, "얻으려 하지 않는 것이야말로 얻는 것이다. 얻으려 한다면 얻을 수 없을 것이다. 이는 참으로 얻지 못한 것이니, 자칫하면 얻지 못하게 된다"가 될 것이다.

또 천태에서는 유식실상唯識實相의 관해觀解로써 법성이라는 사유하기 어려운 오묘한 경계를 인연으로 인식하는 것을 해석하면서 불사의관연不思議觀緣 또는 불사의경不思議境이라고도 하였다. 계연법계繫緣法界 또는 일념법계一念法界라고도 풀이하여서, 지혜도 여여하고 경계나 대상도 여여하다면 불생불멸의 경지는 무상無相이요, 영원한 지혜는 무연無緣이

---

11) 이는 『금강경』 제17 「구경무아분究竟無我分」과 관련된다. 해당 부분의 원문을 제시하면 다음과 같다. "須菩提! 若有法如來得阿耨多羅三藐三菩提者, 然燈佛則不與我受記, 汝於來世當得作佛, 號釋迦牟尼. 以實无有法得阿耨多羅三藐三菩提, 是故然燈佛與我受記作是言, 汝於來世當得作佛, 號釋迦牟尼."

된다고 하였다. 무연의 지혜로써 무연의 경지를 인식한다. 분별로써 헤아릴 수 없으며, 허망한 각관覺觀으로는 인식하지 못한다. 법성적조法性寂照[12]의 지관으로 본래의 이치와 지혜의 그 오묘한 경계를 비춘다. 해와 달이 만물을 비추고, 맑은 거울이 사물을 비추는 것과 같다. 무심으로 비추고 무심으로 인식한다. 이를 계연법계 또는 일념법계라 한다. 생각도 법계도 지혜다. 인식도 법계도 경계다. 이름을 세우고 뜻을 달리한다 할지라도, 주체와 대상이 없고 분별이 없다. 이것이 실상을 인식한다는 것이다. 그런 까닭에 오묘한 관을 성취하고 일념으로 서로 응하는 것이니, "인식하지 않는 것이야말로 인식하는 것이다. 인식했다고 한다면, 인식하지 않는 것이다. 이는 참으로 인식하지 않은 것이니, 자칫하면 인식하지 못할 수 있다"고 말할 수 있으리라.

또 진언종에서는 무상無相의 깨달음에 대해 풀이하기를, "지해智解도 없고, 열어서 일깨워주는 상도 없다"고 하였다. 경전에서도 "자기 마음이 곧 깨달음이요, 깨달음이 곧 자기 마음이다"[13]고 설하고 있다. 또 "자기 마음은 본래 생겨남이 없다는 것을 깨달으면 곧 부처가 된다. 실로 깨달음도 없고 성불도 없다"고 풀이하여서, 다만 형상없는 마음, 아阿자의 참된 의미로 이어지는 것, 그것을 깨달음의 참뜻이요 곧바로 깨달음을 여는 것이라고 한다. 그리하여 논서[14]에서도 깨달음의 마음은 청정한 법계라고 풀이하고, 일체의 지각이나 분별을 떠난 것이라고도 하였다.[15] 실로 깨달음도 없는 것을 깨달음이라 하고, 이룸도 없는 것을

---

12) 적조寂照 : 적은 진리의 본체, 조는 참된 지혜의 작용을 뜻한다. 각기 지止와 관觀에 상응한다.

13) "自心卽菩提, 菩提卽自心." 태어나면서 지니고 있던 자신의 심성이 곧 불성이기 때문에, 인간은 모두 본래 부처이다라고 하는 '자심시불自心是佛'과 같은 말이다. 『진언내증眞言內證』에서는, 부모에 의해 태어난 육신 그대로가 부처라고 하는 '자신즉불自身卽佛'을 설하고 있다.

14) 『금강정유가중발아뇩다라삼막삼보리심론金剛頂瑜伽中發阿耨多羅三藐三菩提心論』을 가리킨다. 줄여서 『보리심론』이라고도 한다.

15) "菩提心者, 名淨法界, 名無覺了"

이룸이라 한다. 뿐만 아니라 처음 깨닫는다면 본각이 아니며, 새롭게 깨달았다면 아자에도 어긋난다. 이러하므로 진실로 깨달은 사람이 말한다면, "깨달으려 하지 않는 것이야말로 깨닫는 것이다. 깨달아야겠다고 한다면 깨닫지 못한다. 이는 참으로 깨치지 못한 것이니, 자칫하면 깨닫지 못하게 될 것이다"고 하리라.

또 선문에서는 "직지인심直指人心, 견성성불見性成佛"을 말한다. 글자 그대로 뜻을 취하면, 본성을 보고 부처가 된다는 말이다. 그런데 실제로는 내가 보는 본성이 본래부터 불성이라는 것을 분명하게 했을 따름이다. 그러므로 경전[16]에서는, "지견에서 앎을 세우는 것은 곧 무명의 근본이다. 지견에서 봄이 없으면, 이는 곧 열반이요 번뇌없는 참된 성품이다"고 설하여, 일체 중생이 일상에서 쓰는 지견의 본체와 지해는 범속한 데에 있어도 줄지 않고 성스러움에 머물더라도 늘지 않으며 앎의 본체가 본래의 부처라고 가르치고 있다.

달마대사도, "한 법을 보지 않는 것을 견도見道라 하고, 하나도 행하지 않는 것을 행도行道라 한다"고 말하였다. 그렇다면 본성을 보고 깨달아서 마음을 분명하게 하는 것, 다시 말해서 본성을 보는 마음 그것에 대해 말한다면, "보려 하지 않는 것이야말로 보는 것이다. 보려 하면 볼 수 없게 된다. 이는 참으로 보지 못한 것이니, 자칫하면 보지 못하게 될 것이다"고 할 수 있을 것이다. 이러한 뜻을 온갖 일에 적용해서 말하면 '끝없는 법문'이 된다.

미치광이의 영리한 말에도 세간의 법과 부처의 법을 알게 해주는 무진장한 도리가 담겨 있다. "한 모퉁이를 들어올리니 세 모퉁이를 스스로 헤아려 안다"[17]는 선현이 남긴 말씀도 있지 않은가? 이 말로써 온갖 도리를 깨친다면, 지혜로운 자라고 말할 수 있다. 재치가 있는 듯한 말

---

16) 『수능엄삼매경首楞嚴三昧經』을 가리킨다.

17) 이 말은 『논어』 「술이述而」편에 그 출전이 있다. "子曰, 不憤不啓, 不悱不發. 擧一隅, 不以三隅反, 則不復也."

이라도 지혜로운 사람 앞에는 내밀기 어렵다. 잘못도 많고 교의에도 어긋나며 이치에도 맞지 않는 짓을 한다고 꺼릴지도 모르지만, 어리석은 사람에게 법문 한 조각이나 교의의 취지나마 알게 하려고 어느 정도 풀어서 말하였다. 물론 경전을 풀이한 뛰어난 글들이 있고, 또 먼저 깨치신 분들의 말씀도 전한다. 다만 이 글을 쓰면서 사사로움이 없다고 여기고 있고, 또 '어찌 조금이라도 불법을 만날 기회를 만들지 못하겠는가' 하고 생각할 따름이다.

2. 송사에서 스스로 졌다고 한 사람

시모후사下總[18] 지방의 어떤 고케닌[19]이 영가[20]의 대관[21]과 소유권 문제로 다툼이 생겼다. 서로 몇 번이나 문답을 주고받았으나, 일이 진척되지 않자 가마쿠라에서 대결하게 되었다. 야스토키泰時가 어대관[22]이었을 때 일이다. 그 앞에서 그 고케닌은 영가의 대관과 거듭해서 문답하였다. 영가 쪽에서 핵심이 되는 도리를 피력하였을 때, 이 고케닌은

18) 현재 천엽현千葉縣 북부에 해당되는 지방.

19) 고케닌御家人 : 가마쿠라 시대에 가마쿠라의 쇼군將軍과 주종관계를 맺은 무사. 히고케닌非御家人으로 불린 그 이외의 무사들과 구별되었다. 주군으로부터 영지를 받았고 슈교守護·지토地頭 등의 무가武家 관직에 임명되기도 하였다.

20) 영가領家 : 본가本家의 아래에 위치한 장원 영주. 재지在地 영주가 중앙의 귀족에게 일정한 권리를 유보하면서 자신의 영지를 바친 경우, 그 바친 것을 받은 쪽을 영가라 하였다. 영가가 거듭 상급의 권문權門에 그 장원을 바치면, 그 상급의 권문이 본가라고 일컬어진다.

21) 대관代官 : 가마쿠라에서 무로마치室町에 걸쳐서 본소本所·영가領家·무가武家 등에서 주군을 대리해서 사무를 맡은 사람.

22) 어대관御代官 : 쇼군의 대관이라는 뜻이니, 이른바 집권한 것을 가리킨다.

무릎을 탁 치면서 야스토키 쪽을 향해, "아, 졌소이다!"라고 말하였다. 이때 그 자리에 있던 사람들 모두 "하하" 하고 웃었지만, 야스토키는 고개를 끄덕이고는 탐탁치 않게 여기며 말하였다.

"썩 교묘하게 진 사람이군. 이 야스토키가 어대관이 되어서 오래도록 이러한 문답의 승패를 맡아서 보았는데, '아아, 졌구나!'라고 납득할 수밖에 없을 때에도 최소한 한마디라도 제 뜻을 펴는 법이었고, 주위에서 패배를 당했다고 말해도 '내가 졌소'라고 말하는 사람을 아직 본 적이 없다. 앞서 벌어진 문답은 참으로 그럴 듯하게 들렸다. 그런데 영가의 대관이 말한 바가 핵심을 찔렀다고 여겨지는 순간에, 반론도 없이 졌다고 말한 일은 아무리 생각해도 잘한 것으로 들린다. 정직한 사람이라 할 만하구나!"

눈물까지 글썽이며 칭찬하자, 웃었던 사람들도 어색한 낯빛이 되었다. 그러자 영가의 어대관도 말하였다. "평소에는 그의 도리를 들어도 풀리지 않았는데, 고의로 이치에 맞지 않는 일을 억지로 내세운 건 아니었구나." 이렇게 말하고는, 6년 동안 내지 않았던 공납 가운데 3년치를 면제해주었다. 참 인정있는 사람이다. 이것이야말로 "졌다고 하는 것이야말로 이기는 것이다"는 도리다.

그러므로 사람은 도리를 알고 정직해야 한다. 허물을 지은 자도 도리를 알아서 자신의 잘못이라고 생각하고 정직하게 허물을 드러내며 두려워하고 삼간다면, 그의 허물은 용서받게 된다. 자신의 허물이라 생각하지 않고 숨기며 거짓된 말로 잘못하지 않았다는 변명을 늘어놓는 것은 그 허물을 더더욱 무겁게 만든다. 불법에서 말하는 참회도 이러한 마음일 뿐이다.

『심지관경』에서도, "만약 죄를 숨기려 한다면 그 죄는 더욱 늘어날 것이요, 죄를 드러내고 참회한다면 그 죄는 곧 소멸하리라"고 설하고 있다. 나무 뿌리에 흙을 덮으면 나무는 더욱 번성하고, 뿌리를 드러내버리면 나무가 마르는 것과 같다. 죄와 업장의 나무를 마르게 하려면, 죄를 드러내고 참회하여 뿌리를 드러내야 할 것이다. 『백유경百喩經』에 다음의 이야기가 나온다.

옛날 어리석은 속인이 있었는데, 어떤 사람의 사위가 되어서 처가에 갔다. 온갖 환대를 받았음에도 어설프게 거들먹거리느라 아무 것도 먹지 않고 굶은 채로 있었다. 그러다 그 처가 잠시 일어나 나간 사이에, 쌀을 한입 가득 쑤셔 넣고는 씹으려고 하였다. 처가 들어오는 바람에 창피해서 얼굴이 빨개졌다. 뺨이 불룩해 보이자, 그 처가 물었다. "어떻게 된 거예요?" 그렇지만 아무 말도 못하고, 얼굴만 더욱더 빨개졌다. "종기가 심해져서 아무 말도 못하시는군요." 놀란 그 처가 부모에게 이렇게 말하니, 부모가 와서 보고 말하였다. "어떻게 된 건가?" 그 낯빛이 더욱 붉어지는 것을 보고는, 이웃 사람들도 모여들어 위로하였다. "사위님의 종기가 심해져서 참 딱하게 되었네요." 그러는 동안, 의원을 불러야 한다고 해서 근처에 사는 돌팔이 의원을 불러와 보였다. "너무 심각하게 되었군요. 어서 빨리 치료해야 합니다." 이렇게 말한 의원은 불침을 꺼내 벌겋게 달구어서 뺨을 꿰뚫었다. 그러자 쌀이 흐슬부슬 입에서 흘러나왔다. 뺨은 일그러졌고, 사내는 너무도 부끄러웠다.

세속 사람이 몰래 죄를 짓고는 부처에게도 사람들에게도 드러내려 하지 않자, 결국 염마왕 세계의 명관冥官이 포승으로 묶어서 명도冥道로 끌고와 아방나찰阿防羅刹[23]에게 때리게 해서 부끄럽게 만드는 일에 비유된다. 하나하나 죄를 드러내고 참회하는 마음을 일으켜서 명도의 명관에게 부끄러움을 당하지 않도록 하여야 할 것이다.

진제이鎭西의 어떤 곳에 사는 지토地頭가 일이 잘 되지 않자 땅을 나누어 팔려고 하였다. 어질면서 가난하지 않은 그의 장남이 이 땅을 사서는 그 부친에게 도로 맡긴 일이 몇 번 있었다. 그런데 그 부친이 죽은

23) 아방나찰阿防羅刹 : 지옥에서 죄인을 꾸짖는 옥졸로, 소머리나 말머리를 한 귀신이다.

뒤에 그 땅은 장남에게 남겨지지 않고 차남에게 모두 남겨졌다. 장남은 가마쿠라로 올라가 소송을 걸었다. 마침내 그 아우도 불려 올라가 대결하게 되었다. 형은 불편하게 생각하였으나, 아우는 땅을 넘겨받을 만한 사유를 적은 글을 손에 쥐고 와서 올렸다. 바쿠후에서는 무리하게 승패를 결정하지 않고 명법가[24]에게 물었다. 명법가가 심사숙고한 뒤에 말하였다. "형이 장남이고 또 봉공하였다고는 하지만, 자식으로서 아비를 모시는 일은 당연히 해야 할 효다. 봉공이란 남과의 관계에서 취해지는 것이다. 각설하고, 부친은 아마 무슨 연유가 있어서 아우에게 물려주었을 것이다. 그러니 아우가 하는 말이 이치에 합당하다." 이리하여 그 아우는 안도安堵의 문서[25]를 받게 되었다. 야스토키는 이 형의 일을 안타깝게 여기고, 영주가 정해지지 않은 땅이 생기면 그에게 맡기려고 자신의 집에 머물게 하면서 일단 의식의 문제를 해결해주려고 생각하였다.

그 형은 명인[26]인 여자와 언약하여 함께 살고 있었다. 그러나 그녀도 가난하기는 마찬가지였다. 술자리에서 잡담하던 차에, 사람들이 모두 이렇게 말하였다. "그 사람의 아내는 정수리에 머리카락이 하나도 없다고 합니다." 야스토키가 듣고는 "어떻게 해서?" 하고 물었다. 누군가가 말하였다. "하인이 한 사람도 없어서 자신이 물을 긷기 때문에 머리에 머리카락이 없어졌다고 합니다." 이 말에 모두들 웃었다. 그러나 야스토키는 "슬픈 일이로구나!"라고 하며 눈물을 주르륵 흘렸고, 그런 일이 있을 때마다 동정심이 생겨 도와주었다고 한다.

그로부터 두세 해가 지난 뒤, 그 장남이 사는 지방에 영주가 정해지지 않은 땅이 생겼다. 그 부친이 남긴 것보다 큰 땅인, 아키노케秋毛의 위쪽을 주면서, 야스토키는 그곳으로 내려갈 수 있도록 말안장 등의 물

24) 명법가明法家 : 일본에서 율령律令이나 격식格式 등 법률을 연구하던 사람.
25) 안도安堵의 문서 : 중세 일본에서 쇼군이나 영주가 영지의 소유권을 공인하는 것을 기록한 문서.
26) 명인名人 : 예능에 빼어난 재주가 있는 사람.

품을 준비하도록 지시를 내렸다. 그리고는 물었다. "어떻게, 아내도 데리고 내려갈 텐가?" "최근 이삼 년 동안 울적해 보였습니다. 그래서 데리고 가서 햅쌀로 지은 밥을 먹게 해주어서 위로해주려 합니다." "아주 좋은 생각이네. 사람이란 게 입신하면은 초라했을 때의 아내 따위는 잊어버리는데, 그건 슬픈 일이 아닌가! 그러면, 아내의 여장도 준비하게나." 야스토키는 아랫사람에게 말안장을 비롯해 여러가지 물품을 주도록 자상하게 지시하였다.

야스토키는 참으로 인정이 있고 만인을 포용하며 도리를 아는 사람이라 하리라. 진실로 현인이다. 어질고 은혜롭다고 세상에 알려질 만하다. "도리를 행하는 것만큼 즐거운 일은 없다"고 늘 말하였고, 누군가가 도리를 말하면 눈물을 흘리며 감격하고 찬탄하였다고 전해진다. 백성의 슬픔을 자신의 슬픔으로 여겼으니, 만인의 부모라 할 만하다.

『후한서後漢書』에 이르기를, "가난하고 미천했을 때의 벗을 잊어서는 안 되고, 가난을 함께 했던 아내를 내쳐서는 안 된다"[27]고 하였는데, 가난하고 미천했을 때의 벗을 부유해졌을 때에 잊지 말고, 미천했을 때의 아내를 내쫓아서는 안 된다는 말이다. 앞선 이야기에서 소송을 제기하였던 사내의 마음도 이미 옛사람의 가르침에 부합하였다. 사람이란 은혜를 잊고 인정을 모르는 일이 있는데, 인정이 있는 마음이란 참으로 존귀하다.

『논어論語』에서도 이르기를, "가난하더라도 아첨하지 말 것이며, 부유하더라도 교만하지 말라"[28]고 하였다. 사람의 가난이란 늘 있는 일이다. 그럼에도 아첨하며 졸렬하게 처신하는 것은 돼먹지 못한 짓이다. 부유하다고 하더라도 언제까지나 그러할 것이라 생각해서는 안 된다. 졸지

---

27) 『후한서』 권26 「송홍전宋弘傳」에 송홍이 한 말로 나온다. "貧賤之知不可忘, 糟糠之妻不下堂."

28) 『논어』 「학이學而」편에 자공이 한 말로 나온다. "子貢問; '貧而無諂, 富而無驕, 如何?' 子; '可也.'"

에 재난이 닥치는 일도 있다. 도적을 만나는 일도 있고, 병으로 죽게 되는 우환도 있다. 부유해질수록 더욱더 몸을 삼가고, 예가 아니면 행하지 않고 무도한 짓을 일삼지 않는 그런 사람이야말로 현자다. 그러므로 어떤 책에서는, "점점 채우다 보면 그대로 가득 차게 된다는 걸 생각하라. 가득 채워지면 넘치게 된다는 걸 생각하라"[29]고 하였다.

사람이 삼가지 않고 위세에 몸을 맡겨 남을 해치거나 괴롭히면 자신의 일생도 지키기 어렵고 자손들도 반드시 망할 것이니, 현세에서도 쇠미해지고 내세에도 괴로움을 받는다. 『후한서』에도, "천 사람이 손가락질을 하면, 병 없이도 죽게 되리라"[30]는 말이 실려 있다. 예의가 아닌 짓을 하여 만인에게 시샘을 받게 되면, 반드시 요절하게 된다. 그러니 삼가고 또 삼가야 할 것이다. 그러므로 야스토키는 항상, "가난하면서도 아첨하지 않는 자는 있어도, 부유하면서 교만하지 않는 자는 없다"는 말을 들었기에 그 자신 반드시 남을 삼가 공경하였고, 그리하여 만인에게 추앙받으면서 스무 해 동안 천하를 태평하게 할 수 있었다. 백성들의 번거로움을 생각해 끝내 공사도 일으키지 않았다.

어느 때의 이야기다.

야스토키가 어소[31]에 나아갔더니, 쇼군인 요리쓰네頼經가 말하였다. "다른 집의 하타이타[32]는 집 안의 보기 싫은 것을 숨기기 위함인데, 야스토키의 하타이타는 안쪽도 환하게 들여다 보이게 되어 있으니, 무슨 까닭인가?" 그러자 여러 사람들 가운데서 어떻게 해서든 봉공하는 모습

---

29) 『법구경』에 "물방울이 비록 작으나 점점 큰 그릇을 가득 채우나니, 무릇 복이 충만함은 아주 작은 것이 쌓여서 그리된 것이라"는 구절이 나오는데, 이 책의 저자가 항상 출전을 밝힌다는 점을 감안하면, 어디 다른 곳에서 인용해온 것이라고 여겨진다.

30) 『후한서』 「왕가전王嘉傳」에 나오는 말이다. "千人所指, 無病而死."

31) 어소御所 : 일반적으로 상황上皇 · 삼후三后(태황태후太皇太后 · 황태후皇太后 · 황후皇后를 총칭한 것으로, 삼궁三宮이라고도 한다) · 친왕親王 · 장군將軍 · 대신大臣 등이 거처하는 곳을 가리키는데, 여기에서는 원실조源實朝의 사후에 가마쿠라에 들어간 쇼군 등원뢰경藤原頼經의 거처를 가리킨다.

32) 하타이타端板 : 집의 내부를 바깥에서 볼 수 없도록 덮어 가리는 나무판.

을 잘 보이려던 자들이 아래와 같이 야스토키에게 아뢰었다. "쇼군의 말씀에 대해서는 누구라도 그렇게 생각할 것입니다. 쇼군께서 쓰신 마음을 위해서라도 토담[33]을 세우고 둘레에 해자도 파는 것이 대단히 좋을 듯합니다. 각자 한 사람씩 맡아서 쌓는다 하더라도, 열흘이 걸리지 않을 것입니다. 지체없이 지시를 내려주십시오." 이렇게 다들 아뢰자, 야스토키는 고개를 끄덕이고는 말하였다.

"여러분의 뜻은 아무리 생각해도 고맙게 여겨집니다. 참으로 여러분의 뜻이 그러하고 그대들이 용이하게 할 수 있다 할지라도, 각 지방에서 부역자들을 차례로 불러들여 부리는 것은 백성을 끝없이 괴롭히는 일입니다. 조심하라는 말도 있지만, 이 야스토키의 운이 다하면 철벽을 쌓더라도 도움이 안 됩니다. 또 운이 좋아서 쇼군의 부름을 받을 정도라면, 지금처럼 있어도 무슨 두려움이 있겠습니까? 하타이타에 생긴 틈이나 바로 잡을 뿐입니다. 토담은 생각지도 않습니다. 해자를 파면 오히려 그곳에 말이 빠질 염려가 있습니다. 그건 쓸데없는 일입니다."[34]

참으로 세상에 드문 일이라는 생각이 든다.

옛날 가마쿠라의 대장전大將殿[35]이 교토로 올라가야 한다고 결정되었을 때, 세상 사람들은 속으로는 탄식하면서도 공공연하게 드러내서 말하지는 못하였다. 정말이지 사람들의 탄식을 자아내지 않을까 하는 걱정도 있어서 교토로 올라가는 것이 옳다느니 옳지 않다느니 하는 의론도 분분하였으나, 막상 윗사람의 노여움을 살까 두려워하여 자세한 사정을 아뢰는 자가 없었다. 이때 지쿠고筑後의 뉴도 토모이에入道知家가 뒤

33) 일본의 토담은 기둥을 세우고 널빤지로 심을 댄 위에 진흙을 발라 굳히고, 그 위를 기와로 덮은 것을 말하는데, 옛날에는 흙으로만 쌓아서 굳혔다고 한다.

34) 여기에 "하타이타는 고쳐서 쓸 겁니다. 토담이나 해자는 생각조차 하지 않습니다"라는 말이 덧붙어 있는데, 앞서 한 말과 같다. 아마 필사할 때에 착오가 있었던 듯하다. 여기서는 생략하였다.

35) 원뢰조源頼朝를 가리킨다.

늦게 참석했다가 이 일에 대한 의견을 말해도 좋다는 분부를 듣고 이렇게 아뢰었다. “천축에는 사자라는 짐승이 있습니다. 모든 짐승의 왕으로 일컬어집니다. 그런데 다른 짐승들을 해치려는 마음이 조금도 없음에도, 그의 포효를 듣는 짐승들은 모두 간이 떨어지고 혹은 목숨을 잃기까지 한답니다. 주군께서는 사람들을 괴롭히려는 마음이 없다고 하시지만, 사람들의 탄식이 어찌 없겠습니까?” 이에 “교토로 올라가는 일은 그만 두어라”는 분부가 내렸고, 모든 사람들이 기뻐하였다고 한다.

“성인은 자신의 마음은 없고 만인의 마음을 제 마음으로 삼는다”[36]는 말이 있다. 백성들이 바라는 것을 하는 것, 이를 정치라 한다. 이것이 성인의 마음가짐이다. 어진 임금이 세상에 나오면 어진 신하가 그 위엄을 도와 사해를 평온하게 하고 천하를 태평하게 한다.

위魏나라 문왕(文王; 186~226)이 자신을 어진 임금이라 생각하며 신하들에게 물었다. “짐은 어진 임금인가?” 인좌仁佐[37]라는 대신이 아뢰었다. “폐하는 어진 임금이 아니옵니다.” “어찌하여 그러한가?” “하늘이 내리는 자리를 얻어야만 어진 임금이라 할 수 있는데, 폐하께서는 위세로써 자리를 얻어 계십니다. 이는 어진 임금이 하는 일이 아니옵니다.”

백부伯父[38]의 왕위를 빼앗고 그 왕후를 취하여 자신의 왕후로 삼았던 일을 가리켜 한 말이었다. 문왕은 노하여 인좌를 내쫓아버렸다. 다음으로 척광蹠光이라는 대신에게 물었다. “짐은 어진 임금인가?” “참으로 어진 임금이시옵니다.” “어찌하여 그러한가?” 척광이 대답하였다. “어진 임금은 반드시 어진 신하와 함께 나오는 법인데, 인좌와 같은 사람이 함께 나와서 모시니, 어진 임금임에 틀림이 없사옵니다.” 문왕은 이 말

---

36) 『도덕경』 49장에 나오는 말이다. “聖人無常心, 以百姓心爲心.”

37) 인좌仁佐 : 임좌任座의 착오이다. 그는 위나라 사람이며, 문왕의 신하로 직언을 잘하여 상객上客이 되었다.

38) 헌제獻帝(180~234)를 가리킨다. 영제靈帝의 아들로서, 후한 마지막 임금이다.

에 감동하여 다시 인좌를 불러 들여서 정사를 바로잡았고, 어진 임금이라는 명성을 얻었다고 한다. 임금도 신하도 어진 그런 세상이야말로 백성들이 바라는 것이라는 말이다.

3. 곤유보嚴融房가 누이와 주고 받은 문답

옛날 가이甲斐 지방에 곤유보嚴融房라는 학승이 있었다. 많은 수행자들이 시중을 들면서 그에게 묻고 배웠다. 그런데 화를 너무 잘 내는 스님이었다. 수행자들은 모두 오전이든 오후든[39] 식사를 준비해 올렸는데, 국이 뜨거워도 야단치고 미적지근해도 야단치고 늦게 가져 와도 화를 냈다. 빨리 가져 오면, "내가 먹지 못하게 할 셈이냐?"라고 말하면서, 먹다 말고 야단을 쳤다고 한다. 그가 식사하는 걸 보려고 장지문을 통해 엿보면, "무얼 그리 보는 거야?"라고 하면서 더욱더 화를 내었다고 한다. 이렇게 늘 기분이 좋지 않으면서도, 희한하게도 뛰어난 학인이 오면 참을성 있게 물음을 듣고 답해주며 가르쳤다.

궁녀인 누이가 가장 사랑하는 아들을 잃었다. 누군가가 부모라면 겪는 일이라고 말해주었음에도 몹시 애통해 하였다. 이웃 사람들도 찾아와 슬퍼하였다. 그런데도 이 스님은 찾아오지도 않았다. 이 일을 두고 그 누이가 말하였다. "아, 무정도 하셔라! 이토록 비통한 일이 있어도 스님께서는 찾아오지도 않으시는구나. 이웃 사람들조차 불쌍하게 여기는데 ……." 제자 가운데 이 말을 들은 이가 스님에게 말을 전하였다.

---

39) 정오가 지나면 식사를 하지 않는 것이 승려가 지켜야 할 계율인데, 오전의 정식 식사를 재齋 또는 재식齋食이라 하고, 그 이외를 '비시非時'라고 한다.

"저 누이분께서 한스러워하신다고 하니, 찾아가 보시는 게 어떠하온지요?" 스님은 예의 그 화를 버럭 내면서 말하였다. "분별없는 여자로고! 법사의 누이라고 하는 사람은 보통의 재가자와는 다른 법이거늘. 생로병사를 피할 수 없는 땅에 살면서, 아니 사랑하는 이와 헤어지는 고통이나 근심이 없어야 한다고 생각했는가? 아, 어리석구나! 변변치 못한 여인이로고. 내가 가서 분명하게 말해주어야겠다."

황급히 일어나서 찾아갔다. "사실이냐? 누이가 비통해 하는데도 내가 찾지 않는다고 한탄하였다는 게." 스님이 이렇게 말하자, 그 누이는 변명하였다. "너무도 슬픈 나머지, 저도 모르게 그런 말을 했던가봐요." "이 분별없는 사람아! 정말이지, 이 법사의 일가라면 여느 사람들과는 달라야 할 것이거늘. 생겨나는 것은 반드시 사라지고, 만나면 필시 헤어지는 법. 이 남염부주는 본디 늙은이가 먼저 죽을지 젊은이가 먼저 죽을지 정해져 있지 않은 곳이 아니더냐. 앞서고 뒤에 가는 게 서로 어긋나고, 어미와 자식이 서로 헤어지는 일이 이 세상에 없던 일이더냐? 처음 있는 일인 것처럼 한탄하거나 놀라서는 아니 되느니라. 아무리 생각해도 변변치 못하구나!"

스님이 이렇게 꾸짖자, 누이가 말하였다. "말씀하신 그 도리는 잘 알겠습니다만, 몸을 나누어서 낳고 제 손으로 기른 데다가 마음을 다하였기 때문에 도리라고는 잊어버리고 오로지 이별의 슬픔만 느꼈던 거예요." 눈물을 참지 못하고 탄식하자, 스님이 더욱더 책망하였다. "아아, 어리석구나. 도리를 알면서도 여전히 한탄하고 있으니! 그러고도 도리를 안다고 할 수 있겠느냐? 깨닫지 못하였도다." 그런데 그 누이가 눈물을 닦으며 말하였다. "도대체 사람이 화를 내는 것은 나쁜 일이예요, 아니면 지장없는 일이예요?" "그건 탐욕과 성냄과 어리석음이라는 삼독 가운데 하나로, 주된 번뇌의 하나지. 이건 의심의 여지가 없어. 두려워할 만한 죄지." 이에 그 누이가 말하였다. "그렇다면 이렇게 잘 아시면서, 어째서 그렇게 화를 내시는 거예요?" 스님은 갑자기 말문이 막히고 할 말이 없어지자, "좋다. 그렇다면 아무렇게나 생각하고 한탄하거라!" 라고 야단치고는 나가버렸다. 참으로 궁색한 말이다.

이치를 아는 것과, 아는 대로 행하는 것은 다르다. 그러므로 자신의 허물을 알아서 그 허물을 고치고 이치를 잘 가려서 이치를 어그러뜨리지 않는다면, 참으로 어진 사람이요 지혜로운 이라 할 것이다. 들은 것이 많고 널리 배웠다고 하더라도 제 허물을 고치지 않고 비뚤어진 마음을 바로잡지 않는다면, 쓸데없이 남의 보석을 세는 것과 같다.[40] 그러므로 일곱 가지 거룩한 재물聖財 가운데서 지혜와 많이 들음多聞은 다르다. 학생 정도의 재치만 있어도 어떻게든 알고 있는 것처럼 행동할 수는 있다. 행동하는 지혜란 사물에 대해 두루 알지는 못하더라도 도리를 잘 분별하여 알고 있는 대로 행하면서 허물 짓는 것을 두려워하고, 이치를 이해하여 환하게 깨달음을 얻는 것을 말한다. 여실하게 행함은 법을 많이 듣는 데서 시작되고, 많이 들음은 참된 지혜를 낳는 인연이 된다. 어떤 속인이 말하였다.

"지혜없는 어리석은 속인들이 마땅하지도 선하지도 않게 되는 것은 어찌할 수 없다. 그렇지만 들은 것이 많고 널리 배운 승려들 가운데에도 납득할 수 없는 일을 하는 것으로 알려지는 자가 있는데, 그러면 무엇을 배워서 안다고 하는 보람이 없지 않은가."

이러한 이치로써 말하면, 아는 것과 행하는 것은 다르다. 『서경書經』에서도, "아는 것이 어려운 게 아니다. 잘 행하는 것이 어렵다"고 하였다.

"대체로 세간에서 활과 화살을 쥔 사람이라면, 싸움터에서 명예를 귀하게 여기지 않고 목숨을 아까워하여 달아나 숨으려고 부산떠는 것은 분하고 부끄러운 일이라는 걸 알까요?" 하고 물으면, "어찌 모르겠습니까?" 하고 대답한다. "그런데 이것을 아는 사람은 세간에 늘 있는 일에

40) 조금도 이익이 없다는 뜻으로, 『화엄경』에 그 출전이 있다. "譬如貧賤人, 日夜數他寶."

서도 그 마음이 굳을까요?" 하고 물으면, "그런 사람은 드물지요"라고 말한다. 그때, "그렇다면 세간의 일은 시작이 없는 저 아득한 과거로부터 젖어온 것이다. 명리도 생각하고 치욕도 잘 가려내며, 적진에 뛰어들어 치고 받으면서 몸도 잊고 목숨도 내던지는 일은 여러 번의 생 동안에 젖어온 것이어서 각별히 편하다고 할 만한 길인데도, 오히려 마음을 굳세게 지니는 일이 드물고 확고하지 않은 경우가 많다. 하물며 불법은 그 가는 길이 높고 그 이치가 미묘함에랴! 배우기는 어렵고 미혹에 빠지기는 쉽다. 아는 것도 쉽지 않으니, 행하는 것이야 더더욱 어렵다. 저 아득한 옛날부터 이제까지 알지 못하고 있다가 오늘에야 비로소 불법을 만났다. 믿음을 지니고 행하는 일이야말로 참으로 드물다. 부처의 마음을 알고 부처의 행을 따르는 일이 어찌 쉽겠는가? 내 몸에 편한 세간의 일도 아는 대로 행하는 것이 어려운데, 배우기 어렵고 행하기는 더욱 어려운 불법의 일을 함부로 헤아려서 학인을 비난해서는 안 된다"라고 말하면, 그 이치에 굴복한다. 저 곤유보는 이러한 도리를 분명하게 알지 못하였기 때문에 오히려 재가자의 말에 말문이 막힌 것이다. 그의 누이는 많이 들은 것에서는 뒤졌으나, 지혜에서는 앞섰으므로 도리어 추궁할 수 있었다.

여래가 입멸한 뒤, 기원정사祇園精舍 안에 부처님이 항상 앉아 계시던 곳에서 아난이 부처님 생전의 일을 그리워하며 슬피 울고 있을 때였다. 선사善思 보살이 이를 보고 꾸짖었다.

"아난 그대는 삼장의 법문을 결집하여서 세간에서는 부처와 같다고 여기는데, 무상한 길, 헛되이 변화하는 세상에서 무슨 일을 참이라고 여기기에 아주 범부처럼 어리석게도 통곡하는가?"

아난이 대답하였다.

"그와 같은 정도의 일은 알고 있지만, 스물 다섯 해 동안 곁에서 받들어 모시면서 용궁에 들어가실 때에도 천상에 오르실 때에도 가사와 발우를 들고 잠시도 곁을 떠난 적이 없기 때문입니다. 영원히 머무시는 법신을 믿고 헛되이 변화하여 사라지는[41] 것을 안다고 하더라도, 그 분의 모습을 어쩔 수 없이 그리워하게 되는군요."

이렇게 말하고는 더욱 소리를 높여 슬피 우니, 선사 보살도 함께 슬퍼하며 울었다고 한다. 그들도 그러한데, 하물며 범부가 어떻게 이치대로 마음을 추스를 수 있겠는가? 여덟 가지 바람八風[42]에 마음이 흔들리지 않는다면 현자나 성자의 덕을 지녔다고 할 만하나, 오히려 성자도 절개를 굽혀야 할 때는 그렇게 한다. 곤유보는 이 일을 잘 몰랐을까?

여래께서 세상에 계실 때에도 이와 비슷한 일이 있었다. 질다거사質多居士[43]라고 하는 초과에 이른 성자가 있었다. 신심이 깊어서 항상 승려를 공양하였는지라, 선법善法 비구라는 승려도 늘 그의 집에 와서 공양을 받았다. 어느 날 먼 지방에서 객승客僧이 왔는데, 거사가 공손하게 공양하였다. 선법 비구가 이를 보고, '나에게는 이렇게 공양하지 않더니, 다른 지방에서 온 승려에게는 정중하게도 공양하는구나'라고 유감스러워하며 시샘하는 마음을 가졌다. 본래부터 심사가 뒤틀린 비구였던지라 결국 이렇게 욕설을 퍼붓기에 이르렀다.

"오늘 공양은 참으로 훌륭해 보이는군요. 산해진미가 남김없이 다 나왔으니 말입니다. 다만 없는 거라곤 깻묵 뿐이군요." 거사가 기름 장사를 하면서 살아왔음을 은근히 비꼰 것이다. 이에 그 거사가 말하였다.

"이제 그 말씀을 들으니, 생각나는 일이 있군요. 장사를 위해 여러 지방을 돌아다녔는데, 어떤 지방에 닭 모양을 한, 세상의 그 흔한 닭인데,

---

41) 원문은 '마멸魔滅'이라고 되어 있어서 "마귀에 의해 멸하는 것"으로 풀이되는데, 역자가 보기에는 "닳아 없어진다"는 뜻의 '마멸磨滅'이 되어야 뜻이 통한다. 글자의 소리와 형태가 유사해서 생긴 착오로 보인다.

42) 팔풍八風 : 사람의 마음을 흔드는 리利·쇠衰·훼毁·예譽·칭稱·기譏·고苦·락樂 등을 가리킨다.

43) 『증일아함경增一阿含經』 「청신사품淸信士品」 제6에, "我弟子中, 初聞法樂, 成賢聖證. 三果商客是. 第一智慧, 質多長者是"라는 구절이 보인다. 사위성 밖에서 살았던 부호였다고 한다.

내는 소리는 새소리인 놈이 있었습지요. 그 까닭을 물었더니, '이 닭은 까마귀를 어미로 해서 태어나 소리는 어미를 닮았고, 모습은 아비를 닮아서 그리 된 겁니다'고 하더군요. 이제 그대를 보니, 모습은 승려의 모습인데, 하시는 말씀은 재가자의 말에 지나지 않는군요. 저 까마귀닭을 생각나게 합니다 그려."

선법 비구는 할 말이 없어지고 화만 나자 아무 것도 먹지 않고 자리에서 일어나 가버렸다. 곤유보의 태도도 그와 비슷하다. 저 선법 비구의 후신後身이라 할 수 있지 않을까?

『유교경遺教經』에 이르기를, "지혜없는 자는 아직 득도한 자가 아니며 또한 속인도 아니니, 그에겐 부를 이름이 없느니라"[44]고 하였다. 또 '가사를 걸친 사냥꾼'이라는 말도 있다. 옛사람은 "부처의 옷에 유자의 마음이로다"釋服儒心는 말을 하였다. 여래께서 세상에 계실 때에도 오히려 여법하게 행하는 승려가 적었다. 지금 세상에는 모습만 승려이고 마음과 말은 그저 속인과 같을 뿐인 사람들이 참으로 더 많다. 슬프게도 혼탁한 세상이 되었도다! 이런 세상에서 만약 삼업에 대해 일깨워주신 부처님의 말씀을 따르지 않는다면, 진실로 생각할 가치도 없는 몸이 될 것이다.

4. 선문답에 대한 시비

구사가와草河의 고 신칸眞觀[45] 장로는 교종 사원[46]에서 6년, 선원禪院

---

44) "無智慧者, 旣非道人, 亦非白衣, 無所名也."

45) 낙동洛東 기타림사祇陀林寺에서 가르침을 폈던 사조파四條派의 초조인 진관眞觀을

에서 7년, 당나라에서 13년을 보내면서 천태선문天台禪門의 관심觀心에 뜻을 두었던 스님으로, 은근히 마음이 끌리는 사람이었다. 그가 본국으로 돌아오니, 교토의 학자나 도인들이 친분을 맺으려고 소식을 전해오거나 찾아와 묻곤 하였다.

어느 때 나이가 쉰은 넘는, 세상을 등졌던 승려가 만나러 오겠다고 일방적으로 알려왔다. 갑작스레 사람을 대면하는 일도 없고 법문에 대해서도 이야기하는 일도 드물었지만, 그래도 이 승려를 마주해서는, "무슨 일이십니까?" 하고 공손하게 물었다.

그 승려가 말하였다. "천태의 법문을 무심코 대하다가 '초목도 성불한다'는 초목성불草木成佛에 이르러서는 의심이 들었습니다." 신칸은 잠자코 있더니, 대답은 하지 않고 이렇게 물었다. "초목성불은 잠시 제쳐둡시다. 그대 자신의 성불에 대해서는 어떻게 알고 계시오?" "그 일에 대해서는 아직 아무 것도 모릅니다." "우선 거기에 마음을 쓸 줄 알아야 하오." 이렇게 말하고 신칸은 일어나 자기 방으로 들어가버렸다. 그 승려는 말없이 불쾌한 표정을 짓고는 떠났다.

도인들의 문답[47]이란 생사의 일대사를 마음에 두고 시작도 알 수 없는 과거로부터 이어온 윤회의 고리를 끊고 오음의 무거운 짐을 벗어버리려는 생각에서 직접 묻고 곧바로 대답하는 것이다. 이것이 참선하면서 도를 배우는 자의 모습이다. 옛사람들이 불법에 대해 물을 때는 모두 이러한 마음이었다.

옛날에 대주大珠 화상이 마조馬祖를 찾아갔을 때다. 마조가 물었다.

가리킨다고 하는 설이 있지만, 진관은 역응曆應 4년(1341)에 죽었기 때문에 정화正和 원년(1312)에 죽은 무주가 '고진관故眞觀'이라고 말한 것은 모순이 된다. 원공源空의 제자로, 정치正治 2년(1200)에 죽은 감서感西도 '진관방眞觀房'으로 불렸지만, 두 사람 모두에게서 본문에 나오는 "당唐나라에서의 13년"의 일을 찾아볼 수 없다.

46) 여기서는 천태종의 사원을 가리킨다.

47) 선문답을 가리킨다.

"무엇하러 왔느냐?" "불법을 구하러 왔습니다." "네 집에 있는 보배는 쓰지 않고, 어째서 밖에서 구하느냐?" "어떤 겁니까, 이 혜해의 집에 있다는 보배는?" "네가 나에게 묻는 것, 이게 바로 네 보배니라." 이 말에 대주는 도를 깨쳤다. 이때부터 학인이 불법에 대해 묻는 일이 있으면, "자신의 보물 창고를 열고, 자기 집의 재물을 쓰라"는 말로 가르쳤다.

이와 같이 생사에 대해 일어나는 의심의 뿌리를 끊고 자기의 본분을 꿰뚫어보는 문답, 여기에 바로 도인의 모습이 있다. 그럼에도 그 객승은 생사의 일대사는 제쳐놓고 다른 일을 논하였으므로 신칸은 그에게 깨닫겠다는 뜻이 없다고 여겨서 일어나 들어가버린 것이다. 이 일은 신칸의 제자가 확실히 보고 들은 것이라 한다.

우리 나라의 학문을 보면, 대개 명리를 위해 널리 배우기에 힘쓰는 일이 되었다. 진실한 도를 깨달아서 부처가 설한 바의 행업을 닦으려는 일은 근래 들어서 쇠퇴하였다. 온 산 온 사찰에서 하는 학문이란 오로지 명리를 마음에 둔 것일 뿐, 해탈을 각오하겠다는 뜻이라고는 없다. 그럼에도 경론의 문장에 눈을 두고 학업의 공덕을 쌓는 것을 지혜를 얻는 방편으로 삼고서 스스로 발심하는 사람도 있다. 승도인 에신惠心은 보리심을 낸 뒤에 명예와 이익 두 글자를 간절히 바랐다고 하지 않는가? 명리를 구하는 마음으로 수행하고, 학문하는 힘으로 도심을 일으키겠다고 생각한 것이다. 만약 명리를 구하는 마음이 없었다면 학문하지 않았을 것이고, 학문하지 않았다면 지혜도 얻지 못했을 것이다. 지혜가 없으면 도심을 일으키기 어렵다고 생각되었기 때문이다.

『정명경淨名經』에, "바람의 낚시바늘로 꿴 뒤에야 도에 들어가게 한다"48)는 말이 나오는데, 참으로 그러하다. 하다못해 명리를 위해서라도 배울 만하다. 도리에 맞든 어긋나든 모두 인연이 된다. 다만, 멀고 가깝고 느리고 빠른 차이가 있을 뿐이다. 같은 값이면 도에 가까운 참선 공

48) "先以欲鉤牽, 後令入佛道."

부가 더욱 긴요하다 하리라.

『정명경』에서는 또, "색욕에 집착했을 때에는 단정한 여인을 방편으로 삼아 깨달음으로 이끈다"고 설하고 있는데, 수행자인 미카와三河,[49] 모로이에노헨師家之辨, 법교[50]였던 도보唐坊 등은 모두 사랑하는 이와 헤어지는 괴로움을 겪고 난 뒤에 발심하여 참된 깨달음의 길로 들어섰다. 그 여인들은 분명 보살의 화신일 것이다.

5. 배움과 행동이 일치하지 않는 율학자들

당나라 용흥사龍興寺의 간진鑑眞 화상은 쇼무聖武 임금이 다스릴 때에 이 나라에 건너와서, 난토의 도다이지東大寺, 진제이鎭西의 간논지觀音寺, 시모즈케下野의 야쿠시지藥師寺 세 곳에서 계단戒壇을 세우고 계율의 바른 법을 넓히면서 여법한 수계를 처음으로 시행하였다. 그러나 세월이 흐르면서 그 의식儀式은 쇠퇴해져 중고中古 시대부터는 다만 수계라는 이름만 있을 뿐이었다. 각 지방에서 올라와 모인 사람들은 계단을 뛰듯이 돌 뿐, 크고 작은 계상戒相도 모르고, 계율을 범했을 때의 규정조차 분간하지 못하였다.

겨우 법랍이나 세며 멋대로 공양을 받을 뿐인 하찮은 승보僧寶가 되어버리고, 계율을 지키는 스님은 흔적도 찾아볼 수 없게 된 현실을 개탄하면서, 가사기의 게다쓰보 스님은 여법하게 율법과 의식을 일으키려

49) 사다모토定基를 가리킨다.

50) 법교法橋 : 승위僧位의 하나. 정관貞觀 6년(864)에 처음 두었다. 법을 구하기 위해 스스로 다리가 되어 중생을 제도한다는 뜻이다.

하였다. 그래서 뜻이 깊고 기량이 뛰어난 자를 여섯 명 선발하여, 오후 불식不食을 지키고 율학을 배우게 하였다. 그럼에도 때가 이르지 않았음인지, 모두 쓸데없는 일이 되어 버렸다. 그래도 학승을 시봉하는 동자승들 가운데서 기량이 뛰어난 자를 뽑아, 조키인常喜院이라는 곳에서 하안거 동안 율학을 배우고 오후 불식할 수 있도록 공양 재료만 몇 가지 조처해주었다. 안거가 끝나면 오후 불식도 시키지 않고 여법한 의식도 강요하지 않았다. 그리하여 근래에는 저 동자승들 가운데서 발심하여 여법하게 계율을 지키는 사람이 많이 나왔다. 게다쓰보 스님의 깊은 뜻에 감화되었음이리라.

앞서의 여섯 명 가운데에, 그 이름은 들었으나 잊어버렸는데, 오후 불식도 깨뜨리고 승방에 허다한 동자승들을 두면서 계율에서 멀어진 중이 있었다. 자신이 먹으려고 동자승들에게 사오가와라는 강에서 물고기를 잡게 하고, 자신은 본채에 딸린 행랑방에 앉아서 지시만 하였다. 시동이 화로에 불을 피우고 산 물고기를 삶는데, 솥의 물이 뜨거워지자 물고기가 솥에서 뛰쳐 나왔다. 귀여운 시동이 이것을 주워서 세수통의 물에 헹구고 다시 솥에 집어넣었다. 이를 보고 있던 중이 말하였다. "좋아, 좋아! 아주 잘 했어! 시동은 그렇게 기죽지 않는 게 좋아!" 함께 지내던 스님이 에보시烏帽子[51]를 당겨 쓰고 불을 피우고 있다가 물었다. "이건 어떤 계율을 범한 겁니까?" 그 중은 이렇게 대답하였다. "성문계聲聞戒에서는 파일제波逸提고, 보살계菩薩戒에서는 바라이波羅夷네." 계상戒相에는 참으로 밝으면서도 계율에는 벗어난 형편없는 짓을 일삼고 있었던 것이다.

배움과 행동이 서로 어긋나는 일이 온 나라의 풍습이 된 지 오래다.

51) 에보시烏帽子 : 옛날 일본에서 공가公家나 무사가 쓰던 두건의 일종. 상하의 구별없이 사용되었다. 얇은 천을 재질로 하였지만, 조우천황鳥羽天皇 때부터 옻을 칠하여 단단하게 한 종이를 사용하게 되었다. 위계에 따라 모양이나 칠이 다른데, 지금은 신관神官 등이 쓴다.

"불법을 없애는 일은 저 천마[52]나 외도가 할 수 있는 게 아니다. 우리 미래의 불제자들이 분명 잃어버리게 될 것이다. 사자가 죽으면 다른 짐승들이 먹지 않는다. 사자의 몸 속에서 벌레가 나와서 그 주검을 먹는 것과 같다"고 설한 게 있다.[53]

말법 시대에 법을 망치는 학인들이란, 여법하게 행하지 않으면서 불법을 명리를 얻거나 생계를 잇는 수단으로 삼아 거룩한 가르침을 삿되고 망령된 것으로 끌어들이는 자들이다. 그들은 부처의 지혜가 비추는 곳을 망령된 견해로 헤아리거나, 무애의 경지에 도달하였다는 그릇된 견해를 일으켜서 인과를 떨쳐버리지 못한다. 혹은 증득하겠다는 생각에만 머물고 범속함과 거룩함의 차이를 굳이 분별하면서 자신을 해치고 또 남을 해치며 마구니를 위해 날마다 불법을 망치고 점점 쇠망하게 하여 막다른 길에 이르도록 만든다. 아, 슬프고도 안타깝구나!

6. 어린아이의 참된 말

난토南都의 어떤 율승이 환속하여 자식을 많이 얻었는데, 그 가운데에 특히 지극하게 아끼는 아이가 있었다. 그 아이가 다섯 살 때 일이다. 평소 알고 지내던 스님 두세 명이 그 집에 와서 이야기를 나누고 있었다. 이 아이는 제 아비의 무릎 위에 앉아 있었는데, 그 아비가 이렇게 말하였다.

"이 놈은 미련한 녀석이오. 이 나이가 되도록 이 애비하고는 자려고 하지 않고, 제 에미하고만 잔단 말이오."

---

52) 천마天魔 : 욕계 제육천의 마왕.

53) 『범망경』이나 『연화면경蓮華面經』 등에 이런 구절이 보인다.

그러자 아이가 그 아비의 무릎에서 재빨리 일어나 안으로 들어가면서 말하였다.

"아빠는 나한테 엄마랑 잔다고 말하지만, 아빠도 아직까지 엄마랑 자는 걸."

실로 그렇다고 생각하니 우습기도 하고, 그 말하는 모습이 귀엽기도 하였다. 마치 아비를 부끄럽게 하여 가르치는 듯도 하였다.

한漢나라 때에 원계元啓라는 이가 있었다. 그의 나이 열한 살 때였다. 부친이 당신 아내의 꼬임에 넘어가서 나이 든 할아버지를 산에 내다 버리려고 하였다. 원계가 거듭해서 간하였지만, 소용이 없었다. 부친은 원계와 함께 급한 대로 손수레를 만들어서 늙은 할아버지를 태워 깊은 산중에 내다 버렸다. 돌아올 즈음, 원계가 말하였다. "이 수레는 가지고 돌아가지요." 그러자 그 부친이 말하였다. "이제 어디에 쓰겠느냐. 버려라!" "아버님이 연로하시게 되면, 그때 아버님을 실어서 버리는 데 쓰려구요!" 이 말에 그 부친은 비로소 깨달았다. "내가 내 부친을 내다 버린 일은 참으로 흉악한 짓이었구나. 이걸 배워서 나를 버리려 한 것도 당연하다. 내가 당치도 않은 짓을 하였구나!" 부친은 생각을 바꾸고 할아버지를 태워 함께 돌아와서 봉양하였다. 이 일은 세상에 널리 알려졌고, 부친을 일깨워 조부를 되살린 효성이 지극한 자를 일러 '효손孝孫'이라 하게 되었다. 순진한 마음으로 그 부친을 가르쳐서 지혜롭게 만든 일을 보니, 진실로 현자다.

사람의 습관이란 게 반드시 좋은 일을 배우지는 않는다. 그러면서도 나쁜 일을 행하면 반드시 그 벌을 받겠다는 마음을 지니는 것도 참으로 어렵다. 저 어린아이도 그 아비를 부끄럽게 만들어 깨닫게 하고 또 덕이 높은 사람으로 되돌아가게 하였으나, 그 아비는 원계의 부친만 못하다고 생각된다.

사람이라면 누구나 현자가 되어야 한다. 부끄러움을 알고 올바름을 생각하며 인정이 깊고 지혜도 있어서 어떠한 인연을 만나더라도 무도한 짓을 일삼지 않으며, 원수를 은혜로 갚고 자신은 가벼이 하면서 남을 돕는 마음도 있는 사람이야말로 세간의 현자다. 불법에서라면 보살행을 한다고 할 만하다. 현자의 자질도 없이 갑자기 보살이 되기란 어렵다.

공자의 탁월한 제자 네 명[54] 가운데에 민자건閔子騫이라는 이가 있었다. 그의 계모는 그를 미워하여 자신의 두 소생에게는 항상 비단옷을 입히면서 민자건에게는 갈대에서 실을 뽑아서 짠 거친 옷을 입혔다. 그러나 민자건은 이를 원망하는 마음이 없었고 또 그 부친에게도 숨겼지만, 자연스럽게 이를 알게 된 부친이 크게 화내며 처를 내쫓아버렸다. 민자건은 부친에게 간하였다.

"어머니께서 집에 계시면 한 아이만 홑옷을 입지만, 어머니께서 집에 계시지 않으시면 세 아이가 홑옷을 입게 됩니다."

정말로 그 모친이 없으면 모두 다 그 입는 옷이 형편없게 될 것이고, 새로 모친을 모시게 되면 또 세 아이는 그대로 의붓자식이 될 게 뻔하다는 연유를 말하니, 부친은 그 이치에 꺾이어 처를 머물게 하였다. 그 뒤, 계모는 마음을 고쳐먹고 자기 친자식보다 더 지극하게 민자건을 아꼈다고 한다. 이런 까닭에 민자건은 현자라는 이름을 얻었고, 드디어는 공자의 탁월한 제자들과 나란히 서게 되었다.

노주魯州[55]에 모자 세 사람이 가난하게 살고 있었다. 두 아들이 객지로 간 동안에, 이웃 사람이 그 모친을 수치스럽게 한 일이 있었다. 아들들이 돌아와서 이 일을 알고는 그 모친이 받은 치욕을 씻으려고 이웃

54) 『논어』 「선진先進」편에, "德行, 顔淵·閔子騫·冉伯牛·仲弓; 言語, 宰我·子貢; 政事, 冉有·季路; 文學, 子游·子夏"라는 말이 나온다. 이 가운데 덕행이 높은 안연顔淵·민자건閔子騫·염백우冉伯牛·중궁仲弓 등 네 명을 가리킨다.

55) 중국 하남성河南省 노산현魯山縣.

사람을 살해하였다. 문을 열어놓고 빗장은 걸지 않았다. 그리곤 관아에 처벌받아야 할 죄를 지었다고 알렸다. "모친과 아우에게는 잘못이 없습니다. 저를 벌해주십시오." 형이 이렇게 아뢰자, 동생도 아뢰었다. "모친과 형님에게는 죄가 없습니다. 저를 벌해주십시오." 그 모친을 불러 물었더니, 이렇게 말하였다. "두 자식에겐 죄가 없습니다. 제가 도리에 맞지 않는 일을 해서 수치를 당했습니다. 그 연유는 이러이러합니다. 제가 잘못 가르쳐서 생긴 일이니, 저에게 잘못이 있습니다. 두 아들은 살려주십시오." 왕이 그 모친에게 이렇게 말하였다. "다들 자신의 죄라고 말하고 있으나, 모친은 살려주고 두 아들 가운데 하나를 쳐 죽여야겠다. 다만 저 모친이 말하는 바를 따를 것이다." 그러자 모친이 말하였다. "아우를 잡아 가두시고, 형은 살려 주십시오." 왕이 물었다. "어버이가 자식을 생각함에 있어 대개는 어린 자식을 아끼는 법인데, 어찌하여 아우를 버리는가?" 모친이 대답하였다. "아우는 제가 낳은 자식입니다만, 형은 의붓아들입니다. 형의 아비되는 사람이 임종할 때에, '친자식처럼 키워야 하오' 하고 저에게 부탁했습니다. 그 말을 잊을 수 없기에 형을 살리려 한 것입니다. 내 자식인 아우를 바치겠습니다." 왕은 매우 감동하여 말하였다. "한 문중에 어진 사람이 셋이요, 한 집안에 의로운 사람이 셋이로구나!" 그리고는 두 아들을 불러 들여 신하로 삼고, 그 모친에게도 꼭 같이 부귀와 영예를 내렸다고 한다.

내 몸을 잊음으로써 내 몸을 온전하게 하였고, 인정이 깊고 의리가 있어 현인이라는 명성을 천하에 떨쳤으니, 이를 가리켜 '노주의 세 현인'이라 한다.

남을 해치는 것은 자신을 해치는 것이요, 남을 돕는 것은 자신을 돕는 것이다. 이러한 이치를 알지 못하고 인정없이 굴며 의리를 잊는 사람은 사람의 가죽을 쓴 짐승이라 할 것이다. 분별있는 사람은 선현의 자취를 배워서 후손에게 본보기가 되어야 한다.

7. 공자孔子 이야기

공구孔丘는 유동보살儒童菩薩의 후신으로서, 주周나라 때에 태어나 불법을 펴는 방편으로 선왕들의 주요한 가르침을 이어받아 전하였고, 나라의 정사를 어떻게 해야 할지를 보여 주었으며, 인의의 가르침을 베풀어 사람들의 마음을 바르게 하려고 했던 현인이다.

어느 땐가 노魯나라 애공哀公이 말하였다. "세상에는 건망증이 심한 자가 있어 이사할 때에 아내를 잊고 갔다고 하더군요." 공구가 대답하였다. "신은 이보다 더 건망증이 심한 자를 알고 있습니다. 걸桀과 주紂는 제 몸을 잊었습니다."

하夏나라의 걸왕桀王과 은殷나라의 주왕紂王은 어짊도 없고 은혜도 없는 임금으로, 나라를 어지럽히고 백성을 괴롭혔다. 왕후를 사랑한 나머지 그 마음을 기쁘게 해주려고 술로써 연못을 채우고 술지게미를 산같이 쌓고 고기로 숲을 만들어 사람들로 하여금 마시고 취하게 하거나 괴롭혀 죽이기를 일삼았으며, 또 구리 기둥을 벌겋게 달구고는 사람을 오르게 하여 데워 죽이면서 왕후가 이를 보고 낄낄대며 좋아하는 것을 보면서 흡족하게 여겼으니, 사람들의 원망과 비탄이 쌓여서 천벌을 받아, 졸지에 왕후와 함께 죽음을 당하기에 이르렀다. 이는 자신의 몸을 잊은 자다. 아내는 오히려 몸 밖에 있으니 잊어버리는 것도 당연하다. 그러나 내 몸을 잊는 것은 어리석기 짝이 없는 짓이다. 이 말을 들은 애공은 매우 부끄러워하며 정사를 바르게 하는 데에 힘써 어진 임금이 되었다고 한다.[56]

이 일을 생각해보니, 제 몸을 잊지 않는 자는 참으로 드물다. 먼저 어

56) 애공이 어진 임금이 되었다고 한 마지막 문장은 사실과 어긋나지만, 교훈적인 차원에서 흔히 이야기꾼이 이렇게 덧붙여 말한다는 것을 생각하면 이상하게 여길 게 없다.

젊과 올바름과 예의와 지혜와 믿음 등 오상을 온전하게 갖추고 집안을 가지런히 하며 나라를 다스리는 사람은, 이 몸을 잊지 않은 사람이다. 어짊이란 널리 사람을 사랑하고 은혜를 베푸는 것이다. 늙은이를 어버이같이 공경하고, 어린아이를 제 자식처럼 사랑한다. 만약 사람에게 어짊이 없다면, 아귀나 축생과 다를 바 없다. 인정이 깊고 은혜를 두텁게 베푸는 마음, 좁게는 이것을 인혜仁惠라 하고 넓게는 자비라 한다. 그 본체는 같다고 하더라도, 덕의 뛰어난 작용에서는 우열이 있다. 예컨대 불의 본체는 하나라고 하더라도, 땔나무가 많으냐 적으냐에 따라 빛에 밝거나 어두운 차이가 생기는 것과 같다.

올바름이란, 바르고 곧으며 도리를 분별하여 옳고 그름을 따지되 치우침이 없고 간사함이 없는 것이다. 불교의 오계에서 보면 어짊은 생명을 죽여서는 안 된다고 하는 불살생계不殺生戒에, 올바름은 도둑질해서는 안 된다고 하는 불투도계不偸盜戒에 해당한다. 예의는 사람을 공경하고 스스로 겸손하며, 차례를 어지럽히지 않고, 삼가고 두려워하며 교만하지 않는 것이다. 오계에서 삿되고 음란해서는 안 된다고 하는 불사음계不邪淫戒에 해당한다. 삿됨과 음란함은 사람을 극히 멸시하는 것이다.

지혜란 사물을 환히 꿰뚫어보는 마음이 있어서 옳고 그름, 좋고 싫음을 분별하여 어리석은 짓을 일삼지 않고 현명한 길에 기울이는 마음이다. 술을 마셔서는 안 된다고 하는 불음주계不飮酒戒에 해당한다. 술은 사람의 마음을 미치게 만들어 어리석음의 인연이 되기 때문이다. 믿음이란 마음도 언어도 알차서 거짓이 없는 것으로, 입에서 나온 호랑이가 제 몸을 해치고 칼날같은 혀가 목숨을 앗아갈 것을 두려워하여 함부로 말을 내뱉지 않으며 세 번은 생각한 뒤에야 말을 하는 것이다. 망령되이 말해서는 안 된다고 하는 불망어계不妄語戒에 해당한다.

이 오상을 온전하게 갖춘 사람은 재앙에서 저절로 멀어지고, 하늘로부터 받은 운명을 오래도록 지키며, 부모로부터 물려받은 몸과 터럭과 피부를 상하게 하지 않고, 이름을 드날리며 덕을 베풀면서 이를 효도의 근본으로 여긴다. 『효경孝經』에 이르기를, "위에 있으면서 교만하지 않고, 아래에 있으면서 어지럽히지 않아야 하며, 어디에서든 남에게 양보하여야 한다"[57]고 하였는데, 이것을 효도라고 한다. 이 세 가지를 행하지 않는 것을 불효라고 한다. 또 "위에 있으면서 교만하면 망하고, 아래에 있으면서 어지럽히면 형벌을 받으며, 어디에서나 다툼을 일삼으면 칼날이 몸에 이른다"[58]고도 하였다. 재앙이나 요절은 여기에서 일어난다. 이것이 몸을 잊는 것이다.

또 색욕에 빠져 정력을 다 허비하고, 술과 고기를 멋대로 마시고 먹어 오장육부를 다 썩히며, 집을 화려하게 꾸미면서 백성들의 괴로움을 생각하지 않으면, 제 몸을 손상시키고 목숨을 잃게 된다. 이것을 두고 오래도록 지키는 일이 아니라고 한다. 그런데 말법 시대의 사람들은 옛날과 달라서, 부귀한 사람은 마음을 방자하게 하고 주색을 탐하며 제 거처를 사치스럽게 꾸밀 뿐 백성들의 고통은 알지 못한다. 정력을 허비하는 것은 양생을 거스르고 기운을 약하게 하여 병을 일으키는 짓이다. 녹봉이 많고 집안이 풍족하면 몸은 위태로워지고 목숨도 짧아진다. 따라서 어짊과 올바름을 행하지 않아 천명을 지키지 못한 사람은, 이번 생의 몸을 잊은 자다. 그래도 이건 오히려 한 번의 생에서 그치는 잊음이다. 이보다 더한 잊음도 있다.

대저 사람의 몸을 받아 태어남은 손톱에 낀 때와 같다. 불법을 만나는 일은 우담바라가 피는 것보다 드물다. 우연히 불법을 만나서 간신히 인과의 도리를 알고 다행히 좋은 인연에 다가가기라도 한다면, 이미 깨달음의 오묘한 길에 들어선 것이다. 그런데 언제나 불성을 갖추고 있고 다함없는 오묘한 작용을 구비하고 있으면서도 어떠한 근본 가르침도 배우지 않고 어떠한 행업도 닦지 않으며, 어리석게도 생사를 유전하게 하는 허망한 업이나 지어, 생사에서 벗어날 해탈의 좋은 인因을 전혀 얻

57) "居上不驕, 爲下不亂, 在醜能推, 云云."
58) "居上而驕則亡, 爲下而亂則刑, 在醜而爭則兵."

지 못하고, 제 성령의 온갖 덕, 값매길 수 없는 보배를 묻어버리며, 오분법신五分法身의 영원한 본체를 잊어버리니, 참으로 슬퍼할 일이다.

부모로부터 물려받은 몸을 온전하게 하지 못하는 자는 이번 생의 몸을 잊은 사람이다. 그러나 불도 수행에 뜻이 없고, 생사윤회에서 벗어나려 애쓰지 않아서 헛되이 윤회하는 괴로운 과보를 더 보태고, 드디어는 생사유전의 업인을 짓고 육취의 거리를 떠돌며, 사생의 형체에 번민하고 끝없는 생사를 받으면서 여러 겁에 걸친 업고에 빠진 자는, 모든 부처의 법신과 같은 몸을 잊은 자다. 특히 석존이 "이제 이 삼계는 모두 다 내 것이요, 그 가운데 중생은 모두 내 자식이로다"[59]라고 설한 그 석존의 자식으로서 귀중한 몸을 지녔다는 사실을 잊은 자이며, 몇 번이고 다시 태어나는 몸임을 잊은 사람이다. 번뇌의 업고에 빠지는 것은 아무리 생각해도 유감스럽다. 뜻을 세우고 깨달음을 얻으려는 사람은 마음을 잘 가라앉히고, 이번 생과 다음 생의 몸을 완전하게 하는 준비를 잊지 말아야 할 것이다. 공자의 마음도 그가 한 말도 참된 깨달음의 방편으로 삼을 만하지 않은가?

8. 도가노栂尾 스님 이야기

묘에[60] 스님과 수행을 위한 인연을 맺으려고 고야高野[61]의 허다한 은둔 수행자들이 다카오高雄의 도가노栂尾로 걸어걸어 찾아와서는 여차여

59) 『법화경』에 나오는 구절이다. "今此三界皆是我有, 其中衆生悉是吾子."

60) 묘에는 '도가노 스님'으로 널리 알려져 있다.

61) 금강봉사金剛峰寺를 가리킨다. 진언종眞言宗 고의파古義派의 총본산이다.

차해서 왔다고 말하였다. 시자가 묘에 스님은 감기에 걸려 만날 수 없다고 대답하였는데, 곧바로 시자를 뒤따라 묘에가 나타났다. 사람들이 떠들썩하게 안으로 들어가니, 묘에가 이렇게 말하였다.

"이 묘에가 일이 너무 많아서 시자가 지겨울 정도로 함께 따라 다닙니다. 여러분들은 멀리 고야에서 이 늙은 중을 만나러 오셨습니다. 여러분들이 저를 만나려 하시자 감기에 걸렸다고 하였는데, 이는 속인들을 대접하는 법이었습니다. 비록 중병으로 누워 있을지라도 만나 뵙고 불법에 대해 얘기를 나누어야 마땅한 일입니다. 깊이 살피지 못하는 바람에 이런저런 이유도 없이 제가 해야 할 일을 잊었습니다.

석존의 모든 거룩한 가르침을 오래도록 살펴보았는데, 그 가르침을 가나假名로 나타낸다면, '해야만 하는 것'이라는 여섯 자일 것입니다. 재가자가 해야만 하는 것, 출가자가 해야만 하는 것, 은둔 수행자가 해야만 하는 것, 이와 같이 갖가지 길에서 온갖 법에 있어서 '해야만 하는 것'이 무엇인지를 가르쳐주고 있습니다. 그러나 말법 시대에는 '해야만 하는 것'이 어지럽게 되었습니다. 국왕이나 대신들은 외호하는 선지식으로서 불법을 수호하고 믿고 공경하면서, 이것이 석존께서 그들에게 부촉한 일임을 잊어서는 안 됩니다. 이것이 국왕과 대신들이 해야만 하는 일입니다. 그 밖의 재가자들은 국왕의 그러한 뜻을 거슬러서는 안 됩니다.

모든 산 모든 사찰의 출가 승려들은 그 종파가 다르고 배운 바가 다르다 할지라도, 모두들 석가모니의 자식입니다. 그러므로 우선 수계의 의식에 따라 머리 깎고 물들인 옷을 입은 모습을 하였다면, 욕망을 버리고 집착을 끊어 오중[62]을 잘 분별하고 삼학의 행업을 오로지 하여야 하는데, 머리를 깎고도 욕망은 깎지 못하고, 옷은 물들였으면서도 마음은 불법으로 물들이지 못하고 있습니다. 어떤 자는 처자를 거느리고 어떤

62) 오중五衆 : 오온五蘊을 가리킨다.

자는 갑옷을 입고서, 그저 탐욕과 성냄과 어리석음의 삼독과 재물욕과 색욕과 식욕과 명예욕과 수면욕 등 다섯 가지 욕망을 제멋대로 채웁니다. 다섯 계율과 열 가지 착한 일을 전혀 지켜본 적 없는 승려들이 차츰 온 나라를 가득 채우고 있습니다. 이는 출가자가 해야만 하는 것을 분별하지 못한 것입니다. 특히 은둔 수행자들은 아만과 집착을 버리고, 속된 마음과 망령된 생각을 없애어 세간의 사람들과는 달라야 하며, 부처가 가르친 바 해야만 하는 것을 따라 몸과 마음을 닦아야 합니다. 속인들이 하듯이 하는 것은 진실로 부처의 가르침과는 어긋나는 일입니다."

이렇게 석존의 모든 성스런 가르침 가운데서 핵심이 되는 것, 생사윤회를 벗어나 해탈의 길에 들어서려는 사람이 실천하여야만 하는 불법의 대의를, 아주 눈물을 흘리듯하면서 말하였다. 은둔 수행자들도 가사의 소매를 흠뻑 적실 정도였다.

그런데 묘에는 그날 저녁부터 밤새도록 이야기하였고, 이튿날에도 이야기를 나누며 하루를 다 보냈는데, 종소리를 듣고서야 물었다. "이 무슨 종소리인가?" "저녁입니다" "이거 너무 오랫동안 이야기했군!" 이렇게 말하고는 안으로 들어갔다. 아주 잠시였던 것처럼 여겨졌다고 한다. 그때 그 자리에 있었던 사람들은, 부처가 60소겁小劫 동안 했던 설법을 반나절 동안에 다 한 것처럼 느껴졌다고 하였다. 참으로 부처의 설법을 직접 듣게 되더라도 꼭 이와 같을 것이라고 느끼면서, 은둔 수행자들은 눈물을 흘리며 돌아갔다고 한다.

은둔하여 오랫동안 오후 불식을 지키던 스님이 가지기도를 해달라는 부탁을 받고 가와치河內 지방으로 가게 되었다. 7리가 넘는 길을 한겨울 낮에 가야 했는데, 정오 이전에 도착해달라는 부탁을 받았다. 정말 잘 걷지도 못하는 말을 타고 갔다. 잔뜩 찌푸린 날이어서 해는 보이지 않았다. 하지만 해가 아득하게 솟은 것처럼 여겨졌던지 스님이 말하였다. "오늘은 벌써 해가 기울었군!" 그러자 단나가 대답하였다. "아직 정오가 되지 않았습니다." 그리고는 갖가지 맛있는 음식을 가져다가 식사 준비를 하였다.

본래 잘 먹는 사람이었으므로 신나게 먹었다. 식후에는 입가심으로 과자까지 실컷 먹고 이쑤시개로 이를 쑤시는데, 어디선가 종소리가 들려왔다. "이건 무슨 종소린가?" "일몰을 알리는 종소립니다." 일몰을 알리는 종소리를 혼동한 일은 비슷하다. 하지만 먹느라고 착각한 것은 묘에가 얘기를 나누느라고 잊어버린 것보다 훨씬 못한 일로 여겨진다.

옛일을 거울로 삼아 오늘날을 비추어보니, 그 흥성하고 쇠퇴해짐이 참으로 다르다. 옛날 은둔하신 스님은 불법에 마음을 기울여 세간의 모든 일들을 잊었는데, 근래에는 속세의 명리를 잊지 못하는지라 불법이 저절로 스러져버렸다. 이러하므로 '은둔'이라는 이름만 있을 뿐, 은둔의 실질은 없다. 속세에 있을 때는 남이 알아주지도 않아 명리조차 얻지 못했던 사람이 은둔의 문에 들어서면서 도리어 명예도 이익도 얻게 되니, 깨달음을 구하려는 데에는 마음이 없어질 수 밖에. 그러다보니 오로지 생업을 위해서 은둔하는 사람들이 해마다 늘게 되었다. 그렇다면 오늘날에는 은둔의 '둔'자를 고쳐서 '은탐隱貪'이라고 써야 할 것이다.[63] 문득 이런 생각이 드는구나.

저 은둔隱遁에서
둔을 시대에 맞게
고쳐 쓰리라.
옛날에는 둔遁이요
지금에는 탐貪이라.

---

63) 우리말의 '은둔'에 해당하는 일본어는 '둔세遁世'다. 이 『샤세키슈』에서도 '둔세'라는 말을 쓰는데, 그대로 풀이하는 것은 적절하지 못하므로 '은둔'이라 풀었다. 다만 본문의 이 문장이 원문에서는, "그렇다면 오늘날에는 둔세의 둔遁자를 고쳐서 '탐세貪世'라고 써야 할 것이다"로 되어 있다. 일본어에서 '둔세'와 '탐세'는 둘 다 발음이 '돈세이'로 나므로, 당시 승려들의 그릇된 심사를 이렇게 비꼰 것이다. 역자가 풀이한 '은탐隱貪' 역시 "몰래 탐한다"는 뜻으로 해석되므로, 본뜻에서 벗어나지 않는다고 생각한다.

이런 가운데서도 지극한 마음을 지닌 사람도 있다고 하니, 이런 미친 듯한 소리를 하는데 무슨 거리낌이 있겠는가? 근래에는 깨달음에 뜻을 둔 사람이 있어도 거의 모두 은둔의 참뜻을 바꾸어버린다. 마땅히 그러해야 할 은둔의 참뜻을 몰라서일까, 아니면 알면서도 배우기 어려워서일까? 나로서는 알기 어렵다.

대체로 일체 중생은 모두 신령스런 지혜로써 깨달음을 얻을 성품을 갖추고 있다. 이 성품이 곧 불성이다. 이 불성을 잊는 자를 가리켜 '생사를 반복하는 범부'라고 한다. 본각의 참된 마음을 거스르고 헛된 티끌세상에 집착하는 것을 '무명망상無明妄想'이라고 한다. 그러므로 법신의 '큰 나'를 잊지 않는 일이야말로 참으로 수행자가 하여야 할 일이라 하리라. 규봉圭峯 선사는 이렇게 말하였다.

"텅 비고 고요함을 제 몸으로 삼아서 색신을 받아들이지 말 것이며, 신령한 지혜를 제 마음으로 삼아서 망령된 생각을 일으키지 말라. 올바른 일을 하면 그것이 곧 깨친 마음이요, 올바르지 않은 일을 하면 이것이 곧 미친 마음이다. 미침은 정념에서 비롯되는 것이어서 죽을 때에 업의 사슬에 묶이게 하고, 깨침은 정념을 따르는 것이 아니므로 죽을 때에 업을 바꾸어버린다."[64]

이 말의 뜻인즉 이렇다. 망령된 마음이 일으키는 분별은 그야말로 미친 마음이요, 참된 마음을 잊은 것이다. 한순간도 망념된 마음을 일으키지 않는 것, 이것이야말로 깨침이며 본래의 청정한 마음을 드러내는 것이다. 정념으로 짓는 일에는 전혀 올바름이 없고, 무상의 과보를 받게 된다. 무념의 수행, 이것에야말로 올바름이 있고, 상주常住의 이치에도 맞다. 이런 까닭에 죽을 때에 망령된 업에 끌리지 않고 자유자재의 오묘한 즐거움을 얻으려고 생각한다면, 걷고 머물고 앉고 누움에 잠시도 망령된 생각을 일으키지 말고, 본래의 청정한 마음을 밝게 보아야 한다.

---

64) "以空寂爲自身, 勿認色身; 以靈知爲自心, 勿認妄念. 作有義事, 是惺悟心; 作無義事, 是狂亂心. 狂亂有情念, 臨終被業牽; 惺悟不隨情, 臨終能轉業."

덕산德山은 다음과 같이 말하였다.

"일에 마음을 두지 말고, 마음에 일을 두지 말라. 텅 비워야 신령해지고, 공하여야 오묘해진다. 털끝만큼이라도 생각에 매이면 삼악도에 떨어질 업인을 낳을 것이요, 찰나라도 정념이 일어나면 만겁의 사슬에 묶일 것이다."[65]

이것이 수행자가 지녀야 할 마음가짐이요, 관법을 닦을 때에 본보기로 삼아야 할 것이다. 마음을 일으키지 않고 억지로 하는 일이 없는 것이 참된 마음이 드러난 모습이고, 생각에 매여서 정념이 일어나는 것은 본래의 마음을 잊어버린 것이다. 이런 까닭에 공자의 이야기도 널리 천하 사람들을 가르쳐서 부처의 가르침으로 이끄는 방편이 된다. 당나라 때 조사들의 가르침과 우리 나라 스님들의 이야기를 잊지 않고 수행자가 해야할 바를 제대로 분별한다면, 사람의 몸을 받아 태어난 것에 대해 저절로 알게 될 것이다. 옛 고승의 말씀이나 선현들의 일깨움을 깊이 인식하여 마음에 물들여 놓거나 뼈에 새겨두거나 허리에 질끈 묶어두어야 할 것이다. 그러므로 옛사람도 이렇게 말하였다.

"신단神丹을 아홉 번 바꾸면, 쇠에 한 방울만 떨어뜨려도 금이 된다. 지극한 이치가 담긴 말 한마디는 범부를 성자로 바꾼다."[66]

그러니 선현의 말씀을 소홀히 해서는 안 된다.

옛날 도후쿠지東福寺를 여신 장로 쇼이치聖一 화상께서 법문을 설하시는 자리에 참석한 적이 있다. 말석에서 그분을 바라보며 때때로 설법을 들었는데, 현교와 밀교, 선종과 교학의 대강에 대한 설법이 참으로 훌륭하게 들렸다. 그 깊은 뜻은 깨닫지 못했어도 내가 이해하는 의미는 마음속 깊이 새겨두고 소중하게 간직하고 있다. 애석하게도 그분을 만년

---

65) "無心於事, 無事於心. 虛而靈, 空而妙. 豪釐繫念, 三途業因; 弊瞥情生, 萬劫羈鎖云云"

66) 『종경록宗鏡錄』 권1에 나온다. "神丹九轉, 點鐵成金; 至理一言, 轉凡成聖."

에 만나는 바람에 오래도록 그 밑에서 배우지는 못하였다. 그렇기는 하지만 불법의 대의에 대해서 더할 나위 없는 가르침을 입었다.

그분이 간토關東로 내려가실 때에 있었던 일이다. 도카이도東海道에서 하룻밤 머무시게 되어 내가 공양을 준비해드렸는데, 그건 여느 사람들이 보기에는 "대단하다!"고 할 만한 것이었다. 그러나 화상께서는 달리 말씀하셨다. "어찌하여 이런 걸 준비하였느냐? 걸맞지 않는 일이야. 초심의 보살이 일에 처해서 혼동하게 되면, 깨달음의 씨앗을 부수게 되느니라." 나는 이 말을 마음에 새겨두고 귀에도 잘 담아두었다. 아래는 천태대사 지의의 말씀으로, 『법화현의法華玄義』[67]에 실려 있는 것이다.

"마음으로 이치를 살펴서 그대로 행하려는 초심의 수행자는 오로지 자신의 마음을 관조하는 데에 힘쓸 것이며, 육바라밀조차도 행해서는 안 된다. 하물며 세속 잡사에 마음을 두어서는 더욱 안 되고 몸으로 행해서도 안 되니, 온갖 일을 내버려두고 이치를 살피는 데에만 전념해야 한다. 만약 일에 매이면 관심觀心의 싹이 부서진다."

무릇 중생의 근기와 부처의 법 사이에는 분명히 가르쳐 이끄는 것이 있다. 법의 본체는 미혹도 없고 깨달음도 없으며, 의혹도 없고 지혜도 없으며, 온갖 가르침의 폐전廢詮이 나지도 않고 사라지지도 않으며, 지극한 이치도 고요히 사라지고 언어의 길도 끊어진 것이다. 이는 모두 법의 본체를 풀이한 말이다. 이 경지에 도달하여 사물과 이치가 걸림도 막힘도 없게 되면, 모든 법을 마음대로 부릴 수 있고 다른 수행을 할 필요가 없어진다. 그렇지만 단박에 깨치고 문득 닦는 사람은 드물다. 용녀龍女가 보리심을 내어 이윽고 성불하면서 청정무구한 깨달음을 노래한 것 같은 게 이것이다. 돈오점수頓悟漸修할 수 있는 근기는 많다. 그러므로 경전에서도, "이치란 곧 단박에 깨치는 것이니, 그 깨침을 타서 모든 게 사라지느니라. 허나 일이란 단박에 없앨 수 있는 게 아니니, 차츰차

67) 천태종에서 경전을 해석할 때에 서론에 5중의 심의深義를 서술하는데, 이것을 현의玄義라고 한다.

츰 없애야 하느니라"[68]고 하였다.

그렇다면 단박에 깨친다고 할지라도 근기와 망정을 다 없애기는 어렵다. 바람이 멈추어도 여전히 파도는 일고, 해가 떴다고 해도 서리는 서서히 녹아 없어진다. 외부의 대상에 이끌려서 온갖 법을 바꿀 힘이 없을 때에는 계율을 지키고 좌선을 하는 등 조복의 행법을 닦아야 할 것이니, 이를 근기라고 한다. 온갖 법의 실체에 매이지 않고, 다만 근기와 망정이 형상에 집착하는 것을 차츰 제거해야 한다. 이런 올바른 분별이 없는 사람은 부처의 지혜로써 비추는 법의 실체를 근기와 망정으로 헤아리고 분별하면서 "만유의 실체는 생겨나지 않는다"고 생각한다. 또 스스로 무애하다는 견해를 일으키고 모든 법은 공이라고 하는 견해를 짓고는 좋음은 없다, 나쁨은 없다, 범속함은 없다, 성스러움은 없다는 등의 도리만을 알아, 망령된 업을 멋대로 짓고 수행도 하지 않으면서 좋은 일은 귀찮게 여기고 행하지 않는다. 정식으로 헤아려 취하거나 버리며, 분별심에서 나쁜 것을 좋아한다. 그러니 어떻게 해서든 진여평등의 한결같은 마음을 깨달아 형상없는 오묘한 본체와 하나가 되어야 한다. 근기와 법의 분별이란 이것이다.

부처의 가르침에 어긋나지 않으면서 이해와 수행을 판가름하는 일은 참된 선지식의 힘이라야 된다. 차근차근 준비해서 대승의 수행에 힘쓰는 일은 이번 생에서 할 일이다. 저 화상께서 주신 가르침을 마음 깊이 간직하려는 생각에서 이렇게 적어보았다. 경전의 말씀에도 부합하고 어긋남이 없는 법문이라 할 것이다.

---

68) 『능엄경』 권10에 나온다.

권4

1. 무언 수행하는 스님들 이야기

어떤 산사에 네 명의 스님이 있었다. 그들은 언어를 떠난 진여를 관하며, 유마거사가 입 다물고 말없이 가르친 것[1]을 배우려고 결심하였다. 그런 수행을 하자고 맹세한 뒤, 네 사람은 도량을 장엄하고 온갖 인연을 끊고 삼업을 고요하게 하고, 도량에 들어가 나란히 앉아서 7일간의 묵언 수행을 시작하였다. 잡일을 맡은 승사 한 사람만 그곳을 출입할 수 있었다.

그런데 밤이 아주 깊었을 때, 등불이 꺼지려는 것을 본 맨 아랫자리

1) 『유마힐소설경維摩詰所說經』에 나온다. 유마힐이 둘이 아닌 경지에 들어가는 법문入不二法門에 대하여 설할 때에 다만 침묵으로 일관하고 있는 것을 보고, 문수가 문자나 언어가 없는 것이 참된 법문을 행한 것이라고 감탄한 이야기이다.

의 스님이 소리쳤다. “승사야, 불을 돋우어라!” 그러자 곁에 앉은 스님이 말하였다. “무언도량에서는 말하면 안돼!” 세 번째 자리에 앉아 있던 스님은 두 사람이 주고 받는 이야기를 듣고는 너무 기분이 상해서 소리쳤다. “수행을 엉망으로 만들어버렸잖아!” 윗자리에 앉은 노승은, 제각각 말을 해버린 것에 대해 한심스럽고도 안타깝게 여기면서 말하였다. “휴, 나만 말하지 않았어.” 그리고는 가볍게 고개를 끄덕였다. 현명한 듯한 그가 특히 우스꽝스러워 보였다.

이 일을 잘 생각해보니, 누구든지 이런 태도를 취하지 않기란 어렵다. 세상에서 남의 일을 말하는 걸 들으면, 그 사람은 이유도 없이 남을 비방하거나 또는 그런 비방을 즐겨 일삼으면서 자신의 허물은 잊은 채, “멋대로군!” 하고 말하는데, 자신도 남을 비방하고 또 그걸 즐겨 하면서도 자신의 허물은 잊어버리고 깨닫지 못한다. 그러므로 어떤 책에서는, “남의 허물을 비방할 때는 자신의 허물을 생각하고, 남을 위태롭게 할 때는 자신이 그렇게 될 수 있음을 생각하라”고 말하고 있다. 백낙천이 말한 것도 이와 같다. “사람들에겐 모두 한 가지씩 버릇이 있는데, 내 버릇은 문장과 구절에 있다.” 세속의 갖가지 인연을 버리고 불도에 입문한 뒤에도 문장을 좋아하고 아끼는 버릇을 버리기가 어려웠음을 피력한 말이다. 누구나 마음으로든 말로든 몸으로든 아끼고 좋아하여 버리기 어렵고 잊기 어려운 것이 있는데, 이를 ‘버릇’이라 한다.

부처의 가르침에 습인습과習因習果라는 게 있는데, 앞의 것을 ‘길든 원인習因’이라 하고 나중 것을 ‘길든 과보習果’라 한다. 아득한 과거로부터 익숙해 있는 일로서, 남의 가르침에 기대지 않고 저절로 생각하게 되고 행하게 되는 것을 길든 짓習, 즉 버릇이라 한다. 불도에 들어선 사람은 이런 것을 잘 판가름해서 생사유전의 업이 되는 짓은 내버리고, 해탈의 문으로 향하게 하는 짓을 좋아하여야 한다. 그럼에도 누구나 제가 좋아하는 일이라면 허물조차 잊으면서 즐기고, 자신이 받아들일 수 없는 일이라면 그 허물을 찾아서 비방을 일삼는다. 그러니까 내가 좋아하는 일을 할 때도 나의 허물을 남이 비방할 수 있다는 것을 돌이켜보아 집착하지 않도록 해야 한다. 또 내가 받아들일 수 없는 일에서는 그에게도 덕이 있음을 잘 헤아려서 억지로 비방하는 일이 없도록 해야 한다. 이리하여야 통달한 사람의 마음을 지녔다고 할 수 있다.

설령 가볍고 무겁거나 깊고 얕은 차이는 있을지라도, 이로움과 해로움이 동시에 존재하지 않는 일은 없다. 공덕천과 흑암천은 어느 때에도 떨어지지 않는다. 이는 천연한 이치다. 이런 말이 있다.

"강은 배를 건네주기도 하지만, 또 배를 뒤집어엎기도 한다. 임금은 백성에게 은혜를 베풀기도 하지만, 또한 백성을 괴롭히기도 한다. 물과 불 따위는 사람을 이롭게도 하지만, 또한 사람을 해치기도 한다."

잘 비교해 보고 마음에 새겨두어야 하리라. 불법의 신묘함도, 믿으면 그 이익이 크고, 비방하면 그 죄가 크다. 하물며 세간의 일이라면 무엇이든지 이로움과 해로움이 동시에 있지 않겠는가? 게다가 해로움은 크고 이로움은 적다. 불법은 해로움이 적고 이로움이 많다. 해로움을 낳는 세속의 일을 버려라. 또 불법을 비방하는 것은 도리어 인연이 될 수 있으니, 이로움이 크게 되는 길로 들어가야 한다. 그러나 세속의 일은 아득한 옛날부터 익숙해져온 것이어서 좋아하고 즐기는 사람이 많다. 반면에 불법을 처음 만나면서도 좋아하고 배우려는 사람은 드물다. 슬프도다!

어떤 재가 수행자가 바둑을 좋아하여 긴긴 겨울밤을 거기에 매달려서 지새우고 있었다. 그런데 중풍 증세가 있어 손이 차가웠으므로 화로로 바둑돌을 데운 뒤에 두었다. 등잔의 기름이 다하면, 마른 억새풀을 태우면서 계속하였다. 그 재가 날려 몸에 붙으면 삿갓을 쓰고 하였다고 한다. 근래에 있었던 일이라고 들었다. 이런 정도로 좌선수행을 하는 사람이 있다면, 깨달음을 얻기가 어렵지 않을 것이다.

또 어느 미천한 출신의 법사가 있었는데, 술을 매우 좋아하였다고 한다. 술값이 없으면 소매 한 자락을 뜯어서 주고 마셨다고 한다. 이런 마음으로 삼보를 공양하고 부모에게 효도하며 가난한 사람에게 보시하면서 인색하게 굴지 않는다면, 감응이 결코 헛되지 않을 것이다. 할 게 없어서 좋은 일을 하지 않는다고 하지만, 할 것이 없는 게 아니라 다만 의지가 없을 뿐이다.

떡을 좋아하는 재가 수행자가 있었다. 의원이기도 했기 때문에 병을 보아달라는 청을 받았다. 그가 떡을 좋아한다는 걸 안 주인이 떡을 준비시켰는데, 이 사람은 절구 찧는 소리를 듣고는 처음에는 나지막한 소리로 끙끙거리더니, 끝내는 다타미의 가선을 움켜쥐면서 말하였다. "제 귀에 들리지 않는 곳에서 떡을 준비해주시오. 저 절구 찧는 소리를 들으니, 참 견디기 힘듭니다." 그러면서 몸을 뒤틀며 괴로워했다고 한다.

이 이야기는 그 집 주인이 나에게 해준 것이다. 부처의 가르침을 사랑하고 부처의 음성을 듣고 환희하는 마음을 지니는 자가 정토에 왕생하는 것은 의심의 여지가 없다. 이 정도의 일은 매우 드물기는 하지만, 누구에게나 좋아하는 일은 있는 법이다. 하다못해 어떤 것도 좋아하지 않는 사람이라도 늦잠 자기를 좋아하거나 혹은 장난치기라도 좋아한다.

난토의 어떤 중은 아침을 먹지 않고, 해가 중천에 뜰 때까지 잠을 잤다고 한다. "왜 아침을 먹지 않소?" 하고 누가 물으면, 이렇게 대답한다. "아침보다도 잠자는 것이 훨씬 맛이 좋다오." 만약 이만큼 법을 듣거나 법을 맛보는 기쁨을 좋아한다면, 부처가 되는 길은 결코 멀지 않을 것이다.

이와 같이 어떤 이는 시가나 음악을 즐기고, 어떤 이는 노름이나 사냥을 좋아하며, 어떤 사람은 색욕에 탐닉하거나 술자리를 즐긴다. 그러면서도 그런 일로 재물을 허비하고 몸을 망치면서 병을 얻는 허물을 짓게 된다는 것은 잊고 있다. 세상사에서 좋아하는 바가 각기 다른 것처럼, 사람에 따라서 불도에 들어가는 인연도 다르고, 그가 좋아하고 즐기고 믿고 이해하는 법문도 다 다르다. 이런 까닭에 부처는 어떠한 근기의 사람에게든 빠뜨리지 않고 방편을 베풀어서 8만 4천의 보옥같은 법문을 설하셨다. 저 술을 즐기고 바둑을 좋아하듯이 부처의 가르침을 좋아하고 즐기며 수행한다면, 이치를 깨치는 일은 수월해질 것이다.

그런데 세간의 일이란 아득한 옛날부터 길들여진 것이어서 저절로 좋아하게 되고, 억지로 하려 하지 않아도 저절로 이루어진다. 반면에 불법은 처음 배우는 것이어서 믿음을 다하거나 공을 들이기가 여간해서는 쉽지 않다. 참으로 드문 인연으로 해서 배우게 된 사람일지라도 치우치고 집착하는 마음이 있으면 거기에 젖어들기 때문에 수행을 쌓아도 그 공은 적다. 이는 아상을 깊이 지니고 질투하는 마음을 품었기 때문이다. 바라건대 옳고 그름이나 치우치고 집착하는 마음을 끊고, 수행에만 오로지 힘써야 한다. 또 나와 인연있는 법만을 고집하고 다른 이와 인연있는 법을 비방하는 것도 어리석은 짓이다.

근래에 삼론종의 고승으로 알려진 한 스님이 어떤 중에게 이렇게 말했다고 한다. "각 종파마다 '우리 종파가 우월하다'고 내세우며 고집하는데, 우리 삼론종만은 그렇게 치우쳐서 집착하는 마음이 없다." 이 또한 치우쳐서 고집하는 말이다. 다른 종파는 치우쳐서 고집하기 때문에 열등하고, 우리 종파는 치우침도 집착도 없으니 우월하다고 하는 것, 이것이야말로 참으로 치우쳐서 집착하는 것이다. 무언 수행하는 도량에서 "말해서는 안돼!"라고 말한 것과 같다. 대체로 각 종파에서는 자신들의 종지에 대해 똑같은 말들을 한다. 아래에서 대충 이러한 것들을 인용해 보았다.

삼론종의 논사도, "법상종은 3에 집착하고 천태종은 1에 집착하지만, 우리 종파는 3도 아니고 1도 아니다"고 말한다. 이 또한 치우쳐서 고집하는 것과 비슷하다. 지혜롭다고 하는 사람도 오히려 이런 마음을 가려내지 못하여 시비를 일삼는 허물에서 벗어나지 못하고 있다. 하물며 겨우 한 종파의 법문 가운데 한 조각 한 끄트머리만 들은 사람이라면 다른 종파의 종지는 알지도 못할 터인데도 무리하게 깎아내리며 비방한다. 법을 비방한 죄는 피하기 어렵다.

관심觀心에 대한 법문에서는, 차별되는 교의는 잊고 평등의 마음에 상응하는 지해知解를 갖추고 수행을 하는 것이 긴요한 일이라 한다. 무언 수행하는 스님이 "말해서는 안돼!"라고 말하면 말이 있게 되는 것처럼 "한 생각도 일으키지 않으면 앞과 뒤가 다 끊어진다"[2]는 것이 수행의 핵심 법문이라 할지라도, 만약 "일으키지 않는다"는 마음을 일으킨다면 결국 "일어나는 데"로 되돌아가게 된다. "한 순간도 생각이 없다"고 할 때도 생각을 일으켜서 "생각이 없다"고 되뇌이면, 이 또한 "생각이 있게" 된다. 이러한 것은 관심을 실천하는 수행자가 반드시 주의해야 할 점이다.

『원각경』 가운데도 관심 수행에서 주의해야 할 점을 분명하게 언급한 글이 있다. 앞서 네 스님이 보여준 언행과 비교해보면, 그 핵심을 이해할 수 있다. "어떠한 때라도 망령된 생각을 일으키지 말라."[3] 무언 수행하는 도량에서 말을 해서는 안 된다고 주의시키는 것과 같다. 망령된 생각을 일으키는 것은, "불을 돋우어라"고 말하는 것과 같다.

"갖가지 망령된 마음을 굳이 그치거나 없애려 하지 말라"[4]는 말도 있다. 망령된 마음은 본래부터 헛된 것이다. 그 본래의 성품은 일체가 사라져 고요한 것이어서 굳이 이것을 사라지게 할 필요는 없다. 본래 갖추어져 있던 신령스런 빛 또한 끌 필요가 없다. 없애야겠다고 하는 생각은 망령된 분별일 뿐이다.

이런 까닭에, "한순간 일어남은 병이요, 이어지지 않음은 약이다"고도 하고, "생각이 일어나면 깨달아라. 이것을 깨달으면 곧 없음이 된다"고도 말하며, "지나간 생각은 범부요, 오지 않은 생각은 부처다"고도 말한다. 또 "망령된 생각을 자주 일으켜라. 그러면 참된 마음은 더욱더 맑은 거울이 되리라"고도 말한다. 다만 본분 즉 본래 갖추어져 있는 것에

---

2) "一念不生, 前後際斷."
3) "居一切時, 不起妄念."
4) "於諸妄心, 亦不息滅."

어둡지 않고 망령된 생각에 눈이 흐려지지 않는다면, 저절로 본래의 마음이 밝아질 것이다. 저금산猪金山을 문질러서 땔나무에 불을 더하는 것과 같다.[5] 그러므로 생각을 일으켜서 없애려고 하는 것은 무언 수행하는 도량에서, "말해서는 안돼!"라고 말하는 것과 같다.

"망령된 생각을 일으키는 대상에 머물면, 그것이 망령된 생각인지 명료하게 알지 못한다"[6]는 말이 있는데, 온갖 대상을 드러난 그대로 보고 분별로써 보지 않는다면 이치에 상응하게 된다는 것이다. "육진은 삿되지 아니하니, 오히려 바른 깨달음과 같다"고 말하기도 한다. 그렇지만 지견을 일으켜서 비교하고 추측하는 마음을 좇아 분별하고 헤아리며 주관과 객관을 취하거나 버리는 일을 잊어버리지 않는 것은, "뒤죽박죽 되었구나!"라고 말하는 것과 같다.

"명료하게 알지 못하는 데서는 진실을 판가름하지 않는다"[7]는 말이 있는데, 이는 분별이 없는 곳에도 머물러서는 안 된다는 뜻이다. 머무는 바가 없는 것, 이것이 진실이다. 이것을 머뭄이 없는 마음의 본체라고 한다. 머무는 바가 있으면, 본분에 어긋난다. 지혜도 없고 얻는다고 하는 것도 없어야, 한순간의 생각이 이치에 부합하고 신령한 지혜가 눈앞에 드러난다. 만약 분별이 없는 것을 고집하여 그것이 진실이라고 생각한다면, 이는 망령된 집착이다. 그저 말을 하지 않으면 허물이 없을 것이라고 여긴 상좌가 '나는 말하지 않았다'고 생각하여, "나쁜이야! 말하지 않은 사람은!" 하고 말하는 것과 같다. 이 법문은 수행에서 긴요한 것이요, 깨치려는 자의 지침이다. 잘 새겨두어야 한다.

대체로 법상과 삼론은 중천축에서 시작되었다. 호법護法과 청변淸辨이 유식唯識과 유경唯境의 논쟁을 고조시켰고, 그 뒤로 문도와 종파가 나누어졌다. 이에 대해 천태대사 지의는, "천친天親과 용수龍樹는 안으로 비

5) 출전을 알 수 없다.
6) "住妄想境, 不加了知."
7) "於無了知, 不辨眞實."

추어 보면 티없이 깨끗하지만, 밖으로는 시기에 맞게 각자의 문을 하나씩 세웠다"고 해석하였다. 법상의 개조인 천친, 삼론의 개조인 용수, 둘은 모두 안으로는 진여의 이치를 통달하였으나, 밖으로는 공과 있음을 각기 내세웠다. 사람들의 근기를 이끄는 방편으로서 "오로지 마음의 작용만 있고 대상은 존재하지 않는다"고 하는 '유식무경唯識無境'을 말하였거나, 혹은 "오로지 인식의 대상만 존재하고 마음의 작용은 있지 않다"고 하는 '유경무식唯境無識'을 말하였다. 또 "있음을 내세우는 학파"로서 유문有門이라 하든, "공을 주장하는 학파"로서 공문空門이라 하든, 때에 따라 이르는 것이지 정해진 기준은 없다. 그럼에도 미숙한 학인들은 불법의 근원에 어두우면서도 시비를 일삼거나 치우치며 고집하는 허물을 저지르는데, 이것을 지의는 위에서처럼 풀어 밝혔다.

대체로 불법의 큰 줄기는, "법의 본체는 나누어지지 않으나, 의리에서는 달라질 수 있다"는 것이니, 한 마음의 오묘한 본체는 어떠한 가르침에서도 둘이 아니다. 의리의 구별은 모든 종지를 잠시 나눈 것일 뿐이다. 법상에서도 진제를 세울 수 있을安立諦 때는 의리를 세워서 깊고 얕음을 논한다. 진제를 세울 수 없을非安立諦 때, 즉 종지를 드러내는 언설을 없앴을 때는 의리의 차별이 없다. 삼론종의 스님도, "모든 대승 경전에서 이치를 드러냄에는 둘이 없다"고 말하였다. 천태지의가 "안으로 비추어보면 티없이 깨끗하지만"이라고 풀이한 데에 그 뜻이 드러나 있다. 화엄종의 스님[8]도, "색이 곧 공이라면 청변의 의리가 서고, 공이 곧 색이라면 호법의 종지가 이루어진다"고 말하였다. 동시에 인정되므로 빼버릴 게 없다.

의리를 구별할 때, 화엄종은 오교를 세워서 법상과 삼론에 대해서는 시교始教와 종교終教라고 하여 깎아내리고,[9] 천태종은 사교四教를 세워서

8) 화엄종의 제3조인 현수賢首를 가리킨다.

9) 이는 화엄종의 오교에서 내세우는 것으로 대략 다음과 같다. 법상종은 모든 법의 형상을 근거로 하는 것을 기초적 교의로 삼기 때문에 상시교相始教라 하고, 삼론종은 모

법상을 별교別教로 거두어 들인다. 법상은 일승방편, 삼승진실이라고 하고, 삼론종의 스님은 법상은 3을 고집하고 천태는 1에 집착한다고 하면서 자신은 3도 아니고 1도 아니라 하며, 서로 다른 종파를 헐뜯는다.[10)] 이 모두는 다양한 근기의 사람을 이끄는 방편일 뿐, 실제로 깨달은 것을 가르는 데에 있지 않다.

어떤 종파든 일단 다른 종파의 열등한 것을 보고 자기 종파의 뛰어난 의리를 내세워 비방한다. 씨름을 할 때 나의 강점으로 상대의 약점에 맞선다고 하는 것과 같다. 의론을 펴는 것은 다만 인연있는 근기에게 신심을 깊게 해주기 위해서지 법을 비방하게 하려는 건 아니다. 구나발마求那拔摩는 이렇게 말하였다.

"모든 교의는 각기 그 실마리가 다르나, 수행의 이치에는 둘이 없다. 치우치고 집착하는 자에게는 옳고 그름이 있으나, 통달한 자는 다르다고 다투는 법이 없다."

치우치고 집착하는 것, 옳고 그름을 따지는 것은 참으로 부처나 조사의 뜻에 맞지 않다. 그것은 또한 모든 근기의 사람을 이끌 수 있는 길을 가로막는 것이다. 법상과 삼론의 의리를 말하자면, 마음 밖에 대상이 없으면 유식이라 하고, 대상 밖에 마음이 없으면 유경이라 한다. 이런 까닭에 『화엄경』에서는 말한다.

"'있는 그대로如' 밖에서 지혜가 '있는 그대로'를 증명하는 일은 없고, 지혜 밖에서 '있는 그대로'에 대한 지혜를 내는 일은 없다."

'있는 그대로'가 경계고 지혜는 마음이라면, 삼론은 유경이라 하고

든 법에 대한 부정을 근거로 하는 것이 기본적 교의이기 때문에 공시교空始教라고 하는데, 그러나 삼론종은 있음과 없음의 통일을 인정하기 때문에 대승의 최종 교의 속으로 한 걸음 내딛고 있다고 보아 종교終教라고도 한다.

10) 각 종파의 주장은 한쪽으로 치우친 것이어서 그대로 받아들여서는 안 된다. 가령, 천태는 1을 고집한다고 하는데, 그렇지 않다. 천태종에서는 삼제三諦를 주창하는데, 그것은 공空, 가假, 중中이다. 그런데 이 세 가지 진리란 하나 속의 셋이며 셋 속의 하나라고 주장한다. 즉 원리는 하나지만, 설명하는 방법은 셋이라는 뜻이다. 이렇게 보면, 단순하게 천태가 1을 고집한다고 말할 수 없다.

법상은 유식이라 한다. 둘 다 부처의 뜻에 부합한다고 할 만하다. 몸이 있게 되는 원인을 오백 명의 비구가 각기 달리 설하였음에도 부처는 오히려 다 정설正說이라 말씀하셨다. 네 가지 대승의 법성을 논하는 데에 어찌 부처의 뜻에 어긋나는 것이 있겠는가? 실제로는 하나인 근원에 깊이 통하게 하였고, 방편에서 서로 다르게 흐르는 것을 막지 않은 것일 뿐이다. 모든 종파에서 근본을 아는 스님은 모두 이런 마음이어야 한다.

비구니가 된 귀부인 두 사람이 세상을 등지고 오쓰大津를 지나다가 길가에 바퀴가 하나뿐인 수레가 있는 것을 보았는데, 한 사람이 말하였다. "이 수레는 대승을 비방한 물건이어서 바퀴가 하나 뿐이예요." "대승을 비방하지 않은 물건이예요. 한쪽 바퀴가 없잖아요?" 또 서울에 벤아弁阿라는 관상쟁이가 있었다. 한쪽 다리가 짧아서 허리를 질질 끌듯이 걸었는데, 제자를 만나자 이렇게 물었다. "참으로 세상 사람들이 이 벤아를 두고 한쪽 다리가 짧다고 말하는가?" 그러자 제자가 대답하였다. "생각도 못한 일입니다. 잘못하여 한쪽 다리가 길어진 것을 사람들이 잘못 이야기하고 있는 겁니다."

이와 같이 세간의 도리도 그 말은 다를지라도 그 이치에서는 어긋나지 않는다. 있다 없다는 말은 바꿀 수 있어도, 수레의 바퀴가 하나임은 변함이 없다. 길다느니 짧다느니 하는 비방은 다를지라도, 벤아의 몸은 본래 그대로다. 유종有宗・공종空宗・유식・유경 등도 그 의리의 해석에서는 다를지라도, 법의 본체에서는 같다고 할 수 있다. 이런 까닭에 호법과 청변, 그 문도들이 함께 문답을 주고 받을 때에 청변이 이렇게 말한 것이다. "네가 유식이라고 말하는 것에 반론을 펴려고 내가 유경이라고 말하였을 뿐이다. 실제로는 유식도 아니고 유경도 아니다. 미륵이 성불할 때에 이 일을 증명하고 결정할 것이다. 당시에는 보살이어서 신경쓰지 않았다." 그리고는 바위굴 속으로 들어가 바위로 굴을 막고 선정에 들었다고 한다. 이는 하나의 법성 가운데에 고요하게 비추는 덕이 있다는 것이다. 고요함은 경계요 있는 그대로며, 비춤은 지혜요 마음이다. 밝은 거울에서 구리와 밝음, 물에서 비춤과 축축함 등과 같다. 그러므로 밝음에 거울을 거두어 들이는 것은 유식무경과 같고, 거울에 밝음을 거두어 들이는 것은 유경무식과 같다. 이 두 가지 의미가 있으니, 치우쳐서 고집해서는 안 된다. 『화엄경』의 글로 증명할 수 있다. '있는 그대로' 밖에서는 지혜가 없다고 하는 것은 삼론의 법문이고, 지혜 밖에서는 '있는 그대로'가 없다고 하는 것은 법상의 법문이다. 법상에서도 "공을 문으로 삼기 때문에 참된 본성으로 들어간다"고 말하였으니, 공이라 하든 있음이라 하든 모두 방편의 문이다.

진실로 일심법계一心法界는 있음도 아니고 공도 아니다. 모든 것은 실재한다고 하는 견해에 집착하지 않도록 하려고 '공'을 말하였고, 일체는 존재하지 않는다고 하는 견해를 없애려고 '있음'을 말하였다. 일심의 오묘한 이치에는 있음이라고 할 것도 없고, 공이라고 집착할 상도 없다. 마음과 언어 사이에는 길이 끊어져 있고, 의미의 해석만이 존재한다. 모든 종파의 차이는 이런 점과 비교하여 이해하여야 한다.

계율과 선정, 지혜 등 삼학에 있어 그 참된 본체는 둘이 아니다. 중국 장안의 홍선사[11] 유관惟寬 선사는 마조馬祖의 제자다. 그에게 백거이가 물었다. "선사라는 자는 무슨 법을 설합니까?" 선이란 불립문자를 종지로 하며, 마음은 있어도 언어는 없다는 뜻으로 물은 것이다. 또 법이란 교학승들이 얘기하는 것이라 생각한 것이다. 이에 대해 선사는 이렇게 대답하였다.

"위없는 깨달음을 몸으로 받게 하는 것을 계율이라 하고, 입으로 설하는 것을 법이라 하며, 마음으로 행하는 것을 선이라 한다. 부처가 중생을 구제하기 위해 몸을 나투는 데에는 세 가지가 있으나,[12] 그 본체

---

11) 홍선사興善寺 : 중국 수隋 문제文帝가 장안에 도읍을 정하였을 때에 척점사陟岵寺를 옮겨서 세운 절이다. 옛날에는 대홍선사라 일컬어졌다. 불공삼장不空三藏이 절에 들어온 이후로 밀교의 대도량이 되었다.

는 둘이 아니다. 비유하자면, 양자강揚子江과 황하黃河, 회수淮水와 한수漢水는 각각 있는 곳에 따라 이름을 다르게 붙인 것이지만, 물의 본체는 둘이 아닌 것과 같다. 계율은 곧 법이요, 법은 곧 선을 여의지 않는다. 그러니 무슨 분별을 두겠는가?"

규봉종밀 선사도, "선은 부처의 뜻이요, 법은 부처의 말이니, 모든 부처는 마음과 입이 서로 응한다"고 말하였다. 선에서 내세우는 세 가지 종지와 교종에서 내세우는 세 가지 교의를 화합하는 일에 대해서는, 『종경록宗鏡錄』 권34의 중간쯤에 나온다. 또 규봉선사의 『선원제전집禪源諸詮集』의 중간에도 실려 있으니, 상권의 마지막이 그것이다. 수행자들은 더욱 이것을 살펴보아야 한다.

무릇 계율과 선정, 지혜의 삼학은 그 방편의 자리가 다르긴 하지만, 참된 본체를 논함에 있어서는 오로지 하나다. 계율과 죄와 사람을 셋으로 나누어서 계율을 범했는가 범하지 않았는가 하는 것을 정하는 것은 세간의 계율이다. 그런 계율은 설령 지킨다고 하더라도 번뇌가 있는 과보를 받을 수 있다. 계율은 다만 선정에 들어가는 방편일 뿐이다. 계율의 본체는 욕계에서 지옥으로 떨어질 업이다. 이러하므로 남산율사 도선은 이렇게 풀이하였다.

"계율에 집착하면 깨달음에 장애가 되니, 이것이 세상의 올바른 법이다. 계율을 어기면 깨달음을 막게 되니, 삼악도에 떨어짐을 면하지 못한다."

계율을 지키는 것이 오히려 깨달음에 장애가 된다는 말이다. 계율이라는 상에 집착하기 때문이다. 또 계율을 어기면 더욱 깨달음에서 멀어지니, 삼악도에 떨어지기 때문이다. 이것이 바로 세간에서 말하는 계율이다.

이런 까닭에 『법구경』에서는, "계율의 상은 텅 빈 것과 같으니, 이를 지키는 자는 미혹에 빠지게 된다"고 하였고, 『대품경大品經』에서는, "원

---

12) 법신法身·보신報身·화신化身을 가리킨다.

만하고 깨끗한 계율바라밀을 지키지 못함으로써 계율을 어기는 상과 어기지 아니하는 상을 얻을 수 없으니"라고 하였으며, 『범망경』에서는, "자성의 청정한 본체를 금강의 보배로운 계율이라고 한다"고 하였다. 천태지의는 이 뜻을 알아서, "유부有部에서 말하는 계율의 본체는 색을 이겨서 본래의 성품에 거짓 색을 짓는 일이 없다"고 풀이하였다. 이는 어떤 색이든 어떤 냄새든 중도中道가 아닌 것이 없다는 뜻이며, 이치는 사물 속에 머물고 있다는 것이요 이치는 사물 속에 자리하고 있다는 것이다. 이것을 출세간의 계율이라 한다. 분별을 일으키는 것을 계율을 어긴다고 한다. 이 때문에 『문수문경文殊問經』에서 말하는 것은 출세간의 계율이다. 이는 초지初地 이상의 자리에 오른 보살이 지켜야 할 계율, 즉 지상율地上律이기 때문에, 분별을 바라이죄로 규정한다.

계율은 오른 자리가 깊으면 세밀하게 규정된다. 옥반지 소리를 듣고, 이는 남자다 또는 여자다는 분별을 일으키는 것, 이것을 제3의 바라이라고 한다. 진실하고 형상없는 오묘한 본체, 자성을 계율이라 한다. 진언교眞言教에서도 형상없는 깨달음을 무위의 계율이라고 한다.

선정 가운데서도 세간의 번뇌가 있는 선정은, 생각을 멈추고 마음을 한 곳에 집중하여서 지혜를 일으키는 방편이 된다. 그러나 바람 가운데 놓인 등불에 빛이 없는 것과 같이, 흐트러진 마음의 지혜에는 이치를 비추는 빛이 없다. 또 선정 가운데서 지혜가 없는 것은 색계와 무색계에 태어난다고 하는데, 과보가 다하면 하계에 떨어진다. 참된 선정은 수능엄정首楞嚴定이라고도 하고 왕삼매王三昧라고도 하며 자성선自性禪이라고도 한다. 원각圓覺에서는 선나禪那라고 말한다. 선정과 지혜에 상응하는 이름들이다. 움직임을 멈추고 멈춤으로 돌아가면, 멈춤은 더욱더 움직인다고 한다. 이런 까닭에 지극한 선정은 드나듦이 없고 일도 없으며 이치도 없다. 움직임과 고요함이 일치가 되어서 법계의 본성을 완전하게 한다. 이것이 중도의 오묘한 선정이다.

지혜에 있어서도 방편의 자리는 가리고 헤아리며 생각하고 관찰하는 것이다. 이는 세간의 지혜다. 미혹을 끊는 힘이 없으니, 바른 지혜가 아니다. 바른 지혜는 결코 생각도 없고 분별도 없다. 이런 까닭에 위대한 지혜에는 분별이 없다고도 말하고, 반야에는 앎이 없다고도 말한다. 끄달림이 없는 지혜로써 형상없는 경계를 대하기 때문이다. 관조하는 반야는 진실한 지혜다. 그러므로 하나의 마음을 세 가지로 풀어낸 것이 삼학의 법문이다. 한 마음을 움직이지 않고 한 생각도 일으키지 않으면, 저절로 삼학은 육바라밀의 법문을 다 갖추게 된다. 그래서 『법화삼매경法花三昧經』에서, "마음을 텅 비우고 움직이지 않으면, 선정에 들어 육바라밀을 갖추게 된다"고 하였던 것이다.

참으로 형상없고 청정한 경지에서는 아끼거나 탐하는 것慳貪이 없고, 계율을 어김犯戒이 없고, 성냄瞋恚도 없고, 게으름懈怠도 없고, 생각을 흩뜨리는 일散亂도 없고, 어리석음愚癡의 자취도 없다. 이 여섯 가지 병폐가 없는 곳에서는 삼학과 육바라밀의 이름을 세울 수 있다. 이렇게 계율과 선정과 지혜의 원천은 하나이므로, 그 이치를 통달하여서 방편의 문이 잠시 달라진 것을 시비하는 일이 없도록 해야 할 것이다. 이것이 곧 불법의 대강을 이해한 실상이다.

저 선사의 대답에 담긴 뜻을 보면, 모든 종파의 종지를 통달한 것이 아니겠는가? 옛날에 깨치신 분들은 그와 같이 배척하는 법이 없었다. 그러나 이 말법 시대에는 현교와 밀교, 선종과 교종, 성도문과 정토문 등 시비하고 논쟁을 일삼는 일이 많다. 『상법결의경像法決疑經』에서는, "상법 시대에는 저마다 나는 율사요 나는 선사요 나는 법사요 하면서 삼학을 서로 비방하다가 쏜살같이 지옥으로 떨어진다"고 말하고 있다. 말법 시대가 되어서는 이런 일이 더더욱 성해졌다. 여래의 금언을 어떻게 어길 수 있겠는가! 슬프도다!

『백유경』에 나온다. "어떤 스승이 두 제자를 데리고 있었는데, 때때로 자신의 두 발을 각자에게 맡겨 어루만지게 하였다. 그런데 큰 제자와 작은 제자는 서로 시기하여 각자가 만지고 있던 스승의 발을 꺾어버렸다.” 이는 말법 시대에 대승의 학자는 소승의 학자를 싫어하고 소승의 학자는 대승의 학자를 시기하여, 위대한 성인이 가르치신 교법의 두 길을 모두 잃어버리는 것에 비유된다. 근래의 학자는 해가 갈수록 치우침과 집착으로 아상이 깊어져서 정법을 멸하고 있다는 사실을 생각조차 못하고 있으니, 참으로 슬프도다!

대체로 계율은 석가모니의 제자들이 갖추어야 할 위의이며, 비니[13]는 불법의 수명이다. 정법을 일으켜 융성하게 하는 규칙은 모두 율장 가운데서 나온다. 모든 종파에서 오묘한 이해를 얻은 뒤에 빼어난 행위를 세울 때는 반드시 계율에 의거한다. 승만勝鬘[14]과 지론智論[15]의 뜻에 따라 비니는 대승에서 배우는 것이라 한다. 또 『열반경』에서 “계율을 살펴서 상주하는 불성을 드러낸다”고 하는 부율현상扶律顯常이나 『법화경』의 「안락행품安樂行品」은 오로지 계율의 문을 가지고 대승의 수행에 힘쓰게 한다. 이는 방편을 없애고 참된 이치로 들어가게 하려는 뜻이며, 이치의 의미를 결정하고 명료하게 하는 말씀이다. 천태의 지관 수행은 계율을 방편으로 삼는다. 형계荊溪는, “계율에는 크거나 작은 차이가 없으니, 받아들이는 자의 마음에 달렸다”고 풀이하였다.

부처의 법을 전한 인도의 조사는 삼학을 함께 널리 폈다. 가섭 존자가 영산靈山에서 꽃을 든 부처에게 살짝 웃음을 지었을 때, 이미 정법안장正法眼藏, 열반묘심涅槃妙心은 전해졌다. 만약 경전과 율장이 무익한 것이라면, 결코 결집하지 않았을 것이다. 경장과 율장과 논장 등 삼장의 법문을 결집하고 먼 후대에 전한 일에서는 근본적으로 가섭이 초조初祖다. 여래께서 입멸하실 때에 다비를 인간과 천상의 복을 비는 것으로 양보하고, 우리는 삼장의 교법을 결집해서 부처의 은덕에 보답해야 한다고 해서, 구리 방망이를 쳐서 남염부주의 지혜있고 덕망높은 나한 천

13) 비니毘尼 : 비나야毘奈耶라고도 하며, 계율을 뜻한다.
14) 『승만경勝鬘經』을 가리킨다.
15) 『대지도론大智度論』을 가리킨다.

명을 필바라굴畢波羅窟에 모이게 하였다. 율장은 우바리優婆梨가 암송하고 경전은 아난이 암송해서 결집하였으니, 이는 오로지 가섭 상좌만이 할 수 있었던 일이다. 이 일은 『대지도론』 권1에 실려 있다.

그러함에도 근래에 선문 사람들 사이에서는 대체로 교학을 경시하는 풍조가 일고 있다. 이는 조사들의 뜻에 어긋나는 것이 아니겠는가? 부처나 조사가 경계한 것은 문자에 대해 집착하는 마음일 뿐이다. 교학에 지관을 돕는 공이 있으면, 막지 않는다. 손가락에 집착해서 달을 잊듯이 문자에 매여서 이치에 어두운 것을 꺼릴 뿐이다. 손가락이 달을 보는 실마리가 되는 줄 알아, 교학으로 이치를 깨닫는 인연을 맺는 것은 싫어하지 않는다. 이러하므로 교학에는 허물이 없다. 다만 배우는 자가 참뜻을 얻지 못함을 경계하였다.

그럼에도 선승과 교학승들은 비니를 소승이라고 폄하하고 율사를 어리석다고 하면서 짐승과 같다고 여긴다. 율사는 또 대승의 학자들을 인과도 가릴 줄 모르고 계율에 관계없이 함부로 하는 자들이라고 하며, 그저 외도와 같이 여긴다. 이런 정도로 서로 비방하고 깎아내리면서 불법을 없애는 짓을 일삼는다. 사람을 비방하는 것은 법을 비방하는 것이다. 법은 스스로 드러내지 않고 사람이 널리 펴는 데에 따라서 드러난다. 사람과 법이 하나가 되어야 그 이익도 참으로 커지기 때문이다. 허물을 찾기로 하면, 어떤 학인에게나 그것은 있다. 덕을 생각한다면, 어떤 수행자에게서도 이익을 구하는 것이 헛되지 않는다. 남산대사 도선이, "대승의 학인이 이치를 통달하지 못하고 그 뜻도 요해하지 못하면서 그저 언어만 배운다면, 글이나 배우는 무리일 뿐이다"고 하여 경전의 구절을 끌어와 경계한 일이 있다.

부처가 일생 동안 베푼 교화의 방편에 크고 작은 차이는 있을지라도, 중생을 일곱으로 나눈 것은 모두 소승의 규칙에 따른 것이다. 머리를 깎고 옷을 물들이며 사원을 세우고 불사를 행하는 작법 따위는 대부분 계율로 정한 데에 따른다. 반면에 대승에서는 마음의 이치를 통달하는 것을 근본으로 삼는다. 모습이나 의복에 상관하지 않는다. 그러므로 화엄의 선지식에는 야차도 있고 여인도 있다.

만약 석자釋子의 무리에 든 비구의 모습을 했다면, 계율을 근본으로 하여야 한다. 그런데도 불사를 행하고 공양을 받을 때는, "저는 불제자입니다. 이것을 행하는 것은 당연합니다"고 말하고, 계율을 지키고 그릇된 것을 바로잡을 때는, "저는 대승입니다. 소승을 따르지 않습니다"고 말한다. 『불장경佛藏經』에서는 이를 '조서鳥鼠 비구'라고 한다. 편우라는 새는 조류에 포함시키려 하면, "나는 땅에 삽니다"고 하고, 굴속에 집어넣으면 땅 파는 일을 면하려고, "나는 허공에 삽니다"고 말하면서 날아가버린다. 참으로 날짐승도 아니고 길짐승도 아니다. 그 몸을 잘 숨겨서 아예 눈에 뜨이지 않기를 바란다. 이를 파계승에 비유하면, 나라의 공역을 면하려고 할 때는, "저는 불제자요, 비구입니다"고 말하고, 계율을 지키지 못했을 때는, "나는 대승입니다"고 말하면서 자자自恣나 포살을 행하는 여법한 비구와는 나란히 서려고 하지 않는 것과 같다. 그 몸이 부정하여서 죄의 어둠 속에 있는 것에 비유된다. 말법 시대의 비구는 이러한 허물로부터 벗어나기 어렵다. 부끄러워해야 할 일이로다!

이러한 가르침에 따라서 스스로 대승에 대해 깊이 이해하고 실천 수행을 알차게 하면서 오로지 지혜만을 구할 뿐 계율은 엄수하지 않는 수행자도 간혹 있다는 것을 알아야 할진대 그런 것조차 판가름하지 못하고 싸잡아 비방하고, 대승의 가르침을 믿고 요해하면 그 이익이 광대하다는 것도 알지 못하니, 그런 자는 말할 가치도 없는 어리석은 자다. 그래서 대지율사大智律師[16]도 대승의 학인들을 가리켜 언어만 배우는 무리들이라고 말한 다음에, "오늘날에는 율사도 그저 계율만 배우는 자들이다"고 하면서 여법하게 계율을 지키는 일이 쇠퇴해버린 까닭을 밝혔다. 결코 다른 종파의 학인을 비난해서는 안 된다. 우리 종파의 학인이 여

16) 백장회해百丈懷海를 가리킨다.

법한지를 먼저 생각해야 한다.

또 선문의 학인은 교학승이나 계율을 배우는 사람을 아주 업신여기면서 변변치 않다고 여긴다. 그런데 율승 가운데도, 밖으로는 율장을 배워서 소승을 견지하는 것처럼 보이면서도 대승의 실천 수행에 깊이 뜻을 두고 인연있는 각 종파의 가르침을 행하는 이가 있다. 그럼에도 그들을 다짜고짜 소승의 학인이라고만 여기는 것은 분별없는 짓이다. 정말 규율에 집착하여 깨달음에 장애를 일으키는 수행자도 분명히 있다. 좋고 나쁨을 행할 근성이나 근기에서 얕거나 깊은 차이가 있는 것은 어떤 종파에서나 마찬가지다. 오로지 한 종파의 학인만 비난해서는 안 된다. 그래서 소나 양의 눈을 가지고 남을 헤아리거나 평가하는 짓은 하지 말라고 한다. 어떤 종파의 학인이라도 서로 시비를 일삼는 짓은 하지 말지어다. 이런 까닭에 『대지도론』에서 이렇게 말하였다.

"스스로 애욕과 쾌락을 따르기 때문에 다른 사람의 법을 헐뜯는다. 그러면 비록 맑은 계율을 지닌 사람이라도 지옥에 떨어짐을 면치 못한다."17)

무릇 불법의 대요는, "어떤 나쁜 짓도 하지 않고, 모든 착한 일을 받들어 행하며, 스스로 그 뜻을 맑게 하는 것, 이 모두가 부처의 가르침이다"18)는 것이다. 대승의 학인은 이와 어긋나서는 안 된다. 과거칠불도 계율을 통달하였다. 이에 대해 누가 감히 이의를 달겠는가? "어떤 나쁜 짓도 하지 않는 것"은 계율이고, "모든 착한 일을 받들어 행하는 것"은 선정이며, "스스로 그 뜻을 맑게 하는 것"은 지혜라고 해석할 수 있다. 그래서 계율은 도적을 붙잡고, 선정은 도적을 결박하고, 지혜는 도적을 죽인다. 삼학을 똑같이 닦아야 하지만, 후세로 내려오면서 근기가 약해져서 숙세의 업인에 이끌려 무언가를 해야 한다는 마음에 쫓겨 혹은 계율을 지키고 혹은 마음을 추스르는 것일 뿐이다. 그러니 서로 비방해서

---

17) "自法愛樂故, 毀呰他人法, 雖持淨戒人, 不免墮惡道. 云云."
18) "諸惡莫作, 衆善奉行, 自淨其意, 是諸佛教."

는 안 된다.

계율의 행법을 배운다고 하면서 마음을 깨치는 수행에 어둡거나, 선문의 참선 공부를 오로지 하면서 비니의 제문制門에 어두우니, 말법 시대의 이런 행태를 슬퍼하고 근기가 얕은 것을 한탄할 뿐이다. 도대체 어떤 분별없는 사람이 여래의 정법 수레를 비방하여 무간지옥으로 떨어질 업을 초래하는가? 거듭거듭 삼가야 할 것이다. 무언 수행하던 스님들 이야기는 일단 웃어넘기더라도 허물은 없다. 지금 세상에서 불법을 비방하는 것, 그 죄야말로 실로 크다!

성도문과 정토문에 대한 시비 또한 세상에서는 한창이다. 염불 수행자는 진언이나 지관 등을 잡스런 수행이라며 비방하고, 진언이나 법화를 널리 펴는 사람은 염불을 하찮게 여긴다. 이 역시 여래가 취한 방편을 잃은 것이요, 조사가 가르치고 타이른 것과도 어긋나는 일이다. 정토문의 사람이 다른 수행법을 비방해서는 안 된다. 이에 대해서는 본원本願[19]의 글에 "오역을 짓거나 정법을 비방하는 일은 없어야 한다"고 분명하게 씌어 있다. 선도善導 화상은 「반주찬般舟讚」의 서문에서 이렇게 풀이하고 있다.

"석가모니는 아비요 어미다. 우리를 위하여 갖가지 방편을 설하셨다. 만약 가르침에 따라서 수행한다면, 제각각 부처를 보고 정토에 왕생할 수 있다. 다른 사람이 좋은 일을 행하는 것을 보면 그것을 돕고, 깨달은 사람을 보면 그것을 기뻐해야 한다. 어떤 뜻으로 그렇게 하느냐 하면, 똑같은 부처를 스승으로 삼고 법을 어미로 삼기 때문이다. 낳고 기르는 데에 똑같이 정을 주는 이는 어버이 외에 없다. 남에게 인연 있는 법은 비방하고 자신에게 인연 있는 법만을 찬미한다면, 모든 부처의 법안法眼을 깨뜨리게 된다. 법안이 사라진 뒤에는 깨달음의 길에 발을 내디뎌도 쓸 데가 없다. 정토의 문에 어떻게 해야 들어갈 수 있는가? 타고난 맹인

19) 에이사이를 가리킨다.

이 업에 따라 달려간다면 깊은 구덩이에 떨어진다. 이렇게 탐욕과 성냄의 불을 제멋대로 일어나게 내버려두면, 자신도 해치고 남도 해치며 영원히 무명의 바다에 빠져서 널빤지 하나도 만날 인연이 없게 된다."

조사들이 일깨워준 것을 어기고, 다른 행법이나 다른 종파를 비방하는 일은 참으로 이해하기 어렵다. 법화를 널리 펴는 사람 가운데에도 염불을 비난하는 사람이 있다. 이 또한 천태지의의 뜻에 어긋난다. 법화의 수행은 지관의 네 가지 삼매[20]에서 벗어나지 않는데, 상행삼매常行三昧는 90일 동안 입으로는 아미타불의 명호를 소리내고 마음으로는 아미타불의 몸과 마음을 관하는 것이다. 먼저 소리내고 나중에 마음으로 빌거나, 먼저 마음으로 빌고 나중에 소리내거나, 혹은 소리내는 것과 마음으로 비는 것을 함께 하기도 한다. 그러면 걸음마다 소리마다 생각마다 늘 아미타에 있다고 할 수 있다.

혹은 "한 부처를 부르는 것은 시방의 모든 부처를 부르는 것과 그 공덕이 똑같다"고도 하여서, 아미타불 한 분을 부르는 것은 시방의 모든 부처를 부르는 것과 같다고 풀이하기도 한다. 형계는 "모든 가르침이 기리는 바, 미타에 많이 있다"고 하였는데, 부처가 베푼 일대의 가르침에서 미타를 기리는 일이 많다고 하는 뜻이다. 하물며 법화의 오묘한 본체는 공空·가假·중中 삼제로써 모범을 삼고 있음에랴.

인연으로 생겨나는 법은 자성이 없기 때문에 간접적 인연緣을 빌린다. 그런데 간접적 인연도 역시 자성이 없기 때문에 공이다. 공이라 할지라도 인연이 화합하면 십계의 의보와 정보가 확연하게 드러나서 서로 융통하게 되니, 이것은 빌림假이다. 이 공과 빌림은 정말로 마음의 실상의 중도다. 구리거울처럼 밝고 밝은 덕이 있다고 할지라도 그것은 취할 수 없는 것이니, 공과 같다. 그림자나 형상이 확연하게 드러나는

---

20) 『마하지관摩訶止觀』에 설해져 있는 네 가지 삼매를 가리킨다. 생각을 멈추고 마음을 집중하여 바른 지혜를 얻기 위한 수행을 신체의 행위에 따라 상좌常坐·상행常行·반행반좌半行半坐·비행비좌非行非坐의 넷으로 나눈 것이다.

것은 빌림과 같다. 밝음도 형상도 거울의 덕이니, 거울 밖에 따로 있는 게 아니다. 공과 빌림이 함께 중도의 덕이 되는 것과 같다. 이 삼제의 이치가 한순간이라도 중생의 마음에 있을 때는 '번뇌에 묶인 진여'라고도 하고 '여래장의 이치'[21]라고도 한다. 연꽃이 물에 있는 것과 같다. 모든 부처가 깨달음을 얻은 자리에 대해서는 법신이라는 이름도 붙이고, 보리열반이라고도 말한다. 달이 구름에서 나오는 것과 같다.

이 삼제를 깨닫고 삼덕三德을 갖추게 해주는 것이 미타이므로, 그 명호도 삼제다. 아미타라는 것은 천축의 말이고, 중국에서는 무량수無量壽라고 한다. 아阿는 없음, 공을 뜻하며, 반야의 덕이다. 미彌는 헤아림, 빌림을 뜻하며, 해탈의 덕이다. 타陀는 목숨·중도를 뜻하며, 법신이 영원히 머무는 수명이다. 또 법신·보신·응신의 삼신과, 부처·불법·승려의 삼보 등 이와 같이 갠지즈강의 모래알 수만큼 무수한 덕도 이 세 글자 가운데에 다 갖추어져 있다. 이 삼제와 삼신을 우리가 한순간 마음에 둔다면, 본래 성품의 미타라고도 하고 자성이 청정한 연꽃이라고도 한다. 이것이 곧 여래장의 이치고 삼제의 의미다. 여如는 공이요, 장藏은 빌림이요, 이치理는 중도다.[22]

『마하지관』 권3 말미의 해석에 유통삼보類通三寶의 법문이 있다. "모든 삼법은 서로 통하고 녹아드니, 평등한 일체요 둘이 아니다"는 것이 그것이다. 도道[번뇌·업고業苦], 식識[칠식·팔식·구식], 성性[정正·료了·연緣], 반야[실상·관조·문자], 보리菩提[실성實性·실지實智·방편方便], 대승[리理·수隨·득得], 신身[법신·보신·응신], 열반, 삼보[불·법·승], 덕德[법신·반야·해탈] 등은 미타의 명호이며 광대한 선근의 도리임을 알 수 있다. 누구인가, 이것을 소홀히 여기는 자는?

양걸楊傑은 "가까우면서도 알기 쉽고, 간소하면서도 행하기 쉬운 것은 서방 정토다. 다만 한결같은 마음으로 잘 관하여서 흩어지려는 마음을

---

21) 모든 중생의 번뇌에 덮여서 가려져 있는 자성청정심自性清淨心의 실제 이치를 가리킨다.
22) 『마하지관』 권1에 나온다.

굳게 지키고, 미타의 원력에 의지하여서 곧바로 안양으로 나아간다"고 말하였다. 양걸은 장육의 미타상을 그려서 그 형상을 따라 관조하였고, 임종 때는 부처가 내려와서 맞아들이는 것을 느끼면서 단정하게 앉은 채로 죽었다. 그가 세상을 떠나면서 남긴 게송은 다음과 같다.

> 삶 또한 그리워할 게 아니고
> 죽음 또한 버릴 게 아니로다.
> 태허太虛의 텅 빔 속에
> 지호자야之乎者也로다.
> 헷갈림으로 헷갈림에 나아가니
> 서방의 극락이로다.[23)]

여기서 지호자야之乎者也라는 것은 특정한 의미없이 다만 언사를 도와주는 글자로, 쓸데없는 것을 나타낸다. 이는 헷갈림과 같다. 헷갈림이란 중생이 갈피를 못잡고 지견을 세움으로써 일을 그르치고, 그래서 생사라는 허망한 꿈이 오래가는 것이다. 이로 말미암아 법장法藏 비구가 바람을 세워서 정토를 만들어냈다. 중생의 헷갈림은 없어야 하고, 정토에 대한 그릇됨도 있어서는 안 된다.

스스로 깨친다는 자증自證 가운데에 "부처도 없고 불성도 없다. 참된 공은 그윽하고 고요하다. 그러나 중생의 헷갈림은 어리석음에서 일어나니, 그 괴로움과 근심이 오래간다. 모든 부처의 헷갈림은 자비에서 일어나니, 중생을 제도함이 절묘하다. 헷갈림에도 차별이 없는 게 아니니, 모든 법상法相을 잘 분별하여야 한다"는 게 있다. 헛됨幻이라는 약으로 헛됨이라는 병을 치유하려는 것에 비유할 수 있다. 중생의 헛됨은 애처롭고, 모든 부처의 헛됨은 고귀하다. 이것이 불사문佛事門 가운데서 하는 분별이다. 진여의 궁극적 경지에서는 이것을 논하는 일이 없다. 이 법문

23) "生亦無可戀, 死亦無可捨. 太虛空中, 之乎者也. 將錯就錯, 西方極樂."

을 깨달았기 때문에 천태지의는 임종할 때 제자들에게 『관무량수경觀無量壽經』과 『법화경』의 제목을 소리내어 외우게 하고, 그 자신도 "사십팔원, 장엄정토, 화지보각, 이왕무인"24)을 소리내어 말하였으며, "관음이 와서 맞이하시니 정토로 간다"고 제자들에게 알렸다고 한다.

근래에 오하라大原에 겐신顯眞 승정이라 불리는 스님이 있었다. 현교와 밀교에 매우 밝은 분이셨지만, 이러한 뜻을 깨닫고는 여럿이 모여서 하는 대염불大念佛을 한다고 알리고서 도량으로 들어가 『법화경』을 독송하고 『소법화경小法華經』을 읽은 뒤에 염불을 하였다고 한다. 옛날의 지혜로운 이나 빼어난 스님들은 이와 같았으니, 시비할 게 없다. 진언 가운데도 아미타를 배우고 세세하게 구전하는 일이 들어 있고, 여섯 자의 명호를 다섯 부처五佛의 종자인 줄 알고 익혀야 한다는 것도 있다. 모든 여래를 다섯 부처로 아우르는 것은 밀교에서 하는 일이다. 천태지의가 "시방의 부처를 아울러 일컫는다與稱十方佛"고 풀이한 것도 이 핵심을 알았기 때문에 가능했다.

선사들 가운데서도 지각智覺 선사 영명연수永明延壽는 염불을 자신도 행하고 남에게도 권하면서, "마음이 밝아지지 않은 학인은 염불을 행하여 정토에 태어나서 일대사인연을 깨달아 밝혀야 한다"고 말하였다. 만행萬行은 깨달음으로 들어가는 하나의 문이다. 마음으로 깨달아 행한다면 그 모두 부처의 뜻에 들어맞는다고 말하면서도, 유독 법화의 염불이라는 한 법문에 대해서 나쁘게 말하는 건 옳지 못하다. 요즘 시비를 일삼고 불법을 비방하는 것을 보면 슬프기 그지 없다.

옛 고승이 입으로 전하기를, "옛날 영산에 있었을 때를 법화라 하고, 지금 서방에 있는 것을 무량수라 하며, 사바세계에 몸을 나투면 관세음이라 하니, 지극한 자비는 하나여서 중생을 이롭게 한다"고 하였다. 이 글의 뜻은 고야대사 구카이가 쓴 『법화어개제法華御開題』의 뜻과도 부합

24) "四十八願, 莊嚴淨土, 花池寶閣, 易往無人."

한다. 『금강정경金剛頂經』에서 인용하며 이렇게 풀이하였다.

"법화연화경이란 관자재왕觀自在王의 비밀한 명호다. 이 부처는 무량수라고 불리며, 청정하고 오묘한 국토에서는 성불한 몸을 나투고, 더러움으로 물든 세계에서는 관자재라고 불린다."

법화와 미타와 관음이 한몸이라는 것이 이 풀이에서 명확해졌다. 당연히 믿고 받아들여야 한다. 어떤 염불 수행자는, "관음이나 지장으로 말하자면, 코가 간질간질하여서 우스꽝스럽다"고 말한다. 지장은 그나마 제쳐둘 수도 있다. 그러나 관음을 우스꽝스럽다고 깔보면, 부처가 와서 맞이하는 연화대에 오를 기회를 놓치게 될 것이다.

대체로 모든 곳에 두루 가득한 무상無相의 진언으로써 모든 부처와 보살의 사중만다라를 짓는다고 말한다. 십계에 있는 몸이라면 어느 것이든 대일여래의 법신이 자취를 드리운 것이 아니겠는가? 중생도 오히려 진실에서는 한몸이다. 똑같이 육대법계六大法界의 본체이기 때문이다. 하물며 부처와 보살을 떼어놓겠는가? 게다가 지장은 미타나 관음과 동체同體다. 진언의 세계에서 태장계만다라는 대일여래의 한 몸이다. 이것을 지분만다라支分曼荼羅라고 한다. 하나하나의 지분支分이 하나의 선지식이 되고, 인연 있는 근기를 이끌어서 깨달음의 길로 들어가게 한다. 그러므로 미타는 대일여래의 오른 어깨고, 관음은 팔이며, 지장은 손가락이다. 관음원觀音院에 지장이 계신다. 또 지장원地藏院에는 구존이 계신다. 전해오는 말에 "여섯 관음 여섯 지장이 되사이다"는 게 있다.

미이데라三井寺의 대아사리 게이소慶祚는 현교와 밀교에 정통한 고승이다. 히에이잔의 니시사카모토西坂本 마을의 여각旅閣에 있는 지장당 기둥에 그가 쓴 글이 적혀 있다.

"법장 비구의 옛날 모습, 지장 사문의 지금 모습, 장藏이라는 글자로 아울러 생각해야 하리라."

공봉승인 간인寬印이 이것을 보고는 베껴두고, 기둥은 깎아 없앴다고 한다. 미타와 지장이 한몸이라는 것을 배워서 안 사람이라고 할 만하다.

모든 치우침과 집착과 우쭐함이란 하찮은 지혜와 우둔함의 소치다. 널리 가르침을 배우고 두루 모든 종파를 엿본 사람에게는 차별하는 마음이 없다. 지혜로운 이의 마음을 배우고, 어리석은 사람의 감정에 휩쓸리지 않으며, 시비를 일삼거나 치우치거나 집착하는 마음을 그치고, 부처가 설한 대로 수행하려는 의지를 지니도록 힘써야 한다. 이렇게 써 놓으니 또 치우치고 집착하는 것 같아서 세간 사람들을 비방하는 것과 비슷해진다. 자칫 미쳐버릴 것 같은 중이 되어버리지 않을까? 누군가가 또 '나야말로 비방하지 않고 치우치거나 집착하지 않는 몸이다'고 마음 속으로 헤아리면서, 나에게 "법사나 그런 스님이 되지 마십시오"라고 말하지 않을까?

2. 스님이 자식을 둔 일

신슈信州의 어떤 산사에 스님이 있었다. 세 여인의 배에서 세 명의 자식을 얻었다. 첫 여자에게서 얻은 자식은 조심조심 남모르게 데리고 다녔으므로, 스님의 아들이라고 말해도 사람들이 의심스럽게 여겼다. 그래서 이름도 '오모이요라즈'[25]라고 붙였다. 두 번째 여자에게서 얻은 자식은 때때로 스님의 방에도 남모르게 드나들며 머물었기 때문에 사람들의 의심이 매우 옅었으니, 이름도 '사모아루라무'[26]라고 붙였다. 세 번째 여자는 집에 두어도 전혀 의심을 사지 않았으므로, 그 배에서 나온 자식에게는 '시사이나시'[27]라는 이름을 붙여 주었다. 이는 근래의

25) 추측할 수 없다, 헤아릴 수 없다는 뜻으로, '그렇다고 믿기 어려운 놈'이라는 의미이다.
26) '그렇기도 할테지'라는 의미이다.

일이다.

어떤 사람이 찾아오자, 스님은 스스로 나아가 밝히며, "저에게는 세 명의 아들이 있는데, 이름이 이러저러합니다. 그리고 이 사람은 시사이나시의 모친입니다"고 말하니, 그 아내도 나와서 인사하였다. '오모이요라즈'도 약간 어른스런 아들이었다고, 그를 본 사람이 말해주었다.

스님이 자식을 둔 일은 이전에도 없지 않았다. 천축의 구마라염鳩摩羅炎은 우전왕優塡王의 불상, 즉 지금 사가嵯峨의 세이료지淸凉寺에 있는 그 석가상을 받들고 중국으로 갈 때, 성인의 혈통을 잇게 하려던 구자국龜玆國 왕이 그 딸을 억지로 구마라염과 자게 하여 구마라집 삼장을 낳게 하였다. 구마라집도 중국으로 넘어온 뒤 궁녀에게 빠져서 생生·조肇·융融·예叡 등 네 명의 자식을 두게 되었는데, 『법화경』을 번역할 때에는 네 아들이 제자로서 함께 참여하였다. 이러한 예도 있듯이 저 옛날의 성인은 지혜와 덕행이 뛰어났으므로 그 자식들도 지혜가 깊고 덕행도 있어서 세상에 이익됨이 있었다. 근래의 경우는 좀 달라서 아비인 스님도 어리석은데, 하물며 그 자식이 어찌 신통하겠는가? 그 밖에는 말할 것도 없다. 쓸모없는 씨앗만 뿌린 셈이다.

무릇 시대가 내려오면서 사람들은 비루해지고, 반면 지혜가 있고 덕행도 높은 스님은 해를 거듭할수록 드물어졌다는 말을 듣게 된다. 먼 옛날에는 서두르지 않는 스님도 많았고 지혜로운 이도 많았다고 한다. 그 까닭을 생각해보니, 재가자든 출가자든 길은 다르다 할지라도 마음이 굳세었고, 거만할 정도로 행실도 높았던 것이다.

옛날의 무사는 왕위도 빼앗으려 했고, 쇼군이라는 이름조차 더럽히려 하였다. 마사카도將門의 헤이신오平親王라고 말해지는 것과 같다. 하타케야마畠山의 시게타다重忠가 저택에서 연기조차 피우지 않은 것은 진수부[28]의 쇼군이 되려는 마음을 두었기 때문이라 한다. 이러한 무사의

27) '별일없다' 또는 '지장없다'는 의미이다.

28) 진수부鎭守府 : 고대에 하이蝦夷 진압을 위해 육오국陸奧國에 두었던 군정부軍政府.

혈육 가운데서 출가하여 불도에 들어온 자는 지혜도 깊고 기량도 뛰어나며 깨달으려는 뜻도 높고 수행도 격렬하다.

요즘은 재가자의 모습도 많이 변하여서 도량도 없고 기량도 모자라며 과보果報도 떨어질 뿐 아니라, 주제넘게 호기를 부리는 일도 없고 부정한 마음조차 없다. 그저 시류에 영합하여 아첨하고, 이름도 귀하게 여기지 않고 부끄러움도 알지 못한다. 정해진 대로 목숨을 이어가고, 처자를 먹여살릴 수 있으면 부족하다는 생각도 하지 않는다. 이런 재가자는 자식들 가운데서 분수에 맞게 부지런 떨고 한 사람 몫만 하는 자를 골라서 집안을 잇게 한다. 쓸모가 없어 버릴 만한 자식은 법사로 만들어서, "걸식이라도 할지어다"고 하면서 머리를 깎게 하고 물들인 옷을 입힌다. 이건 왠지 신통치 않다. 그 가운데서 드물게나마 부처의 바른 법에 뜻을 세우고 불도 수행에 생각에 생각을 다하는 자가 있다손 치더라도 깨닫기는 어렵다. 경전에서는 "내가 입멸한 뒤에는 굶주림 때문에 출가하여 계율을 지키는 자도 있을 것이다. 그런 자를 '마음 깊이 바라는 것을 해치는 자'라고 한다"[29]고 말하였다. 그것은 해탈을 위한 출가가 아니다. 이는 오히려 인간과 천상의 번뇌가 남아 있는 착함 정도일 뿐이다. 계율을 깨뜨리고도 부끄러워함이 없는 자를 '대머리거사禿居士'라고 하고 '가사걸친 도둑'이라고도 한다. 창피하기 짝이 없다. 이렇게 불법이 사라진 세상이니, 보리심을 내어 진실하게 불도에 마음을 두는 사람을 좀처럼 찾기 어려운 것은 참으로 당연하다.

처음에는 다하성多賀城에, 나중에는 북진시켜 담택성膽澤城에 두었다.

29) 『열반경』 권3 「금강신품金剛身品」에 나오는 말이다.

3. 스님의 딸이 스님을 간병한 일

반도坂東의 어떤 산사에 별당[30]으로 있으면서 많은 문도를 둔 스님이 있었다. 스님은 나이를 먹어감에 따라 중풍이 들어 침상에 눕게 되었는데, 몸은 뜻대로 움직일 수 없었으나 목숨은 오래갔다. 이렇게 달을 보내고 해를 보내는 동안, 제자들은 간병하다가 녹초가 되었고, 끝내는 내버려두고 돌보지 않게 되었다. 그런데 어디서 왔는지 한 여인이 나타나서는 이렇게 말하였다. "제가 간병한다면 어떻겠습니까?" 제자들은 모두 "그래도 좋소이다"고 하며 허락하였다. 무어라 말할 수 없을 정도로 정성스럽게 간병하였다. "어떤 분이십니까?" 하고 물으면, "미욱한 사람입니다. 남에게 알려질 만한 사람이 아닙니다"라고 대답하면서 전혀 이름을 밝히지 않았다. 참으로 세상에서는 보기 드문 정성으로 간병하면서 날과 달을 보내니, 이 병자가 물었다.

"불법으로든 세간의 법으로든 은혜를 입은 제자들조차 나를 버렸는데, 이토록 정성스럽게 간병해주시니, 마땅히 그럴 만한 전생의 인연이 있었다고 할지언정 참으로 고맙다는 생각이 듭니다. 그러나 자신에 대해 몹시 숨기시니, 왠지 마음에 걸립니다. 도대체 어떤 분이십니까?"

"참으로 이제는 말씀드릴 수 있습니다. 저는, 옛날 뜻하지 않게 스님과 인연이 되어서 뜻밖의 일이 있었던 아무개라고 하는 사람의 딸입니다. 스님께는 이런 정도로밖에 알려드릴 수 없지만, 모친은 '너는 이러저러해서 태어났다'고 말씀하셨습니다. 그래서 제 마음만은 스님의 딸이라고 계속 생각하였고, 스님의 가련한 마음도 받들고 모습도 받들어

30) 별당別當 : 헤이안 시대 이후로 친왕親王 · 섭정攝政 · 대신大臣의 집안이나 절 · 신사 등의 특별 기관에 두었던 장관을 가리키는 말인데, 여기서는 아직 승직에 임명되지 않은 법사를 가리키는 말로 쓰였다.

야겠다고 오래 전부터 결심하였습니다. 하지만 이런 몸으로는 거리낌이 있어서 헛되이 세월을 보내고 있던 차에, 간병하던 사람들도 지치고 사정도 나빠진 까닭을 전해 듣고는, 효도하면서 마음 편히 모셔드리려는 결심을 하였던 겁니다."

병자가 굳이 물으므로, 눈물을 흘리면서 이렇게 대답하였던 것이다. 병자도 참으로 슬프게 느껴졌는지 눈물로 범벅이 되어 말하였다. "이렇게 될 수밖에 없는 부모 자식의 인연이 서글프구나!" 서로 정이 두터워졌고, 드디어 마지막까지 간병하여 마음 편히 돌아가시게 하였다. 저 지극한 효성이야말로 세상에 드문 일이라 생각된다. 사람의 자식으로서 남자보다 여자가 효도하는 마음이 더하고, 보살핌에 힘쓰는 것도 더 간절하다고 말하는 것도 당연하리라.

4. 아내를 얻으라고 남에게 권한 스님

와슈和州의 마쓰오松尾라는 산사에 주렌보中蓮房라는 중이 있었다. 중풍을 얻은 뒤에는 다키타瀧田의 큰 길가에 작은 암자를 지어서 살고 있었다. 이 큰 길을 산사의 스님들이 지나다녔는데, 그들에게 주렌보는 "스님께서는 아내가 없으시오?"31)라고 묻곤 하였다. 그들이 "아내가 없습니다"고 대답하면, 그는 이렇게 말해주었다.

"그럼, 어서 빨리 아내를 구하시오. 나 자신도 내 처지대로 학인이 되

31) 원문을 직역하면, "스님께서는 성자시오?"다. 성자는 일반적인 의미로는, 덕이 높아 숭배받는 자, 즉 고승이나 성인을 가리키지만, 여기서는 "아내를 취하지 않은 스님"의 의미로 쓰였기 때문에 번역을 본뜻에 맞게 하였다.

었고 젊어서부터 혼자 지내왔소이다. 그런데 출가 제자와 재가 제자들이 그렇게 많았지만, 이렇게 중풍으로 불구가 된 뒤로는, 언제 그런 사람이 있었냐는 듯이 생각해주지도 않소이다. 그래서 쓸쓸하게 지내면서 이렇게 비렁뱅이가 되어버렸소. 정말이지 목숨을 버릴 수 없어서 길가에서 이렇게 목숨이나 부지하고 있을 뿐이라오. 처자라도 있었다면, 이런 정도로 내 마음이 우울해지는 일은 없었을 것이오. 지금 조금이라도 젊을 때에 인연맺을 사람을 구하시오. 해가 갈수록 부부의 정도 깊어질 겁니다. 이런 병을 결코 남의 일이라 생각해서는 안 됩니다."

이렇게 스님들에게 권하였다. 예기치 않게 이런 걸 권하기는 했으나, 그가 몸소 겪었기 때문에 이치에 닿는 면도 있다고 할까?

5. 임종 때에 방해가 된 아내

어느 산사의 법사가 속세의 일에 빠져서는 어떤 여인을 꾀었다. 서로 생각하는 마음이 얕지 않았으므로 함께 살게 되었다. 그런데 이 스님이 오래도록 병에 시달리게 되었다. 그 아내가 정성스럽게 간병하였으므로 이 스님은 마음이 편안하였다. '제자라도 이렇게 하는 이는 드물다. 현명하게도 서로 언약하여 살게 되었고, 임종이 다가와도 마음이 편안하게 되었구나'라고 생각할 정도였다.

그러는 동안에 날은 쌓여가고 마음도 약해져갔다. 본래부터 보리심이 있어서 염불을 수없이 반복하였던 스님이었으므로, '이제 최후가 다가왔다'고 생각하여 단정하게 앉아서 합장하며 서쪽을 향해 염불을 하였다. 이를 본 아내가 말하였다. "저를 버리고 어디로 가시려는 거예요?

아아, 슬프구나!" 그러고는 스님의 목을 끌어 안고는 눕혀버렸다. "아아, 안타깝다! 마음 편하게 죽도록 해주게나!"

스님이 이렇게 말하며 일어나 염불을 하자, 아내는 다시 몇 번이고 되풀이해서 끌어 눕혔다. 스님은 소리를 더 높여서 염불을 하였으나, 다시 눕혀졌다. 결국 이렇게 실랑이를 벌이다가 죽었다. 임종 때의 작법으로는 참으로 당치 않은 일이었다. 마구니의 장애가 있었던 것일까?

이런 정도의 일은 드물다고 하더라도, 처자가 임종을 지키면서 슬프게 울며 그리워하는 일이 근기가 낮은 사람에게 어찌 장애가 되지 않을 수 있겠는가? 참으로 윤회에서 벗어나려는 뜻을 지닌 사람은 임종 때에 깨달음의 산으로 들어가는 길을 막는 굴레를 벗고, 번뇌의 바다를 건네줄 배의 밧줄을 끊어야 한다.

6. 아내에게 죽을 뻔한 스님

반도坂東의 어떤 산마을에 은둔 수행하는 스님이 있었다. 본래는 나라奈良의 법사였다.[32] 슌조보春乘房 스님이 불전을 조영造營하는 일 따위를 젊은 시절에 보았던 내력도 말한 적이 있다. 나이가 지긋해질 때까지는 아내를 맞지 않고 홀로 수행하였는데, 칠순의 나이가 되어서야 젊은 비구니를 꾀어서 암자에 두었다. 한편으로는 간병이라도 시키려 했던 것일까?

이 비구니는 서른 살 정도 밖에 되지 않았고, 교토 사람으로 온갖 일을 떠벌리기 좋아하여서 속에 잘 담아두지 못하였는지라, 저 노승의 행

32) 아마도 나라奈良의 동대사東大寺나 흥복사興福寺의 중이었던 것 같다.

동거지를 남들에게 곧잘 말하곤 하였다.

"암자의 주인이 이 비구니를 불러서는, '어라, 어라, 번뇌가 일어났구나! 물을 끓여서 행수[33] 준비를 하거라'고 말해요. 그런데 얼른 물을 끓여서, '물은 벌써 다 끓었습니다'고 말하면, '벌써 번뇌가 식어버렸다'고 말합니다. 언제나 이런 식이어서 화가 나고 흥도 나지 않아 기분이 그렇습니다."

정말로 끓는 물과 함께 속도 부글거리고 번뇌와 똑같이 흥도 식어버렸다고 생각하니, 우스꽝스럽기 그지없다.

그런데 비구니는 이 노승을 세심하게 돌보지 않고 남모르게 젊은 수행자와 정을 통하고 있었다. 암자라고는 해도 이 노승이 그럴 듯하게 지었고, 또 때마다 쓸 재물도 지니고 있었으므로, '이 늙은 중을 죽여서 젊은 수행자와 인연을 맺고 이 암자에서 살아야겠다'고 비구니는 생각하였던 것이다.

어느 땐가 노승을 눕힌 비구니는 그 자신 젊고 왕성하고 힘도 강하다고 여겼기 때문에 힘껏 노승의 목을 졸라 숨통을 막았다. 이미 목숨이 끊어졌다고 느껴지자, 비구니는 소리를 있는 대로 내어, "아아, 슬프구나! 사람을 죽였으니" 하고 절규하였다. 봉우리 너머에 있는 암자까지 희미하게나마 그 소리가 들렸다. 그 암자의 수행자가 이상하게 여겨서 얼른 달려와서 보았다. 노승은 이미 안색도 변했고 숨도 끊어진 것처럼 보였으나, 비구니를 힘껏 발로 차서 떼어 놓았더니 노승이 숨을 다시 내쉬었다.

이 일은 숨길 수 없었기 때문에 그 지방의 지토에게 알려서 송사를 걸었다. 이 비구니는 어찌할 도리가 없었고 하소연 하지도 않았다. 죄가 무거웠으므로 어떠한 형벌이든 가해서 손이나 발이나 목을 벨 수도 있었다. 그러나 은둔 수행자였고, 또 지토도 자비로운 사람이어서 그저 추

---

33) 행수行水 : 불사를 하기 전에 몸을 깨끗하게 하기 위해 사용되는 물.

방하는 것으로 일단락지었다.

이 일을 벌인 저 노승과 비구니를 잘 알고 있다. 그 일이 벌어진 곳에 없었을 뿐, 자세한 사정은 다 들었다. 그런 일을 생각하면, 앞서 중풍이 든 스님이 아내를 얻으라고 권한 것도 따르기가 어렵다. 차근차근 생각해보아야 할 일이 아닐까?

7. 죽을 때의 집착을 두려워하라

오하라小原에 어떤 스님이 있었다. 지혜는 없었지만 깨닫고자 하는 마음은 깊은 스님이어서 이런 덧없는 세상에 오래 산 것도 하찮다고 여겼다. 그래서 21일간 묵언 수행을 하고 마지막 날에 목을 매어 죽으리라고 마음을 단단히 먹었다. 도반 두세 사람과 이야기를 나누고는 도량에 틀어박혔다.

이 일이 알려지자, 진실로 고귀한 일이라 여긴 오하라의 승정도 함께 왕생하는 인연을 맺으려고 왕생을 위한 법회를 열어 강설하였다.

묵언 수행 중에 말할 만한 것이 있으면 종이에 써서 말하였는데, 그 가운데에 "왕생하려는 마음을 북돋우기 위해 염불을 듣고 싶습니다"는 것이 있었다. 그래서 교토의 유명한 승려들을 초대하여서 따로 날짜를 7일간 잡아 염불을 시작하였다.

그러는 동안에 교토의 승려와 재가 남녀들이 이 소식을 듣고는 왕생의 인연을 맺으려고 다투어 모여들었고, 그들이 절을 하겠다고 하면 스님이 나와서 절을 받았다고 한다. 함께 이야기를 나누었던 스님들은, '일을 이렇게 해서는 안 된다, 너무 지나친 작법이다'며 납득할 수 없는 일이라고 생각하였다.

이제 날짜가 다 되어 몸을 깨끗이 씻을 물 따위를 준비하였다. 도반 가운데 한 사람이 말하였다.

"이제는 이 정도면 되었네. 다른 뜻이 있어서는 안 되는 거지만, 사람의 마음은 정해져 있지 않은 것이어서 혹시라도 망령된 집착이라도 남아 있거나 생각한 것이라도 있다면 말하시게. 마음에 남아 있는 게 없이 죽어야 하기 때문일세. 이제는 묵언할 이유가 없네."

이렇게 말했을 때, 이 스님은 '참으로 그렇겠지?'라고 생각하면서 말하였다.

"처음 결심하였을 때는 마음도 용맹하였다네. 하루가 지나서, 욕실 있는 방에 불을 피워서 저 방 주인이 불에 타 죽었다고 하는 소문이 들렸을 때는, 하루라도 얼른 죽음을 맞아서 이런 뜬소문을 듣지 말아야지, 빨리 죽어야지 하고 생각했는데, 요즘엔 마음도 풀어져서 서둘러 죽어야겠다는 생각을 하지 않게 되었다네."

이 말을 할 때, 이 스님의 근래 제자로서 교토에 살고 있다가 이 일로 해서 내려온 사려깊은 재가 법사가 거기 있었다. 도량에는 들어가지 않고, 약간 시기하는 듯한 표정으로 장지문 곁에 앉아 있었다. 스님이 이렇게 말하는 것을 듣고는 큰 소리로 말하였다.

"사물의 이치라고 하는 것은 때가 정해져 있지 않은 일입니다. 이 정도로 떠들썩하게 만들고 날짜도 시각도 정해둔 일을 이제 와서 좀 교활하게 딴소리를 내뱉는 건, 아무리 생각해도 해서는 안 될 일입니다. 마구니 같은 짓이라 할지도 모르겠지만, 어서 빨리 몸을 깨끗이 씻으시고 서두르십시오! 시간을 지체하지 마십시오!"

큰소리로 말한 데다가 스님도 말을 입밖에 낸 일이었으므로, 얼굴을 찌푸리며 마지못해 몸을 깨끗하게 씻고 난 뒤, 방 앞의 들보에 밧줄을 걸고 목을 매어 죽었다. 사람들은 절하여 공경을 표하고 제각기 그의 유품을 가져 갔다.

그런데 그 뒤 반 년쯤 지나서, 천태좌주天台座主인 승정이 병을 얻었다. 여느 때와는 다른 기색을 보이더니, 가지기도로 몸을 지키면서 다라니 등을 외웠다. 무의식중에 갖가지 일들을 입 밖에 내었다. 저 목을 맨 스님이 씌었는지, 이렇게 말하였다. "아아, 저를 말려주십시오. 단념하지 않으려고 생각을 하였다가 그렇게 되어 유감스럽소이다."

참으로 망령된 생각이나 집착하는 마음을 버리기는 어렵다. 억지로 목을 매서 마구니의 길로 들어가버린 일이야 도리가 없지만, 우리는 이제라도 망령된 생각이나 집착하는 마음을 두려워하고 잘 가려야 할 것이다. 이 일은 내가 잘 아는 스님이 오하라에서 직접 보고 저간의 사정을 말해준 것이니 확실하다.

8. 물속에 뛰어든 스님

어떤 산사에 스님이 있었다. 깨달으려는 마음이 깊어서 허망한 세상에 마음을 두지 않았는데, 얼른 극락정토에 가려는 생각을 한 나머지 물속에 뛰어들어 죽으려는 마음을 일으켰다. 이를 도반에게 말하고 배를 준비해서 호수 한가운데로 배를 저어 나갔다. 이 스님이 말하였다.

"죽음은 일생에서 큰일이네. 숙달된 일에서도 잘못하는 일이 있고 실수하는 일도 있지. 왕생이라는 큰일이나 임종의 작법은 아직 경험하지 못한 일이어서 어쩐지 불안하네. 물에 뛰어든 뒤에도 이런 생각에 매달려서 어떤 망령된 생각이나 집착하는 마음이 생겨서 목숨을 아까워하거나, 왕생 이외에 딴 생각을 하다가 왕생하지 못할 수도 있을 것이네. 물에 뛰어든 뒤에 아직 살고 싶다는 생각이 들면 밧줄을 당길 터이니,

그러면 끌어내주시게."

그리고는 허리에 밧줄을 매고 염불을 하면서 뛰어들었다. 도반들이 슬프게 생각하고 있던 차에 밧줄을 당겼으므로 끌어올렸다. 스님은 흠뻑 젖어서 끌어올려졌다. 도반들은 납득하지 못하였으나 약속한 것이었으므로 이번에는 그냥 돌아왔다. 스님이 말하였다. "물속에서 괴로워지자 망령된 생각이 일어났고, 이런 마음으로는 왕생하지 못한다는 생각이 들어서 끌어올려달라고 한 것이라네." 며칠이 지났다. 이번에는 그래도 괜찮을 거라 하면서 다시 배를 타고 나갔다. 앞서처럼 뛰어든 뒤에 또 밧줄을 당겼다. 끌어올려진 뒤에 돌아왔다. 그 뒤로도 두세 번 더 그렇게 몸에 익히고는 다시 호수로 나갔다. 이번에도 순조롭지 않으리라고 여겼는데, 물에 뛰어든 스님이 밧줄을 당기지 않았다. 그러는 동안에 허공에서 음악이 들렸고, 물결 위로는 자줏빛 구름이 길게 뻗쳐서 아름답게 보였다. 도반들의 눈에는 함께 기뻐하는 눈물이 노의 물방울처럼 맺혔다.

참으로 아집이나 명성을 구하는 마음으로는 왕생할 수 없다. 진실한 신심이라야 평소에 품었던 바람을 이룰 수 있다. 목을 매 자살한 스님과는 달리 몸에 잘 익혀서 왕생할 수 있는 마음을 지녔으니, 현명하다고 하리라.

9. 깨달음에 뜻을 둔 사람은 집착을 버려라

오하라小原의 승정이 48일간 『오조요슈往生要集』를 강설한 적이 있었다. 호넨보 스님과 슌조보 스님 등이 청중이었고, 오하라의 스님들도 나란히 참석하여 여법하게 깨달음을 얻으려고 한 강설이었다. 48일간의 강설을 끝내고 사람들이 흩어져 물러간 뒤에, 호넨보와 슌조보 두 스님만 끝까지 남아 있었다. 호넨이 물었다. "이번 강설의 핵심을 어떻게 이해하십니까?" 슌조보는 "된장독 하나라도 집착하는 마음이 머물 만한 것은 버려야 한다고 이해했습니다"라고 말하였다. 승정이 주렴 안에서 듣고는 말하였다. "스님들! 무슨 말을 나누고 계십니까?" "슌조보가 이러이러한 말을 했습니다." 호넨보가 이렇게 말하자, 승정은 옷소매에 눈물을 주르륵 흘리며 말하였다. "이번 강설을 통해 이렇게 진귀한 말은 듣지 못했습니다." 승정은 함께 기뻐하였다.

참으로 시작이 없던 아득한 때로부터 계속되는 윤회는 한순간의 집착에서 일어나는데, 그 생사윤회의 감옥은 깨뜨리기 어렵다. 석가모니가 일생 동안 설한 온갖 가르침의 방편문이 아무리 너르다고 하더라도, 오로지 중생의 집착을 없애고 무아의 이치로 들어가게 한 것밖에는 다른 것이 없다. 그러므로 『법화경』에서도 "중생은 곳곳에서 집착하니, 그 마음을 바로잡아 윤회에서 벗어나게 한다"고 설하였으니, 그 집착하는 마음을 없애는 것밖에는 사람들에게 줄 참된 법이 없다.

갖가지 교설에서 내세우는 반야지혜가 오로지 제일의공第一義空을 설하는 것은 중생의 집착을 떨어내기 위함이다. 본래부터 본성이 청정하고 모든 미혹을 끊어버려서 진여의 깨달음인 곳에서, 중생은 주관과 객관의 분별을 낳고 아상에 집착하여 한량없는 번뇌를 일으켜서 끝없이 업의 고통을 받는다. 반야지혜의 불로써 망령된 집착이라는 땔나무를 태워서 번뇌에서 벗어나게 하고 깨달음을 얻게 한다. 모든 잘못은 집착하는 마음에서 비롯될 뿐이다. 집착을 일으키는 온갖 법이 많아서 이름을 다르게 붙였다고 하더라도, 집착하는 마음이란 요해하지 못한 하나의 망령된 생각일 따름이다.

또 모든 법문은 하나의 이치 위에서 평등하다는 제일의공일 뿐이다. 반야를 설한 모든 경전에서 말하는 여덟 가지 공에 대해서 『대지도론』에서는 "공은 다만 하나지만, 중생의 집착에 열 여덟 가지가 있어서 잠깐 열 여덟 개의 이름을 붙였다"고 풀이하였다. 비유하자면, 땔나무를 태우는 불의 본체는 하나라고 하더라도 땔나무에 따라서 소나무불이라느니 대나무불이라느니 하는 것과 같다. 중생의 내면에 있는 '나'를 깨뜨리기 때문에 '내공內空'이라고 말하고, 바깥의 대상에 대한 집착을 깨뜨리기 때문에 '외공外空'이라 말한다. 아상의 근본을 잘 깨달아서 없애면, 지엽말단은 저절로 다스려진다. 불법을 수행하는 사람이 집착의 근원을 없애지 않고 아상으로 법이라는 상을 취하고 분별망상으로 이론과 실천 수행을 따로 세우기 때문에 도적을 길러 자식이라 하고 집안의 재물을 송두리째 잃어버리는 것을 면하지 못하는 것이다. 대승에서 모든 것은 공이라고 한 법문, 그 불법의 본원을 요해하기 위해서는 어떠한 수행이든 힘써야 한다. 집착하는 마음을 두려워하며 아상을 없애야 하고, 널리 재주나 부리는 공부를 하지 말고 당면한 망념과 집착을 알아채고 없애야 한다.

그런 까닭에 도가노의 묘에 스님은 "범부는 습관처럼 갖가지 망령된 생각을 다 하고 있는데, 그 가운데서도 특히 무거운 장애가 있다. 우선 그것에 주목하여 잘 다스려야 한다. 무엇보다도 마음을 기울여 다스리지 않으면, 떨쳐버리기 어렵다. 옷에 묻은 때를 씻어낼 때에 보통의 때는 빼기 쉽다. 허나 얼룩이 진 것은 특히 잿물을 더한 물에 넣어서 정성껏 씻지 않으면 뺄 수 없다"고 말하였다. 그러므로 그럴 듯해 보이는 일을 알거나 재주나 부리는 공부를 좋아하기보다는 내 몸에 있는 삼독과 오욕 등 특히 무거운 것을 없애야 한다. 성스런 가르침이란 글 읽는 것을 본령으로 하지 않고 허물을 없애는 것을 목적으로 한다. 남산대사 도선도 "성스런 가르침의 본래 뜻은 오로지 받들어 행하는 것이다. 만약 글을 읽기만 한다면, 이는 본래 뜻이 아니다"고 말하였다.

옛적에 묘젠明禪 법인法印이 『마하지관』의 뜻을 풀이하는 자리에 어떤 은둔 수행자가 참석하여 듣고 있었다. 묘젠이 법문에 이어서 백낙천의 말을 끌어와서, "무일푼이 된 뒤에는 어떤 일이 있을까? 마땅히 세간에서는 구하는 게 없게 되리라"고 이야기하였다.

말의 핵심은 이렇다. 사람이 아무 것도 가진 것 없이 맨손인 것을 무일푼이라 한다. 또 지팡이를 짚을 정도의 땅도 가지지 못한 것을 발디딜 데 없는 세상이라고 한다. 몸을 완전히 버리면 구할 것도 없고 번거로울 것도 없으며 한탄할 것도 적으므로 마음이 편안하다고 한다. 이것을 들은 은둔 수행자는, "지관의 법문은 다 들었습니다"라고 말하면서 나갔다. "『마하지관』 한 권을 전부 이해했도다!" 묘젠 법인도 이렇게 말하였다.

참으로 일이 적어지면 마음도 편안해지고 사사로운 정을 잊으면 번거로움도 적어진다는 말인데, 몸뚱아리 하나는 어쩐지 기르기도 쉽고 내버려두기도 쉽다. 사람이 이 세상에서 부귀를 뽐내고 영화를 구하는 것을 보면, 괴로움을 즐거움으로 삼고 번거로움을 가지고 영화롭다고 생각하고 있다. 몸도 커지면 일도 번거로워진다. 번거로움이 많으면 두려움도 많아진다. 용이 모가지가 많아지면 괴로움이 많아지는 것과 같다. 그저 남의 일에 끼어들어 남의 번거로움을 떠맡으면서 윗사람을 섬기고 아랫사람을 돌보고, 세태를 따르며 벗을 사귀고, 마음이 고요해지지 않는 것을 영화라고 생각하고 시끄러움을 부귀라고 여긴다. 몸도 편하고 마음도 한가로운 것이 즐거움인 줄을 알지 못한다. 백낙천이 말하였다. "부유하고 귀해지더라도 역시 괴로움은 있으니, 괴로움은 마음의 두려움과 근심에 있다. 가난하고 미천하더라도 역시 즐거움은 있으니, 즐거움은 마음의 자유로움에 있다."

참으로 마음이 괴롭고 몸도 위태로우면 어떠한 즐거움도 있을 수 없다. 총림의 가난한 승려가 풍월을 읊고 법의 참맛을 맛보며 일생을 보내면서 해탈을 기약하고, 반면 이 세상을 헛되고 헛된 것처럼 생각하며 몸과 마음이 꿈같은 것임을 안다면, 현세에서도 몸이 편안하고 내세에서도 의지할 게 있다. 당나라의 현수賢首도 말하였다. "참된 즐거움은 본래부터 있었으나, 잃어버리고 알지를 못하는구나. 망령된 괴로움은 본디 없는 것인데, 애써 얻고서는 깨닫지 못하는구나."

고묘光明 왕후는 자필로 궁궐 안 병풍에, "맑은 가난은 늘 즐거우나 탁한 부유함은 늘 근심이 된다"고 썼다. 진실로 집착하는 마음을 깊이 지닌 채 세상을 살아가는 사람은 재물이 넉넉하더라도 부족하다고 생각하니, 구할 때에도 괴롭고 얻었을 때에도 괴롭다. 도둑도 두렵고 몸도 위태롭다. 재물을 잃었을 때는 심장에 화살을 맞은 것 같다. 근심스럽구나!

설령 평온하게 일생을 살았다고 하더라도, 재물이란 중유[34]의 밑천이 되지 못하고 저승길의 좋은 길벗이 되지도 못하며, 그저 헛되이 남의 것이 되어버린다. 다만 하늘의 뜻에 맡겨서 바라는 마음이 없이 앞서 지은 업을 살피고, 빈천을 한탄하는 일이 없이 불도에 마음을 두며 깨달으려는 생각을 맑게 하려고 할 뿐, 사람의 몸을 받으려는 생각도 없어야 한다. 『유교경遺教經』에 이르기를, "만족할 줄 아는 사람은 가난하다고 해도 부유하다. 만족할 줄 모르는 사람은 부유하다고 해도 가난하다"고 하였다. 영고성쇠도 지나보면 모두 꿈같이 허망하다. 근심도 기쁨도 잊고, 공空의 법문을 배워야 한다. 진실하게 깨달음의 길로 들어선 사람은 조금이라도 집착하는 마음이 생길까 두려워하라.

마쓰오松尾의 쇼게쓰보證月房 스님의 절에서 난토에서 온 어떤 율승이 점심을 먹고 있을 때였다. 스님이 마주 앉아 먹고 있다가, 수저를 놓고는 눈물을 주르르 흘리면서 소리내어 읊었다. "너희 비구들이여, 이 삼계의 불타는 집에 즐거이 머물려 해서는 안 되며, 거칠고 나쁜 색깔과 소리와 향기와 맛과 촉감을 탐내어서도 안 된다. 만약 삶에 집착하고 좋아하는 것을 탐낸다면, 곧 불태워질 것이다." 율승은 식욕이 없어졌고,

34) 중유中有 : 중음中陰과 같은 말이다.

부끄러워하면서 식사를 끝내고는 나가버렸다.

다섯 가지 티끌五塵과 같은 대상에 애착을 일으키는 일을 벗어나면, 생사의 괴로움이 없다. 근래의 학인들은 법문이나 그 의미에 대해서는 고상하게 얘기하고 두루 논하지만, 괴로움을 받는 상황이나 즐거움을 느끼는 상황에서는 싫어하거나 애착하는 마음을 멈추기 어려워한다. "의미를 풀이하는 건 힘들지 않다"고 말하면서 법문을 이해했다고 말하더라도, 방종한다면 괴로움을 피할 수 없다. 설령 견해는 비뚤어지지 않았다고 해도 그 업은 피하기 어렵다.

옛날 어떤 고승은 "우둔한 자는 재물과 여색에 빠지고, 영리한 자는 명성에 집착한다"고 말하였다. 어리석은 자는 재물을 중하게 여기고 여색에 빠지면서 불법조차 재물과 여색을 얻기 위한 것이라 여긴다. 말할 필요도 없이, 영리한 자는 명성을 으뜸으로 여겨서 존귀하고 어진 행동을 하는 것조차 오로지 이름을 얻는 것으로 생각한다는 것이 아닐까? 식견이 남보다 뛰어나서, '나는 법을 깨쳤다'고 생각하면서 모든 사람을 그저 하찮게 여기는 자도 있다. "이런 부류는 모두 불도에 들어선 사람이 아니니, 천마天魔나 외도의 무리와 마찬가지다"고, 경전에서도 설하였고 조사들도 훈계하였다. 깨달음의 길에 들어선 자는 잘 분별해야 할 것이다.

대혜大惠 선사는 "타인을 점검하는 공부를 가지고서 자신을 점검한다면, 불도 수행에서 성취하지 못할 일이 없을 것이다"고 말하였다. 정말 사람들은 자신의 허물은 잊고 남의 허물만 보면서 시비를 가리고 헐뜯는다. 그런 때에 나 자신의 허물을 가려내서 제대로 고친다면, 깨달음에 들어갈 수 있다. 이는 자신의 종기가 난 발은 감추고 남의 종기가 난 발을 비웃었다고 하는 것과 같다. 사람마다 허물은 있는 법인데, 왜 제 허물은 잊고 남의 허물만 보는 것일까? 내 얼굴의 티는 보이지 않고 남의 티만 보이는 것과 같다. 거울을 보고 내 티를 보아야 한다. 세간의 책이나 부처의 설법 등은 모두 거울이요 마음을 비추는 덕德이다.[35] 또 내가 성스런 가르침을 읽은 적이 없는 사람이라면, 선지식을 따르고 좋은 벗을 가까이 하여서 익히고 공부하여야 한다.

"지혜가 뛰어난 사람은 가르침을 받을 게 없고, 어리석은 사람은 따라오지 못한다"[36]는 말이 있다. 지혜를 갖추고 태어난 사람은 남의 가르침을 받지 않고도 스스로 바르게 행동한다. 지극히 어리석은 자는 아무리 가르쳐도 따르지 못한다. 중간치기는 어떤 인연을 만나느냐에 따라서 못되기도 하고 잘되기도 한다. 이런 사람은 뛰어난 벗을 구하고 좋은 인연을 가까이 하여야 한다. 경전에서도 "착한 사람과 함께 어울리면, 이슬비 속을 걷다가 옷이 저절로 젖는 것처럼 된다"고 설하였다. 또 글에 이르기를, "착한 사람과 함께 사는 건, 향기로운 난초와 지초가 있는 방에 들어가는 것과 같다. 그 향기를 오래 맡지 않아도 그것과 더불어 하나가 된다. 착하지 못한 사람과 사는 건, 어물전에 들어가는 것과 같다. 그 냄새를 오래 맡지 않아도 비린내가 몸에 밴다"[37]고 하였다. 이런 까닭에 별로 뛰어나지 않은 사람과 친하게 지내는 것은 좋지 않다.

그러므로 백낙천은 대나무와 물을 벗으로 삼아 늘 마음을 맑게 하면서 그 느낌을 시로 썼다. 그의 시에 이런 것이 있다.

물은 그 성품이 맑아서 내 벗이 되었고
대나무는 공을 이해하니 내 스승이로다.
어찌 꼭 이 어둑어둑한 세상에서
힘써 마음을 괴롭히며 벗을 찾으리오?[38]

35) 원문에서는 "산을 비추는 덕이다"라고 되어 있는데, '산'은 '마음'의 오자로 보아야 한다. 그래서 바로 잡았다.

36) 『안씨가훈顔氏家訓』에는, "上智不教而成, 下愚雖教無益, 中庸之人不教不知也"라는 구절이 있고, 『논어』「양화陽貨」편에는, "唯上智與下愚不移"라는 구절이 나온다.

37) 『공자가어孔子家語』 권4에 나온다.

38) 백낙천의 시 「지상죽하작池上竹下作」의 후반 부분이다. "水能性談爲我友, 竹解心空是我師. 何必悠悠人世上, 費力勞心覓親知?"

세상 사람들은 기쁨이 넘칠 때는 함께하고, 원망스러울 때는 시기한다. 또 부유할 때는 따라다니고, 가난할 때는 멀어진다. 설령 깊이 사귄 벗이라도 내가 죽은 뒤에는 나를 찾아오지 않는다. 그러므로 참된 불도에 들어갈 인연이 되는 벗을 따르며 가까이하여야 한다.

"아끼는 것은 일이다"는 말이 있다. 생사윤회의 괴로움을 끊지 않고, 만나고 헤어지는 슬픔이 끝없이 이어지는 일은 그저 애욕의 인연이 될 뿐이다. 노자 역시 말하기를, "죄로는 욕심부리는 것보다 큰 것이 없고, 재앙으로는 만족할 줄 모르는 것보다 큰 것이 없다"고 하였다. 욕심부린다는 것은 색욕을 일으키는 일이다. 만족할 줄 모른다는 것은 재물이나 보배를 싫증내지 않는 마음이 있다는 말이다. 재물을 탐내는 마음이 깊은 것도 대개는 처자를 길러야 하는 인연 때문이지만, 근본적으로는 색욕에서 말미암는다. 경전에서도 "욕심을 가까이하게 되면 온갖 죄라는 죄를 다 짓게 되기 때문에, 그 과보를 받을 때 괴로움을 받지 않는 일이 없다"고 하였다. 고작해야 이번 생에서만 마음을 번거롭게 하거나 몸을 괴롭히는 일이 없을 따름이다.

죽을 때도 망령된 생각을 멈추기 어려워서 애욕과 집착을 끊지 못하였다면, 윤회를 벗어나는 데에 장애가 되어 악도에 떨어져서 고통을 받는다. 자신보다 귀중한 처자가 있어서 은혜와 사랑의 노예가 되고 욕심에 휘둘리게 되어 부모나 스승에 대한 은혜도 갚지 않고, 삼보의 더없이 빼어난 복밭도 공양하지 않으며, 외롭고 빈궁한 이에게 자비를 베풀지 않는다. 살생이나 도적질, 음란한 짓, 망령된 말, 탐욕과 성냄, 시기, 어리석음, 방종 등 모든 죄가 이 애욕과 집착에서 생겨난다. 그런데 끝내 죽음의 선후가 뒤바뀌거나 헤어지는 괴로움과 근심에 잠기고, 어리석음과 애욕의 물에 빠지고, 애상의 불에 애태우다가 윤회의 괴로움을 끊지 못한다. 이는 깨끗하지 못함이요 무상이요 헛됨이요 괴로움이다.

원망과 시기심은 독사와 같다. 덕을 깨뜨리고 이치를 해치며, 즐거움을 줄이고 재앙을 늘인다. 깊이 두려워하고 꺼려야 한다. 남산대사 도선은 "사백 네 가지 병은 먹고 자는 것을 근본으로 하고, 삼도와 팔난의 괴로움은 여인을 근본으로 한다"[39]고 말하였다. 색으로 말미암아 방자함을 일으키고, 재물로 말미암아 교만함을 일으킨다.

---

39) 「정심계권법淨心誡勸法」에 나온다.

권5[1]

1. 천태 학승이 귀신 들릴 뻔한 이야기

옛날 어떤 산승이 히요시日吉의 대궁大宮에 참배하러 갔을 때다. 한밤중에 꿈도 아니고 생시도 아닌 상태에서, 기이한 모습의 역신疫神이 셀 수 없을 정도로 많은 하급 역귀疫鬼들에게 말하고 있는 광경을 보았다. "역병은 세상 사람들이 모두 재앙으로 여깁니다. 이 산승에게 조금 내려줍시다." 이때 신인神人[2]이 앞으로 나와 말하였다.

"산문山門의 학인이라면 건드려서는 안 됩니다. 다만 산에 머물고 있

1) 권5는 '본本'과 '말末' 두 부분으로 이루어져 있는데, 여기서는 구분하지 않고 번호를 이어붙였다.
2) 히요시 대궁에서 섬기는 신으로 보인다. 본문 아래에서 '산왕'이 나타난 것으로 여겼다는 데서도 그런 줄 알 수 있다.

는 자들 가운데서 이 히에이잔比叡山에 머물고 싶어하면서도 가까운 고향으로 내려가려는 중이 있으니, 그를 괴롭혀서 잠시 머물게 할 수 있을 겁니다. 하지만 목숨을 빼앗아서는 안 됩니다. 그는 아무 골짜기의 아무 방에 있는, 이름을 아무개라 하는 자입니다."

그러자 역귀들은 우루루 밖으로 나갔다. 예의 그 방으로 가서 들어가려고 하였을 때였다. 그 스님은 지방으로 내려가야 했다. 산을 떠나는 아쉬움을 느껴서인지, 밤이 깊도록 마음을 가라앉히면서 이런 경문을 외우고 있었다.

"원만하게 깨닫는 자는 처음부터 실상을 인연으로 한다. 대상으로 나아가 가운데에 있으니, 진실이 아닌 것이 없다. 법계에서 인연에 매이면 한순간에 법계가 된다. 하나의 색깔, 하나의 냄새도 중도가 아닌 것이 없다. 자신의 법계와 불계, 중생계 또한 그러하다. 깊이 들어가면 모두 여여하므로, 버려야 할 괴로움苦이란 없다. 무명과 티끌과 수고로움은 곧 깨달음이니, 끊어버려야 할 괴로움의 원인集은 없다. 가생이는 모두 가운데요 삿됨은 모두 바름이니, 닦아야 할 길道은 없다. 태어나고 죽는 것은 곧 열반이니, 증득해야 할 사라짐滅도 없다. 괴로움도 없고 그 원인도 없으므로, 세간도 없다. 길도 없고 사라짐도 없으므로, 출세간도 없다. 오로지 하나로서 실상이며, 실상 밖에 다시 다른 법은 없다. 법의 본성은 고요하므로 '멈춤止'이라 하고, 고요하면서도 늘 지혜로써 비추기 때문에 '살핌觀'이라 한다. 비록 처음과 나중이라고 달리 말할지라도, 둘이 아니며 다른 것이 아니다. 이를 '원만하게 깨닫는 멈춤과 살핌圓頓止觀'이라 한다."

이 때문에 역귀들은 아무리 해도 가까이 다가갈 수 없었다. 그래서 대궁으로 돌아와 자초지종을 아뢰자, 역신이 말하였다. "그렇다면 나로서도 어찌할 힘이 없다." 이리하여 역귀들이 떠났다. 이를 본 산승은 그 히에이잔에 머물고 있는 스님에게 가서 말하였다. "이러이러한 일을 직접 보았소이다." "산왕山王이 나타나 그와 같이 생각하셨다니, 황송하군요.” 그 스님은 이렇게 말하면서 고향으로 내려가려는 생각을 그만두었으며, 오래도록 그 산에 머물었다고 한다.

그 글은 천태대사 지의에게 남악南岳 대사가 전한 세 가지 지관 가운데서 ‘원돈지관圓頓止觀’에 관한 것이었다. 『마하지관』 권1에 나온다. ‘원만하게 깨닫는 것’에 관한 이해와 실천이 이 글에 다 드러나 있다. 깊이 살펴서 무명을 끊어버리면, 혹 불제자가 얻어야 할 다섯 공덕의 자리五品와 여섯 감각기관六根이 맑아지는 자리에 이를 수 있다. 그런 정도의 이익은 말할 것도 없고 조금만이라도 신심을 지닌다면, 배워서 이해하지는 못하더라도 세간의 이익을 이와 같이 얻을 수 있다. 온 법계에 한결같이 흐르는 부처의 음성이요, 참으로 좋고도 오묘함이 있는 문자다. 햇빛이 이슬과 서리를 녹이고 최상의 묘약이 병을 낫게 하는 것과 같이, 재난이 저절로 없어지고 업장도 반드시 사라지게 된다. 지혜로운 사람은 이 글을 익히고 늘 입으로 외우며 마음으로도 살펴야 한다. 천태학자는 모두 입에 달고 다녀야 한다. 그 핵심을 깨닫는 데는 이르지 못하더라도, 역시 이익은 있다.

『열반경』에서는 “이 대열반경의 광명은 늘 중생의 털구멍으로 들어와 깨달음의 인연이 된다”고 설하였으며, 또 『범망경梵網經』에서는, “짐승을 보았을 때는 ‘너는 짐승이지만 보리심을 내어라’고 말해야 한다”고 하였다. “근기가 얕은 유정有情은 비록 핵심을 이해하지 못하더라도, 법의 소리가 털구멍으로 들어와 먼 훗날 깨달음을 이룰 인연이 된다”고도 말한다. 또 옛날 어떤 고승은, “진흙이나 나무로 만든 불상은 부처의 지혜에서 생겨났고, 종이와 먹으로 만든 경전은 법계에서 흘러나왔다”고 말하였다.

참으로 부처의 지혜를 빌어서 형상을 새기고 또 법계를 온전하게 문자로 드러낸다. 이런 까닭에 불상에 절을 하면 저절로 이익이 되고, 경전에 마음을 두면 반드시 죄를 없앨 수 있다. 그러니 쓸데없이 남들이나 짐승에 대해 탐내거나 성내는 마음을 일으키기보다는 항상 불상에 마음을 두어야 한다. 좋지도 않은 세간의 문자를 읽고 망령되이 헤아리기보다는 이왕이면 경전을 읽어야 한다. 사람에게는 좋은 본성도 있고 나쁜 본성도 있다. 깨달음을 열어주는 빼어난 인연인 삼보를 향한다면, 마음에 오묘한 작용이 쉽게 나타난다. 하지만 나쁜 인연이 될 육진을 대한다면, 망령된 업을 짓기 쉽다. 그러니 마땅히 선지식을 가까이하여 인연을 맺도록 하고, 대승의 가르침이 이롭다는 것을 깊이 믿어야 한다.

2. 원돈圓頓을 배우고 이해해서 이로운 일

옛날에 석학으로 명성이 높은 산승이 있었다. 원돈圓頓에 대한 믿음과 이해가 깊었으며, 스승이 될 만하고 탐제[3]의 자리에도 오를 만한 승려였다. 그가 입적한 뒤에 그가 다시 태어날 곳이 어딘지 자세히 알지 못하자, 제자들은 그것을 알려고 늘 기도하였다. 그러던 어느 날, 어떤 제자의 꿈에 스승이 귀신의 모습으로 나타났다. 엉겁결에 비참하다고 여긴 제자가 물었다. "스승께서는 원돈의 교법을 익혔기 때문에 정토에 왕생하거나 인간계나 천상계에 태어날 것이라 생각했는데, 이 어찌된 일입니까?" "내가 믿고 이해하였던 원돈의 교법은 바로 이것이니라." 스승은 이렇게 말하면서 손바닥을 펴 보였는데, 보배로운 구슬이 밝은 빛을 내뿜더니 온 세상을 비추는 것이었다. "이 구슬을 가지고 몸을 문지르면, 괴로움이나 병이 없어지고 편안해질 게다." 그런데 이 빛으로 비추니, 귀신으로 보이던 형상이 투명해지다가 천인같이 되어서 하늘로

3) 탐제探題 : 법화회法華會나 유마회維摩會 등에서 문답을 할 때에 논제를 고르고 문답의 시비를 판단하는 역할.

날아갔다.[4)]

그렇다면 계율을 느슨하게 지켰기 때문에 악도에 떨어진다고 하더라도, 지혜를 닦는 일에 전념한다면 지혜도 깨달음도 얻게 된다. 석가모니가 세상에 계실 때에 용신이나 야차 등이 부처의 법회에 참석하여 이익을 얻은 일도 이와 같은 경우다. 계율을 엄격하게 지키더라도 지관이나 정혜라는, 깨달음을 열어 주는 수행이 없다면, 인간이나 천상계의 좋은 곳에 태어나더라도 불도에 들어가기는 어렵다고 생각된다. 사위성舍衛城의 3억이나 되는, 부처를 보지 않은 자, 불법도 듣지 않은 자, 집착하는 자, 열락에 사로잡힌 제천 등이 알지도 못하고 오지도 못하는 것은 이 때문이다.

가르침의 본뜻은, 지혜와 계율에 함께 힘쓰게 하고 사람이나 천인의 몸으로서 부처가 세상에 나온 때를 만나 깨달음을 열도록 해주는 것이다. 부처의 가르침을 바르게 이해하고 실천하지 않아서 삼악도와 팔난에 떨어지면, 생사윤회에서 벗어나 해탈하는 일은 참으로 어려워진다. 그래서 지관 수행의 방편이 스물 다섯 가지나 되지만, 계율을 청정하게 지키는 것을 으뜸으로 한다. 『유교경』에서는 "계율을 청정하게 지키지 않으면, 좋은 공덕을 전혀 낳을 수 없다"고 설하였으니, 계행을 지키지 않는다면 어떤 좋은 일도 일으키기 어렵다고 본 것이다. 또 계율을 지킴으로써 선정에 이르고 선정으로 말미암아 지혜를 얻는다고 하는 것은 부처의 가르침에서 공통되는 수행의 순서다.

위의 이야기에 나오는 학승은 원돈의 관법 수행을 닦았음에 틀림없다. 그러나 집착하는 마음이 남아 있어서 악도에 머물게 되었고, 그러면서도 그곳을 벗어나는게 빨랐다고 생각된다.

---

4) 스승이 악도惡道를 벗어난 것을 나타낸다. 악도를 벗어나는 순간에는 자신이 싫어했던 형상이나 의복으로 바뀐다고 한다.

3. 학인이 짐승으로 태어난 일

히에이잔比叡山에 학인이 두 명 있었다. 도반으로서 나이나 마음씀이나 행동이나 모든 것이 서로 비슷했다. 한 스승 밑에서 학문하고 수행하였으므로 특히 견해도 같았다. 무슨 일에서든 서로 같았기 때문에 두 사람은 이렇게 약속하였다. "우리는 한 방을 쓰는 도반이네. 어떤 일에서든 다르지 않게 행한다면, 내세에 몸을 바꾸어 태어나더라도 같은 과보를 받을 게 분명하네. 그러니 누가 먼저 죽든지 하면, 태어나는 곳을 반드시 알려주기로 하세." 이렇게 서로 단단히 약속하였다. 그러다 한 사람이 먼저 죽어서 꿈에 나타나 이르기를, "나는 야추野槌라고 하는 것으로 태어났네"라고 하였다. 그런데 야추라고 하는 것은 흔히 볼 수 없는 짐승이다. 깊은 산속에 아주 드물게 있다고 전해진다. 몸집은 크고, 눈도 코도 손발도 없으며, 입만 있으면서 사람을 잡아먹는다고 한다.

불법을 오로지 명리를 위해서 배우고 논쟁을 일삼으며 혹은 성내고 혹은 원한을 맺고 또 교만이나 남을 이기겠다는 마음으로 공부하였기 때문에, 망령된 생각은 줄지 않고 지혜와 수행이 원만해지지 않았던 것이다. 그러했으므로 입만 살아있고 지혜의 눈은 없으며, 믿음의 손도 없고 계율의 발도 없는 이토록 두려운 것으로 태어나게 된 것이다.

무릇 불법을 배움에 있어서 깨달음을 열 인연을 맺거나, 먼 훗날의 성불을 위한 원인을 닦는다고 할 때는, 아주 작은 인연일지라도 결국 헛된 것이 아니다. "모래를 모아 탑을 이루니, 모두 다 벌써 불도를 이루었다"[5]고 말하는 것과 같다. 현세에서 행하는 것을 깊이 생각하고 내세에서 받을 몸을 살펴보면, 마음가짐에 따라서 이로움과 해로움이 나

---

5) 『법화경』「방편품」에, "모래를 모아 탑을 이루니, 이와 같이 모든 사람들은 다 벌써 불도를 이루었다聚沙爲佛塔, 如是諸人等, 皆已成佛道"라는 구절이 나온다.

타나는 것이 분명하다. 생사윤회를 벗어나기 위해 또 깨달음을 얻기 위해 배운다면, 지극한 이익이 있을 것이다. 명성이나 세속적인 이익을 위해서 배운다면, 어마어마한 손해가 있을 것이다. 그러므로 세간과 출세간의 일이란 얼핏 같아 보이지만, 좋고 나쁨을 품은 마음에서 분명하게 나누어진다.

이 일을 곰곰이 생각해보면, 불법을 전혀 알지 못하고 배우지 않은 자는 말할 것도 없고, 불법을 배우는 자도 세간자世間者와 출세간자出世間者를 나누어야 한다. 제 본뜻이 진실로 불도에 있고 해탈하려는 마음을 먹은 자라면, 출세간자다. 세상살이에 마음을 쓰고 현세만 중하게 여기며 불도로써 명리를 얻으려 하고 세속적 이익이나 공경을 탐하고 집착하는 자는 세간자다. 비유하자면 관현악에서 율려律呂가 서로 교차하는 것과 같다. 궁·상·각·치·우 다섯 음을 동시에 울리더라도 하나의 음을 기조로 하여 음악이 연주되는데, 그때 나머지 네 음은 그 한 음을 도와서 저절로 곡조를 이룬다. 서로 주음主音이 되고 조음助音이 되면서도 기조를 바꾸지는 않는다. 이와 같이 세간자도 불법을 따라 배우면서 불법을 명리를 얻는 매개로 삼기 때문에, 불법이란 게 그대로 세상살이를 돕는 것이 되어버려서 저절로 공덕을 잃고 생사윤회를 벗어나 해탈할 인연도 놓치게 된다. 이렇게 되면, 불법은 곧 세간이 된다.

속세를 떠난 수행자라고 해서 어찌 도구나 의복·음식·거처·재물 등이 없이 살 수 있겠는가? 무언가에 기대야 하는 몸이고 보면, 도구나 의식주 등이 없다면 견디기 어렵다. 인간계에서는 반드시 도움을 빌어야 한다.

그러나 남염부주에서 사람의 몸으로 태어나는 것은 어렵다. 그러니 이러한 기회를 잘 살려서 불도 수행을 이루어야 한다. 그러므로 이 몸뚱아리를 거들어 법신의 지혜를 온전하게 갖추려고 생각한다면, 세간에서 힘쓰는 생업도 불법에 도움이 되어서 도업道業을 이루게 해줄 것이다. 옛날에 수행자가 씨를 뿌리고 땅을 일군 것과 같다. 그때는 세간의 일이 그대로 부처의 법이었다. 확실히 여섯 감각기관인 육근이 청정한 자리였다.

세간의 생업이 실상에 어긋나지 않는다고 하더라도 불법을 수행하려는 뜻을 진실하게 지녀서 다섯 가지 욕망에서 일어나는 번뇌에 물들지 않고, 작은 것에도 만족할 줄 알아서 수행하는 근기와 기회를 살린다면, 실상에도 어긋나지 않고 도리에도 합치될 것이다. 예컨대 계율에 대해서 엄밀하게 논한다면, "오로지 부처 한 사람만 계율을 청정하게 지킨다"고 말할 수 있으니, 부처만이 참으로 계율을 지킨 사람이 된다. 약간 느슨하게 말한다면 온갖 행위가 계율에 맞다고 할 수 있으니, 가까스로 사람만 죽이지 않는 계율을 지키는 것, 낮에만 계율을 지키거나 밤에만 지키는 것, 60보를 걷는 사이에만 지키는 것도 계율을 지키는 일이 된다. 잘 견주어보고 마음을 써야 할 것이다.

4. 자비로운 마음이 병을 물리친 일

옛날에 미이데라三井寺에 시키부式部, 지주侍從라는 젊은 승려 두 사람이 있었다. 시키부는 학인으로서 법기法器가 될 자질이 있었다. 반면에 지주는 학문을 할 그릇이 아니었다. 다만 그 마음가짐이 온화하여 모든 사람이 그를 믿었고, 또 자비롭고 인정도 많아서 아이들이 절에 올라오면 도맡아서 그림을 보여주거나 함께 놀아주면서 정답게 대해주었다. 그래서 절에 아이가 처음 올라오면 꼭 그를 불렀다. 또 사람들의 사이가 나빠지면 절묘하게 말해서 바로잡아 주고, 다툼이 일어날 것 같으면 그 사이에 끼어들어 아무 일도 일어나지 않도록 달래주곤 하였다. 이리하여 젊으면서도 노성하여 대단히 평판이 좋았으나, 그 자신은 부끄럽게 생각하였다.

어떤 승강[6]이 신라묘진新羅明神을 참배하였다. 꿈에 짐승 모습을 한 귀신이 신을 찾아오는 걸 보았다. 신관 한 사람이 나아와 귀신을 향해서, “지주는 구해주시고 시키부를 드십시오”라고 말하였다. 이 승강은 꿈속에서, ‘지주는 법기가 될 인물도 아니고 시키부는 기량이 빼어난 학승인데, 이렇게 말하는 건 납득하기 어렵다’고 생각하고는, 신관을 불러 자신의 생각은 이러이러하다고 말하였다. 그러자 신관이 이 까닭을 신께 아뢰니, 신은 신관에게 이렇게 대답을 내려주었다. “시키부는 참으로 학승이지만, 자신을 이롭게 하려는 마음만 있어서 남을 이롭게 해주는 자가 아니다. 지주는 본래는 우리 절에 머물 수 없는 자지만, 자비로운 사람이어서 머물게 한 것이다. 그의 자비는 어떤 사람보다도 낫고 또 가엾게 여겨진다.” 승강은 신관의 말을 들으면서 꿈에서 깼다. 불가사의하게 여겨져서 하인을 지주의 처소에 보내어 “무슨 일이 없었느냐?”고 물었더니, 이런 대답을 하였다. “요 이삼일간 중병으로 누워 있었는데, 오늘 새벽부터 땀이 나오더니 마음이 편해졌습니다.” 시키부의 처소에도 보내어, “무슨 일이 없었느냐?”고 물었더니, 오늘 새벽부터 중병을 얻어 위독해진 사정을 아뢰는 것이었다. 시키부는 결국 목숨을 잃었다.

그러므로 지혜가 대단하다고 하더라도 자신을 위하는 마음뿐이라면 소승의 범주에 떨어지므로 중생을 이롭게 하는 은덕이 없다. 학문적으로 이해하며 많이 배우는 것은 세속의 지혜가 될 뿐이어서, 더욱 그 이익이 적어진다. 자비는 보살의 몸이요 부처의 마음이다. 작을 때는 어짊이라 하고, 광대해지면 자비라 한다. 비유하자면 불로써 무언가를 태우는 것과 같다. 불의 본체는 같다고 할지라도 작은 땔나무를 태울 때는 불의 작용도 작고, 큰 땔나무를 태울 때는 불의 작용이 거세진다. 자비

6) 승강僧綱 : 승려를 총괄하고 법무를 맡은 승관僧官. 승정僧正・승도僧都・율사律師 등 삼계구단三階九段이 있다.

롭고 은혜로운 마음도 그 대상이 좁을 때는 동정이나 어짊이라 일컬어진다. 그러나 이 마음이 점점 커져서 법계의 중생을 이롭게 하려는 마음이 되면, 완전히 보살의 자비요 모든 부처의 마음이 된다. 자비는 삼신불성三身佛性 가운데서 인연의 씨가 되고, 응신의 덕으로 나타난다. 『관무량수경』에서는 "부처의 마음이란 지극한 자비심이다"고 설하였고, 『유가론瑜伽論』에서는 "보살은 무엇을 몸으로 삼느냐고 물으면, 자비를 몸으로 삼는다고 대답해야 한다"고 말하였다.

옛날 녹야원에 사슴왕이 있어 오백여 마리의 사슴을 이끌고 있었다. 이는 석가보살이 아직 깨달음을 얻기 전에 수행하던 때의 일이다. 또 한 마리의 사슴왕이 있었다. 역시 오백여 마리의 사슴을 이끌고 있었다. 바로 제파달다[7]다. 그때, 국왕이 사냥을 하러 나와서 하루만에 수많은 사슴을 죽였다. 보살 사슴왕은 이 일을 슬퍼하여 국왕에게 나아가 아뢰었다. "하찮은 일로 많은 사슴을 죽이시니, 가슴이 아픕니다. 매일 사슴 한 마리를 바쳐서 드시게 하겠습니다."

이에 국왕은 좋다고 하였다. 그래서 순서를 정해 날마다 사슴을 한 마리씩 바쳤다. 그런데 조달의 사슴 무리 가운데서 새끼를 밴 사슴의 차례가 되었다. 어미 사슴은 뱃속의 새끼를 슬퍼하여 조달에게 이렇게 말하였다. "제 몸은 면할 길이 없습니다만, 제 자식은 다음 차례가 아닙니다. 저를 다른 사슴과 바꾸고, 새끼를 낳은 뒤에 저를 바쳐주십시오."

그러나 조달은 성내며 말하였다. "누구나 목숨을 아까워한다. 차례가 되었으니 가야 한다." 그래서 새끼 밴 사슴은 보살 사슴왕을 찾아가서 이 일을 하소연하였다. 보살 사슴왕은 슬퍼하면서 그 사슴을 돌려보내고는 자신이 대신하여 왕궁으로 갔다. 금빛 무늬가 있는 사슴이었으므로 사람들이 알아보고는 왕에게 아뢰었다. "사슴왕이 오고 있습니다."

7) 제파달다提婆達多 : 의역하여 조달調達이라고도 한다.

국왕이 물었다. "벌써 사슴들이 다하였는가?" 이에 사슴왕이 자초지종을 자세하게 아뢰면서 말하였다. "자비로써 불행한 자를 구한다면, 그 공덕은 무량합니다. 만약 사람이 되어서 자비가 없다면, 범이나 이리와 무엇이 다르겠습니까?" 왕은 놀라서 자리에서 벌떡 일어났다. 그리고는 시를 지어 말하였다.

나는 참으로 한낱 짐승이니
사람의 모습을 한 사슴이로다.
그대야말로 참으로 사람이니
사슴의 모습을 한 사람이로다.
자비로써 사람이 되는 것이지
모습으로 사람이 되는 건 아니리.

왕은 그 뒤로 살생을 중지시키고 사슴왕을 돌려 보냈다.

또 사라림[8]에서 석존이 입멸하실 때에, 순타純陀가 한 그릇의 밥을 부처님께 공양하려는 뜻을 지녔다. 법계의 중생을 위한 것이었으므로 이 순타의 광대한 자비심에 감응하여 한 그릇의 밥으로 12유순由旬에 걸쳐 무인 대중에게 공양하였어도 모자람이 없었다. 그 마음을 부처님께서 설하시자, 모여 있던 인간과 제천이 입을 모아 한 소리로, "나무 순타여, 몸은 사람의 몸이나 마음은 부처의 마음이로다!"고 칭송하였다.

반면에 탐욕과 성냄·어리석음·교만·질투 따위의 마음을 지닌다면, 몸은 사람이라 할지라도 마음은 지옥이요 아귀요 호랑이요 독사라고 할 만하다. 온화한 마음은 보살의 마음이기 때문에 저절로 이로움이 있으니, 마구니의 장난도 나를 괴롭히지 못하고 재앙도 함부로 나에게 가까이 오지 못한다. 등나무나 버들이 부드럽게 바람을 따르기 때문에

---

8) 사라림沙羅林 : 사라수沙羅樹가 무성한 숲으로, 중인도 쿠시나가라의 교외에 있다. 석가모니가 여기에서 입멸하였다고 한다. 학림鶴林이라고도 한다.

꺾이지 않는 것에 비유할 수 있으리라. 자심삼매慈心三昧에 들어가면 어떤 해악도 찾아오지 않는다고 한다.

옛날 천축에 한 왕비가 있었다. 자비심이 깊어서 모든 것들을 슬퍼하였고, 마음이 깨끗해서 삼보를 공경하였다. 그러나 국왕은 삿된 생각으로 왕비를 시기하여 활을 당겨 화살을 쏘았다. 그럼에도 왕비는 조금도 원망하거나 미워하는 마음이 없이 더욱더 자비를 일으켜 왕의 삿된 생각을 가엾게 여겼는데, 이 때문인지 쏜 화살이 도리어 왕의 가슴을 향해 날아가 꽂혔다.

속담에도 "쥔 주먹도 웃는 얼굴을 치지는 못한다"는 게 있다. 미움이 없는 마음, 바로 거기서 나오는 환한 웃음을 대한 사람은 이미 쥐었던 주먹도 펴고 마음을 고쳐먹는다는 말이다. 그러므로 불성을 드러내려는 사람은 자비가 그 마음에 젖어들기를 바라야 한다.

5. 학인이 원망을 푼 이야기

미이데라에 구사론俱舍論을 배우는, 기량도 비슷하고 절친한 사이인 두 젊은 학인이 있었다. 어느 땐가 사소한 일로 다투다가 한쪽이 상대에게 창피를 줄 정도로 욕을 퍼부었는데, 본인은 본의가 아니라고 생각하였다. 그러나 상대는 기회를 엿보며 기다리고 있다가 칼을 뽑아 달려들었다. 이 학인은 조금도 당황하지 않고 환하게 웃으며 말하였다. "이건 무슨 짓인가?" "며칠 전에 자네가 나를 욕했기 때문일세." 이렇게 말하면서 곧바로 치려고 하였다. "나는 자네가 학인이라 생각했는데, 이제 보니 형편없는 친구로군. 그 일은 그 자리에서 끝난 게 아닌가? 아직 무는 잘못된 일이 남아 있는가?" "참으로 그러하네. 자네를 탓할 게 없군."

칼을 거두고는 함께 나란히 걸어갔다. 비록 배워서 이해한 것이기는 하지만, 유위법은 순간순간 사라지고 잠시도 머물지 않는다고 하는 이치를 깊이 잘 배우고 믿었기 때문에 원망하는 마음도 쉽게 풀렸다. 불법의 이익이란 이토록 대단하다.

옛날 중국에 어떤 왕이 천하에서 누가 가장 지혜로운지를 시험하려고 백 명의 고승들을 내전으로 불러들였다. 수만의 병사들을 숨겨두었다가 고승들이 들어오자 갑자기 죽이려는 듯이 에워쌌다. 모두 놀라서 허둥대며 사방으로 흩어져 달아났다. 한 승려만 조금도 당황하지 않고 의젓하게 앉아 있었다. 그저 수행을 쌓는 정도에서 그친 자로는 보이지 않았다. 그래서 왕이 이 승려에게 물었다. "다른 승려들은 모두 두려워하는데, 어찌하여 화상께서는 두려워하지 않소이까?" "태어난 뒤로는 순간순간 죽소이다. 어찌 새삼스럽게 놀라겠소?" 이에 왕은 이 승려를 지혜로운 자라고 여겨서 받들어 국사로 삼았다고 한다.

저 아득한 옛날부터 해왔던 망령된 생각이나 이치에 어긋난 어리석은 마음으로는 이 몸도 현세의 산하와 대지, 집들, 도구들도 모두 옛날 그대로 변하지 않는다고 생각하겠지만, 실제로는 찰나마다 생멸을 거듭하여 조금 전의 것은 사라지고 새로운 것이 생겨난다. 업의 인연으로 말미암아 서로 이어져서, 존재할 만한 시간에만 존재하고 사라질 때가 되면 사라진다. 기름이 있는 동안에는 등불이 존재하지만, 순간순간 불은 꺼졌다가 기름의 힘으로 다시 계속 되살아난다. 흘러가는 물이 똑같은 물처럼 보이지만, 실은 잠시도 머물지 않는 것과 같다.

그러므로 공자도 "나는 하루 종일 함께 있으면서 순간순간 안회의 새로운 모습을 본다"고 말한 적이 있다. 그 뜻은 순간순간 앞의 몸이 사라지기 때문에 안회의 새로운 몸을 본다는 말이다. 옛사람은 "홍안은 어렸을 때에 저절로 있었고, 백발은 지금 늙은 몸에 찾아온다"고 말하였는데, 젊었을 때의 낯빛과 모습은 그때 사라졌고, 늙은 몸은 이제 새롭게 다시 얻은 것이라는 뜻이다.

옛날 어떤 범지[9]가 있었다. 어렸을 때 타향을 돌아다니다가 나이가 든 뒤에 고향으로 돌아왔다. 마을 사람이 "옛날 그 사람이 돌아왔구나!"라고 말하자, 이 범지는 "나는 옛날 그 사람과 닮았지만, 옛날 그 사람은 아닙니다"라고 대답하였다. 세월이 흐른 것만 알고 세월따라 옛날의 몸을 버렸다는 것을 사람들은 참으로 알지 못하는 것이다.

옛날 도림道林 선사는 진망산秦望山의 큰 소나무 위에서 살았다. 그래서 당시 사람들은 그를 조과鳥窠 화상이라 불렀다. 시랑侍郎 백거이가 그 지방의 태수로 부임하였을 때,[10] 찾아가서는 물었다.

"선사의 거처가 위태롭군요."

"나에겐 어떠한 위태로움도 없네. 시랑의 위태로움이 이보다 더 심하다네."

"이 제자는 강과 산을 맡아 다스립니다. 무슨 위태로움이 있겠습니까?"

"땔나무와 불은 서로 섞이고, 인식과 본성은 머물지 않는다네. 어찌 위태로운 일이 없겠는가?"

"불법의 대의는 무엇입니까?"

"어떤 나쁜 짓도 짓지 말고, 온갖 착한 일을 받들어 행하라."[11]

"세 살배기 애도 그렇게 말할 줄 압니다."

"세 살배기 애도 말할 줄은 알지만, 여든 노인이라도 행하지는 못한다네."

---

9) 범지梵志: 재가 바라문을 가리킨다. 우주의 최고 원리梵를 추구하는 자를 뜻한다.
10) 백거이는 장경長慶 2년(822)에 항주杭州에 부임하였다.
11) "諸惡莫作, 衆善奉行."

불법의 대의는 어떤 가르침에서든 다르지 않다. 현교든 밀교든 선종이든 교종이든 일단 그 방편에서는 구분되지만, "어떤 나쁜 짓도 짓지 말라"는 행위 규범에서는 다르지 않다. 그런데도 근래의 불자들에게는 무엇을 해도 걸림이 없다無礙[12]는 삿된 견해가 많아졌다. 부처의 눈이 비추는 무애를 망령된 집착에서 생기는 정식情識에 갖다붙여서 "번뇌는 곧 깨달음이다"는 말에만 집착하거나, 번뇌에는 자성이 없다는 걸 깨닫지 못하고 억지로 도리를 세워서 망령된 업을 짓는 일이 많다. "어떤 나쁜 짓도 짓지 말라는 가르침에 어긋나는 것은 참된 불법이 아니다"는 것이 옛 대덕들이 전하는 말이다. 이 점 가장 주의하여야 한다. 대혜大惠 선사는 이렇게 말하였다.

"번뇌가 곧 보리라는 말은 고원이나 육지에서는 연꽃이 피어나지 않는다는 것이다. 낮고 습한 진흙탕 속에서 이 연꽃이 피어나는 것처럼, 마음을 수고롭게 하는 티끌 가운데서 참된 보리심을 일으켜야 번뇌의 본질이 텅 빈 것임을 분명히 알게 된다. 마음에서 번뇌를 제거하지 않고 억지로 도리를 설명하면서, 술을 마시든 고기를 먹든 깨달음을 얻는 데에 아무런 장애가 되지 않는다고 하거나, 도적질을 일삼고 음란한 짓을 해도 반야지혜를 얻는 데 방해되지 않는다고 말하는 것은 지극히 삿된 견해다."

번뇌는 본래 텅 빈 것이고, 고요하게 사라진 것을 깨달음이라 한다. 그러므로 마음에서 번뇌가 그치고 집착이 없는 경지, 이것을 깨달음이라 한다. 마음에 그릇된 견해를 두면서 깨달음의 도리를 취하면 번뇌도 있고 깨달음도 있어 두 가지 법이 늘 머물어서 고정된 상이 된다. 그러면 두 사상事象이 융합하여 하나가 되어버리는 상즉相卽의 의미를 세울 수 없다. 즉卽이란 그 자체의 본질이 둘이 아니라는 걸 말한다. 번뇌도

---

12) 원래 무애無碍는 아무 것에도 집착하지 않고 자유자재한 경지를 의미하는데, 그러한 자유자재한 경지가 아닌 제멋대로 하는 것까지 무애로 보는 경향이 종종 있다. 여기에서도 후자의 뜻으로 그릇되게 사용하는 경우를 지칭한다.

자성이 없고 깨달음도 무명이라면, 저절로 즉이 된다. 이것이 한순간에도 망령된 생각이 일어나지 않는 마음의 법문이 되어야 한다. 헤아리거나 분별하지 않으면서 잘 이해하여야 한다.

영가永嘉는 "공을 바르게 이해하지 못하고, 인과를 부정하며 제멋대로 거칠게 흐르다가 악취를 초래한다"[13]고 말하였다. 뜻인즉, 범부가 그 얕은 지식으로 공의 도리를 얻어서는 원인도 없고 결과도 없다고 이해하여, 선악의 과보를 부정하고 제멋대로 부끄러운 줄도 모르고 나쁜 짓을 일삼다가 악도로 떨어진다는 것이다. 말법 시대에 대승의 학인들 가운데서 간혹 이러한 사람이 나온다. 불법의 대의를 잘 이해해서 삿된 견해의 숲에 들어가지 않도록 하라. 이러한 뜻은 조과鳥窠 화상의 말과도 부합한다.

"어떤 나쁜 짓도 짓지 말라"는 것은 그저 나쁜 짓을 하지 않아야 한다는 걸 말하는 게 아니다. 집착하는 마음으로 좋은 일을 짓는 것도 안 된다는 말이다. "온갖 착한 일을 받들어 행하라"는 말은 종일 좋은 일을 하더라도, 한다고 하는 그것에 집착하지 않고, 하지 않는다고 하는 것에도 머물지 않는 것을 의미한다. 천태대사가 말하기를, "참으로 태어남이 없는 사람은 복덕조차 짓지 않는데, 하물며 죄를 짓겠는가?"라고 하였다. 옛날 어떤 현자가 자식에게 훈계하기를, "삼가여 좋은 일을 짓지 말라"고 하였다. 이러한 여러 가르침의 대의는 현자나 성인이 공통으로 내세우는 것이다.

조과화상이 말한 "땔나무와 불은 서로 섞이고, 인식과 본성은 머물지 않는다네"에서 '땔나무'는 외부의 여섯 대상과 비슷하고, '불'은 여섯 감각기관과 같다. 마음과 대상이 마주하여 순간순간 서로 응하면서 '있는 것有'처럼 보이지만, 실제로는 찰나마다 사라져버리는 것이니, 불과 땔나무가 함께 스러져 잠시도 머물지 않는 것과 같다. 몸과 마음의 위

13) 영가의 「증도가證道歌」에 나오는 구절이다. "豁達空撥因果, 蕩蕩漾漾招殃禍."

태로움을 알지 못한다는 것을 드러내보인 것이리라. 미이데라의 학인이 한 법문[14]이나 공자의 말과 비슷하다. 무상의 이치에 마음을 잘 두어야 할 것이다. 불법으로 들어가는 방편이 많아도 무상의 이치를 아는 것이 가장 중요하다. 천태대사가 말하기를, "지해가 가슴에 가득하고 정진으로 불을 끈다고 하지만, 무상을 알지 못하는구나. 속담에 '가련하구나, 흥미롭기는 하지만 다섯 가지 교태가 없구나'라고 하였듯이, 정진하지만 깨달음이 없구나!"라고 하였다. 무상을 아는 것은 불도를 이루기 위해 가져야 할 하나의 마음이라는 말이다. 늘 마음에 새겨두어서, 집착하는 마음을 없애고 망령된 생각을 잊으며 무심의 길로 들어가 무아의 이치를 깨달아야 한다.

6. 학인이 마도魔道에 떨어진 일

옛날 이즈노야마伊豆山에 어떤 학승이 있었다. 제자와 하인들이 모두 외출하였을 때, 소금장수 한 사람이 와서, "소금 드세요!" 라고 말하였다. '참으로 소금이라면 귀한 것이다. 그래서 구마노에 참배하러 가는 길에서도 백미百味라고 하였고, 또 모든 음식의 맛은 소금에 달려 있지.' 학승은 이렇게 생각하면서, "사겠소"라고 말하였다. 한 섬에 얼마냐고 물으니, 소금장수가 대답하였다. "잘 헤아려서 형편따라 쳐주십시오."

"상등의 비단 한 필에 파시겠소?"

"여러 말할 필요가 없습지요."

14) "그 일은 그 자리에서 끝난게 아닌가?"라고 한 말을 가리킨다.

이렇게 말하면서 소금장수는 소금과 바꾸어주고 가버렸다. 제자와 하인들이 돌아왔을 때, 학승이 말하였다.

"무얼 샀다네. 이러이러하다네."

"이렇게까지 비싼 건 아닙니다. 소금장수에게 속은 겁니다. 상등의 비단 한 필이면 소금을 열 네댓 섬은 살 수 있습니다."

"듣고 보니, 마음이 편치 못하군."

학승은 머리를 긁적거렸다. 이튿날, "땔나무 사시오"라고 외치면서 말을 타고 오는 자가 있었다. "내리시게." 학승은 땔나무장수를 못가게 붙잡았다. 땔나무 장수가 물었다.

"무슨 일이십니까?"

"어제 네 놈에게 속았어."

"그런 일 없습니다."

그러자 제자들이 나섰다.

"이건 당치도 않은 일입니다. 어제는 소금장수였고, 이 사람은 땔나무장수입니다."

"너희들은 본래부터 학인이 아니어서 사정도 모르면서 어찌 영리한 체 하느냐? 너희들, 소금장수는 소금장수, 땔나무장수는 땔나무장수라고 하는 건 별교別教의 가르침이야. 원교圓教의 의미로는 땔나무장수는 곧 소금장수고 소금장수는 곧 땔나무장수란 말이다."

이렇게 꾸짖으므로 제자들은 조용한 곳으로 가서 땔나무장수에게 땔나무값을 주고 돌려보냈다.

이 학승의 견해는 비뚤어져도 한참 비뚤어졌다. 불법에는 진제와 속제, 두 가지 법문이 있다. 진제는 텅 비어 평등하다는 이치이므로 나와 남, 의보와 정보 등의 차별이 없다. 모든 법의 자성이 텅 비었기 때문이다. 속제는 모든 법의 인연이 화합하여 만들어내는 가상假相을 부수지 않고, 범부와 성인의 자리를 나누고 미혹과 깨침을 다르다고 하는 것이다. 천태의 법문에서도 삼제三諦 가운데 공과 중은 진제고 여여하며 평등하다. 가제假諦는 인연으로 일어나는 것이기 때문에 십계의 의보와 정보가 뚜렷해서 뒤섞이지 않는다.

『정명경淨名經』에서는 "제일의를 깨달아 마음이 흔들리지 않으면, 온갖 법의 상을 잘 분별할 수 있다"고 설하였다. 그 뜻은 진제의 제일의에서 평등하고 형상이 없는 지혜를 밝혀서 온갖 법의 속제의 연기緣起나 좋고 나쁨, 범부와 성인의 성품을 분별해야 한다는 것으로 풀이된다.

모든 부처가 설하는 법은 항상 진제와 속제에 근거한다. 옛사람이 말하기를 "실제의 이치를 깨친 경지에는 티끌 하나도 없고, 가르침을 주는 방편에서는 하나의 법도 버리지 않는다"고 하였다. 그럼에도 불구하고 위의 학승은 평등을 잘못 이해하였다. 만약 진제의 이치에 따라서 상즉相卽을 말한다면, 어떻게 소금장수와 땔나무장수만 하나가 되겠는가? 학승도 제자도 하인도 모두 하나가 되어야 한다. 십계가 모두 하나의 모습이며 형상이 없을 것이니, 누가 속이고 누가 속임을 당하겠는가? 나도 없고 남도 없고, 스스로 그러함도 없고 남으로 말미암아 그러함도 없기 때문이다. 만약 속제의 연기라는 가상의 측면에서 보면, 소금장수와 땔나무장수는 서로 다른 중생이다. 그러니 어떻게 땔나무장수를 가로막고 윽박지를 수 있겠는가? 견해가 비뚤어져 있음은 물론이다. 제자들도 참으로 학인이 아니다. 어째서 이러한 도리로써 추궁하지 않았는가?

7. 세상물정을 전혀 모르는 학승

조슈常州의 도조지東城寺에 법교法橋인 엔코쿄오圓幸教王라는 학승이 있었다. 다른 건 모르고 오로지 성스런 가르침에만 눈을 두고, 현교와 밀교의 근행勤行을 게을리하지 않은 스님이었다. 그래서 세상물정에 대해서는 전혀 알지 못하였다. 어느 날, 젊은 승려가 밭에 가져가려고 똥을 말에 싣고 가고 있었다. 시골에서는 늘상 있는 일이었다. 이 학승이 이를 보고는 말리면서 말하였다. "왜 그 똥을 가져가시오? 이보시오, 내가 풍년을 기도하며 『인왕경』을 읽고 있소. 말똥보다 못한 『인왕경』이 있답디까?"

또 어떤 때는 제자들에게 이렇게 말하였다.

"세상 사람들은 어리석어서 일을 꾀할 줄을 모른다. 내가 재미난 일을 생각해 냈다. 절구공이 하나로 두 개의 절구를 찧는 방법이 있어. 절구 하나는 평소처럼 두고, 다른 하나는 허공에 매달아 아래를 향해서 두는 거지. 그래서 절구공이를 올렸다 내렸다 하면, 두 개의 절구를 찧게 되는 거지."

그러자 제자가 말하였다.

"허공에 매단 절구에 담을 수만 있다면야, 찧을 수 있겠지요."

"음……. 그런 문제가 있었구먼."

스님은 아무 말이 없었다.

8. 학승이 된 개미와 진드기의 문답

나라奈良의 가스가노春日野 근처에 어떤 학승의 방이 있었는데, 가까이에 개미와 진드기가 있었다. 학문하는 사람 가까이에 살아서인지 자연스럽게 함께 학생이 되었는데, 서로 학생이 되었다는 걸 알고는 만나서 토론하려는 생각을 하였다.

어느 때, 길에서 만나자 서로 기뻐하였다. 그 즉시 진드기가 개미에게 물었다.

"어떻게 해서 개미아리라는 이름을 갖게 되었는가?"

말인즉, 무슨 까닭으로 개미를 개미라고 명명하게 되었는가를 물은 것이다. 개미가 대답하였다.

"앞과 뒤가 있기아리 때문에 개미라 이름하였지."[15]

가운데가 잘록하고 앞과 뒤가 있는 모습이기 때문이라는 말이다. 진드기는 이해하기 어렵다는 듯 이렇게 말하였다.

"앞과 뒤가 있어서 개미라고 한다면, 장고 같은 건 어째서 개미라 하지 않는가?"

가운데가 잘록하고 앞과 뒤가 있는 것을 개미라고 한다면, 장고 등도 개미라고 불러야 된다는 말이다.

"그렇지 않네. 개미라는 이름이 있기 전에 이미 '장고'라는 이름을 얻었기 때문이지. 집전제[16] 같은 것도 그렇게 이름 붙인 것이라네."

그렇지 않다, 이전에 이미 장고라는 이름이 있었기 때문에 개미라고는 불리지 않는다, 집전제 등도 이것처럼 이미 그렇게 되었다는 말이다.

개미가 진드기에게 물었다.

"어떻게 해서 진드기가 진드기다니라고 불리게 되었는가?"

무슨 까닭으로 진드기를 진드기라 이름하였는지를 물은 것이다.

"등에 골짜기가 있어서 진드기라 부르지."[17]

등이 움푹 들어가서 골짜기다니처럼 생겼기 때문에 그렇게 말한다는 것이다. 개미가 이해하기 어렵다는 듯이 물었다.

"등에 골짜기가 있어서 진드기라 했다면, 어째서 경단瓊團 같은 것은

---

15) 일본어로 개미는 '아리あり'라고 하는데, '있다'도 '아리あり'로 읽는다. 일종의 말장난이다.

16) 집전제執轉提 : 어떤 악기인지 명확하지 않다.

17) 일본어로 진드기는 '다니たに'라고 하는데, 골짜기 역시 '다니たに'라고 한다.

진드기라 부르지 않는가?"

등이 움푹 들어갔기 때문에 골짜기라 했다면, 경단도 움푹 들어가 있으니 골짜기라고 불러야 하지 않는가라는 말이다.

"그렇지 않네. 이미 경단이라는 이름을 얻었기 때문이지. 자바라 등도 그렇게 이름이 붙은 거지."

그렇지 않다, 이전에 경단이라는 이름을 얻었기에 골짜기라고 하지 않은 것이다, 자바라 등도 이것처럼 이미 그렇게 되었다는 것이다.

나라에 갔을 때 어떤 사람이 이야기해주었는데, 그 재치 때문에 써두었다. 이 개미와 진드기는 전생에 학인이었을까? 야추野槌로 태어난 것[18]보다 우아하다고 여겨진다.

경론 가운데는 짐승들의 문답이 많이 보인다. 『대지도론』에는 이런 이야기가 나온다.

어떤 연못에 뱀과 거북과 개구리가 서로 벗이 되어서 살고 있었다. 온 세상이 가물어서 연못의 물이 말라버리고, 먹을 것도 없어져서 굶주리며 아무 일도 못하게 되었을 때였다. 뱀은 거북을 개구리에게 보내어 말을 전하였다.

"잠깐 나와라. 한 번 보자구."

이에 개구리는 노래를 지어 화답하였다.

"배고프고 목마르게 되면, 어짊과 올바름도 잊고 먹을 것만 생각한다네. 관대함도 좋아함도 평소에나 있지. 이런 때라면 찾을 수 없다네."

과연 위험한 대면이로다. 꿀꺽 삼켜버리면, 아무리 애써도 다시 살아날 길이 없다.

바다 속에 이무기라는 놈이 있었다. 뱀과 비슷하면서 뿔은 없다고 한다. 그 마누라가 새끼를 배었는데, 원숭이의 생간을 먹고 싶다고 하였

18) 이 일은 앞의 권5 3.에 나온다.

다. 그래서 산 근처에 원숭이가 있는 곳으로 가서 이렇게 물었다.

"이 산에는 나무열매가 많은가?"

원숭이가 대답하였다.

"나무열매는 너무 얻기 어려워요."

"바다 속에는 나무열매가 많은 산이 있지. 가겠는가?"

"바다 속에는 어떻게 갑니까?"

"내가 등에 태우면 돼."

원숭이는 "그러면" 하고 등에 올라탔다. 바다 속으로 한참을 갔지만, 산은 보이지 않았다.

"어찌된 일입니까? 산은 어디 있습니까?"

원숭이가 이렇게 묻자, 이무기가 말하였다.

"참내, 이런 바다 속에 어떻게 산이 있겠느냐? 내 아내가 원숭이의 생간을 먹고 싶다고 해서 그런 말을 했지."

원숭이는 낯빛이 새하얘졌다. 어찌해야 할 지 방도가 없자, 이렇게 말하였다.

"그러면 산에 있을 때 말씀을 하셨어야지요. 그랬더라면 쉬웠을 텐데. 저의 생간은 아까 그 산의 나무 위에 있거든요. 서두르느라 잊어버렸어요."

그러자, '그렇다면 간을 위해 같이 되돌아가야겠군' 하고 생각한 이무기가 말하였다.

"그러면 돌아가서 가져오자구."

"그래야겠지요."

그리곤 산으로 되돌아갔고, 원숭이는 나무에 올라갔다.

"바다 속에는 산이 없고, 몸을 떠난 간도 없다네."

이렇게 말한 원숭이는 산속 깊이 들어가버렸다. 이무기는 멍해져서는 되돌아왔다.

이는 짐승에게조차 미혹되는 마음이 있다는 것을 경전에서 설한 것이다.

또 까마귀와 비둘기와 뱀과 사슴이 산속에 살고 있었는데, 서로 "무슨 일이 괴로울까?" 하고 물었다. 까마귀가 말하였다.

"굶는 것만큼 괴로운 건 없어. 굶으면 눈이 캄캄해져서 그물에 걸려 목숨을 잃는 것도 모르게 돼."

비둘기가 말하였다.

"나에겐 음란한 마음이 일어나는 것만큼 괴로운 게 없어. 가슴 속을 파고들어서 참고 견디기가 어려워."

뱀이 말하였다.

"나에게는 성나는 것만큼 괴로운 게 없어. 화가 나면 몸도 타들어가."

사슴이 말하였다.

"나는 어떤 걸 두려워하는 것만큼 괴로운 게 없어. 사람 소리가 들리거나 활 그림자만 보여도 몸이 부숴지는 것도 모르고 골짜기나 산봉우리로 냅다 달리거든."

또 지네와 산의 정령[19]과 뱀이 서로 벗이 되어 산에서 살고 있었다. 지네가 정령에게 말하였다.

"나는 발이 백 개가 있어도 그렇게 많은 줄을 모르겠어. 그러니 발 하나로 어떻게 편하게 걸을 수가 있겠어? 아흔 아홉 개의 발을 더 붙여야 해."

정령이 말하였다.

"나는 발 하나로도 뛰거나 걷는 데 부족한 게 없어. 네가 아흔 아홉 개의 발을 잘라 버리는 게 좋겠어."

그러자 뱀이 말하였다.

"나는 발이 백 개는 고사하고 하나도 없어서 배로 기어가지만, 모자라는 게 없어. 백 개든 하나든 다 버려."

---

19) 일본에서 산의 정령은 머리가 둘, 발은 하나라고 한다.

이 일을 생각해보니, 과연 그렇다. 세상을 살아가는 사람의 경우, 제가 맡고 있는 장원이 아무리 크더라도 남을 돌아보고 너그럽게 행동한다면, 지나친 것으로 보이지 않는다. 지네와 같다. 겨우 하나를 아는 사람이라도 제 분수를 알고 행동한다면, 모자람이 없다. 정령과 같다. 또 세상에 의지할 데 없는 사람도 천운이 다하지 않았다면, 결코 굶어 죽지는 않는다. 뱀과 같다.

참으로 궁궐이든 초가집이든 사람이 바라는 건 끝이 없다. 하지만 아무리 애써보았자 결국 사람 사는 곳일 뿐이다. 그래서 "학의 다리가 길다고 자르지 말고, 갈매기의 다리가 짧다고 잇대지 말라"고 하였던 것이다. 이는 각자가 제자리에서 살며 천연한 이치의 길을 지키고, 시름겨워하거나 기뻐하거나 하는 걸로 제 마음을 괴롭히지 않으면서 무위의 가르침을 행하라고 말하는 것이리라. 이와 같은 옛이야기를 들어보면, 학생 같은 개미와 진드기가 어떻게든 문답을 나누지 않았을까 하는 생각이 든다.

9. 학인이 와카를 읊은 일

이강[20]인 승려 두 사람이 조정으로부터 법회를 맡아달라는 요청을 받고 갔다. 물러날 때, 한 승려가 신발을 잘못 신고는 상대편에게 노래를 전하였다.

20) 이강已講 : 일본에서 태극전大極殿 어재회御齋會, 흥복사興福寺 유마회維摩會, 약사사藥師寺 최승회最勝會 등의 강사講師를 맡았던 승려.

신 잘못 신어
대체 어떻게 해서
잘못 신었나?
이 신을 돌려주리,
해서 그는 받았네.

이에 대해 대답하였다.

신 잘못 신어
자기가 앞서다가
잘못 신었나?
그렇다면 남의 일
나는 잘못이 없네.

말의 쓰임새가 참으로 학인의 노래답다고 여겨진다.

10. 온갖 일을 의론으로 이해하는 학승

근래에 미이데라에 교게쓰보教月房라고 하는, 법교이면서 굉장한 석학인 스님이 있었다. 어려서부터 만사를 제쳐두고 학문 밖에 다른 일은 하지 않았다. 시비를 논하고 의심스런 일을 판별하는 데 있어서는 인정을 받고 있었지만, 와카에 대해서는 조금도 알지 못하였다. 제자들이 이렇게 말하였다.

"요즈음 세상에서 흔히 즐기는 와카의 세계를 이해하지 못하는 건,

참 딱하다고 생각됩니다."

"그런데 와카란 어떠한 것이냐?"

교게쓰보가 이렇게 물으니, 고금의 와카를 들려주었다.

해 가기 전에
봄이 먼저 왔으니[21]
이 한 해를
작년이라 해야 하나
올해라 해야 하나?

"작년인가 올해인가를 양쪽으로 묻는 것이군. 자네의 물음은 멋지군!"

이렇게 말한 교게쓰보는 온갖 일을 의론으로 들었던 것이다. 석존의 성스런 가르침이 의도하는 바는 중생을 생사에서 해탈시키는 것이다. 수행자가 보는 것은 모두 생사윤회에서 벗어나는 문이다. 경전을 설하는 승려가 보는 것은 모두 경전이나 논서다. 그렇다면 교게쓰보에게 성스런 가르침은 모두 의론으로 보일 것이다. 그러면 생사윤회에서 벗어나는 길은 번가? 시혜를 넣는 방편은 대단할지라도, 시비를 일삼으며 논쟁에 집착하는 것은 바로 생사의 업이 된다. 이 점 잘 생각해야 할 것이다.

21) 달력 상으로 한 해가 가기 전에 입춘이 먼저 왔다는 말이다.

11. 와카를 좋아한 학승

에신惠心 승도는 학문을 닦는 일 외에 다른 일은 하지 않았다. 깨달음에 마음을 둔 자로서, 합당하지 않은 말이나 꾸미는 말 따위 쓸데없는 짓거리를 싫어하였다. 그런데 어린 제자들 가운데 아침 저녁으로 마음을 맑게 한다며 와카를 읊조리는 아이가 있었다.

"아이들은 학문같은 걸 하는 것이 마땅해. 헌데 이 아이는 와카만 좋아하여 이것에 몰두하니, 아무래도 안 되겠군. 저런 아이가 있으면, 다른 아이들도 본받기 마련이야. 그러니 내일 마을로 돌려보내는게 좋겠어."

이렇게 함께 지내는 도반들에게 사정을 자세하게 이야기하였다. 그런데도 이런 줄 모르는 아이는 달이 차고 온갖 것이 고요해진 이슥한 밤에 툇마루로 나와서는 세수를 하면서 이렇게 읊조렸다.

손을 적시는
물에 머물고 있는
달 그림자는
있는 듯 없는 듯한
세상에도 사는지.

에신은 이 노래를 듣고서 때에 맞는 절묘한 가락이라고, 이것이 노래의 참모습이라고 하면서 스스로 마음 깊이 애잔함을 느꼈다. 그리하여 이 아이를 계속 머물게 하였고, 그 뒤로는 그 자신도 와카를 좋아하게 되었다. 그래서 와카를 모아 놓은 가집歌集에도 그의 노래가 보이는 것인가?

어떤 설에 따르면, 오오미近江의 호수에 배가 아득히 떠가는 것을 보던 이 아이가,

이런 세상을
무엇에 비유할까?
신새벽녘에
떠가는 배 뒤에서
부서지는 흰 파도.

라고 읊조리는 것을 에신이 듣고, 와카를 무척 좋아하게 되었다고도 한다.

앞의 것은 기노쓰라유키紀貫之가 병을 앓으면서 마음이 약해졌을 때 지었던 노래고, 뒤의 것은 만세이滿誓의 노래다. 절묘하게 옛 노래를 읊었던 셈이다. 모두 『슈이와카슈』[22]에 실려 있다. 에신도 이렇게 노래하였다.

참 부럽도다!
어느 하늘에 걸린
달님이기에
마음대로 두둥실
서쪽으로 떠가나?

무릇 합당하지 않은 말이나 꾸미는 말에 와카를 집어넣는 것을 '물든 노래染歌'라 하는데, 애정에 이끌리고 허망한 것에 빠져서 헛된 말을 꾸며내기 때문이다. 거룩한 가르침의 이치도 펼치고 무상한 마음도 끌어내어, 세속 인연에 끄달리는 생각을 사라지게 하고, 명리에 집착하는 마음도 잊게 하며, 바람에 날리는 잎을 보고 세상의 덧없음을 알고, 흰 눈에 비친 달을 노래하여 마음의 청정한 결을 깨닫게 한다면, 불도에 들어가는 매개가 되고 법문을 깨치는 방편이 될 것이다. 그래서 옛사람들

22) 『슈이와카슈拾遺和歌集』: 세번째의 칙찬 와카집和歌集으로 20권이다. 찬자는 미상이지만, 화산원花山院과 그 측근의 가인歌人들이 참여하였다고 전해진다. 성립은 관홍寬弘 3년(1006) 전후이다. 『습유초拾遺抄』를 수정 보완한 것으로 약 1,360여 수가 수록되어 있다.

은 불법을 수행하면서도 결코 이 와카를 버리지 않았다. 품은 생각을 때에 맞게 풀어내는 일이 많았던 것이다.

오하라小原 스님이 사이교西行 법사 등과 모여서 늙음을 노래하였을 때, 어떤 스님이 이렇게 읊었다.

산 끝자락에
달 그림자 기우니
억울하구나.
헛되이 세월 보내
해도 달도 없으니.

저 작자의 마음을 헤아리며 오랜 세월을 두고 들으면, 생각이 모자라는 사람이라도 그 비애를 느낄 것이다. 남의 일로 억울해 하는 꼴이 되어 버렸다, 헛된 일에 마음을 빼앗겨서 참된 길로 갈 준비는 참으로 소홀하였다는 그런 뜻이다. 이 노래는 『유교경』의 핵심과도 맞아떨어진다. 부처는 최후의 설법에서 "한 일도 없이 헛되이 죽는다면, 나중에 후회하는 일이 있을 것이다"고 말하였다. 그 뜻은 이러하다.

"내가 설한 법 가운데서 인연 있는 법을 받아 지녀서 익히고 한결같은 마음으로 힘써 행한다면, 어떠한 법이든 생사를 벗어나게 해준다. 일생 동안 하는 일 없이 세월을 흘려 보내면, 훗날에 반드시 후회하게 된다. 늙으면 젊었을 때 힘쓰지 않은 일을 후회하고, 병으로 몸져 누우면 몸이 무탈했을 때 힘쓰지 않은 걸 후회한다. 목숨이 다해가면서 나쁜 형상이 떠올라 고통스러울 때면, 마음이 흐트러지지 않았을 때에 늙고 병들더라도 괴로움이 적어지도록 왜 착한 일 하나, 염불 한번 하지 않았을까 후회하게 된다. 나는 의사와 같다. 병을 잘 알고 약을 잘 알아서 가르침을 주었으나, 중생은 어리석게도 번뇌라는 병을 가지고 있으면서 오묘한 법의 약을 맛보지 않고서 나에게 허물이 있다고 말한다."

그러니 젊고 한창 군세고 병이 없을 때 힘써 행하여야 한다. 늙음을 기다려서는 안 된다. 옛사람도 "늙어서야 비로소 이치의 길을 배우겠다고 말하지 말라. 많은 무덤이 어린 사람의 것이니라"고 말하였다. 늙어 죽을지 어려서 죽을지 알 수 없는 이런 세상에서는 젊다고 하더라도 그걸 믿어서는 안 된다. 온갖 고통이 충만한 곳에서는 부유하게 살더라도 안온할 것이라 생각해서는 안 된다. 오래된 무덤을 찾아가보면, 많은 경우 젊어서 세상을 떠난 사람의 것이다. 이런 세상사가 눈앞에서 일어나고 귀에 가득 들려도 도대체 놀라는 마음이 없다. 머리에 하얗게 눈이 내리고 이마에 파도가 겹치면 백 년의 세월을 쌓아가고 일생을 다하였다고 하지만, 희망은 다 이루어지지 않아 이 세상에서 가졌던 바람을 버리지 못하고 영화를 꿈꾸며 부귀를 바란다. "후회할 일을 앞서 하지 않는다"는 것을 분별하지 못하니, 참으로 어리석도다! 이 노래가 참으로 깊은 생각을 드러내었다고 여겼기 때문에 이렇듯 자세하게 그 뜻을 풀었다.

무라카미村上 임금이 다스릴 때인가, 그 이름을 알 수 없는 와카의 신선이 있었다. 그가 늘그막에 이런 와카를 읊었다고 한다.

어느 때인가
몸이 흔들리는 건
변했음인가?
옛날에는 늙음을
한탄하였더랬지.

이 노래 덕분에 보리심을 깊게 할 수 있었다고 한다. 가네모리兼盛가 세밑을 노래한 것에 이런 게 있다.

헤아려보면
내 몸을 지나갔던
해와 달들을
보내고 맞았던 게
왜 그리 급했던가?

이 노래로 말미암아 임금이 발심하였다고 전한다. 어떤 일이든 발심의 인연이 될 만한 이유를 갖지만, 와카는 맑은 마음에서 나와서 말은 적고 이치는 깊기 때문에 발보리심의 방편이 되는 걸까?

12. 와카의 길에 깊은 이치가 있다

와카의 세계를 생각해보니, 흐트러져서 어지럽고 거칠게 움직이는 마음을 멈추게 하고 고요하게 가라앉히며 한가롭게 해주는 미덕이 있다. 또 말은 적게 하고 마음을 깊게 해준다. 총지總持의 덕이 있다. 총지란 곧 다라니陀羅尼다.

우리 일본의 신들은 부처나 보살이 자취를 드리우고 몸을 나투신 것 가운데 첫째다. 스사노오노미코토素盞雄尊가 '이즈모出雲의 여덟 겹 담장'이라는 서른 한 자의 노래를 읊은 것이 처음이다. 부처의 말씀과 다르지 않았다. 천축의 다라니라는 것도 그 나라 사람들의 말일 뿐이다. 부처는 이것을 가지고 다라니를 설하였던 것이다. 이러하기 때문에 일행一行 선사의 『대일경소大日經疏』에서도, "각 지방의 말은 모두 다라니다"라고 말하였던 것이다. 부처가 만약 우리 일본에 태어났다면, 일본말로 다라니를 만들었을 것이다.

총지는 본래 문자가 아니었다. 문자로 총지를 표현했을 뿐이다. 어느 나라의 문자가 총지를 표현할 수 없겠는가? 하물며 고야 대사도, "흙·물·불·바람·허공 이 다섯 원소는 모두 소리고, 색·성·향·미·촉·법 여섯 대상은 모두 문자다"[23]라고 말하였다. 궁·상·각·치·우 다섯 음을 벗어난 소리는 없다. 아자阿字와 관계없는 말은 없다. 아자는 밀교 진언의 근본이다. 그래서 경전에서도, "혀에서 나오는 언어는 모두 진언이다"[24]고 하였던 것이다.

『대일경』의 서른 한 품도 그대로 서른 한 자에 해당한다. 세간이나 출세간의 도리를 서른 한 자 속에 담았기 때문에 부처나 보살도 감응하고, 신들도 사람들도 마음을 움직이는 것이다. 저 다라니도 천축의 세속적인 말로 되어 있으나, 이것을 믿고 지니면 죄를 없애고 괴로움을 덜 수 있다. 일본의 와카도 일상에서 예사로 쓰는 말이지만, 와카로 써서 생각을 펼쳐내면 반드시 마음을 움직인다. 하물며 불교의 핵심을 담아낸 것은 의심의 여지없이 다라니가 된다.

천축이나 중국, 일본 등은 언어는 각기 다르지만, 그 의미가 통하고 그 이익이 거의 같다. 따라서 부처의 가르침을 넓히고 그 의미를 해석하며 이익을 주는 데서는 다르지 않다. 진언의 언어로 딱히 결정된 것은 없다. 다만 핵심을 얻고 생각을 펼쳐 낸다면, 반드시 감응이 있다. 지극한 성인께서 우리 일본에 몸을 나투시어 이미 와카를 읊으셨다. 기요미즈清水[25]가 이렇게 노래했다.

오직 기댈 건
시메지가 들판의

23) 구카이의 문집에는, "다섯 원소는 모두 소리이고, 십계는 언어를 갖추었으며, 여섯 대상은 모두 문자이고, 법신은 실상이다"로 나온다.
24) 『대지도론』에서는 "혀의 모양이 이와 같아서 그 말은 반드시 진실이다"고 하였다.
25) 기요미즈데라의 본존인 십일면관음을 가리킨다.

쑥뿐이라지.
내가 이 세상 안에
머물고 있는 한은.

이건 꼭 다라니가 될 만하다. 의심할 수 없다. 신 또한 노래에 많이 감동하여 사람들의 바람을 이루어주기도 한다. 아울러 와카의 덕, 총지의 의미는 다라니와 하나로 이해하여야 한다.

꾸미는 말의 허물을 논한다면, 그 허물은 사람의 더럽혀진 마음에 있다. 성스런 가르침이라 하여도 명리를 얻는 데에 쓸 때는 모두 삿된 업이 된다. 이는 사람의 허물이다. 그것으로 총지의 덕을 잃어서는 안 된다. "경전을 읽더라도 시기가 맞지 않으면 꾸미는 말이 된다"고 『성실론成實論』에서 말하였다. 와카는 스스로 그 이치를 납득하여서 써둔 것이니, 어찌 말하지 않을 수 있겠는가? 게다가 경전을 해석한 글에도 나온다. 나의 생각과 같은 게 아니겠는가?

모든 법은 실상이다. 모양과 냄새는 중도다.[26] 거친 말이든 온화한 말이든 모두 제일의로 돌아간다. 와카만 꼭 가려내서 버려야 할 이유가 있는가? 일상의 생업은 모두 실상에 어긋나지 않는다. 어떤 일이 이법에 맞지 않겠는가? 옛날 어떤 산속에서 한가로이 지낼 때, 사슴의 울음소리를 듣고 이러한 뜻을 풀어낸 적이 있다.

들리는 것은
짝을 부르는 사슴
소리일진대
모두 실상에 맞고
어긋남이 없구나.

---

26) 『마하지관』에 "어떤 모양 어떤 냄새든 중도 아닌 것이 없다一色一香無非中道"는 구절이 나온다.

또 진언 가운데, "법은 만다라에서 일어나고, 인연 따라 위아래로 미혹과 깨달음이 달라진다"는 말이 있으니, 온갖 법이 다 만다라다. 인연을 따라 집착하면 미혹이 되고, 막히지 않으면 깨달음을 이룬다. 본체의 성품은 천연의 만다라다. 이 뜻을 생각하며 지었다.

자기 스스로
불탄 들판에 섰는
억새풀마저
만다라 그것이라
사람도 말한다네.

현교와 밀교의 대승적인 뜻으로써 와카를 지어내고 불법의 도리를 끌어들였다. 제멋대로 함부로 헤아리고 어두운 지견을 드러냈다고도 말하고, 남이 비웃을 것이라고도 말하고, 아울러 남이 꺼린다고도 말하는데, 그래도 시험삼아 이렇게 써보았다. 허물이 있다면, 훗날에 보는 사람이 없애주기를 바란다. 만약 이치가 담겨 있다면, 말을 더해서 뜻을 보완해주기 바란다.

성인에게는 마음이 없다. 온갖 것의 마음을 가지고 마음으로 삼는다. 성인에게는 몸이 없다. 온갖 것의 몸을 가지고 몸으로 삼는다. 그렇다면 성인에게는 언어도 없다. 온갖 것의 언어를 가지고 언어로 삼는다. 성인의 언어가 어찌 법어가 아니겠는가? 만약 법어라면, 올바른 이치를 담고 있을 것이다. 올바른 이치를 담고 있다면, 총지가 될 수 있다. 총지라면, 곧 다라니다. 이렇게 생각해보니, 신이나 부처가 읊은 와카가 다름 아닌 진언이라 하리라.

13. 신이 노래에 감동하여 사람을 도운 일

도바鳥羽 법황이 다스리던 때, 중궁中宮이었던 다이켄몬인待賢門院 밑에 고다이진小大進이라는 궁녀가 있었다. 다이켄몬인의 의복 일습이 없어졌는데, 이 궁녀가 누명을 쓰고 기타노北野의 신사에 7일 동안 갇혔다. 궁녀는 맹세의 글을 올리고 죄의 여부가 결정되기를 기다렸다. 그때, 잘못하여 신에게 바치는 향수香水의 물을 엎질렀다. 궁녀를 감시하고 있던 자가, "이거야말로 죄를 범한 거다"라고 말하였다. "이런 잘못은 세상에 흔한 일이예요. 제발 이번만은 봐주세요." 궁녀가 울면서 간청하자 용서해주었다. 궁녀는 붉은 안피지雁皮紙에 글을 써서 신전에 바쳤다.

뜻하지 않게
누명을 쓴 이 몸은
마음 들떠서,
몸 나투신 신에게
용서받네 옛일을.

그날 밤, 법황의 꿈에 고귀한 노인이 관복을 입고 나타나 이렇게 말하였다. "사신을 보내 주셔서 훌륭한 것을 보게 해주십시오. 저는 기타노의 오른편 마굿간에 있습니다." 그래서 법황은 얼른 사신을 보냈다. 사신은 이 노래를 보고 법황에게 아뢰었다. 법황은 지체없이 그날로 시키시마라는 하급 궁녀와 법사로 하여금 잃어버린 것과 같은 의복을 입게 해서 사자무를 격렬하게 추면서 중궁에 들어가게 하였다. 이리하여 고다이진은 다시 부름을 받았지만, 평소에도 마음씀이 고약한 사람이었으므로 이런 괴로운 일도 있었던 것이라 하여 닌나지仁和寺에 머물게 되었다. 그러니 고운 마음을 지녀야 한다.

가난에 허덕이며 살던 젊은 여인이 있었다. 모친과 함께 하치만궁八幡宮에 참배하러 갔다가 가난한 사정을 신에게 말하며 기도하였다. 여인은 많이 걸어 피곤하였으므로 저녁부터 밤새도록 누워서 쉬었다. 새벽에 그 모친이 깨우면서 말하였다. "어떻게 된 일이냐? 그토록 결심해서 참배하였으니, 생각한 일을 잘 아뢰어야지. 그렇게 맘 편하게 쉴 수 있는거냐?" 그러자 그 딸이 이렇게 대답하였다.

나의 시름은
꽤나 어지간하니
이와시石淸 물을
생각하는 내 맘은
퍼 올리면 알테지.

돌아올 때 길에서 위세 있는 높은 벼슬아치를 만나 그의 수레를 타게 되었다고 한다.

여관女官인 고시키부小式部가 병이 깊어져서 마음이 약해졌을 때, 그 모친을 보고 나지막한 목소리로 이렇게 읊조렸다.

어찌 하려나
나아가야 할 길도
모르겠구나.
어버이보다 먼저
가는 길, 모르겠네.

천정에서 감탄하는 소리가 들리더니, 병이 말끔하게 나았다. 신이 도우신 게 틀림없다.

오에노 다카치카大江擧周가 병은 깊어지고 의지할 데는 없었을 때다. 스미요시住吉[27]의 앙화를 입은 것이었으므로 그 모친 아카조메노에몬赤染衛門이 병이 낫도록, “내가 신의 뜻을 바꾸어서 구해주겠습니다”고 기도하였다. 그리곤 제물로 바치는 비단에 글을 써서 신전에 바쳤다.

대신하려고
기도하는 이 목숨
아깝지 않네.
막상 보내려 하니
참으로 슬프구나.

그날 밤, 꿈에 이 비단을 가지고 있는 백발의 노인을 보고서 병이 나았다고 한다.

14. 사람을 감동시킨 와카

이에타카家隆의 자식인 선사 류손隆尊은 반도坂東 여기저기서 수행하다가 어떤 지토의 집 앞에 심어져 있던 벚나무의 가지를 하나 꺾어서 달아났다. 주인이 발견하고 소리쳤다. “저 법사를 잡아라! 도둑이다!” 어마어마하게 큰소리를 질렀기 때문에 집안의 젊은 가신들이 다 달려들어서 포박하였다. 선사는 곤란하게 되어서 어찌할 방도가 없게 되자, “어르신께 이렇게 아뢰어 주십시오”라고 말하면서 와카를 읊었다.

27) 스미요시住吉 : 스미요시대사住吉大社를 가리킨다. 와카의 신으로 알려져 있다.

흰 물결[28]이란
이름을 듣더라도
요시노吉野 강의
꽃들에 빠져버린
이 몸 후회 않으리.

가신이 여차여차하다고 말하니, 주인이 말하였다. "포승으로 묶어서 이리로 데려오너라." 그리고는 융숭하게 대접하고 돌보아주면서 와카 등에 대해 묻고 배웠다고 한다.

처음에 선사가 수행을 위해 도반 한 사람과 함께 교토를 떠났을 때다. 오오미近江 지방의 어떤 마을에 이르렀을 때, 해가 저물었다. 하룻밤을 묵으려고 하였으나, 아무도 지내게 해주지 않았다. 어쩔 도리도 없고 해도 졌으므로 어떤 허름한 작은 집으로 억지로 들어가서 밤을 지냈다. 아침이 되어 나섰더니, 주인이 불러 세웠다. 뒤에서 불쑥 내미는 것을 보니, 소반에 종이를 깔고 수수로 지은 밥이 놓여 있었다. 거기 종이에 무언가가 씌어 있었다. 그걸 보니 이러하였다.

내세울 것 없는
미천한 풀과 같은
몸일지라도
여기서 베이도다
이슬같은 목숨을.

이에 대한 답은 이러하다.

쓸쓸한 자의
목숨을 빼앗는 풀

28) 흰 물결 : 원문은 '시라나미'인데, 일본에서는 '도둑'을 의미하기도 한다.

같은 몸이라
듣노라니 눈물이
이슬처럼 흐르네.

선사가 무사시노武藏野의 들판에서 물이 마시고 싶어졌을 때다. 조그만 집 앞에 서서 물을 마시고 싶어하는 사정을 말하였다. 문 안에서 열두세 살쯤 되어 보이는 아이가 이빨이 빠진 사발에 물을 담고 나타났다. 그걸 받아들고는 이렇게 읊었다.

들고 있어서
깨어진 조각달로
보이는건가.

그러자 아이도 참지 못하고 이렇게 이었다.

아직 저 산자락을
나오지 않았기에.

참 사랑스럽다.

즈쿠시筑紫 사람으로 다이신보大進房라는 자가 있었다. 나쁜 짓을 저질러 가마쿠라의 감옥에 8년이나 있었는데, 칠월 칠석에 이런 와카를 지었다.

벗고 새로 갈
소매가 없다기에
칠월 칠석에
눈물에 젖은 옷을

입은 채 빌려주네.

이 노래의 일을 고토故東라는 재가 수행자가 듣고 감동한 나머지, 자신이 이 사람을 떠맡아 조카 사위로 삼고 오슈奧州에서 자신이 맡은 영지의 대관代官을 시켰는데, 지금도 있다고 한다.

어떤 구로도29)가 자식을 히에이잔으로 올려보내어 참선 수행자의 방에서 지내게 하였다. 외모가 빼어난 아이였으므로 절에서 견디지 못하고 마을로 내려갔는데, 결국 미이데라의 법사가 달래어 자기 절에 있게 하였다. 엔랴쿠지延曆寺의 스님이 이 말을 듣고는 말하였다.

"우리 산이야말로 저 절의 아이를 데려다 둘 수 있는데, 저 법사한테 빼앗겼으니 분하구나."

세 탑30)의 대중이 모여들어 분개하며 욕을 퍼부었다. 그렇지만 엔랴쿠지의 스님은 먼저 그 법사의 행자를 대강당 앞으로 불러 앉혀서는 자세한 사정을 물었다.

"아이들이 마을에 내려갔다가 오래 머무는 건 늘 있는 일이라 생각하네. 그렇지만 미이데라에 있었다는 건, 전혀 듣지 못했다네. 우선 글을 보내어 지켜보기로 하지. 종이와 먹!"

그리고는 붓을 쥐고 이렇게 썼다.

산자락에서
기다려도 모르고
달그림자는
실로 미이데라의
연못에만 머무네.

---

29) 구로도藏人 : 천황의 측근에서 벼슬하는 영외令外의 벼슬.

30) 세 탑이란 동탑東塔(지관원止觀院) · 서탑西塔(보당원寶幢院) · 횡천橫川(능엄원楞嚴院)을 가리킨다.

미이데라의 법사는 이것을 보고 감동하여 다른 말 없이 아이를 히에이잔으로 돌려보냈다.

가마쿠라의 어떤 승방에 있던 아이가 제 스승을 원망할 일이 생기자, 다른 승방으로 가버렸다. 얼마 뒤 세간을 챙기다가 떨어뜨렸는데, 그 속에 잊고 있었던 『시카슈』[31]가 있었다. 본래의 스승이 자기에게 보낸 글이 거기 있었다.

어떻게 하여
꽃과 같은 말들이
남아 있을까?
온전히 옮기누나
다른 이의 마음에.

아이는 이 노래에 탄복하여 다시 돌아갔다고 한다.

어떤 귀족이 이와미石見 지방의 관리로 임명되어 이와미의 포구로 가게 되었다. 그런데 그 지방에서는 자맥질하는 해녀들이 무어라 말할 수 없이 노래를 잘 불렀다. 사람들이 말하였다. "그렇습니다. 그들을 부르셔서 노래하게 하여 들어보셔야 합니다." 그러자 지방관이 말하였다. "그러면 불러 오너라." 불렀으나, 모두들 달아나버렸다. 중간에서 일을 맡은 잡색[32]들이 흩어져서 쫓아가 몇 명을 붙잡아서 왔다. 술을 내리면서 노래를 부르게 했을 때, 흩어져 달아났던 해녀들도 다시 곁으로 다가왔고, 결국 여기저기 떼지어 모여들었다. 그때 열 일곱이나 여덟 쯤

31) 『시카슈詞花集』: 『시카와카슈詞花和歌集』를 가리킨다. 10권으로 등원현보藤原顯輔가 인평仁平 원년(1151)에 편찬하였다.
32) 잡색雜色 : 상황上皇이나 법황法皇, 여원女院의 거처, 또는 장인소藏人所, 그 밖의 무가武家에서 잡무를 맡아보던 구실아치.

되어보이는 처녀가, 모습을 보아서는 하인도 없이, 때마침 보고 있다가 신분이 천한 것을 하나 불러서 말하였다. "저 앞에서 노래를 부르는 여인들에게 가서 이렇게 전하거라."

함께 다같이
찾아 헤매던 것들
해변 물새들
어떻게 천상으로
두둥실 떠올랐나?

이 노래가 전혀져서 이 귀족에게도 들렸다. 그는 감동하여 자줏빛 옷을 한 벌 내렸다.

자주 빛깔의
구름같은 웃옷도
어쩐지 조옴
무자맥질만 하는
해녀의 몸이어서.

이렇게 와카로 화답하자 이 귀족은 점점 애정이 솟아났고, 나중에는 그 처녀만 생각났다. 이윽고 처녀를 불러서 이렇게 말했다. "교토로 함께 올라가자꾸나." 그러나 처녀는 부모와 헤어지는 걸 탄식하였다. 이에 부모와 함께 교토로 올라가서는 마나님이 되고 자녀도 여럿 낳는 등 잘 살았다고 한다. 사람의 마음이란 참으로 움직이기 쉽도다.

어떤 집안의 여인들이 놀러갔는데, 그곳에서 때마침 귀뚜라미가 우는 소리를 듣고는, 따라온 초립동草笠童에게 무심코 말하였다. "저 귀뚜라미를 제목으로 해서 와카를 지어보려무나." 초립동이 그 말대로, "푸르른 버들" 하고 얼른 읊는데, 모두들 "와!" 하고 웃었다. 그 바람에 중간에서 그치게 되었다. 그때 그들 가운데 있던 얌전한 여인이 말하였다. "어떻게든 뭐라고 말은 잇게 해야지요. 말이 다 끝나고 나서 웃어야지요. 당치도 않은 웃음이에요." 그러자 모두들, "그러면 어쩔 수 없지"라고 하면서 계속하게 하였다.

푸르른 버들
초록빛의 새싹을
밀어 올리고
여름 지나 가을엔
귀뚜라미 소리지.

이렇게 읊조렸을 때, 웃었던 여인들은 모두 고개를 숙였다. 남을 함부로 깔보고 비웃는 일은 있어서는 안 된다고, 옛사람도 말하였다.

후시미伏見의 수리대부[33]인 도시쓰나俊綱의 집에서 가을밤 달이 환하게 비출 때 사람들이 '연못에 비친 달'이라는 시제詩題를 가지고 와카를 읊고 있었다. 이때, 부역하러 올라왔다가 이 집에 머물고 있던 촌사람에게 말하였다.

"자, 자, 와카라고 하는 것을 아는가? 한번 읊어보게나."

"어떻게 읊으면 되는 겁니까? 삼가 듣겠습니다."

이렇게 말하자, 사람들은 우습게 생각하면서 재미있다는 듯이 또 말하였다.

"와카를 읊는다면, 휴가를 주도록 하겠다. 어떻게든 읊어보아라. 제목은 '연못의 달'이다. 핵심은 연못에 달이 머물고 있는 모습을 잡아내야 한다는 거다."

---

33) 수리대부修理大夫 : 수리직修理職의 장관.

"생각해내겠습니다요. 휴가라도 내려주신다면 말입지요."

"물론이다. 휴가만이 아니라 다른 상도 내리겠다."

그러자 촌사람은 잠시 생각하더니, "읊어보겠습니다요"라고 말하였다.

하늘인지 물인지
물인지 하늘인지
모르는 채로
오며가며 머무는
가을밤의 달!

매우 감동한 도시쓰나는 촌사람이 생각지도 않았던 상을 주고 휴가도 주어서 고향으로 내려가게 하였다. 참으로 풍류를 아는 사내로다.

미카와三河의 수령인 사다모토定基는 마음에 두었던 여인이 죽자, 쓰라린 세상이라는 생각에 빠졌다. 그러다 5월 장마지던 때, 그런대로 괜찮게 생긴 여인이 거울을 팔러 온 것을 보게 되었는데, 거울을 싼 종이에 와카가 쓰여 있었다.

오늘뿐이라
생각하니 눈물만
더하는 거울
익숙한 그림자를
남에게 말하는가.

이것을 보고는 눈물을 그치지 못하였다. 거울을 되돌려주고 갖가지 비애에 젖었다. 깨닫겠다는 마음을 점점 굳게 지니게 된 것은 바로 이 일에서 비롯되었다고 한다.

료젠良暹이 오하라大原에서 후시미伏見의 수리대부에게로 구걸하러 갔다.

오하라에는
아직 숯가마조차
익숙치 않아
내가 묵는 집만이
연기 끊이지 않네.

미카와에 사는 어떤 하인은 무가武家의 하인이면서 잡색이기도 하였다. 물건을 팔면서 와카를 곧잘 읊조렸다. 어느 땐가 그의 주인이 물었다.

"너의 조상들은 모두 와카를 잘 읊었는데, 너는 어떠하냐?"

"부친과 조부만큼은 못하지만, 형식대로는 지을 수 있습니다."

이렇게 아뢰고는, 이히모리라고 하는 앞산을 제목으로 하여 다음과 같은 와카를 지었다.

아, 이히모리
산에서 부는 바람
차가웁나니,
맞춤 통소매옷을
껴입어야 하겠네.

주인은 이 와카에 감동하여 자신의 맞춤 통소매옷을 그에게 주었다고 한다.

겐쇼顯昭가 승강僧綱의 자리를 바라면서 이런 와카를 지었다.

아! 부럽구나
어떠한 사나이가

건너는 걸까?
나를 이끌어주오
법의 다리法橋지기여!

실제로 법교法橋가 되었다고 한다.

법안法眼이던 신코信光가 법인法印 자리를 바라면서 지은 와카는 다음과 같다.

이끌고서 갈
사람도 없는 물에
버려진 배는
정말이지 불법의
인장印章을 기다리네.

신코는 법인 자리를 얻었다고 한다.

아키스케顯輔는 재가 수행자 우지宇治[34]의 저택에 있던 우레시사라는 하녀를 연모하였다. 하녀가 모르는 체하자, 와카를 보냈다.

나로 말하면
괴로움이 있는지
우레시사는[35]
남을 좇는 이름이
정말 되어버렸네.

---

34) 등원충실藤原忠實을 가리킨다. 통상 '재가수행자 우지'로 일컬어지는 사람은 등원사실藤原師實(1042~1101)이지만, 현보顯輔(1090~1155)와 생존연대가 겹치지 않는다.
35) 우레시사는 '즐거움, 기쁨'을 뜻하는데, 이걸 '괴로움'과 대비시키고 있다.

우지는 이를 전해 듣고, "이 뛰어난 와카에 응답이 없구나"라고 하면서 하녀를 내쫓았다고 한다.

이즈미시키부和泉式部가 이나리稻荷에 가다가 다나카묘진田中明神을 모신 신사의 서쪽 근처에서 휘몰아치는 늦가을 비를 만났다. 어찌할 도리가 없어서 꼴 베는 아이에게 겹옷을 빌려서 왔다. 그리고 비가 그친 뒤, 돌아갈 때에 돌려주었다고 한다. 그로부터 이틀인가 사흘이 지나서 이 아이가 글을 가지고 왔는데, 보았더니 이러하였다.

늦가을 비에
젖은 이나리 산의
그 단풍잎은
겹옷 빌린 때부터
연모하여 왔다네.

고사가後嵯峨 법황이 구마노熊野에 행차하였을 때였다. 이세伊勢 지방의 한 사내가 혼구本宮의 오토나시가와音無川라는 곳에서 매화가 한창 핀 것을 보고는 이런 와카를 읊었다.

오토나시에
먼저 피기 시작한
매화 은근히
향기를 뿜어내니
어떻게 모를쏘냐?

사내의 와카는 대단히 뛰어난 것이라 할 만했다. 법황도 참배하고 돌아갈 때 길에서 이것을 우연히 듣게 되었다. 시종을 시켜 사내를 불러오게 하였다. 시종이 말을 타고 여기저기 돌아다니며 물었다. "혼구에서 와카를 읊은 사내는 누구인가?" "제가 바로 그 사내입니다." 곁으로 다가오면서 사내가 이렇게 아뢰니, "폐하의 분부가 계시니, 함께 가자"고 하였다. 그러자 사내는 이렇게 대답하였다.

꽃이라면은
굽혀야지 사람이
물었으니까.
영락한 이내 몸은
괴롭기 그지없네.

그런데 시종은 대답할 줄도 모르고 한심하게도 말에서 내려 그를 데려가기만 하였다. 자세한 사정을 들으신 법황이 감동하여 말하였다.

"무엇이든 바라는 게 있으면 말해 보라."

사내는 이렇게 대답하였다.

"변변치 못한 몸이 무슨 바람이 있겠사옵니까?"

"신분에 걸맞는 소망이 어째서 없겠느냐?"

"모친을 봉양할 만한 정도의 황은皇恩은 입겠사옵니다."

이렇게 아뢰자, 법황은 그가 농부였으므로 그의 소유지에 부과된 조세를 모두 면제해주고 자손들에게까지 그렇게 해주라는 뜻을 적은 글을 하사하였다. 참으로 과분한 은상恩賞이었다. 한낱 백성의 자식이면서 아이였을 때부터 교육을 받아 와카의 이치를 깨달았다고 할 만한 사람이다.

15. 만요萬葉 계열의 와카

조슈常州에 고칸보高觀房라고 하는 야마부시山臥가 있었다. 야마부시는 산속에 기거하는 수행자다. 같은 곳에 도쓰이藤追라는 이름의 농부가 살고 있었는데, 그 아내에게서 이 수행자가 씨를 뿌리려고 생각하였는지 정을 통하고 있었다. 남모르게 그렇게 했지만, 결국 이 일도 새어나가 알려졌다. 농부는 분하게 생각했지만, 고칸보는 구마노熊野에서 수행자를 이끄는 사람으로 유명하기 때문에 치욕을 주는 것이 온당하지도 원만하지도 않다고 여겨졌다. 그러다가 고칸보가 구마노에 참배하러 갔을 때, 농부는 그가 찾기 어려운 곳으로 떠나는 것만 못하다고 판단하였다. 그래서 오슈奧州의 센부쿠千福라는 곳에 연고가 있는 사람을 찾아 몰래 내려갔다.

고칸보가 구마노에서 돌아오면서 곧장 그 농부의 집으로 가서 보았더니, 다들 달아나버리고 아무도 없었다. 이웃 사람에게 물어보아도, 처음부터 행방을 숨겼기 때문에 아는 사람이 없었다. 무심히 침실 근처에 잠시 멈춰 서서 보았더니, 농부의 아내가 쓴 듯한 글이 기둥에 이렇게 씌어 있었다.

그리우시면
물어 찾아 오세요
고칸보님,
센부쿠에 있어요
도시로의 집에요.

써 있는 것을 본 고칸보는 왠지 서글프게 느껴졌다. 농부의 아내가 꼭 볼 것은 아니지만, 마음 가는대로 답장이라 생각하며 기둥에 이렇게 썼다.

떠나가면서
이렇다 말 없으니
박정하구나
도쓰이의 아내여.
센부쿠에 있다는
도시로의 집
내가 안다고 한들
찾아갈거나.

그 마음만은 참 어쩔 수 없구나! 이 노래에 드러난 것은 참으로 우아하지는 않다. 다만 만요萬葉의 노래는 반드시 서른 한 자로 고정되어 있는 건 아니다. 다만 생각을 알맞게 펼치면 노래집에 들어갈 수 있으리라.

옛날에 도다이지에 이런 팻말이 세워졌다.

도다이지東大寺는
사이다이이치最第一36)의
사찰이리라.

이에 답하는 팻말이 세워졌다.

오직 난쿄南京에서만
호쿠토 세워졌네.37)

---

36) '사이다이'는 '도다이'와 짝이 되게 한 것으로, 한자로는 '서대西大'로도 쓴다.
37) 북쪽을 나타내는 말인 '호쿠토'는 한자로는 '북도北都'로 쓴다. 호쿠토北都는 나라奈良의 북쪽에 있는 교토京都를 가리킨다. 이는 난쿄南京와 짝이 된다. 난쿄는 난토南都로도 불리는데, 소리가 '난토'이고 나라를 가리킨다. 또 '호쿠토'는 의태어로, "우뚝"이라는 뜻을 지닌다. 이 의태어를 수용하면, "오직 난쿄에서만 우뚝 세워졌다네"로 풀이된다.

그러자 또 이렇게 쓴 팻말이 세워졌다.

노랫말에서
호쿠토라는 것은
들은 적 없네.

또 이렇게 말하였다. 『만요슈萬葉集』에 나오는 노래에,

야마부시山臥의
허리에 붙어 있는
소라 껍질이
바위 우으로
투욱호쿠토 떨어져
정확히 쪼개졌네.
마음 부수는 것을
생각하던 때런가!

이건 어떻게 쓰여졌던 것일까?

16. 사이고西行와 와카

같은 지방에 묘부[38]인 헤이고平五라는 여인이 있었다. 마음을 맑게 하는 것을 스승으로 삼아 스스로 와카를 읊곤 하였다. 그렇다고 꼭 서

38) 묘부命婦 : 4·5위位의 여관女官, 오위五位 이상의 관인官人의 처를 이르는 말.

른 한 자의 틀에 구애되지는 않았고, 보거나 듣는 것에 따라서 마음을 펼쳐냈다. 사이교西行의 그림을 보고 그로 말미암아 일어난 생각을 곧잘 읊었다. 사이교가 마음을 다잡아 출가하려는 의지를 깊이 지닌 뒤 짬을 내어서 그 뜻을 아뢰려고 도바인[39]에 가는 그림이 있었는데, 그것을 보고 이렇게 지었다.

아아 참으로
존귀함을 어딘지
지니셨구나.
밤중 사이에
변하는 마음이란
참말 싫구나.

그림 속 늙은 벚나무를 들여다보고, 또 사이교가 시를 짓던 곳을 보고는 이렇게 읊었다.

벚나무 고목에는
꽃이 피지 않는가
생각을 하였더니
고목에서도 꽃은
핀다고 하네.

딱따구리는
꽃의 마음을
알고 싶어서
꽃 한 송이를
쪼고 있구나.

---

39) 도바인鳥羽院 : 교토에 있는, 백하白河 · 조우鳥羽 두 상황의 이궁離宮으로, 조우전鳥羽殿이라고도 한다. 사이교는 북면北面의 무사로서 조우상황鳥羽上皇을 모셨다.

그림에 딱따구리를 그려두었던 것일까?

상경上京할 때에 쓸 양식을 암자에 두었는데, 이것을 밤에 사슴이 와서 먹는 것을 본 사이교는 이런 시를 지었다.

> 아 몰랐구나!
> 신이 아닌 이 몸이
> 상경할 때에
> 먹으려던 양식을,
> 사슴이 먹는
> 줄 몰랐구나!
> 활 구부리고
> 화살을 만들고는
> 겨누어서 쏘려고
> 생각은 했지만은,
> 그러면 출가자가
> 아니지 아니한가?
> 부끄러운 일이라
> 생각을 바꾸었네.

참으로 그 뜻이 장하도다. 만요의 노래에 담긴 마음을 알아야 할 것이다.

와슈和州의 이소노카미노후루礒上布流 근처에 겐니로源二郎라는 남자가 있었다. 오래전에 아내를 여의고 다시 아내를 얻으려던 때에 어떤 여인과 마음이 통하였다. 그러나 그 여인[40]이 괴롭게 생각하여 목을 매고 죽었다. 겐니로는 이를 한탄하고, 즉음[41]의 사이에 처음으로 가나假名를

---

40) 원문에는 '모친'으로 되어 있는데, 문맥상 여인이 적절하므로 고쳤다.

41) 즉음卽陰 : 죽은 뒤에 곧바로 다음 생의 과보를 받는 극선극악極善極惡한 자 이외에는 칠칠일(49일간) 사이에 다음 생의 과보가 결정되는데, 그 결정은 7을 단위로 한다. 최초의 7일간에 과보를 받지 못한 사람은 다음 7일간에 과보가 결정된다. 이 가운데서

익혀서 공양을 위한 탑을 세우고, 그 앞면에 다음의 글을 새겼다.

이 세상에선
아무리 생각해도
이루어질 수 없네.
다음 생에는
반드시
어울릴 거요.

겐니로가 써둔 것이다.

그 뜻만은 어쩔 수 없다. 이것도 묘부 헤이고의 노래와 비슷하다. 그래서 뒤이어 생각이 떠올라 써두었다.

하녀가 노래한 일도 있다. 어떤 하녀가 자신보다 신분이 높고 젊은 속인에게 어떻게든 말을 걸었지만, 남자는 전혀 마음이 없는 듯했고 결국 시들시들해졌다. 어느 날, 이 하녀는 막걸리를 들고 찾아가서 기다렸다. 그러나 남자가 보이지 않자 이렇게 노래하였다.

내가 스스로
외상으로 얻어 온
탁한 막걸리.
낚으려던 그대는
그림자도 안 보여.

어떤 여인에게 보낸 노래로 이런 게 있다.

그대를 참고

최초의 7일간을 '즉음'이라고 한 듯하다.

진한 하루 보내는
소일거리로
바깥일 가운데서
미나리만 캔다네.

이 여인에게서 웬일인지 답장하려는 기색이 없는 것을 보고, 깜찍한 여동女童이 물었다. "어떻게든 답장을 하셔야지요." 그러자 여인이 말하였다. "무어라 말해야 할지 모르겠구나." "그러면 답장을 위해 제가 말해보겠어요. 와카는 모두 말마다 대응시키는 것이니까요, 답장은 그렇게 쓰면 돼요. 그러니 어떻게든 말해보세요."

나는 이
붕어는 밝고
거북의 발 비비고
짝수 뒷문 밭에서
이 떡쑥만 비트네.[42)]

〈말마다 댓구를 이루게 한 그 생각, 참 기묘하다.〉

어떤 재가 수행자가 똑같이 수행하고 있던 젊은 비구니尼公[43)]의 고상하고 사랑스러운 자태를 보고는 마음에 두고 있다가 이렇게 말을 걸었다.

나뭇가지 끝
맺힌 알밤과 같이

---

42) "我シラミフナアカシカメアシモムチヤウセドノハタケニ是キヤウオゾヒネル." 앞의 노래와 댓구를 이루게 하였는데, 그게 흥미롭다. 君オ—我, ノミ—シラミ(虱), コヒ—フナ(鮒), クラシ—アカシ(明), ツル—カメ(龜), 手—アシ, スサム—モム, ニ—チヤウ, ソトモ—セド, オダニ—ハタケニ, ネゼリオゾ—ゴギヤウ(ハハコ草)オゾ, ツム—ヒネル.
43) 니공尼公 : 일본에서 이 말은 비구니가 된 젊은 부인을 높여 부를 때에 쓴다.

몸을 바꾸어
자 비구니 몸 우에
떨어져내리련다.

그 비구니는 다음과 같이 답하였다.

무서웁네요
밤송이가 그대로
떨어지면은.
쏠리는 그 쪽으로
피해서는 안돼요.

어떤 이야기꾼이 후와不破 관문의 서쪽 계곡의 강을 건너고서 어떤 작은 집에 이르렀다. "이 강의 이름은 무엇이라 합니까?" 그가 이렇게 묻자, 나이 지긋한 미천한 아낙이 이렇게 말하였다. "아직 모르십니까? 여기야말로,

그대 일생은
매립지로 생각는
미노美濃이지요.
관문의 후지가와藤河
만대萬代 후까지라오.

라고 『만요슈』에서 노래한[44] 그 강이지요."

이렇게 말하자, 고야小野가 아리따운 처녀를 만난 마음과 같이 되어서 애틋함을 느꼈다고 한다.

홍취란 사람의 신분과는 관계없는 것인가? 옛사람도 "귀함과 천함이

---

44) 현존하는 『만요슈』에는 없다.

나뉘는 것은 행위의 착함과 나쁨에 있다"고 말하였으니, 그저 행동도 어질고 흥취도 있는 것을 귀하게 여기고, 어리석게도 흥취라곤 없는 사람을 미천하게 여겨야 할 것이다. 세상의 갖가지 성씨나 가문을 논해서는 안 된다고 말할 수 있다. 참으로 그러하리라.

노래를 지어서 집안의 땅을 얻은 일도 있다. 사가嵯峨에 어떤 권세 있는 집안의 여인이 살고 있었다. 그 집 앞에는 전상인[45]이면서 지극히 가난한 사람이 살았다. 그 여인이 권세를 믿고 멋대로 하자, 하인들도 교만하게 굴면서 사람을 사람으로 여기지 않았다. 그러더니 이 전상인의 땅으로 경계를 슬쩍 넘어와서는 해마다 땅을 야금야금 빼앗아갔다. 전상인은 이 일로 소송을 거는 것도 그리 간단하지 않다고 여기고, 실컷 빼어가도록 내버려두었다. 그러던 어느 때, 의외로 유유히 그 땅을 넘어가서는 이러한 시를 전했다.

부인이시여,
결코 자신을 애써
누르지 마오.
사방 먼 곳까지 다
차지하지 못하면.

이것을 본 여인은 답장은커녕 부끄럽고도 괴롭게 여겨져서 집도 땅도 버리고 교토로 가 버렸다. 전혀 시비를 가리지 않았으므로 저 운객[46]의 집이 되었던 것이다. 참 멋지다고 생각된다. 옛사람은 흥취도 있었고 부끄러움도 알았는데, 지금 세상에는 그런 사람이 드물구나!

---

45) 전상인殿上人 : 4품 · 5품 이상과 6품의 장인藏人으로서 정전에 오르는 게 허락된 당상관.
46) 운객雲客 : 당상관으로 전상인殿上人과 같은 말이다.

17. 꿈속에서 노래한 일

안라쿠지[47]에 있는 도비우메[48]의 가지를, 어떤 무사가 그 자세한 사정도 알지 못한 채 꺾어버렸다. 그날 밤, 무사는 기품이 있어 보이는 귀인이 저택의 툇마루에 앉아서 이렇게 읊조리는 걸 꿈에서 보았다.

홍취도 없이
모진 사람 꺾었지
내가 사는 집
주인 잊지 못하는
매화의 저 가지를.

어떤 사람의 어린 자식이 고카와紛河의 절[49]에서 목숨을 잃었다. 그 뒤 아이의 어미가 사는 집에서 종살이하던 사람이 꿈에서 이런 걸 보았다고 한다. 맑은 강물가에 갖가지 가을 풀꽃들이 어지러이 피어 있고 모든 것이 쓸쓸하고 왠지 모를 안타까움이 느껴지는 풀숲 속에서 저 어린아이가 길게 읊조리는 목소리가 들려왔다는 것이다.

이별하는 길

---

47) 안라쿠지安樂寺 : 복강현福岡縣 태재부시太宰府市의 태재부太宰府 천만궁天滿宮 안에 있는 관원도진菅原道眞의 묘소. 연희延喜 17년(917) 관원중평菅原仲平이 건립하였다. 메이지明治 초기 신불神佛을 분리하면서 사명寺名을 폐하였다.

48) 도비우메飛梅 : 교토의 도진道眞의 저택에 있던 홍매전紅梅殿에 있던 매화나무가, '동풍東風이 불면'이라는 노래를 도진이 읊조리자 안라쿠지安樂寺의 정원으로 날아갔다고 한다.

49) 화가산현和歌山縣 나하군那賀郡 분하정紛河町에 있다. 보구寶龜 원년(770)에 엽사獵師 대반공자고大伴孔子古가 천수관음상千手觀音像을 감득하여 제사지낸 것에서 유래하였다고 한다. 관음도량으로 이름이 높았고 중세에는 성호원말聖護院末의 천태종이었다.

가운데서 흘리는
눈물의 강에
소매만 적시우고
만날 길은 없다네.

저 아이는 노래도 잘 알고 모든 일에 재주가 있었지만, 뜻하지 않게 일찍 죽어버렸던 것이다. 그러다 특히 한숨을 절로 짓게 되는 시절에 이런 일이 있었다고 전해진다.

태재대이[50]인 다카토오高遠가 죽은 뒤, 어떤 사람이 꿈을 꾸었다.

고향 마을로
가는 사람에게나
알리고 싶군.
모르는 산길에서
혼자서 헤매는 걸.

옛날에도 꿈에서 노래한 이러한 예가 있었다.

18. 와카 때문에 목숨 잃은 일

나가요시長能는 3월이 29일까지 있던 해에, "빼어난 와카를 읊었습니

50) 태재대이太宰大貳 : 태재부太宰府의 차관次官.

다"고 긴토公任에게 말하였다.

마음 괴로운
해에도 있는걸까?
이십일 넘어
구일이라 하는데
봄이 지나갔구나.

그러나 긴토에게서 "봄은 30일인가?"라는 책망을 받고는 가슴이 막힌 듯 답답함을 느꼈고, 이윽고 병을 얻어 결국 죽어버렸다. 와카의 길을 지나치게 중히 여기고 집착하는 마음 때문이었을까?

덴토쿠天德 시절에 와카 겨루기歌合를 할 때였다.[51] 가네모리兼盛와 다다미忠見가 함께 임금의 수행관원으로서 좌우에서 짝이 되었다. '초련初戀'이라는 시제가 제시되었다. 다다미는 빼어난 노래를 읊어냈다고 자신하며, '가네모리인들 어찌 이런 노래를 읊을 수 있으리오?'라고 생각하였다.

사랑에 빠진
나의 이름은 벌써
알려졌구나.
남들이 모르도록
시작한 사랑인데.

그런데 어전에서 토의하여 판정을 내리려는 순간, 가네모리가 노래하였다.

---

51) 천덕天德 4년(960) 3월 30일 촌상천황村上天皇의 대궐에서 행해진 와카 시합으로, 이후 청의가합晴儀歌合의 규범이 되었다.

감추었어도
낯에 드러나버린
나의 사랑은
근심이 있느냐고
남들이 물을 정도

둘 다 빼어난 노래였으므로 판정하는 사람들도 결정하는데 골머리를 앓았다. 그래서 잠시 임금의 기미를 살폈다. 임금은 다다미의 노래를 두세 번 읊조렸고, 가네모리의 노래는 여러 번 반복해서 읊고 있었다. 임금은 왼쪽 가네모리에게 기우는 것 같았다. 그래서 가네모리가 이겼다고 판정하였다. 다다미는 괴로움을 느끼면서 답답해 하더니, 식욕을 잃는 병을 얻었다. 나을 가망이 없다는 사정을 전해 들은 가네모리가 방문했더니, 다다미가 말하였다.

"다른 병이 아니오. 와카 겨루기를 했을 때, 내가 빼어난 노래를 읊었다고 여겼는데, 그대의 '근심이 있느냐고 남들이 물을 정도'라는 구절에 '아아!' 하며 참으로 놀랐소. 그때부터 가슴이 답답해졌고, 이렇게 중해졌소이다."

결국은 그렇게 죽었다. 집착하는 마음은 당치않다고 하지만, 와카의 길에 집착하는 습관은 가련하기 그지없다. 둘 다 빼어난 노래로서 『슈이와카슈拾遺和歌集』에 수록되어 있도다.

19. 와카를 번갈아 읊는 일

옛날 동쪽의 어떤 재가 수행자가 병이 깊어지자, 오래 전부터 어울렸던 사람들을 불러서는 병상에 누운 채로 만났다. 달이 휘영청 밝은 때, '마지막 만남이로구나'라는 생각에 와카를 번갈아 읊자고 하였다. 이에 주인이 첫 구절을 열었다.

아아, 참으로
이게 몇 번이던가
달을 본 것이?

이렇게 읊은 것을 다른 사람들은 이어붙이기가 까다롭다고 여길 때, 렌추簾中가,

설령 길고도 질긴
목숨이라고 한들.

이라고 이어붙였다. 때가 때니만치 희한하게 여겨져서 모든 사람들이 함께 감동하였다. 그런데 그때, 주인이 살아났다고 한다. 그 누이인 와카사노쓰보네若狹局가 써 두었다고 전해진다.

가마쿠라의 고쿠라쿠지極樂寺에 머물고 있던 어떤 스님이 꿈을 꾸었는데, 문수보살이 나타나 이렇게 말하였다.

자, 이제 돌아가자
본래의 고향으로.

다른 스님들에게 말하니, 그 가운데서 누군가가 이렇게 이었다.

생각을 일으키는
마음 바깥엔
길道도 없다네.

즉심시도卽心是道, 그 마음이 그대로 깨달음의 길이라는 것은 지극한 도리다. 보고 듣고 느끼고 아는 일상적 행위 밖에는 길이 없다. 이것을 버리고는 들어갈 곳이 달리 없다는 뜻이다.

야마토大和 지방에 있는 모모노桃尾의 산사에 벤辨 아사리라고 하는 사람이 있었다. 그가 하세데라[52]에 참배하러 가다가 가마구치釜口라는 산사에서 붉은 잎이 참으로 재미나게 생긴 것을 보았다. 함께 가던 젊은 법사가 아사리가 탄 말의 입에 그 잎을 갖다붙이면서 이렇게 노래하였다.

솥釜 주둥이에
눌어서 바래진 듯
붉은 잎이여!

대답이 없는 것도 정말이지 좀 그렇다고 여겨져서,

노구솥 세상에는
없다고 생각하네.[53]

---

52) 하세데라長谷寺 : 내량현奈良縣 앵정시櫻井市 초뢰정初瀨町에 있다. 풍산사豊山寺라고 도 한다. 양로養老 5년(721)에 도명道明이 건립했다고 전해진다.
53) 원문은 "鍋テノ世ニハアラジトゾ思フ"로 되어 있는데, "온갖 세상에서는 없다고 생각하네"로도 풀이된다.

라고 이어붙였다.

옛날 가마도야마釜戶山에서 누군가가 지은,

> 봄에는 타고[54]
> 가을엔 눌어 붙는
> 가마도야마!

라는 구절이 있는데, 여기에

> 봄안개 가을안개
> 연기도 보이도다.

라고 이어붙인 데서는, 뜻밖에도 잇대는 구절이 절묘하였다고 한다.

지난해 겨울, 도카이도東海道를 지나갈 즈음에 후지산富士山 기슭에서 구름이 이리저리 떠도는 것을 보았다. 함께 가던 젊은 법사가,

> 후지富士의 산은
> 구름 아랫도리를
> 껴입었구나!

어떻게 할 수 없을 정도로 대단하게 들렸지만, 그대로 지나칠 수는 없다고 여겨서,

> 눈으로 된 휘장을
> 걸치고 있으면서.

54) 원문은 "春ハモエ"인데, 이는 "봄엔 싹트고"로도 풀이된다. 그러나 다음 구절과의 댓구를 감안하면 본문에서처럼 번역하는 것이 옳다.

라고 이어붙였다. 그렇게 빼어난 구절은 아니지만, 때가 그러하였으므로 적어 두었던 것이다.

미노美濃 지방의 도키土岐에 앵당櫻堂이라는 꽃의 명소가 있었다. 꽃이 한창일 때에 무엇이든 할 작정으로,

도키에 왔는데도
매듭이라곤 없네.[55)]

라고 써서 벚나무 가지에 매어 두었는데, 이어서 노래하는 사람이 없었다. 그러다가 가마다지로鎌田二郎 사에몬노조左衛門尉가,

잇달아 부는
바람에 흐트러진
이도사쿠라絲櫻![56)]

라고 덧붙였는데, 좋다고 여겨서 적어두었다.

이키壹岐의 관리인 고토 모토마사後藤基政가 교토에 있을 때 일이다. 서산西山[57)]의 꽃을 구경하고 돌아오는 길에 꽃을 한 가지를 꺾어 전통箭筒에 꽂아서 지나가는데, 어떤 누대樓臺에서 한 여인이,

아름답게 보이는

---

55) 원문은 "トキニキタレドムスビメモナシ"이다. 여기서 처음의 'トキ'는 지명인 '도키'를 나타내면서 동시에 '解き'가 되어 '푼다'는 뜻으로도 해석된다. 이어지는 'ムスビメ'가 '매듭'을 의미하기 때문에 중의적으로 쓰였음을 알 수 있다.
56) '이도사쿠라'는 가지가 축 늘어진 벚나무로, 사앵絲櫻이라고 한다.
57) 남산嵐山・애탕산愛宕山 등을 포함하는, 교토 서쪽 외곽에서 남북으로 뻗은 산맥으로, 꽃과 단풍으로 유명하다.

꽃 전통이로구나!

라며 말을 건네는 것이었다. 그래서 말에서 허리를 굽히며 이렇게 받았다.

칼잽이 하나
벚꽃인양 하면서
돌아가누나.

이즈모出雲 가는 길에 비사문당毘沙門堂[58]이 있는데, 거기에서 사람들이 와카를 번갈아 읊고 있었다.

엷은 붉은 빛으로
물든 하늘이로다!

이 구절은 잇대기가 까다로웠다. 30여 구절이 반복되었으나, 오히려 흥이 없어지고 있었다. 그때, 동쪽에서 온 재가 수행자가 남모르게 듣고 있다가,

하늘로 솟은
벼를 짊어진 새의[59]
자취 보이네.

라고 이어붙였다. 때에 맞았고 매우 적절하였다고 이야기되어 전한다. 그 자리에 있었던 하층 출신의 정토종 승려가, "하늘로 솟은" 하고 중얼

58) 비사문당毘沙門堂 : 경도시京都市 산과구山科區 도하산정稻荷山町에 있는 천태종의 사찰. 옛날에는 출운사出運寺라 일컬어졌다.
59) 원문은 'イナヲホセ鳥'인데, 한자로는 '도부조稻負鳥'로 쓴다. 본문에서는 풀어 썼는데, 어떤 새인지는 알 수 없다.

거리더니, "아아, 잘 붙였다!"며 칭찬하였다. 마음이 재빠르게 감지한 것이리라.

어떤 곳에서 아미타불의 명호를 머릿글자로 하여 와카를 번갈아 읊고 있었다.

제 이름을 부르는
불여귀不如歸 두견인가?

이건 꽤 어려운 구절이었는데,

칼잽이들이
방패 늘어놓은 듯
도나미의 산.60)

이라고 잇대어 읊은 게 있다.

교토의 동쪽 산에 사람들이 모여들어 밤을 지새면서 와카를 번갈아 읊조린 일이 있는데, 까다로운 구절들도 있었다. 그 가운데에,

부엌의 하녀들도
붉은 치마 입었네.

라는 구절이 있었다. 여기에

60) 도나미トナミ산은 부산현富山縣 소시군小矢郡에 있는 산이다. 수영壽永 3년(1184)에 목증의중木曾義仲이 평유성平維盛을 깨뜨린 곳으로, 북륙도北陸道의 요해지이다. 여기서 '도나미'는 '조망鳥網', 즉 새 잡는 그물을 뜻하기도 한다. 이럴 경우, 앞의 '불여귀 두견'과 댓구가 된다.

바다새우의
껍질 벗겨둔 데서
꺼내 입었네.[61]

라고 이어붙였더니, 사람들이 감동하였다고 한다.

벚꽃 아래에서 사람들이 와카를 번갈아 읊조렸는데,

두 번이나 치고稚兒[62]가
되어버린 것인가?

라는 까다로운 구절이 나왔다. 아무도 이어붙이지 못하고, 본래 가인歌人에게 되돌아갔다. 이때 어떤 수행자가,

지워 없애고
다시 고쳐 쓰고는
사고 판다네.

라고 이어붙이니, 썩 적절하였다.

배 안에서 지내며
노인이 되었고나!

라는 까다로운 구절에 대해,

---

61) 부엌일 하는 하녀들이 큰 새우의 붉은 껍질을 많이 벗겨둔 가운데에 있기 때문에 붉은 치마를 입은 것으로 형용한 것이다.

62) 치고稚兒 : 신사의 제례나 사찰의 축제 때 행렬에 때때옷을 입고 참가하는 어린이를 가리키거나, 또는 고관의 저택이나 사찰에서 심부름하던 아이들을 가리킨다. 후자의 경우에는 남색의 대상이 되는 일이 많았다. 이 와카에서는 후자의 의미로 쓰인 듯하다.

부평초浮萍草처럼
홈통의 물로
흘러 왔구나!

라고 이어붙인 것도 있다.

벌 여덟 마리를 본 어떤 사람이,

여덟 마리가 있어
벌이라고 하였나?[63]

라고 한 구절에,

스물이라면
베짜는 사람이라
할 만하겠네.[64]

라고 이어붙인 것도 있다.

난토南都에 항상 모여서 와카를 번갈아 읊으며 노는 네 명의 스님이 있었다. 사람들은 이들을 '사천왕四天王' 따위로 불렀다. 어느 땐가 그 가운데 한 사람이,

우리를 두고
사천왕이라면서

---

63) 벌蜂을 일본에서는 '하치ハチ'라고 부르는데, 숫자 '여덟'도 '하치'로 읽는다. 동음이의어를 이용해 읊었다.
64) 일본에서는 '스무 살'을 '하타치ハタチ'라고 하고, '베짜는 사람'을 '하타오리ハタオリ'라 한다. 역시 소리가 비슷해서 이어붙인 것이다.

말들 한다네.

라고 하니, 다른 한 사람이 이어 노래하였다.

그저 비사문천毘沙門天이
된 걸로 보아주길.

네 사람 모두 가난한 승려였다.

다카스케隆祐 조신朝臣은 가인으로서 가풍을 물려받아서 빼어난 와카의 신선이 되었다. 그런 그가 유심有心과 무심無心의 와카[65]를 번갈아 읊조리던 곳에 간 적이 있다.

꾸륵 꾸륵 꾸르륵
부풀어 오르는걸.

이라고 하는 까다로운 구절에,

물 위의 배가
얕은 여울 가까워
지는 그대로

라고 그가 이어붙였다. 참 대단하였다. 언젠가는,

다시 고쳐서 만든
여관의 처마끝에

65) 여기서 유심有心의 와카란 용어가 바르고 우아한 풍정風情을 담아서 읊은 것이고, 무심無心의 와카는 해학을 주로 하며 말을 골라 꾸미지 않고 읊는 것을 가리킨다.

라는 구절에 대해, 많은 사람들이 잇지 못하여 다카스케 자신에게 차례가 돌아오자,

> 헤매 다니든
> 간밤 둥지를 떠난
> 제비로구나!

라고 이어붙였다. 때에 알맞았으니, 좀처럼 드문 일이었다.

이 사람[66]이 간토關東에서 내려오다가 오오미의 사메가에醒井에서 놀 때 알았던 사람이 있었다. 그 사람이 죽은 뒤에 다시 올라갈 때, 그 사람과 놀았던 일을 떠올리며 그 강 근처의 바위에 이렇게 써 붙였다고 한다.

> 그 사람의 일
> 이야기하면 소매
> 흠뻑 적시지.
> 바위 틈 흐르는 물
> 가련한 이내 세상.

잇따라 떠오르는대로 적어두었다.

66) 문맥상으로는 다카스케를 가리키는 듯한데, 과연 그런지는 자세하지 않다.

20. 이치가 담긴 와카

가마쿠라의 대신전大臣殿[67]이 읊은 노래에 이런 게 있다.

저 울림판[68]을
제 날개 바람으로
흔들어대고
마음까지 흔드는
떼 지은 참새로다!

이 노래에는 깊은 뜻이 담겨 있는 것일까? 『법화경』에서는, "모든 법은 본래부터 늘 스스로 적멸의 상이로다"[69]고 설하였고, 옛사람은 "온갖 법은 본래 고요한데, 사람이 스스로 분주하구나"라고 말하였다. 모든 법은 본래부터 번뇌라곤 없는 고요한 열반의 본체여서 태어나고 죽고 가고 오는 수고로움이 없는데, 한순간 일어나는 미혹된 마음으로 말미암아 육진의 망령된 경계를 드러내고 허망하게 번뇌의 업을 짓는다. 그리고는 그 속에서 고통을 받고 삼악팔난이라는 부질없는 곳을 보기 시작하면서 자신을 괴롭히니, 이는 참새가 울림판을 흔들어서 스스로 놀라 허둥대는 것과 비슷하리라.

도케이道慶 승정의 노래에 이런 게 있다.

멧갓杣山[70]에 있는

---

67) 원실조源實朝를 가리킨다.
68) 울림판鳴子 : 일본어로는 '나루코'로 읽는다. 논이나 밭 따위에서 새를 쫓기 위해 설치한 장치로, 판자에 가는 대나무를 걸어 놓고 줄을 당겨서 소리를 낸다.
69) 『법화경』「방편품」에 나온다. "諸法從本來, 常自寂滅相."

훌륭한 나무,
마른 가지 드리운
제 자신을 하이얀
눈이라 여긴다네.

이 노래에도 이치가 담겨 있다고 할 만하다. 모든 법은 텅 비어 일정한 형상이 없는 것이어서, 생사를 유전하거나 몸과 마음이 헛되이 변화하는 일은 애초부터 있지 않았다. 다만 편계遍計의 허망한 분별로 말미암아, 있다고 생각하면 있는 것처럼 있음이 드러나고, 공이라고 생각하면 공허하다는 이치를 보게 될 뿐이다. 그러므로 마른 나무를 눈이 쌓인 것으로 보지만, 흰 것은 다만 자신일 뿐이다. 온갖 법이 이와 같이 텅 비었다고 생각해야 할 것이다.

21. 슬프고 가슴 아프게 하는 와카들

와카를 '꾸민 말綺語'이라 하는데, 하찮고 화려한 일에 가탁해서 덧없음을 떠올리거나, 혹은 생각할 필요도 없는 일을 더럽혀진 마음으로 떠올리거나, 혹은 생각도 못한 것을 더럽혀진 마음으로 말하는 것은 참으로 허물이 될 만하다. 그러나 이별의 슬픔이나 쓰라린 심정이 절절하여서 마음 속에 있는 것을 있는 그대로 서술하여, 온갖 관계는 잊고 이 일—와카를 짓는 일—에만 마음을 두고 생각을 고요하게 한다면, 이치의 길로 들어가는 방편으로 삼을 수 있다. 옛날 노래 가운데도 지은이

70) 멧갓 : 재목을 쓰기 위해 나무를 심은 산.

의 마음이 진실하거나 그 마음을 깊이 표현한 것은 먼 훗날까지 전해지는데, 그런 것을 읊으면 내 마음도 맑아진다. 하물며 제 몸에 미쳐서 그와 같이 생각한다면, 실로 슬퍼지리라.

어떤 사람이 자신의 모친에게 이런 노래를 보냈다.

잠깐 동안에
잊고만 있더라도
마음 풀리니
그 모습만으로는
들뜨는 일 없으리.

옛날 료良 소장少將[71]은 후카쿠사深草의 임금을 여의자 세상을 벗어나 참된 이치의 길로 들어가서 수행하였다. 그럼에도 그 일을 잊을 수 없었다. 1년상이 끝나는 날에 사람들이 평상복으로 갈아입는다는 말을 듣고는 이런 노래를 지었다.

모든 사람은
화려한 의복으로
갈아 입는데,
은둔자여 옷이여!
바싹 말라버렸네.

읽어보면, 참으로 그와 같다고 여겨진다.

이즈미시키부和泉式部가 자식인 고시키부小式部 여관女官을 여의고 깊은 시름에 잠겼을 때였다. 조토몬인上東門院에게서 오래전에 하사받았던 의복에 '고시키부 여관'이라는 표찰이 붙어 있는 걸 보고는, 이렇게 읊었다.

71) 소장少將 : 근위부近衛府의 차관次官.

너와 더불어
이끼의 아래[72]에서
썩지 않는 나.
묻히지 않는 이름
보는 건 슬프구나!

옛날 어떤 사람도 자식을 나라奈良에 보내고는 이렇게 읊었다.

어버이된 자
마음은 분별없이
굴진 않아도
자식을 그릴 때엔
헤매어 떠도는가?

어떤 사람은 병이 중해져서 임종이 다가오자 이렇게 읊었다.

오자의 들판小篠原
바람맞아 스러질
이슬 같은 몸.
자식 그 하나만을
그리워하는도다!

대납언大納言인 다메이에爲家는 가장 아끼던 딸을 잃은 뒤에, 신에게 명복을 비는 글을 올리면서 그 말미에 이렇게 적었다.

안타깝게도
연기처럼 꼭같이
다가와서는

72) 일본에서는 '이끼 아래'가 '무덤 속'과 같은 의미로 쓰인다.

남아 있는 미련에
몸을 괴롭히누나!

그는 머리칼로 범자梵字를 꿰매어서 명복을 비는 글의 끝에 이런 노래를 붙였다.

나의 눈물을
걸어두려 하다가
매만질 수 없는
까만 머리칼을
보려니 슬프구나!

고토바인後鳥羽院 상황의 부름을 받아서 이따금 행차 때에도 따라 나서서 공봉供奉하였던 사이온西恩 법사는 그 일이 떠오르면 너무 슬퍼졌다. 그래서 상황이 유배된 오키隱岐까지 가서 받들어 모셨는데, 그때 읊은 노래다.

생각나는가
가타노片野에서
하루 사냥을 하고
돌아가던 미나세水無瀨
산자락의 그 달이?

보면 아마도
눈물이 흐를 듯한
미나세水無瀨의 강.
언제부터 달님은
홀로 살게 되었나?

사이교 법사가 각 지방을 돌아다니며 수행하다가 사누키노인[73]의 사당을 참배하였을 때다. 그 옛날 열 가지 착한 일十善을 지킨 과보를 받아 수많은 중요한 정무를 다스리며 사해의 제왕으로서 구중 궁궐 높은 전각의 보좌에 올랐으나 이제는 변방의 초라한 마쓰야마[74]의 이끼 아래에 묻혀 있는 것을 보고, 무상하게 변해가는 세상의 이치를 모르는 바 아니지만, 허망한 꿈을 꾼 듯한 기분이 들어서 슬픔이 느껴졌다. 바로 그런 느낌으로 이런 노래를 읊었다.

설령 그대가
옛날엔 저 옥좌에
앉았다 해도
이렇게 된 뒤로는
무엇으로 변했나?

이에 화답하는 듯한 희미한 소리가 이렇게 읊었다고 한다.

해변 물떼새浜千鳥[75]
그 발자욱 교토로
보내었어도
마쓰야마의 몸은
소리내어 울도다!

이러한 노래가 세상사에서 남의 일처럼 사람들 입에 오르내리기는 해도, 조용하게 읊조릴 때면 온갖 뒤얽힌 인연을 모조리 잊고 오로지 한 마음으로 점점 잦아들지 않을까? 노자는 말하기를, "하늘은 하나를

73) 사누키노인讃岐院 : 일본 75대 천황인 숭덕제崇德帝.
74) 마쓰야마松山 : 숭덕상황崇德上皇이 유배된 곳.
75) '하마치도리浜千鳥'는 모래톱에서 노는 물떼새인데, 갈짓자 걸음을 걸으므로 그 발자국이 편지지에 글을 쓴 것 같다. 그래서 여기서는 '편지'라는 뜻으로 쓰였다.

얻어서 맑고, 땅은 하나를 얻어서 편안하다"[76]고 하였다.

부처의 법으로 들어가는 방편이 구구하다고 하더라도, 결국은 하나를 깨치는 데에 있을 뿐이다. 사물에서는 한 마음을 얻고, 이치에서는 한 성품을 깨치는 것이다. 이런 까닭으로 『화엄경』에서는 "삼계는 오로지 한 마음이다三界唯一心"고 하였고, 『법화경』에서는 "오로지 일불승이 있을 뿐이다唯有一佛乘"고 설하였으며, 『대승기신론大乘起信論』에서는 "한 마음이 곧 법계다一心法界"고 말하였다. 천태종에서는 "한순간의 생각이 삼천대천세계다一念三千"고 말하고, 율종에서는 "항상 한 마음이다常爾一心"고 말한다. 정토종의 가르침에서는 "한 마음이 어지럽지 않다一心不亂"고 하고, 선종에서는 "한 마음도 생겨나지 않는다一心不生"고 말하며, 밀교에서는 "오직 하나의 금강이다唯一金剛"[77]고 한다. 그렇다면 태어나고 죽는 윤회를 반복하는 것은 하나인 이치를 거스르고 온갖 차별의 법에 집착하는 데 있으며, 고요한 열반에 드는 것은 모든 인연을 잊고 하나인 평등의 이치로 돌아가는 데 있다. 한 마음을 얻는 실마리로 삼을 만한 방편으로 와카만 한 것은 없다.

이 와카를 가만 생각하면 세상사를 멀리하게 되고, 이것을 읊으면 명예나 이익 따위를 잊게 된다. 일에 따라 일어나는 관념, 때에 알맞은 수행은 나아가기는 쉬우나 잊기는 어렵다. 흩날리는 꽃들을 보고는 무상한 바람을 마다하기 어려움을 알고, 밝은 달을 보면은 번뇌의 구름이 가리기 쉽다는 걸 알게 된다. 부처의 가르침 가운데서도 진실한 깨달음을 얻지 못하면, 미혹된 생각으로 헤아리는 짓을 그치지 못하고 얕은 지혜로 헤아리는 짓을 그만두지 못한다. 그러므로 우선 유상有相의 방편으로써 마침내 무상無相이라는 공의 이치로 들어간다. 이것이 모든 가르침의 큰 뜻이요, 모든 종파에서 따르는 법칙이다. 선문에서 공안을 주고

---

76) 『도덕경』 39장에 나온다. "天得一以淸, 地得一以寧." 여기서 일一은 도道를 가리킨다.

77) 진여眞如는 무너지지 않는다는 것을 뜻한다.

밀교에서 아자阿字를 가만히 살피는 것도 이런 의미다.

사이교 법사는 세상을 등진 뒤에 천태밀교天台密教[78]의 요체를 전하였지만, 요시미즈吉水[79]의 지친慈鎭 화상이 전수받고 싶다고 말하자, 이렇게 말하였다. "우선 와카를 익히시게. 와카의 핵심을 알지 못하고서는 진언에서 긴요한 것을 깨칠 수 없다네." 이 때문에 지친 화상은 와카를 익히고 나서야 전수받을 수 있었다고 한다.

참으로 참된 부처의 법은 언설 밖에 있다. 얄팍한 생각 안에는 없다. 마음을 고요하게 하여 정식으로 헤아리는 걸 멀리하면, 본래 갖추고 있던 신령한 빛이 문득 비추어 자성의 깊고 넓은 깨달음이 점점 맑아진다. 그래서 고야의 고보대사는, "밀교의 본뜻은 마음으로 마음을 전하는 것이다. 문자는 기왓장이요, 문자는 찌꺼기일 뿐이다"고 하였던 것이다. 마음을 전한다는 것은 남의 마음을 나에게 전해야 한다는 게 아니다. 자신의 마음과 스승의 마음이 한결같다는 것, 그것을 전하는 것이다. 그러므로 마음을 전하는 것이 아니라 마음으로 전한다고 하는 의미도 있다.

속세의 인연이나 속된 생각을 그치고 두터운 어리석음이나 번뇌로 흐트러지는 마음을 없애며 밝고 환한 마음을 고요하게 지니다가 남의 가르침을 기다리지 않고 저절로 알게 되는 경우도 있다. 스승없이 스스로 깨치는 지혜, 또는 저절로 그렇게 깨달았다고 하는 것이 이것이다. 얄팍한 생각으로 헤아리는 것이 아니다. 또 생각하는 성질을 끊는 것이 아니며, 보고 듣고 느끼고 아는 것에 머무는 것도 아니다. 또한 보고 듣고 느끼고 아는 것을 떠나지 않은 곳에서 자신의 마음을 맑고 고요하게 해서 스스로 알 수 있을 만할 때, 스승은 곧바로 가리켜 보여준다. 이것이 부처의 법을 비밀하게 전하는 것, 즉 종지를 전하는 방식이다.

아자阿字라는 것은, 온갖 것은 본래 있는 그대로며 새롭게 생겨나는 것이 아니라는 의미다. 문자를 전하는 것이 아니다. 다만 마음을 일으키지

---

78) 일본에서는 진언종을 동밀東密이라 하고, 이에 대해 천태밀교를 태밀台密이라 부른다.
79) 교토의 기원祇園 숲의 동쪽 지명.

않는 것, 이것이 아자다. 밀교의 큰 뜻은 여기에 있다. 참으로 마음에 더러움이 없고 분별을 하지 않으면, 아자의 핵심을 깨달을 수 있다. 한순간도 망령된 마음이 생겨나지 않는 것, 이것이 아자다. 이런 까닭에 얕은 방편으로나마 쓰려고 사이교는 와카를 권하였던 것인가? 번뇌의 괴로움을 서둘러 잊고 해탈의 오묘한 경지로 들어가게 하는 방편으로서 와카의 한 길은 참으로 탁월하다. 우리 나라에 자취를 드리우고 몸을 나투신 보살이나 신들이 옛날부터 와카를 가지고 놀았던 것도 이 때문인가?

22. 신불神佛이 와카를 가지고 논 일

도다이지를 창건한 유래에 대해서 말하면 다음과 같다.

로벤朗弁 승정은 어렸을 때, 독수리에게 잡혀가 길러지면서 나무 위에서 살았다. 그때 "이곳에 대가람을 세워야지" 하고 서원을 세웠다. 하지만 국왕의 힘을 빌지 않고는 이루기 어렵다고 생각하여, "성군의 조정은 편안하옵고, 하늘은 너르고 땅은 오래갈지어다" 하고 기원하였다. 그 소리가 쇼무聖武 임금의 귀에 들렸다. 그래서 임금은 사람을 보내어 소리가 나는 곳을 찾아보게 하였다.

당시 도다이지는 깊은 산속에 있었는데, 큰 나무 위에서 어린아이가 이렇게 기도하고 있었다. 전傳에서는 '도잔東山의 선인仙人'이라 하였다. 칙사가 까닭을 물었더니, 서원을 세운 뜻을 말하였다. 칙사는 돌아와서 자초지종을 아뢰었다. 이로 말미암아 임금은 감동하여 교기行基 보살을 권진勸進의 성인聖人으로 삼아 각 지방 사람들에게 보시하도록 권유하게 하고, 임금 본인은 대단나大檀那가 되어 사찰을 건립하였다.

공양을 주재하는 승려는 교기 보살이라고 분부를 내렸지만, 그는 굳이 사양하였다. 공양 올리는 날이 다가오자 모든 승려들이 그를 데리고 나니와難波 나루터로 향해 갔다. 거기서 기다리고 있으니, 바라문波羅門 승정[80]이 천축에서 배를 타고 도착하였다. 교기 보살은 백 명의 승려들의 맨 끝에 섞여서 서 있었는데, 바라문 승정은 이들을 좌우로 밀어 헤치고는 교기의 손을 잡고 눈물을 주르륵 흘렸다. 교기 보살도 몹시 기뻐한 나머지, 이렇게 읊었다.

> 영취산靈鷲山의
> 석가모니 앞에서
> 약속을 한 후
> 참 어긋남이 없이
> 서로 만나는구려.

이에 대한 화답으로,

> 가비라위迦毘羅衛[81]서
> 다 함께 언약했던
> 보람이 있어
> 문수보살의 낯을
> 마주 볼 수 있었네.

라고 하였다. 그리고 바라문 승정은 공양을 올렸다.

도다이지를 '네 성인이 한 마음이 되어 이룬 절'이라고 하는 이유는, 바라문 승정은 보현이요, 교기 보살은 문수요, 쇼무 임금은 관음이요, 로벤은 미륵이기 때문이다.

---

80) 보리선나菩提僊那를 가리킨다.
81) 가비라위迦毘羅衛 : 석가모니가 태어난 곳.

천축의 보살도 우리 나라의 대성인도 와카를 가지고 놀았다. 이는 곧 우리 나라의 풍습이기 때문인가, 이치에 기대고 있기 때문인가?

쇼토쿠聖德 태자는 요메이用明 임금의 아드님이시다. 고려高麗[82]의 일라日羅가 왔을 때, 태자는 변장하여 동자들 가운데 몸을 숨겼다. 일라가 다가와서 절을 하며, "구세관세음께 예배드리며, 동방의 속산왕粟散王께 법의 등불을 전합니다"[83]라고 소리내어 불렀다. 이로 말미암아 태자가 관음의 화신이라는 것을 온 세상 사람들이 다 알게 되었다.

어느 땐가 태자가 가타오카야마片岡山를 지나는데, 말이 나아가질 않았다. 괴이하게 여겨져서 보았더니, 생김새가 기이한 스님 하나가 굶어서 쓰러져 있었다. 말에서 내려 이야기를 하고는 자줏빛 윗도리를 벗어 덮어주고 와카를 읊었다.

시나테루야[84]
가타오카야마에
못 먹고 주려
쓰러진 나그네여,
서럽게 아비 없네.

〈이 때, 권진 승려는 교기 보살이었다. 도다이지는 쇼무 임금 때인 요로養老 7년(723)에 건립하였다.〉[85]

이에 대한 화답으로,

---

82) 여기서 고려高麗는 삼국 시대의 고구려高句麗를 가리킨다.
83) "敬禮救世觀世音, 傳燈東方粟散王."
84) 'シナテルヤ'는 '편片'에 걸리는 머리말로, 의미는 알 수 없다.
85) 이 글은 다른 판본에는 나오지 않는 부분이고, 문맥상으로도 적절하지 않다.

이카루가斑鳩[86]의
도비富의 작은 시내[87]
끊기지 않는 한,
우리 크신 임금의
이름 잊지 않으리.

라고 읊었다. 그때 굶주려 있던 사람은 달마대사達磨大師였다.

헤이시平氏가 지은 『태자전』[88]에 보인다. 태자가 전생에는 당나라 형산衡山에 있었다. 달마대사가 태자에게 권하였다.

"저 동해(東海; 일본) 사람들은 인과를 모르고 부처의 가르침을 듣지 못하여, 산 것을 죽여서 먹고, 산 것을 죽여 옷을 해 입는다. 너는 그 나라와 인연이 있다. 그 나라에 태어나서 부처의 가르침을 널리 펴고 중생을 이롭게 하거라."

이런 까닭으로 태자는 우리 나라에 태어났다. 그리하여 우리 나라에 부처의 가르침을 널리 펴서 우리들까지도 삼보의 이름을 듣고 인과의 도리를 분별하게 되었으니, 이는 태자의 은덕이다. 그 근원을 찾아가보면, 달마대사의 권유에서 시작되었다. 그 방편은 참으로 고맙기 그지없다.

달마대사는 선문에서는 관음이라 일컬어진다. 『태자전』에서는 문수라고 하였다. 문수와 관음은 모두 대일여래의 지혜의 방편이므로, 어느 쪽이 되든 황송하다. 문수라고 보는 쪽에서는, 진실한 지혜에서 평등하고 치우침이 없는 대자비를 일으키기 때문에 문수의 지혜 방편에서 관음의 대자비한 이익이 나오는 것이라고 한다. 또 경전에서는 "모든 여래가 처음 내는 마음初發心은 문수의 교화에 따른 힘이다"[89]고 하였다.

---

86) 이카루가斑鳩 : 내량현奈良縣 생구군生駒郡 반구정斑鳩町에 있는 곳.
87) 부웅천富雄川을 가리킨다. 옛날에는 부소천富小川이라 하였다. 내량현奈良縣 생구시生駒市에서 발원하여 반구정에서 대화천大和川과 합류한다.
88) 『태자전太子傳』 : 『성덕태자전력聖德太子傳曆』 2권으로, 권두에 '헤이시찬平氏撰'이라는 말이 나오며, 별칭으로 '헤이시전平氏傳'이라 한다.
89) 『심지관경心地觀經』에 "十方如來初發心, 皆是文殊教化力"이라는 구절이 나온다.

관음이 주는 이익도 문수의 권유를 기다려야 한다는 것인가?

또 『화엄경』의 쉰 세 명의 선지식들 가운데서도 문수가 제일 먼저고, 『원각경』의 열 두 보살[90] 가운데서도 문수가 처음 나온다. 『법화경』 「서품」에 묘사된 여섯 가지 상서로운 징조에서 문수는 일월등명여래日月燈明如來의 지나간 일을 끌어와서 대중의 의심을 풀어주었고, 『능엄경』의 스물 다섯 원통圓通 법문에서도 문수는 이것을 해석하며 낫고 못한 것을 가려내었다.

또 대승의 사찰에서는 문수를 '거룩한 스님聖僧'으로 여긴다. 아울러 불가의 마룻대이자 들보요, 법문의 지도리이자 열쇠다. 그러니 어떤 종파의 사람이 이 문수의 이익을 멀리하겠는가?

우리 나라 불법의 기원은 문수와 달마대사의 선교방편善巧方便에 있다고 세상에서는 말한다. 이것이 세상에 널리 알려지고, 또 근래에는 때가 되어서 그런건지 선문의 풍격이 세상에 성행하고 있는데, 이것을 각 종파의 학인들은 의심하고 시기한다. 참으로 이해하기 어렵다. 그래서 옛 사람의 노래에서도,

> 두서가 없이
> 달마를 비방하는
> 그런 사람은
> 불법을 모른다고
> 말할 수 있으리라.

라고 하였다.

선종과 교종의 구별은 방편에 따른 것이다. 여실하게 깨달았을 때는 다르지 않다고 할 수 있다. 그러므로 옛날 대덕이, "교는 부처의 말이요

---

90) 『원각경圓覺經』은 문수文殊 · 보현普賢 · 보안寶眼 · 금강장金剛藏 · 미륵彌勒 · 청정혜淸淨慧 · 위덕자재威德自在 · 변음弁音 · 정제업장淨諸業障 · 보각寶覺 · 원각圓覺 · 현선수賢善首 등 열 두 보살에게 여래가 원각의 이치를 설한 경전이다.

선은 부처의 마음이니, 모든 부처는 마음과 입이 합치된다"고 말하였다. 또 "너는 행하여서 알고, 나는 알아서 행한다"는 말도 있다. 모든 가르침은 문자를 세워서 문자를 깨뜨리며, 염상[91]을 빌어서 염상을 없애는 것을 말한다. 갖추어져 있는 가능성을 지키고, 그것이 성숙해지기를 기다리며, 얕은 곳에서 깊은 곳으로 나아가고 형상있는 것에서 형상없는 것 즉 공으로 들어가는 것, 이것이 중근기나 하근기를 이끄는 방편이다. 선문은 가섭이 정법안장을 전한 때로부터 마음에서 마음으로 은밀하게 전하면서 문자를 세우지 않는 것을 종지로 삼으므로 처음부터 문자를 세우지 않고 의미도 논하지 않는다. 이러한 풍격은 모든 가르침의 방편을 넘어선다.

모든 종파가 다 구극의 경지로서 폐전담지廢詮談旨나 언어도단言語道斷을 말할지라도 버금자리次位를 세우고 단계도 둔다. 이 때문에 오히려 거북이 꼬리를 끄는 것에 비유된다.[92] 문자를 여의기는 어렵고, 선정에 방해되는 거친 마음이나 미세한 마음은 일으키기 쉽다. 이런 까닭에 달마가 서쪽에서 와서, 곧바로 가리켜 보이는 근본을 널리 펴고 오로지 심인을 전하였다. 마음으로써 마음을 전한 것이다. 문을 세우지 않고 정해진 법칙을 두지 않으며, 다만 상상上上의 근기를 대하고 이끌 뿐이다.

옛 대덕은 "문이 없는 것이 해탈의 문이요, 뜻함이 없는 것이 깨달은 사람의 뜻이다"고 말하였다. 그러므로 선과 교를 방편의 측면에서는 그저 꼭 같다고 여겨서는 안 된다. 그러나 참된 말이냐를 논할 때는 구별하거나 이질적인 것으로 여겨서는 안 된다. 그러한 것을 지금의 학인은 옛날의 성자들과는 다르게 받아들이고 있다. 참선하는 사람은 교문을 하찮다고 헐뜯고, 교학하는 사람은 달마종이라 하면서 의심하고 시기한

---

91) 염상念想 : 부처를 마음으로 관상觀想하는 것.

92) 거북은 알을 낳은 후 모래로 덮어서 알을 숨겨두는데, 꼬리를 끌기 때문에 자취를 남기므로 결국 알의 소재가 알려진다고 한다. 숨기려 하다가 오히려 자취를 남기게 되는 일을 비유한 말이다.

다. 모두 마음을 깨치지 못한 까닭이다.

다양한 근기를 이끄는 방편이 다르다고 할지라도, 이치를 깨쳐서 진실하게 증득한 것은 완전히 같다. 옛날에 선과 교에 모두 통달한 사람에게는 굳이 구별하려는 마음이 없었다. 말법 시대에 오직 한 종파의 가르침만 배우는 무리들이 치우쳐서 집착하는 마음을 잊어버리지 못할 뿐이다. 대승의 핵심은 번뇌와 보리는 상즉하여 하나라는 것이다. 하물며 선문과 교문이 어찌 같지 않겠는가? 옛사람이 말하였다. "어리석음과 애욕과 허망하게 물든 마음을 태풍이 불어서 다 없앤다고 하더라도, 번뇌와 보리 사이에는 관문이 있어서 막힌 게 아니다." 그저 성인들의 뜻을 배워야지, 근래의 학인들 생각을 따라가서는 안 된다.

23. 교기行基 보살이 노래한 일

교기 보살은 이즈미和泉 지방에 강탄降誕하여 야쿠시藥師라고 하는 하녀의 배에 잉태되었다. 하지만 우무같이 생긴 것이 나왔기 때문에 괴이하게 여겨 발우에 넣어서 팽나무의 가지 사이에 올려놓았다고 한다. 걸식하던 스님이 그 집에 왔다가 그 일에 대해 듣고는 대불정다라니大佛頂陀羅尼를 소리내어 외웠는데, 이 발우 속에 담긴 것에 무언가 있는 것 같았다. 그래서 스님은 잘 두도록 일러주었다.

며칠이 지나자, 잘 생긴 동자 하나가 거기서 나왔다. 그리곤 곧바로 어른이 되었고, 도다이지 대불전大佛殿의 권진을 맡은 고귀한 스님이 되었다.

교기가 태어난 곳에서는 옛날부터 경전을 강독하는 수행이 행해졌고,

화찬[93]을 지어 암송하기도 하였는데, 그 첫 구절이,

야쿠시藥師님에게서
태어나시어
모양이 우무같이
생기셨구나.
절구같은 발우에
집어 넣고는
팽나무 가지 사이
올려놓았네.

로 되어 있다고 어떤 사람이 말해주었다. 그 일은 참으로 불가사의하지만, 화찬의 말은 그다지 적절하지 못하다. 신심조차 식게 만든다는 기분이 든다. 신령한 부처의 모습이 못났다고 장막을 늘어뜨리는 것처럼, 이 화찬도 상자 속에 넣어두는 게 좋지 않을까?

몇 해 전에 교기 보살이 쓴 「유계문遺戒文」을 보았는데, 훌륭한 내용이 적혀 있었다.

"정토가 아니라면 마음에 맞는 곳 없고, 성자들이 아니라면 뜻을 함께 할 벗이 없다. 세속을 따르면 세속적인 바람이 있는 듯이 보인다. 속세를 등지면 미치광이처럼 여겨진다. 아아, 근심스런 세간이로다! 어느 곳에 이 몸을 숨길까? 입은 호랑이처럼 몸을 해치고, 혀는 칼처럼 목숨을 끊는다. 입을 코와 같이 한다면, 죽은 뒤에도 허물이 없을 것이다. 입을 굳게 닫고 뜻을 거두어들이고, 몸으로 허물을 저질러서는 안 된다. 이와 같이 행하는 자는 세상을 무사히 건널 수 있으리라."

그리고 이런 노래도 읊었다.

---

93) 화찬和讚 : 일본 불교가요의 일종. 7·5조의 넉자 구가 한 절이 되며, 불보살이나 조사, 경전 등을 찬양하는 내용으로 되어 있다.

잠깐 동안에
빌어 살았던 나를
이젠 떠나도
이렇게 생각하라
부처와 하나라고.

위대한 성인이 읊었으니, 깊은 뜻이 담겨 있지 않을까? 참으로 알기는 어렵다.

얼핏 보면 범부와 성인의 모습은 다르다. 그렇지만 인연으로 말미암아 생겨난 무상한 몸과 목숨은 모두 빌린 것이다. 잠깐 동안 빌린 것은 망령된 마음이요, 빌려서 머무는 것은 헛된 몸이다. 몸은 흙·물·불·바람 등 네 원소가 만나 임시로 깃든 것이다. 단단한 뼈와 살은 흙이요, 젖어있는 것은 물이요, 따뜻한 것은 불이요, 움직이는 것은 바람이다. 이 밖에 몸이라고 할 것은 없다. 그러므로 숨이 끊어지고 혼이 떠나면, 본래의 네 원소로 돌아간다.

망령된 마음은 또 탐욕과 성냄, 어리석음 따위로 구별되지만, 뜬구름이나 번갯불과 같아서 있는 듯하면서도 실상은 없다. 대상을 좇아서 옮겨가고, 사물을 따라서 바뀐다. '나'라고 할 만한 것은 없다. 이것을 객진客塵에 비유한다. 나라고 하는 상이 없는 '큰나大我' 외에는 아무 것도 없다. 참나眞我는 상주하며 정해진 형상이 없고, 태어남도 사라짐도 없으며, 가고 오는 것도 없다. 그래서 일체의 망령된 생각이나 사려분별이 없게 되면, 스스로 자성의 부처가 될 것이다.

고야대사 구카이는 이렇게 읊었다.

아, 내 나이 쉰 여덟살 때
긴긴 밤 원융圓融에 마음을 두었지.
뜬구름은 어디에서 일어나는가?
본래가 맑은 허공일러라.

한 마음이 나아가는 곳 알려고 하니
해와 달과 별이 하늘에서 빛나도다.[94]

천중손天中孫은, "일체의 법을 마음에 두면 반야를 마음에 둘 수 없고, 반야를 마음에 두면 일체의 법을 마음에 둘 수 없다"고 하였고, 또 옛사람은 "그저 망령된 생각을 일으키는 인연을 벗어나기만 하면, 그대로 부처가 되리라"고 말하였다. 이런 까닭에 어떤 것도 생각하지 말고 부처가 되라고 가르치는 것이 아니겠는가?

만약 생각을 멀리하라고 말하면, 그런 이치는 없다고 하면서 망령된 생각을 계속 이어간다. 그런 자를 범부라고 한다. 반면에 한 생각도 일으키지 않는 이를 부처라고 한다. 부처만 그렇게 가르치는 것이 아니라 신들도 이와 같이 가르친다.

이즈미시키부和泉式部는 사내와 시들시들해졌을 무렵, 기부네[95]에 머물면서 기도하였다. 반딧불이 날아다니는 걸 보고, 이렇게 노래하였다.

수심에 잠기니
늪지의 반딧불도
나의 몸에서
이끌려 나와버린
구슬[96]인 듯 보이네.

이렇게 읊조리자, 신전 안에서 속삭이는 듯한 소리가 들려왔다.

---

94) 『성령집性靈集』에는 다음과 같이 씌어 있다. "黃葉索山野, 蒼蒼豈始終. 嗟余五八歲, 長夜念圓融. 浮雲何處出? 本是淨虛空. 欲談一心趣, 三曜朗天中."

95) 기부네貴布禰 : 경도시京都市 좌경구左京區 안마귀선정鞍馬貴船町에 있는 귀선신사貴船神社를 가리킨다. 귀선산貴船山의 중턱에 있으며, 애정을 기원하는 신으로서 유명하다.

96) 원문은 '옥玉'인데, 발음이 '다마'이다. 이는 넋을 의미하는 '영靈'의 발음과 같다. 그래서 본문을 '넋'으로 풀이할 수도 있다.

깊은 산속에
세차게 떨어지는
급류의 구슬처럼
흩날리는 것으로
생각되누나.

겐지建治 2년(1276) 즈음, 기슈紀州에서 하치만대보살八幡大菩薩의 신탁이 있었다.97)

"세상 사람은 고작 제 몸을 생각하고 처자를 양육하려고 번민하는데, 이는 죄가 된다. 오로지 세상을 등지는 것이야말로 수승한 것이다."

누군가가 "모든 종파 가운데서 현세에 각별히 이익이 되는 게 있습니까?" 하고 물었더니, 이렇게 대답하였다.

"좌선을 특히 택할 만하다. 잠시라도 생각을 하지 않는 것이 좋은 일이다. 부처가 되려고 생각하는 것은 오히려 망령된 생각이다. 이걸 가지고 나머지 일도 알 수 있다. 나도 늘 좌선하는 마음을 지니고 있다. 또 나의 본지는 아미타불이다. 내가 본원98)을 믿고 한결같은 마음으로 염불하는 것은 이 일을 용이하게 하는 데에 긴요해서다. 염불이든 진언이든 모든 것을 오로지 한결같은 마음으로 힘쓴다면, 반드시 생사의 윤회를 벗어날 것이다."

어떤 신이든 그 마음은 같지 않을까?

세상살이에서는 세 마리 원숭이99)를 가져야 한다. 그러나 수행자는 네 마리를 가지고 있다고 할 만하다. 그 가운데 특히 가져야 할 것은

97) 응신천황應神天皇이 신이 된 것을 가리킨다. 신불습합神佛習合의 전형으로, 신이면서도 대보살이라고 일컬어졌다.

98) 아미타불의 48대원, 특히 열 여덟 번째인 염불왕생원念佛往生願을 가리킨다.

99) 세 마리 원숭이란, 눈과 입과 귀를 막고 있는 세 마리 원숭이를 가리킨다. 즉 보지도 않는 것, 말하지도 않는 것, 듣지도 않는 것을 각기 나타내는 세 마리 원숭이이다. 일광동조궁日光東照宮의 세 마리 원숭이는 천태교학天台教學의 삼제三諦를 나타내는 것으로 알려져 있다.

'생각하지 않는 마음'이다.

말하지 않고
보지도 않고
듣지도 않는 게
세상에 있건만
생각하지 않는 건
여태까지 몰랐네.

만약 생각하지 않음을 지킨다면, 세 마리 원숭이는 저절로 쉽게 가질 수 있으리라.

무릇 욕계 · 색계 · 무색계를 유전하고 태생 · 난생 · 습생 · 화생의 사생에 빠져 헤어나지 못하는 것은, 전적으로 한순간의 망령된 마음으로 말미암아 육진의 허망한 경계에 끄달리기 때문이다. 꿈같이 헛되고 거짓된 세간을 참이라고 생각하기 때문에 헤아리고 바라며 크게 생각하거나 미세하게 관찰하고 분별하는 일을 그칠 새가 없는 것이다.

지나간 것을 돌아보고 아직 오지 않은 때를 미리 헤아리느라 바로 지금 맞닥뜨린 것을 있는 그대로 아는 데에는 어둡게 되어서, 순간순간 사라져가는 몸뚱이만 중하게 여기고 걸음마다 줄어드는 목숨만 지키려 한다. 인간사로 분주하다가 저승길이 가까워지는 것도 모르고 눈앞의 허망한 일만 영위하고 죽은 뒤에 가게 될 참된 길에서 먹을 양식은 쌓지도 않으니, 가만히 생각해보면 슬프기 그지 없다. 부유하고 고귀하다고 해서 허둥대지 않을 이유가 없고, 가난하고 미천하다고 해서 한가롭지 못할 것도 없는 세상사라는 걸, 참으로 사람들은 생각도 하지 못하고 있다. 이러한 이치만이라도 뼈저리게 깨달으면, 도심이 없어도 남들과 같은 은둔의 모습을 할 것이고, 그런 뒤에는 속인이 아닌 몸이 되어 고요하게 틈을 얻어서 마음 편하게 세월을 보내게 될 것이다. 그러면 속세를 싫어하지 않았던 옛날이 새삼스레 분하게 여겨질 것이며, 계속 이런 생각을 할 것이다.

세상의 일은
마음을 어지럽혀
여름이 끌 듯
꺼림칙할 정도로
괴롭게 느껴지네.

끝이 없는 생사윤회는 번민하는 마음으로 쏠리고, 적정한 열반은 번뇌가 없는 곳에서 저절로 드러난다. 그러므로 『대지도론』에서도, "번뇌가 있으면 곧 생사를 윤회하고, 번뇌가 없으면 그대로 법의 도장法印이 된다"고 하였다. 참으로 그러하지 않은가, 이 말이.

불교 용어 및 인명 풀이

[ㄱ]

가네모리兼盛 : 평독행平篤行의 아들로, 문재文才가 있고 와카에 뛰어났다. 월전권수越前權守・산성개山城介・대감물大監物 등을 역임하였으며, 정력正曆 원년(990)에 죽었다.

가라타산伽羅陀山 : 지장보살이 머물고 있다고 하는 산.

가사이 키요시게葛西淸重 : 성은 평平씨로, 하총국갈서어주下總國葛西御廚를 본령本領으로 하는 무사였다. 질부별당무기秩父別當武基의 아우인 무상武常의 증손으로, 갈서葛西에 머물면서 원뢰조源賴朝를 도와 동족인 강호중장江戶重長을 토벌하였다. 등원태형藤原泰衡을 토벌하여 오주奧州 총봉행總奉行이 되었다. 후에 일기수壹岐守에 임명되었다고 한다. 생몰연대는 미상이다.

가섭불迦葉佛 : 과거칠불 가운데 여섯 번째 부처.

가지력加持力 : 중생의 신심으로 말미암아 부처의 대자비가 중생에게 더해지는 불가사의한 힘.

가쿠가이覺海 : 대도對島 사람. 자는 남증南證이며, 진언종의 승려이다. 제호사醍醐寺의 좌주 정해定海로부터 밀교를 배웠다. 건보建保 5년(1217), 금강봉사金剛峰寺 37세의 검교檢校가 되었다. 승구承久 2년(1220), 그곳을 떠나 화왕원華王院으로 가서 머물면서, 하품실지下品悉地를 구하여 마계魔界에 동생이익同生利益을 이루려는 뜻을 두고, 정응貞應 2년(1223) 잔치를 열어 마계의 권속들을 대접하고 중문의 두 문짝을 날개로 삼고 날아 갔다고 한다. 『본조고승전本朝高僧傳』 권13에 전기가 실려 있다.

가쿠반覺鑁 : 신의진언종新義眞言宗의 개조. 고야산高野山에 대전법원大傳法院을 창건하고 금강봉사金剛峰寺의 좌주도 겸하였으나, 반대세력이 강하여 밀엄원密嚴院으로 물러났고, 또 근래산根來山으로 달아났다. 강치康治 2년(1143)에 49세로 죽었다.

시호는 흥교대사興教大師이다.

가쿠초覺超 : 천태종의 승려. 양원良源・원신源信 밑에서 천태교학을 배웠고, 경원慶圓에게서 밀교를 배웠다. 처음에 도솔원兜率院에 머물었기 때문에 도솔승도兜率僧都라 불리었다. 후에 횡천橫川의 능엄원楞嚴院으로 옮겼고, 거기서 저술에 힘썼다. 태밀십삼류台密十三流 중에서 천류川流의 개조다. 저서에 『동서만다라초東西曼荼羅抄』 등이 있다. 장원長元 7년(1034)에 75세로 죽었다.

가쿠켄覺憲 : 신서信西의 아들로, 흥복사興福寺의 별당을 지냈다. 건력建曆 2년(1212)에 82세로 죽었다.

가행加行 : 정식으로 행하는 행법의 효과를 더하기 위해 예비적으로 또는 보조적으로 행하는 행법.

각관覺觀 : 각覺은 사물을 헤아리는 마음의 거친 작용을, 관觀은 미세한 작용을 가리킨다. 이 둘은 선정에 드는 것을 방해한다.

간교보願行坊 : 헌정憲靜. 자는 원행願行, 호는 원만圓滿이며, 천용사泉涌寺의 제6세다. 후년에 관동關東을 돌아다니면서 교화를 펼 때, 북조시종北條時宗의 깊은 귀의를 받았다. 동사東寺가 황폐해진 것을 근심하여 바쿠후幕府에 청해 스스로 대권진大勸進이 되어, 영인永仁 원년(1193)에 낙성하였다. 영인 3년(1195)에 입적하였다.

간뵤寬平 : 우다천황宇多天皇. 광효천황光孝天皇의 아들로, 59대 천황이다. 관원도진菅原道眞을 등용하여 등원씨藤原氏의 세력을 견제하였다. 승평承平 원년(931)에 65세로 죽었다.

간인寬印 :연력사 延曆寺의 학승. 속성은 기씨紀氏다. 양원良源・원신源信에게 사사하였고, 내공봉內供奉에 임명되었다. 만년에 단고丹後의 고사古寺에 머물면서 오로지 『법화경』을 독송하였다. 생몰연대는 미상이다.

간진鑑眞 : 일본 율종의 개조로, 중국 강소성江蘇省 양주揚州 강양현江陽縣 사람이다. 율과 천태를 배웠고, 대명사大明寺에서 계율을 강설하였다. 입당한 일본 승려의 초청에 응하여 일본으로 건너가기를 시도한 지 여섯 차례, 실명失明을 무릅쓰고 건너가서 동대사東大寺에 계단원戒壇院을 세웠고, 전율傳律 도량으로서 당초제사唐招提寺를 열었다. 천평보자天平寶字 7년(763)에 76세로 입적하였다.

간초寬朝 : 식부경式部卿 돈실친왕敦實親王의 아들. 간나 2년(986)에 대승정이 되었으며, 장덕長德 4년(998)에 84세로 입적하였다. 광택廣澤의 승정으로 일컬어진다.

간켄觀賢 : 진언종의 승려로, 성보聖寶의 제자다. 삼론三論을 닦고 반야사般若寺에 머물었다. 동사東寺 장자, 제호사醍醐寺 좌주, 금강봉사金剛峰寺 별당, 고야산高野山 좌주 등을 역임하였다. 연장延長 3년(925)에 73세로 죽었다.

고묘인光明院 : 각편覺遍. 등원종신藤原宗信의 아들이다. 보치寶治 원년(1247)에 흥복사별당興福寺別當이었다. 정가正嘉 2년(1258)에 87세로 죽었다.

고사가後嵯峨 : 일본 88대 천황. 토어문천황土御門天皇의 아들로, 휘는 방인邦仁이다. 인치仁治 3년(1242)에 즉위하였으나, 관원寬元 4년(1246)에 후심초천황後深草天皇에게 양위하였다. 1272년에 53세로 죽었다.

고시라카와後白河 : 일본 77대 천황으로, 조우천황鳥羽天皇의 넷째 아들이다. 숭덕상황崇德上皇과의 불화로 보원保元의 난이 일어났지만, 승리하였다. 평치平治의 난 이후에 평청성平淸盛의 세력이 강력해졌는데, 치승治承 3년(1179)에 청성淸盛에 의해서 조우전鳥羽殿에 유폐되었다. 건구建久 3년(1192)에 66세로 죽었다.

고시키부小式部 : 귤도정橘道貞과 화천식부和泉式部의 딸이다. 관백關白인 교통敎通의 총애를 받아서 정원승정靜圓僧正의 모친이 되었다. 만수萬壽 2년(1025)에 죽었다.

고쓰안兀庵 : 보녕普寧. 중국 사천성四川省 사람으로, 육왕산育王山 무준사범無準師範의 법을 이었다. 문응文應 원년(1260)에 일본으로 건너와 박다博多의 성복사聖福寺에 머물었고, 후에 변원弁圓의 초청으로 경도京都로 올라가 동복사東福寺로 갔다가 다시 건장사建長寺 2세가 되었다. 고초弘長 3년(1263)에 송宋으로 돌아가 지원至元 13년(1276)에 80세로 죽었다.

고키덴弘徽殿 : 등원위광藤原爲光의 딸인 지자低子. 화산천황花山天皇의 후궁으로, 관화寬和 원년(985)에 회임懷妊 8개월에 갑자기 죽었다. 그때 17세였다.

고켄公顯 : 본각방本覺房. 화산원씨현강花山源氏顯康의 아들이다. 후백하원後白河院의 두터운 신임을 받아 원성사園城寺 장리長吏가 되었고, 문치文治 6년(1190)에 천태좌주가 되었지만, 산문山門의 소동으로 물러났다. 건구建久 4년(1193)에 84세로 죽었다.

고토 모토마사後藤基政 : 수향류秀鄕流, 기강基綱의 아들로 가인歌人이다. 고초弘長 3년(1263)에 교토에 머물기 위해 상경하였고, 문영文永 4년(1267)에 54세로 죽었다.

고토바상황後鳥羽上皇 : 고창천황高倉天皇의 네 번째 아들인 존성尊成이다. 수영壽永 2년(1183) 평가平家가 수도를 함락시킨 직후에 즉위하였고, 건구建久 9년(1198)에 토어문천황土御門天皇에게 양위하고 원정院政을 개시하였다. 승구承久 3년(1221)에 북조의시北條義時를 토벌하라는 조칙을 내려 '승구承久의 난亂'을 일으켰지만, 대패하여 원정院政이 중지되고 은기도隱岐島에 유배되었다. 연응延應 원년(1239)에 60세로 죽었다.

고토바인後鳥羽院 : 고토바상황後鳥羽上皇을 가리킨다.

공덕천功德天 : 길상천吉祥天을 가리킨다. 비사문천毘沙門天의 왕비로, 복덕을 베푸는 여신이다. 미래에 성불하여 길상마니보생여래吉祥摩尼寶生如來가 된다고 한다.

공무상空無相 : 일체는 공이요 정해진 형상이 없다고 하는 것.

공안公案 : 본래는 관공서의 문서, 즉 공정하여 함부로 범치 못할 법령으로, 이 법령에 의거하여 옳고 그름을 판단하는 표준을 뜻하였다. 선종에서는 여러 선사들이 밝게 깨달은 기연을 규범으로 삼아 학인을 깨달음으로 이끌거나 그 깨달음을 판정하는 근거를 공안이라 한다.

곤고오인金剛王院 : 실현實賢. 진언종眞言宗 승려다. 등원기보藤原基輔의 아들이다. 금강왕원金剛王院 주지, 제호사醍醐寺 좌주를 지냈다. 건장建長 원년(1249)에 70세로 죽었다.

교기行基 : 하내河內 지방의 고지씨高志氏로, 백제왕百濟王의 후손이라 말해진다. 도소道昭를 사사하였으며, 민간 포교와 사회사업에 진력하였다. 처음에는 사사로이 중이 되었다고 해서 탄압을 받았지만, 후에는 동대사東大寺 건립에 협력하여 대승정大僧正에 임명되었다. 천평승보川平勝寶 원년(749)에 82세로 죽었다. 문수보살의 화신으로 일컬어지며, 그와 관련된 많은 설화가 있다.

교문敎門 : 관심문觀心門과는 상대되는 것으로, 부처가 설한 교법의 이론적 체계를 가리킨다.

교센보行仙房 : 일본 정토종의 계보인 『연문종파蓮門宗派』에서는 선승禪勝의 제자라고 한다. 『일언방담一言芳談』에 그의 법어가 남아 있고, 『염불왕생전念佛往生傳』의 편자로 지목되고 있다.

구계九界 : 십계十界에서 불계佛界를 제외한 것.

구마라염鳩摩羅炎 : 인도의 재상 집안에서 태어났고, 출가하여 구자국龜玆國에서 국사國師가 되었다. 구자국 왕의 누이인 기파耆婆를 아내로 얻어서 구마라집을 낳았다.

구마라집鳩摩羅什 : 350~409경. 중국 남북조南北朝 초기의 역경승譯經僧. 처음에 원시경전과 아비달마 불교를 배웠으나, 이윽고 구족계를 받은 후에 수리야소마須利耶蘇摩를 만나 대승으로 전향하여 주로 중관파의 여러 논서를 연구하였다. 401년, 장안長安에 들어왔다. 여인을 받아들였기 때문에 파계를 하였으나, 이후 세속생활 가운데서 정력적으로 경론을 번역하였으며 제자도 길렀다. 동아시아의 불교는 구마라집으로부터 그 기본적인 성격이나 방향이 정해졌다고 한다. 주요한 번역 경전으로는, 『좌선삼매경坐禪三昧經』 3권, 『대품반야경大品般若經』 24권, 『법화경法華經』 7권, 『대지도론大智度論』 100권 등이 있다.

구세관음救世觀音 : 성관음聖觀音의 하나로, 『법화경』 「보문품」에서 "능히 세간의 고통을 구한다能救世間苦"고 하는 것에서 비롯된 이름이다.

구와잔인花山院 : 제65대 천황. 냉천천황冷泉天皇의 아들이다. 영관永觀 2년(984)에 즉위하였으나 가장 아끼던 후궁의 죽음에 대한 슬픔과 등원씨藤原氏의 간계에 의해서 겨우 1년 10개월만에 퇴위하였다. 출가해서 동산東山 화산사花山寺에 들어갔다. 관홍寬弘 5년(1008)에 41세로 죽었다.

구존九尊 : 태장계만다라의 중앙은 여덟 개의 붉은 연꽃이 피어 있는 형상인데, 그 꽃 중심에 대일여래가 자리잡고 있고, 각각의 꽃잎에 사불四佛과 사보살四菩薩이 배치되어 있다. 이 아홉을 구존이라 한다. 사불은 동쪽의 보당여래, 남쪽의 개부화왕여래, 서쪽의 무량수여래, 북쪽의 천고뢰음여래이며, 사보살은 동남의 보현보살, 남서의 문수보살, 북서의 관자재보살, 북동의 미륵보살이다.

구주사바久住娑婆 : 중생 교화를 위해 영원히 이 세상에 머무는 것.

구조 미치이에九條道家 : 겸실兼實의 손자이고, 양경良經의 아들이다. 본래는 후지와라씨藤原氏였으나, 갈라져 나와 구조가九條家가 되었다. 섭정攝政·관백關白에 이르렀다. 실조實朝 암살 후에는 4남 뢰경賴經이 4대 쇼군에 임명되었다. 광명봉사섭정光明峯寺攝政이라 통칭된다. 1252년에 60세로 죽었다.

구카이空海 : 연력延曆 23년(804) 31세 때에 견당사를 따라 입당하여 장안 청룡사靑龍寺의 혜과惠果를 사사하여 밀교를 배웠고, 전법아사리傳法阿闍梨의 관정을 받았다. 대동大同 원년(806)에 귀국하였고, 홍인弘仁 7년(816)에 고야산高野山에서 금강봉사金剛峰寺를 개창하였다. 홍인 14년(823)에 동사東寺를 하사받았는데, 이후 진언종의 근본도량으로 삼아 진언종 교단의 기초를 세웠다. 홍법대사弘法大師 또는 고야대사高野大師로 불리기도 한다. 많은 저서를 남겼고, 승화承和 2년(835)에 62세로 죽었다.

개안開眼 : 새로 얻은 불화나 불상 등을 공양해서 부처의 신령을 맞아들이는 의식.

객진客塵 : 외부에서 초래된 번뇌. 객客은 주인처럼 상주常住하는 것이 아니고 지혜로써 떨어내어야 하는 것을 의미하며, 진塵은 무수히 많은 미세한 것을 뜻한다.

게다쓰보解脫房 : 자는 정경貞慶이다. 등원정헌藤原貞憲의 아들이며, 등원통헌藤原通憲의 손자다. 구수久壽 2년(1155)에 태어났으며, 11세 때 흥복사興福寺에서 수계受戒하고 법상法相을 배웠다. 건구建久 4년(1208)에 입치사笠置寺에 은둔하였고, 승원承元 2년(1208)에 해주산海住山으로 옮겨 머물었다. 건력建曆 3년(1213)에 59세로 죽었다. 『미륵강식彌勒講式』을 편찬하였고, 아마테라스와 석가모니를 '두 성인'으로 받들었다. 『우미발심집愚迷發心集』 등을 저술하였다.

게이소慶祚 : 원성사園城寺의 학승으로, 중야사원中野師元의 아들이다. 여경餘慶에게 사사하여 현교와 밀교를 배우고 대아사리에 임명되어 원성사에 머물었다. 관인寬仁 3년(1019)에 65세로 죽었다.

겐신顯眞 : 가마쿠라 시대 초기의 천태 승려. 미작수美作守 등원현능藤原顯能의 아들이다. 권소승도權少僧都에 임명되었지만 43세 때 대원大原에 암자를 짓고 은둔하였다. 문치文治 2년(1186)에 승림원勝林院에서 법연法然을 맞이하여 법론을 주고 받았다. 세상에는 대원문답大原問答으로 알려졌다. 뒤에 천태좌주天台座主를 권하므로 권승정權僧正에 이르렀다. 건구建久 3년(1192)에 62세로 죽었다.

겐쇼顯昭 : 등원현보藤原顯輔의 양자로, 청보淸輔와는 의형제다. 가인歌人이다. 처음에 예산叡山에 올라 법교法橋에 이르렀다. 후에 인화사仁和寺에 머물면서 화가和歌를 잘 지었으며, 육조가가학六條家歌學을 대성大成하였다. 『고금집주古今集註』·『수중초袖中抄』 등의 저술이 있다.

결연結緣 : 불도에 들어서 미래 득도得度의 연緣을 맺는 것.

결집結集 : 석존이 입멸한 뒤에 그 교법이 흩어지지 않게 하기 위하여 제자들이 저마다 들은 것을 외워내고, 그 바르고 그릇됨을 논의하여 정법을 정리한 일. 제1결집은 석존이 멸도하던 해(B.C. 544)에 왕사성에서 가섭을 상좌로 오백 비구가 모여 경장經藏과 율장律藏의 내용을 결정한 것인데, 이를 오백결집 혹은 상좌결집上座結集이라 한다. 그 후에도 불멸 후 100년에 제2결집, 불멸 후 330년 경에 제3결집, 불멸 후 600년 경에 제4결집이 있었다.

경애敬愛 : 오종단법五種壇法(息災·增益·敬愛·鉤召·降伏)의 하나로, 제불의 가호나 일족의 평화를 기원하는 수법修法.

계상戒相 : 계사별戒四別(法戒·戒體·戒行·戒相) 가운데 하나로, 계법의 조칙에 따라 실천할 때, 삼귀三歸·삼취三聚·십중十重·사십팔경四十八輕 등 각각 지키거나 어기는 데 있어 무겁고 가벼운 차별을 의미한다.

계연법계繫緣法界 : 널리 법계의 사물을 생각하는 것. 생각을 하나에 집중하는 일념一念과는 상반된다.

계일대왕戒日大王 : 7세기 전반 북인도에 군림했던 왕. 불교에 귀의하여 학예를 권장하였다. 현장玄奘이 인도를 방문했을 때의 왕이다.

계현戒賢 : 529~645. 동인도의 왕족 출신으로, 마갈타국摩竭陀國의 나란타사那爛陀寺에서 호법護法에게서 가르침을 받았다. 현장에게 유식학을 가르쳤다. 645년에 117세의 나이로 죽었다고 한다.

과거칠불過去七佛 : 석가모니가 세상에 나기 전의 여섯 부처에 석가모니를 더한 것이 칠불이다. 비바시불毘婆尸佛·니기불尼棄佛·비사부불毘舍浮佛·구류손불拘留孫佛·구나함모니불俱那含牟尼佛·가섭불迦葉佛·석가모니불釋迦牟尼佛 등이다.

관무량수경觀無量壽經 : 관무량수불경觀無量壽佛經으로도 불리는데, 1권으로 되어 있다.

유송劉宋의 강량야사畺良耶舍가 424~442년에 번역하였다. 위제희韋提希부인이 아도세왕阿闍世王의 악역惡逆으로 번뇌에 사로잡혔을 때, 부처가 신통력으로써 시방의 정토를 보여주기 위해 십육관十六觀과 아홉 단계의 왕생[구품왕생九品往生]을 설한 것으로, 정토삼부경淨土三部經의 하나다.

관심觀心 : 자기 마음의 본성을 관조하는 것으로, 자기 마음을 대상으로 하는 실천적 수행이다. 천태에서는 일심삼관一心三觀이라 해서, 자신의 한 생각에서 유有·공空·중中의 삼제三諦의 이치를 관조하는 것을 이른다.

관음경觀音經 : 『법화경』 제25 「관세음보살보문품觀世音菩薩普門品」을 종종 하나의 경전으로 취급하여 이렇게 불렀다. 이 품은 '관음보문품' 또는 '보문품'이라고도 한다.

관정灌頂 : 본래 인도에서 왕이 즉위하거나 태자를 세울 때 행한, 바닷물을 정수리에 붓는 의식이었다. 불교에서는 머리에 향수를 부으며 일정한 자격을 갖추었음을 증명하는 의식으로 행하며, 밀교의 경우에 아사리로부터 법문法門을 받을 때에도 행한다.

관지觀智 : 집착을 벗어나 망념을 끊은 참된 지혜.

관해觀解 : 천태삼대부天台三大部 가운데 하나인 『법화문구法華文句』와 관련된다. 이 책은 천태지의天台智顗가 587년, 금릉金陵 광택사光宅寺에서 강론한 법화경의 필록筆錄을 40여 년 동안 정리하여 629년에 첨삭을 완료한 책이다. 그 특색은 본문本門·적문迹門의 둘로 나누고, 인연因緣·약교約敎·본적本迹·관심觀心(觀解)의 네 가지 해석四種釋으로써 모든 근기를 위해 부처가 교설하였음을 드러내 보였다는 점이다. 관해는 곧 관심觀心이며, 이는 설해진 하나의 문구를 가지고 내 일심一心의 실상의 이치를 관할 수 있도록 해석하는 방법이다.

광명진언光明眞言 : 『불공견색비로자나불대관정광진언경不空羂索毘盧遮那佛大灌頂光眞言經』에 실려 있는 대일여래의 진언. 이 다라니를 외우면 부처의 광명을 얻어서 갖가지 죄보罪報를 없애고 장수복락을 얻는다고 한다.

광언기어狂言綺語 : 광언狂言은 도에 합당하지 않은 말을, 기어綺語는 성실한 맛이 없는 말을 각기 뜻한다. 붓다가 설한 실어實語에 대립되는 것으로, 도리에서 벗어난 말과 교묘하게 꾸민 언사로 사람을 즐겁게 하려는 말을 가리킨다.

권교權敎 : 임시적이고 방편적인 가르침.

권자權者 : 신이나 부처가 중생을 제도하기 위해 사람으로 몸을 바꾸어 나타냈을 때의 사람.

권진勸進 : 불상이나 사찰의 건립을 위해 기부나 보시 등의 협력을 얻으려고 널리 다니며 권하는 일.

규기窺基 : 당나라 때의 학승으로, 자는 홍도洪道다. 현장玄奘에게 사사師事하였고, 『성유식론成唯識論』 번역에 공이 컸다. 다수의 저작을 남겨서 '백본논사百本論師'로 불리었다. 법상종의 개조다. 영순永淳 원년(682)에 51세로 죽었다.

규봉종밀圭峯宗密 : 당나라 때 승려로, 화엄종의 제5조. 중국 과주果州 서충西充 사람으로, 속성은 하씨何氏다. 징관澄觀의 제자다. 규봉圭峯의 초당사草堂寺에 머물렀으므로 이런 이름이 붙었다. 화엄교학을 고양시켰으며, 선에도 정통하였다. 『선원제전집禪源諸詮集』을 저술하여 교선일치敎禪一致를 주창하였으며, 이후 불교 풍조의 기반을 마련하였다. 유교와 도교에 대해서 불교의 입장을 요약한 저서로 『원인론原人論』이 있고, 그 외 30여 부의 저서가 있다. 회창會昌 원년(641)에 62세로 입적하였다.

금강살타金剛薩埵 : 금강수金剛手 · 집금강비밀주執金剛秘密主 · 보현살타普賢薩埵 등 별칭이 많다. 밀교 부법付法의 제2조다. 대일여래의 법문을 듣고 이것을 결집하여 남천축南天竺의 철탑 속에 넣어 두었다가 후에 용수龍樹에게 전해주었다고 한다. 금강계만다라에서는 아촉여래阿閦如來의 네 친근親近 가운데 하나로 나온다.

금강일승金剛一乘 : 진언의 교법을 찬탄하는 말로서, 금강이란 교법의 견고함을, 일승이란 일체의 성불하는 법을 의미한다.

금강정경金剛頂經 : 진언종의 삼부경 가운데 하나다. 밀교의 근본 경전으로 네 가지가 있지만, 일반적으로는 『금강정일체여래진실섭대승현증대교왕경金剛頂一切如來眞實攝大乘現證大敎王經』 3권을 가리킨다.

금당金堂 : 본존을 안치하는 불전. 당 안을 금색으로 칠한 까닭에 이런 이름이 붙었다.

금비론金錍論 : 형계담연荊溪湛然의 저서며, 1권이다. 천태종의 실상론實相論의 입장에서 초목과 같은 비정非情도 성불한다는 이치를 설하였다.

금시조金翅鳥 : 가루라伽樓羅로 음사되는, 천룡팔부天龍八部에 속하는 호법신護法神. 금시조에게 잡아먹히게 된 용왕이 석가에게 하소연하자, 석가는 가사 한 모퉁이를 주어 문이나 몸에 걸치게 하여 그 환난을 구해주었다는 설화가 있다.

금언金言 : 부처의 설법, 즉 부처의 입에서 나온 불멸의 법어를 뜻한다.

기노 쓰라유키紀貫之 : 여러 벼슬을 거쳐 목공권두木工權頭를 지냈다. 천경天慶 9년(946)에 죽었다. 가인으로 명성이 높았으며, 『고금집古今集』을 편찬하였다. 『토좌일기土佐日記』, 『신찬화가집新撰和歌集』 등을 저술하였다.

기파耆婆 : 기파가耆婆伽 · 시박가時縛迦라고도 한다. 그리스 식민지에 가까운 득차시라국得叉尸羅國의 명의인 아제리보가라阿提梨寶迦羅를 사사師事해서 7년간 의술을 배우고 왕사성王舍城으로 돌아와, 빈바사라왕과 아도세왕의 시의侍醫가 되었다.

불교를 깊이 신봉하였으며, 아도세왕을 뉘우치게 한 것도 그라고 한다. 항상 불제자의 치료를 맡았으며, 중국 전국 시대의 명의인 편작과 나란히 일컬어진다.

긴토公任 : 소야궁류뢰충小野宮流賴忠(藤原賴忠)의 아들로, 정이위正二位 대납언大納言에 이르렀다. 세상에서는 사조대납언四條大納言이라 일컬었다. 장구長久 2년(1041)에 76세로 죽었다. 가론서歌論書인 『화가구품和歌九品』·『신찬수뇌新撰髓腦』 등과 고실서故實書인 『북산초北山抄』·『화한낭영집和漢朗詠集』 등을 지었다.

길장吉藏 : 중국 절강성浙江省 회계會稽의 가상사嘉祥寺에 주석하였기 때문에 가상대사嘉祥大師라 일컬어진다. 수와 당 두 왕조의 지배층으로부터 두터운 숭경崇敬을 받았다. 『중론中論』·『백론百論』·『십이문론十二門論』 등에 대한 주석서를 저술하여 삼론집三論集을 대성하였다. 무덕武德 6년(623)에 75세로 죽었다.

[ㄴ]

나가요시長能 : 등원윤녕藤原倫寧의 아들로 이세伊勢의 수령을 지냈다.

나계범왕螺髻梵王 : 범천梵天을 가리킨다. 범천은 머리를 틀어 묶었기 때문에 이렇게 이른다.

나무南無 : 귀명歸命·귀경歸敬·경례敬禮·구아救我·도아度我 등으로 번역되는데, 부처에 대해서 중생이 "한결같은 마음으로 귀의하여 경순敬順한다"는 뜻을 드러낸 말이다.

나한羅漢 : 아라한阿羅漢의 준말. 일체의 번뇌를 끊고 생사를 유전하지 않는 경지에 이른 사람으로, 소승불교에서는 가장 높은 단계의 수행에 도달한 사람이다.

나한성자羅漢聖者 : 아라한과를 얻은 성자.

난타難陀 : 석가의 이모제異母弟로, 손타라난타孫陀羅難陀라고도 한다. 석가의 교계敎戒에 의해 득도하였고, 온갖 근기를 조복하는데 제일이라 일컬어졌다. 난타가 여색에 혹한 일은 『출요경出曜經』 권4, 「욕품欲品」 제2에 보인다.

남악南岳 : 중국 천태종의 제2조인 혜사惠思. 혜문惠文에게 관심觀心을 배우고 법화삼매法華三昧를 체득하였으며, 법화·반야 등을 강설하였고, 천태지의에게 법을 전하였다. 남악南岳에 머물었기 때문에 남악대사라 불린다. 태건太建 9년(577)에 64세로 입적하였다.

남염부주南閻浮州 : 수미산 남쪽에 있는 사대주四大洲의 하나로, 인간 세계를 가리킨다.

내도內道 : 외도에 대해서 불도佛道나 불도佛徒를 지칭하는 말.

내영來迎 : 임종 때에 부처나 보살이 극락 정토로 맞아들이려고 오는 것.

내원內院 : 도솔천의 내원. 선법당善法堂으로 불리며, 미륵이 항상 법을 설하는 곳이다.

내증內證 : 자내증自內證이라고도 하는데, 자기 마음속에서 증득한 진리를 뜻하며, 불보살에 대해서 쓰인다.

능소能所 : 동작을 하는 것과 동작을 받는 것, 즉 주체와 객체를 가리킨다.

능취能取 : 인식의 주체 또는 주관을 뜻한다.

능화能化 : 소화所化의 상대어로, 능히 남을 교화하는 자를 뜻한다.

니요무如夢 : 등원산음藤原山陰의 5남으로, 흥복사興福寺의 중이다. 어렸을 때 계모가 못에 빠뜨렸으나, 거북의 도움으로 살아났다고 한다. 연희延喜 6년(906)에 권율사權律師에 임명된 후, 대승도大僧都에 이르렀다.

니치조日藏 : 도현道賢이며, 삼선씨길三善氏吉의 아들이다. 일찍부터 금봉산金峰山에 들어가 밀교를 배웠고, 관화寬和 원년(985)에 백여 세로 죽었다고 한다. 저서에 『명도기冥途記』가 있다.

[ㄷ]

다다미忠見 : 임생충잠任生忠岑의 아들로, 헤이안平安 중기의 가인이다. 낮은 관직에 있었지만 화가和歌로 이름을 드날렸다.

다메이에爲家 : 등원위가藤原爲家로, 정가定家의 아들이다. 그의 후계자로서 가단의 중심이 되었다. 정2위, 민부경民部卿, 권대납언權大納言에 이르렀다. 『속후찬집續後撰集』, 『속고금집續古今集』을 편찬하였으며, 가론서歌論書인 『영가일체詠歌一体』를 저술하였다. 아불니阿佛尼와 재혼하여 위상爲相을 낳았다. 강원康元 원년(1256)에 출가하였으며, 법명은 융각融覺이다. 건치建治 원년(1275)에 78세로 죽었다.

다이켄몬인待賢門院 : 조우천황鳥羽天皇의 중궁中宮인 등원장자藤原璋子. 숭덕崇德·후백하後白河 두 천황의 모친이다. 구안久安 원년(1145)에 45세로 죽었다.

다카스케隆祐 : 등원가륭藤原家隆의 아들로, 종사위從四位 아래 시종侍從에 이르렀다. 건장建長 3년(1251)까지 생존하였다.

다카오카高岳 : 평성천황平城天皇의 셋째 아들. 차아천황嵯峨天皇의 황태자였지만, 약자藥子의 변으로 폐해져서 출가하였고, 공해空海의 제자가 되어 밀교를 배웠다. 법명은 진여眞如이고, 후에 입당하여 인도로 가던 도중에 죽었다.

다카토오高遠 : 등원제민藤原齊敏의 아들이다. 태재대이太宰大貳·좌병위독左兵衛督 등 정삼위正三位에 이르렀다. 장화長和 2년(1013)에 65세로 죽었다. 『대이고원집大貳高

遠集』이 있다.

다라니陀羅尼 : 산스크리트 dhāraṇī의 음사이며, 총지總持로 의역하기도 한다. 본래는 잘 지니고 간직하는 행위, 나아가 잘 기억하는 것, 정신집중 등의 의미로 쓰였으나, 그 때문에 암송하는 주문의 문구라는 의미로 번역되었다. 예전에 인도에서는 모든 가르침을 요약하고 암송하여 지녔는데, 이 암송하는 구절이 이윽고 진언眞言의 신비한 힘과 연상되어서 그 자체 지식을 보유한 신비적인 힘을 지닌 것으로 존중되었고, 이에 더하여 그 내용을 외우는 사람 자신에게도 그 힘이 미치는 것으로 여겨져, 결국 진언과 같은 의미를 갖게 되었다. 다만, 현실적으로는 진언에 비해서 비교적 긴 것을 다라니라고 일컫는 경우가 많다.

다라니장陀羅尼藏 : 불보살이 설한 다라니를 총칭한 말.

다이고醍醐 : 일본 60대 천황天皇으로, 우다천황宇多天皇의 장남이다. 치세 33년만인 연장延長 8년(930)에 46세로 죽었다.

다이엔大圓 : 양윤良胤. 원뢰정源賴政의 자손이라 하지만 『존비분맥尊卑分脈』에는 보이지 않는다. 실현實賢을 사사師事하였고, 문영文永 5년(1268)에 황폐해진 관승사觀勝寺에 머물면서 다시 일으켰다. 고안弘安 연간에 몽고의 침입이 있었을 때, 칙명에 의해 조복調伏의 법을 닦았다. 정응正應 4년(1291)에 80세로 입적하였다.

단나檀那 : 절에 보시하는 신자. 단월檀越과 같은 말이다.

단특산檀特山 : 북인도 간다라에 있는 산. 석가모니가 수행한 곳으로 알려져 있지만, 수달라須達拏 태자가 보시행을 하였던 사적이 불전佛傳에 혼입된 것으로 여겨지고 있다.

달마達磨 : 보리달마菩提達磨로 알려져 있으나, 그의 전기는 자세하지 않다. 5세기 말에서 6세기 전반의 인물로, 인도에서 교외별전敎外別傳의 정법안장을 전하기 위해 양梁나라로 왔고, 이어서 북위北魏의 숭산 소림사에서 혜가慧可에게 법을 전하였으며, 그 후 인도로 돌아갔다고 전해진다. 후에 중국 선종의 초조初祖로 받들어졌다.

담란曇鸞 : 담만曇巒이라고도 한다. 안문雁門 사람으로, 북위北魏 승명承明 원년元年(476)에 출생하였다. 오대산五臺山에서 출가하였고, 널리 경전을 연구하였으며, 특히 사론四論의 불성의佛性義에 통달하여 후세에 사론종四論宗의 개조로 불리었다. 위왕魏王이 그를 깊이 존숭하여 병주幷州의 대암사大巖寺에 주석하게 하였으나, 후에 분주汾州의 현중사玄中寺로 옮겼고, 다시 개산介山의 북쪽에서 제자들과 함께 정업淨業을 닦았다. 흥화興和 4년(542), 요산사遙山寺에서 67세로 죽었다. 『정토왕생론주淨土往生論注』·『대집경소大集經疏』·『찬아미타불게讚阿彌陀佛偈』

등의 저서가 있다. 『속고승전續高僧傳』 권6에 전기가 실려 있다.

대각회련大覺懷璉 : 명주明州 육왕산育王山에 머물었다. 속성은 진씨陳氏다. 늑담회징泐潭懷澄의 법을 이었다. 송宋, 황우皇祐 연간(1049~54)에 인종仁宗의 초청을 받아서 불법의 대의를 설하였고, 대각선사大覺禪師라는 호를 받았다. 1090년에 82세로 입적하였다.

대권大權 : 대권현大權現을 줄인 말로, 권현을 높여 일컬은 것이다. 불보살이 신으로서 임시로 이 세상에 나타낸 모습을 말한다.

대반야경大般若經 : 대반야바라밀다경大般若波羅蜜多經을 줄인 말. 번뇌를 여의고 바른 지혜를 지녀서 일체 만물의 실상을 관함으로써 깨달음의 경지에 도달한다고 하는, 갖가지 경전을 집대성한 경전이다.

대법장對法藏 : 대법對法이란 법에 대한 지혜를 뜻한다. 일체의 논서들을 모아 분류한 것으로, 삼장의 하나인 논장論藏을 가리킨다.

대불정다라니大佛頂陀羅尼 : 『수능엄경』 권7에 보이는 다라니로, 대불정여래의 내증內證을 설한 것이다.

대비경大悲經 : 북제北齊의 나련제려야사那連提黎耶舍가 번역한 것으로 5권으로 이루어져 있다. 석가모니의 열반과 전법 부촉, 사리공양의 공덕 등을 밝힌 경전이다.

대수고代受苦 : 대비대수고大悲代受苦 또는 대비대고大悲代苦라고도 한다. 보살이 대자비심으로 중생을 대신해서 지옥의 고통을 받는 일을 뜻한다.

대연戴淵 : 중국 진晉나라 때 사람. 광릉廣陵 사람으로, 자는 약사若思다. 예장태수豫章太守, 진위장군振威將軍, 의군도독義軍都督을 역임하였으며, 능릉후稜陵侯에 봉해졌다. 왕돈王敦의 반역에 표기장군驃騎將軍으로 출진하였다가 패사敗死하였다.

대염불大念佛 : 여럿이 모여서 큰 소리로 염불을 외는 일.

대일여래大日如來 : 산스크리트 Vairocana의 의역으로, '대일大日'이라는 한역漢譯은 인도의 밀교 승려인 선무외善無畏와 그의 제자인 일행一行이 고안해 낸 것이다. 마하비로자나摩訶毘盧遮那·비로자나毘盧遮那 등으로도 음사하며, 대일편조大日遍照·대광명편조大光明遍照 등으로 한역하기도 한다. 이 대일여래는 밀교, 특히 중기밀교라고도 일컬어지는 순밀(純密; 大日經·金剛頂經 등)의 중심존격中心尊格이다. 우주의 실상實相 또는 일륜日輪의 불격화佛格化라고 한다. 모든 불보살佛菩薩들은 이로부터 출생했고, 삼라만상은 이 부처의 무변無邊의 진신眞身이라고 한다.

대주大珠 : 대주혜해大珠慧海. 당나라 때 건주建州 출신으로, 속성은 주씨朱氏다. 월주越州 대운사大雲寺에서 도지道智에게 배웠고, 후에 강서江西를 떠돌다가 마조馬祖에게 참학하여 6년만에 대오하였다. 『돈오입도요문론頓悟入道要門論』을 지어 마조에게서 대주원명大珠圓明이라 일컬어졌다. 생몰연대는 자세히 알 수 없다.

대지도론大智度論 : 용수龍樹의 저술로, 구마라집鳩摩羅什이 한역하였다. 모두 100권으로, 『마하반야바라밀경摩訶般若波羅密經』의 주석서이다.

대집경大集經 : 대방등대집경大方等大集經을 줄인 말. 부처가 시방의 불보살을 불러 모아서 대승大乘을 설한 경전이다. 고려대장경본은 60권인데, 앞의 26권까지와 31~33권은 담무참曇無讖이, 27~30권은 지엄보운智嚴寶雲이, 46~58권은 나련제야사那連提耶舍가, 59~60권은 안세고安世高가 번역하였다.

대품경大品經 : 모두 27권. 30권, 40권도 있다. 구마라집의 번역으로, 마하반야바라밀경摩訶般若波羅蜜經・마하반야경・대품반야경・신대품경 등으로도 불린다. 반야바라밀의 법을 설한 경전이다.

대혜大惠 : 일행선사一行禪師. 대혜大慧로도 쓴다. 중국 당나라 때 승려로, 보적普寂에게 선을 배웠고, 후에 율장을 연구하였으며, 도교와 천태에도 통하였다. 『개원대연력開元大衍曆』을 지었고, 역법과 산법에도 정통하였다. 선무외善無畏에게 밀교를 배웠고, 그의 역경譯經에 참여하여 『대일경소大日經疏』 20권을 저술하였다. 727년에 죽었다.

대혜종고大慧宗杲 : 중국 송대宋代 선사로, 호는 묘희妙喜다. 원오극근圓悟克勤의 법을 전해 받았고, 경산徑山 능인선원能仁禪院에 머물며 종풍을 널리 폈다. 조동종의 묵조선默照禪을 격파하고, 간화선看話禪을 강조하였다. 『정법안장正法眼藏』 6권을 지었으며, 『대혜어록』 30권이 남아 있다. 1163년에 75세로 입적하였다. 시호는 보각선사普覺禪師다.

덕산선감德山宣鑑 : 중국 사천성四川省 검남劍南 사람으로, 속성은 주씨周氏다. 율律 및 성상性相을 배웠으며, 『금강경金剛經』에 정통하여 '주금강周金剛'이라 일컬어졌다. 남방의 선禪을 논파하러 갔다가 도리어 선으로 돌아섰고, 용담숭신龍潭崇信에게 참학하여 그의 법을 이었다. 풍양灃陽에서 30년간 주석하였고, 무종武宗의 폐불廢佛 법난法難을 만나서는 독부산獨浮山의 석실石室로 피신하였다. 대중大中(847~859) 초에 무릉武陵 태수 설정망薛廷望의 청으로 무릉의 덕산德山에 주석하여 종풍宗風을 드날렸다. 함통咸通 6년(865) 12월 3일에 86세로 입적하였으며, 견성대사見性大師라는 시호를 받았다.

도度 : 생사윤회를 흐르는 물에 비유, 그 흐름을 벗어나서 이상의 피안으로 건너간다는 뜻으로 쓰인다. 해탈을 가리킨다.

도과道果 : 불도佛道의 과보, 즉 수행에 의해 얻은 열반을 의미한다. 여기에서는 소승小

乘 불교에 있어서의 수행의 계위階位인 사과四果를 가리킨다.

도림道林 : 중국 당나라 때 승려. 항주杭州 부양富陽 사람으로, 아홉 살 때 출가하였다. 우두종牛頭宗에 속하며, 전당錢塘 고산孤山의 영복사永福寺에 머물었다가 나중에 진망산秦望山의 큰 소나무에서 살았다. 장경長慶 4년(824)에 84세로 입적하였다.

도사導師 : 부처나 보살 등과 같이 중생을 불도佛道로 인도하는 사람. 또 일본에서는 법회나 장례를 주재하고 집행하는 승려를 가리키는 말로 널리 쓴다.

도선道宣 : 중국 율종律宗 남산파南山派의 초조初祖. 16세에 출가하여 지수율사智首律師를 좇아 율律을 배웠고, 후에 산림에서 선법禪法을 닦고는 떠들썩함을 싫어하여 종남산終南山으로 은거하였다. 그래서 그를 남산대사南山大師 또는 남산율사南山律師라 일컫는다. 667년에 72세로 죽었다. 『대당내전록大唐內典錄』 10권, 『광홍명전廣弘明傳』 30권, 『속고승전續高僧傳』 30권 등 많은 저서를 남겼다.

도솔천兜率天 : 욕계의 제4천. 산스크리트 Tuṣita의 음사로, 도솔都率·두솔타兜率陀·도사다都史多 등으로도 음사하고, 지족知足·희족喜足·묘족妙足 등으로 의역된다. 이 도솔천은 장래에 부처가 될 보살이 지상에 내려오기 전에 최후의 생을 보내는 곳으로, 세존도 여기에서 흰 코끼리를 타고 마야부인의 태내胎內로 내려왔다고 한다. 현재는 미륵보살이 여기에 내려와, 석존 입멸 후 56억 7천만년을 지나서 지상으로 내려온다고 한다. 여기에서 도솔천은 미륵신앙과 결합하여 중시되기 시작했다.

도류道隆 : 난계도륭蘭溪道隆. 중국 사천성四川省 사람이다. 13세에 성도成都의 대자사大慈寺에 들어가서 무준사범無準師範·치절도충癡絶道沖 등에게 선을 배웠고, 후에 양산陽山의 무명혜성無明惠性의 법을 이었다. 관원寬元 4년(1246)에 일본에 건너와 가마쿠라의 수복사壽福寺 등을 거쳐 건장사建長寺 개산이 되었다. 고안弘安 원년(1278)에 66세로 죽었다.

도케이道慶 : 등원량경藤原良經의 아들이며, 광명봉사섭정光明峯寺攝政인 구조도가九條道家와는 형제다.

도품道品 : 열반에 이르는 수행법으로, 사념처四念處·사정근四正勤·사여의족四如意足·오근五根·오력五力·칠각지七覺支·팔정도八正道 등 37종이 있다.

도모이에知家 : 팔전지가八田知家. 등원도겸藤原道兼을 조부로 한다고 하며, 부친 종강宗綱이 하야수下野守가 되어 팔전권수八田權守라고 일컬어졌으므로 팔전씨八田氏라는 이름을 얻었다. 뢰조賴朝의 거병에 참가하였고, 가마쿠라 바쿠후의 중진이 되었다.

도바鳥羽 : 일본의 74대 천황天皇. 휘는 종인宗仁이다. 가승嘉承 2년(1107)에 즉위하였고, 보안保安 4년(1113)에 숭덕제崇德帝에게 양위하였다. 양위한 후에는 도바법황鳥

羽法皇이라 불리었다. 보연保延 7년(1141)에 출가하였으니, 법휘法諱는 공각空覺이다. 보원保元 원년(1156)에 죽었다.

도시쓰나俊綱 : 등원뢰통藤原頼通의 3남으로, 귤준원橘俊遠의 양자가 되었다. 정4위 벼슬인 수리대부修理大夫를 지냈다. 복견伏見의 자택에서 밤마다 가회歌會를 열었다고 한다. 관치寛治 8년(1094)에 67세로 죽었다.

독고저獨鈷杵 : 밀교에서 사용되는 법구인 금강저金剛杵 가운데 하나. 끝이 갈라져 있지 않고 하나로 되어 있는 것이다.

동체무연同體無緣 : 동체란 불보살이 중생과 한 몸이라는 뜻이며, 무연은 평등하여 차별이 없는 것을 가리킨다.

동파거사東坡居士 : 중국 북송대의 시인인 소식蘇軾을 가리킨다. 자는 자첨子瞻이다. 부친인 순洵(老蘇), 아우인 철轍(小蘇)에 대해서 대소大蘇로 일컬어졌다. 세 부자를 미산眉山의 삼소三蘇라 하였다. 시에서 송대 제일로 일컬어졌고, 『동파전집東坡全集』이 남아 있다. 건중정국建中靖國 원년(1101)에 66세로 죽었다.

두순杜順 : 중국 당나라 때의 승려로, 화엄종의 초조다. 종남산에 머물면서 화엄경을 강설하였다. 정관貞觀 14년(640)에 80세로 죽었다.

두타頭陀 : 번뇌의 티끌을 떨어없애고, 의식주에 탐착하지 않으며, 청정하게 불도를 수행하는 것으로, 12종의 행법이 있다. 대개는 걸식하며 수행하는 상행걸식常行乞食이 널리 알려져 있다.

등류법신等流法身 : 등류는 인因이 과果를 유출한다고 하는 데서 그 본원은 같다고 하는 의미다. 말하자면, 동일한 것이 연속해서 생겨나는 것을 뜻한다. 따라서 등류법신은 어떻게 현현하더라도 법신과 같다는 말이다. 밀교에서는 불신佛身을 네 종류로 분류하고, 그 가운데서 천天・용龍・귀鬼 등의 모습으로 변한 불신을 등류법신이라 한다.

[ㄹ]

로벤朗弁 : 의연義淵에게 법상法相과 유식唯識을 배웠다. 천평天平 5년(733) 금종사金鐘寺를 건립(후에 東大寺 三月堂)하였고, 금종행자金鐘行者・금취보살金鷲菩薩로 일컬어졌다. 동대사東大寺 초대 별당, 승정이 되었다. 보귀寶龜 4년(773)에 85세로 죽었다. 어렸을 때, 독수리에게 잡혀갔다는 전설이 널리 퍼져 있다.

로요朗譽 : 자는 장수藏叟이다. 세량전世良田 장락사長樂寺의 영조榮朝에게서 선을 배웠고 그 법을 이었다. 영조가 죽은 후에 장락사 2세가 되었으며, 도중에 가마쿠라의 수복사壽福寺에도 머물었다가 만년에 다시 장락사로 돌아왔다. 건치建治 3년(1277)에 84세로 죽었다.

료오良 : 량잠종정良岑宗貞. 환무천황桓武天皇의 황자皇子인 량잠안세良岑安世의 아들이다. 출가한 후에 승정 편소遍昭가 되었으며, 여섯 가선歌仙 가운데 한 사람이다. 관평寬平 2년(890)에 75세로 죽었다.

료젠良暹 : 상근별당箱根別當인 행실行實의 아우다. 평겸륭平兼隆과 친하였는데, 중형인 영실永實이 뢰조賴朝를 숨겨두었을 때에 겸륭兼隆을 위해 원수를 갚았다고 한다. 후에 기원祇園의 별당別當이 되었다고 한다.

[ㅁ]

마갈타국摩竭陀國 : 고대 인도의 16국 가운데 하나. 석가가 성도成道한 후에 전도傳道한 나라로, 이 나라의 왕사성王舍城에서는 빈바사라왕頻婆娑羅王과 아도세왕阿闍世王 등이, 화씨성에서는 아육왕阿育王이 도읍을 정하였고, 고대 인도 지배의 중심이었다.

마두관음馬頭觀音 : 여섯 관음觀音의 하나로, 마두명왕馬頭明王·마두대사馬頭大士라고도 한다. 사납게 분노하는 형상을 드러낸 관음으로, 사람의 몸에 말의 머리를 하였다. 마구니에 의한 장애나 번뇌를 제압한다고 한다.

마왕생魔往生 : 극락왕생과는 대조가 되는 것으로, 마성魔性을 가지고 태어나는 것이다.

마장魔障 : 불도의 수행을 방해하는 마구니의 소행.

마조馬祖 : 마조도일馬祖道一. 속성은 마씨馬氏다. 사천성四川省 출신으로, 어려서 출가하였다. 남악회양南岳懷讓에게서 법을 받았고, 강서성江西省의 개원사開元寺에서 종풍을 널리 폈다. 그는 "평상심시도平常心是道"와 "즉심시불卽心是佛"을 표방하였다. 당 정원貞元 4년(788)에 80세로 죽었다. 시호는 대적선사大寂禪師다. 그의 문답이 기록된 『마조록』이 남아 있다.

만기萬機 : 붓다의 가르침에 의해 촉발되는 중생의 모든 가능성.

만다라曼荼羅 : 일정한 땅을 구획하여 평탄하게 단을 만들어 여러 불보살을 모시고 예배하고 공양하던 것으로, 단壇이라 번역한다. 모든 법을 죄다 원만하게 갖추어 결함이 없다는 뜻이며, 정각을 성취한 부처의 내증內證의 경지를 그림으로 나타낸 것이다.

만덕萬德 : 부처의 온갖 덕을 가리키는 말.

만세이滿誓 : 내량奈良 전기의 승려로, 속명은 립조신마笠朝臣麿이다. 벼슬이 우대변右大弁에 이르렀지만, 원명상황元明上皇의 병을 낫게 하기 위해 출가하였다. 『만엽집

萬葉集』에 일곱 수의 작품이 실려 있다.

만의縵衣 : 가사의 일종으로, 만조縵條라고도 한다. 솔기가 없는 가사다.

망업妄業 : 몸과 입과 뜻으로 짓는, 허망하고 진실하지 않는 행위를 뜻한다. 곧 신업身業·구업口業·의업意業의 삼업三業을 가리킨다.

명관冥官 : 염마왕 아래의 관리와 옥졸들로, 18인의 장관과 8만의 옥졸이 있다고 한다.

명도冥道 : 명계冥界 또는 명도冥途라고도 한다. 일반적으로 지옥·아귀·축생의 삼악도를 가리키지만, 특히 지옥만 가리키는 경우도 있다.

명중冥衆 : 사람의 눈에는 보이지 않는 제천諸天이나 선신善神들로, 사천대왕四天大王·용천팔부龍天八部 등을 이른다.

모로이에노헨師家之辨 : 등원경보藤原經輔의 아들인 사가師家를 가리키는 듯하다. 『금석물어今昔物語』 권3에, 정을 통하고 있던 여인이 『법화경』을 암송하면서 죽는 것을 보고 자신도 곧 죽었다고 하는 기사가 실려 있는데, 출가했는지는 분명하지 않다. 강평康平 원년(1058)에 32세로 죽었다.

목련目連 : 부처의 십대제자 가운데 한 사람으로, 구율타拘律陀로도 부른다. 왕사성 근처의 구리가촌拘離迦村의 바라문의 아들로, 부처의 제자가 된 후 각지를 돌아다니면서 외도를 인도하였으며, 신통제일神通第一이라는 명성을 얻었다.

묘에明惠 : 가마쿠라 전기의 화엄종 승려. 어려서 양친을 잃고 고웅신호사高雄神護寺에서 문각文覺의 제자 상각上覺을 스승으로 모시고 출가하였다. 인화사仁和寺와 동대사東大寺에서 진언밀교와 화엄을 배워 촉망받았으나, 벌립筏立에 은둔하였다. 1206년에 후조우後鳥羽 상황上皇으로부터 모미栂尾를 하사받아서 고산사高山寺를 열고, 관행觀行과 학문에 힘썼다. 1232년에 60세로 죽었다. 저서에 『최사륜摧邪輪』·『열반강식涅槃講式』·『몽기夢記』 등이 있다.

묘젠明禪 : 등원성뢰藤原成賴의 아들이다. 히에이잔比叡山에서 수학하였고, 현진顯眞·지해智海로부터 단나류檀那流를, 선운仙雲에게서 법만류法曼流의 비밀한 관정을 받았다. 산성山城의 비사문당毘沙門堂에 머물면서 법인法印이 되었다. 처음에는 법연法然의 전수염불專修念佛을 비판했지만, 법연이 죽은 후 법연의 『선택집選擇集』을 읽고서 염불에 귀의하였다. 인치仁治 3년(1242)에 76세로 입적하였다.

묘헨明遍 : 등원통헌藤原通憲의 막내 아들이다. 동대사東大寺의 민각敏覺에게서 삼론三論을 배웠다. 50세 즈음에 은둔하여 고야산高野山에 들어가서 연화삼매원蓮花三昧院을 열었으며, 염불자들과 교유하면서 공아미타불空阿彌陀佛로 불리었다. 원인元仁 원년(1224)에 83세로 죽었다.

무라사키 시키부紫式部 : 시키부式部는 이부吏部의 일본식 명칭이다. 부친인 등원위시藤

原爲時가 시키부에 근무했기 때문에 이런 이름이 붙었다. 등원선효藤原宣孝와 결혼하여 현자賢子를 낳았지만, 결혼 2년만에 남편과 사별하였다. 30세까지 중궁 창자中宮彰子의 여방女房을 하였다. 『원씨물어源氏物語』, 『자식부일기紫式部日記』 등을 남겼다.

무라카미村上 : 일본의 62대 촌상천황村上天皇이다. 천경天慶 9년(946)에 즉위하였고, 강보康保 4년(967)에 죽었다. 후세에 연희延喜의 제호천황醍醐天皇과 나란히 '덴랴쿠의 치세(天暦の治)'로 일컬어졌다.

무량수불無量壽佛 : 밀교에서는 서방의 부처를 무량수불이라 하는데, 금강계에서 말하는 아미타불이다.

무불無佛 : 석존의 입멸부터 미륵이 세상에 출현할 때까지 56억 7천만년 동안 부처가 없는 세계를 무불세계라 한다.

무상법신無上法身 : 모든 집착을 떠난 경지를 '무상無上'이라고 하는데, 보살의 최고의 경지다. 법신이란 부처의 현신現身에 대한 말이며, 부처의 본신本身으로서 영원불멸의 법을 가리킨다.

무생無生 : 무생인無生忍, 무생법인無生法忍의 준말로, 불생不生의 진리를 깨달아 그와 같이 알고 마음을 편안하게 갖는 것. 즉, 절대불변의 진리를 깨달아서 안심安心하는 경지다. 열반과 상통하는 말이다.

무소득無所得 : 있다 없다는 편견을 떠난, 중도中道의 이치.

무시윤회無始輪廻 : 그 시작을 알 수 없는, 아득한 옛날부터 계속 돌고 도는 삶과 죽음. 이로부터 벗어나는 것이 해탈이다.

무심無心 : 무심은 그저 마음이 없다는 뜻이 아니라, 망령된 생각을 떠난 참된 마음을 가리킨다. 청정심이 곧 무심이다. 반대로 유심有心은 헛된 생각을 지닌다는 뜻이다.

무위상주無爲常住 : 인연으로 말미암아 생겨나거나 사라지지는 일이 없는 불변의 진리.

무준사범無準師範 : 중국 사천성四川省 사람으로, 18세에 구족계를 받았고, 소주蘇州 영은사靈隱寺 파암조선破庵祖先의 법을 이었다. 경산徑山에 머물면서 리종理宗으로 설법하였고, 불감선사佛鑑禪師라는 시호를 받았다. 순우淳祐 9년(1249)에 73세로 죽었다.

문수문경文殊問經 : 『문수사리문경文殊師利問經』 2권을 가리킨다. 양梁 승가바라僧伽婆羅의 번역이다. 주로 보살이 지켜야 할 계율을 설하고 있으며, 아울러 실담悉曇의 자모字母와 소승이십분렬小乘二十分裂 등을 서술하고 있다.

미나모토노 사네토모源實朝 : 가마쿠라 막부幕府의 제3대 쇼군. 건보建保 6년(1218)에 우대신右大臣이 되었다. 경도京都의 문화에 강한 관심을 가졌고, 화가和歌와 축국蹴鞠을 잘하였다. 가집家集으로 『금괴화가집金槐和歌集』이 있다. 건보 7년(1219)에 공효公曉에 의해 암살되었는데, 그때 28세였다.

미나모토노 요리토모源賴朝 : 뢰조賴朝는 의조義朝의 셋째 아들. 모친은 열전대궁사熱田大宮司 등원계범藤原季範의 딸이다. 어릴 때 이름은 귀무鬼武였다. 평치平治 원년(1159)의 난 때에 부친을 따랐다가 패하여, 이두질도伊頭蛭島로 유배되었다. 치승治承 4년(1180)에 인왕仁王의 영지令旨를 받아 평가平家를 타도하려는 일을 꾸몄고, 태영泰永 4년(1185)에 평가를 멸망시켰다. 그 후, 의경義經과 불화하였고 그를 사로잡으려고 후백하법황後白河法皇을 압박하여 각 지방에 수호守護·지두地頭를 두어 천하의 실권을 장악하였다. 건구建久 3년(1192), 정이대장군征夷大將軍에 임명되었으며, 가마쿠라에 바쿠후를 열었다. 건구 9년에 상모천교相模川橋의 낙성落成 공양에 참석하였다가 말에서 떨어졌고, 이듬해 1월에 53세로 죽었다.

미륵彌勒 : 석가 입멸 후 56억 7천만년이 지나서 다시 세상에 출현하여 석가가 교화하지 못한 일체 중생을 제도한다고 하는 부처.

미타사유경彌陀思惟經 : 『아미타불대사유경설서문阿彌陀佛大思惟經說序文』을 가리킨다.

밀엄국密嚴國 : 밀엄정토密嚴淨土라고도 하는데, 대일여래의 정토다. 밀엄은 비밀장엄秘密莊嚴을 줄인 말인데, 진언밀교의 구극의 경지를 나타낸다.

[ㅂ]

바라이波羅夷 : 계율 가운데서 가장 중한 죄. 근본죄根本罪라고도 한다. 이 죄를 범한 자는 교단에서 추방당한다.

반야장般若藏 : 지혜와 열반의 깊은 이치를 설한 경문.

방편안립제方便安立諦 : 언어나 사려를 초월한 부처의 진리를 임시로 차별이나 명목名目을 세워서 설하여 나타내는 것.

백낙천白樂天 : 당대唐代의 시인인 백거이白居易. 낙천樂天은 자字다. 헌종憲宗 때부터 문종文宗 때까지 한림학사翰林學士, 강주사마江州司馬, 형부시랑刑部侍郞, 태자빈객太子賓客 등을 역임하였으나, 무종武宗 때에 은퇴하여 향산香山의 승려들과 교유하며 '향산거사香山居士'라 불리었다. 846년에 75세로 죽었다. 그의 시문을 수록한 『백씨장경집白氏長慶集』 71권, 『백씨육첩사류집白氏六帖事類集』 30권이 있다.

백양순白楊順 : 송대宋代의 승려로, 불안청원佛眼淸遠의 제자다. 자세한 행적은 알 수 없다.

백유경百喩經 : 5세기경 인도의 승가사나僧伽斯那가 편찬하였고, 그의 제자 구나비지求那毘地가 한역하였으며, 모두 4권으로 되어 있다. 백 가지(실제로는 98개이다)의 교훈적인 비유로 여래교법의 실의實義를 쉽게 풀이한 것이다.

백장회해百丈懷海 : 당나라 때 선사. 마조의 가르침을 받고 인가를 받았다. 홍주洪州 대웅산大雄山에서 널리 가르침을 폈고, 백장산百丈山 대지수성선사大智壽聖禪寺에서 종풍을 선양하였다. 현재 서문만 전하는 『백장청규百丈淸規』는 그의 저술이며, 이것을 통해 처음으로 선문禪門의 규식規式이 정해졌다. 814년에 66세로 입적하였다.

범지梵志 : 재가 바라문을 가리킨다. 우주의 최고 원리(梵)를 추구하는 자를 뜻한다.

범행梵行 : 범梵은 청정淸淨·적정寂靜의 뜻이니, 욕망을 끊고 청정하게 수행하는 것을 이른다.

법랍法臘 : 구족계를 받은 후부터의 햇수.

법멸法滅 : 정법正法·상법像法·말법末法을 다 지나서 불법이 사라진 세계.

법명法命 : 법의 생명이라는 뜻으로, 혜명慧命과 같은 말이다.

법문法門 : 부처의 가르침, 즉 진리로 이끄는 요체를 문에 비유한 말이다. 모든 가르침은 문이라는 말은 곧 그것이 방편일 뿐임을 뜻한다.

법상종法相宗 : 유식종唯識宗·응리원실종應理圓實宗·자은종慈恩宗·유상종有相宗·상종相宗 등으로도 불리는데, 일본 8종, 남도南都 6종의 하나다. 만법의 법상法相을 탐구하고 결판하는 종파라는 뜻으로, 당 자은慈恩 규기窺基(632~682)를 초조로 한다. 일본에서는, 백치白雉 4년(653)에 원흥사元興寺의 도소道昭가 입당하여 현장에게서 배우고 귀국한 것을 제1전, 이어서 지통智通·지달智達 등이 전한 것을 제2전, 지봉智鳳·지란智鸞·지웅智雄 등이 지주智周로부터 전수받아 전한 것을 제3전, 현방玄昉이 흥복사興福寺에서 널리 편 것을 제4전이라 한다. 제1·제2전을 남사전南寺傳·원흥사전元興寺傳·비조전飛鳥傳이라 하고, 제3·제4전을 북사전北寺傳·흥복사전興福寺傳·어립전御笠傳이라 한다.

법성法性 : 만유의 진실하고 불변하는 절대평등의 본성.

법시法施 : 세 가지 보시(三施; 財·法·無畏) 가운데 하나로, 법보시라고 흔히 말한다. 신이나 부처에 대해서 경전을 염송하거나 법문을 노래하는 것, 또는 법을 설하여 타인의 선근善根을 증장시키는 일이다. 보시 가운데 으뜸이다.

법신法身 : 무색무형無色無形으로서 불생불멸不生不滅의 본체, 즉 진여법계眞如法界의 이치에 계합한 부처의 진신眞身. 영원불멸의 진리 그 자체를 가리킨다.

법신설법法身說法 : 진리로서의 법 그것이 바로 설법이라는 말이다. 즉 육신의 부처는 때와 장소와 사람에 따라서 가르침의 일부를 설하지만, 그러한 것에 관계없이 영원히 설해져 있다고 하는 것을 뜻한다.

법안法眼 : 모든 법을 관하여 꿰뚫어 보는 눈. 보살은 이것을 통해서 모든 법의 실상을 관하고 중생을 제도한다.

법왕法王 : 법문法門의 왕이라는 뜻. 붓다를 높여 일컫는 말이다.

법위法位 : 법성法性 · 진여眞如를 가리킨다. 불변하는 이법은 현상 사물이 확고하게 서는 자리에 있기 때문에 이렇게 일컫는다.

법장法藏 : 부처의 가르침을 보배 창고에 비유한 말.

법장法藏**비구** : 아미타불이 보살이었을 때, 세자재왕불世自在王佛을 모시고 수행하고 있던 시절의 이름.

법주法住 : 법성法性을 다르게 일컬은 것. 불변하는 이법은 현상의 사물 속에 머물고 있다는 뜻이다.

별교別教 : 천태종의 화의사교化儀四教(藏教 · 通教 · 別教 · 圓教) 가운데 하나. 현상의 구별이나 차별을 인식하는 것이다.

보리선나菩提僊那 : 나라奈良 시대에 일본으로 건너 온 인도 승려. 입당한 일본 승려들의 초대에 응해서 일본으로 건너왔다. 성무천황聖武天皇은 행기行基 등 백 명을 보내어 난파難波에서 맞이하게 하였다. 동대사東大寺 대불개안大佛開眼에서 도사導師를 맡았다. 천평보자天平寶字 4년(760)에 57세로 죽었다.

보명報命 : 과거의 업보로 받은 현세의 수명.

보살계菩薩戒 : 대승계大乘戒 또는 불성계佛性戒라고도 한다. 대승의 보살을 위한 계율이다.

보처보살補處菩薩 : 보처 補處란 앞의 부처가 죽은 뒤를 이어 부처가 되어서 그 자리를 대신하는 것을 뜻하며, 보처보살補處菩薩은 바로 미륵보살을 지칭한다. 미륵보살은 56억 7천만년 후에 깨달음을 열어서 석가여래의 뒤를 잇고 부처의 지위를 대신하는 보살이라고 한다.

보타락산補陀落山 : 관음이 머물고 있다고 하는 남방의 산.

보토報土 : 중생이 자신의 업보로 인해 태어나는 국토, 또는 보살이 서원誓願을 이루어서 부처가 되었을 때 머무는 정토

보협인다라니寶篋印陀羅尼 : 『일체여래심비밀전신사리보협인다라니경一切如來心秘密全身舍利寶篋印陀羅尼經』을 가리킨다. 1권으로 불공不空이 한역하였다. 이 경전에 설해진 40구부터가 주문으로, 이걸 외우면 극락왕생極樂往生, 복덕연명福德延命의 이익이 있다고 한다. 진언종과 천태종에서는 세 다라니陀羅尼의 하나로 여기고 있다.

본각불생本覺不生 : 일체 중생에게 본래부터 갖추어져 있는 불성을 본각本覺이라 하고,

본각은 일어나는 것이 아니라는 게 불생不生이다.

본분本分 : 자신에게 본래 갖추어져 있는 것, 즉 불성을 가리킨다. 선가에서 흔히 말하는 본래면목本來面目, 부모미생시父母未生時와 같다.

본사本師 : 무량겁無量劫의 옛날에 성불한 아미타여래. 본불本佛이라고도 한다.

본서本誓 : 부처나 보살이 과거세에 중생을 구제하겠다고 한 근본의 맹세.

본원本願 : 과거세에 세운 서원. 아미타불의 경우에는 과거세에 법장보살法藏菩薩로서 수행하고 있을 때 세웠던 마흔 여덟 개의 큰 바람을 가리킨다.

부동명왕不動明王 : 부동명왕은 대일여래의 교명敎命에 의해 일체의 마성魔性·번뇌를 멸하고, 대일여래의 지혜의 빛을 받아서 진언 수행자를 지킨다. 동자의 형상으로서 분노한 모습을 드러내며, 큰 화염에 휩싸인 돌 위에 서서 오른손엔 항마검降魔劍을, 왼손에는 오랏줄을 들고 있다.

부증불감경不增不減經 : 원위元魏의 보리류지菩提留支가 번역. 여래장의 뜻을 풀이하고, 일체중생이 성불할 만하다는 것을 적은 경전이다.

부촉付屬 : 부촉咐囑이라고도 쓰는데, 석가가 명하였다는 뜻이다.

불감佛龕 : 불상을 모셔두는 조그만 집.

불공不空 : 북인도의 바라문계의 부친과, 강국康國(지금의 사마르칸드)인인 모친의 사이에서 서역西域에서 출생하였다. 13세 때, 숙부를 따라 여행을 다니다가 중국의 장안에 들어왔다. 금강지金剛智를 만나 제자가 되었으며, 주로 『금강정경金剛頂經』 계통의 밀교를 배웠다. 금강지가 죽자 인도로 돌아가 밀교의 경론 500여 부를 가지고 돌아왔으며, 다수의 밀교경전을 번역을 하였다. 현종玄宗(712~756 재위)·숙종肅宗(756~762 재위)·대종代宗(762~779 재위) 3대의 황제로부터 두터운 신임을 받았으며, 호국의 종교로서 밀교를 특색지웠고, 중국 사회에 밀교를 정착시키는 데 큰 역할을 하였다. 774년에 70세로 죽었다. 혜과惠果를 제자로 두었으며, 일본의 공해空海도 불공에게 사숙하였다. 『왕오천축국전往五天竺國傳』의 저자인 신라의 혜초慧超도 불공의 제자다.

불공견색신변진언경不空羂索神變眞言經 : 당唐 보리류지菩提流支가 번역하였고, 모두 30권이다. 불공견색관음不空羂索觀音의 진언다라니·염송법念誦法·만다라·공덕 등을 설한 본경궤本經軌다.

불사문佛事門 : 장엄문莊嚴門이라고도 하며, 깨달음으로 이끄는 방편을 말한다.

불장경佛藏經 : 3권 혹은 4권으로 되어 있으며, 구마라집이 한역하였다. 삼념三念의 법 및 정계淨戒·정법淨法을 설하고 있다.

불정경佛頂經 : 『불정존승다라니경佛頂尊勝陀羅尼經』을 가리킨다.

불퇴不退 : 불퇴전不退轉의 준말로, 신심이 두터워서 물러나지 않는 것, 또는 수행 과정에서 깨달음과 덕을 잃지 않는 것을 뜻한다.

비나야장毘奈耶藏 : 삼장의 하나인 율장律藏을 가리킨다. 부처가 제자의 악행에 대해서 금지와 벌칙 등을 규정한 조항을 수록한 것이다.

비니毘尼 : 비나야毘奈耶라고도 하며, 계율을 뜻한다. 승려가 수행 생활을 하는 동안에 지켜야 할 규칙을 가리킨다.

비사문천毘沙門天 : 다문천多聞天의 다른 이름으로, 몸에 칠보七寶로 된 갑주甲冑를 걸치고 왼손에는 보탑寶塔, 오른손에는 보봉寶棒을 쥐고 있다. 일본에서는 칠복신七福神의 하나다.

비안립제非安立諦 : 상대적인 모든 것의 차별을 초월하여 언어를 끊어버린 것.

비전悲田 : 고난에 처하거나 빈궁으로 고생하는 사람에게 은혜를 베풀면 한량없는 복을 얻는다는 뜻.

비화경悲華經 : 대승비분타리경大乘悲分陀利經 또는 비연화경悲蓮華經이라고도 한다. 담무참曇無讖이 번역하였으며, 모두 10권이다.

빈바사라왕頻婆沙羅王 : 마갈타국摩竭陀國의 왕. 석가에게 귀의하여 우바새가 되어 불법을 보호했지만, 자식인 아도세왕에게 살해되었다.

빈사貧士 : 빈도貧道라고도 하며, 도사道士나 사문沙門 등의 겸칭이다.

[ㅅ]

사관邪觀 : 정관正觀과 상대되는 말로, 목적 이외의 다른 경계를 관함으로써 마음과 경계가 상응하지 않는 것을 이른다.

사교四教 : 천태종에서 부처의 가르침이 지닌 성격을 알기 위해서 그 교의를 구분한 것인데, 가르침의 방법에 있어서 네 가지[化儀四敎], 가르침 자체의 성격에 관한 것 네 가지[化法四敎]가 있다. 앞의 화의사교는 돈교頓教・점교漸教・비밀교秘密教・부정교不定教 등이며, 뒤의 화법사교는 장교藏教・통교通教・별교別教・원교圓教 등이다.

사구분별四句分別 : 존재를 있음[有]・없음[無]・있기도 하고 없기도 함[亦有亦無]・있지도 않고 없지도 않음[非有非無]의 넷으로 나누는 것. 제1구는 단單(A이다), 제2구도 역시 단單(A가 아니다), 제3구는 구俱(A이면서 A가 아니다), 제4구는 비非(A도 아니고 A가 아닌 것도 아니다)다. 이 넷으로 존재를 분류하고 해석하는데, 이를 '단단구비單單俱非'라고 한다. 일종의 논리형식이다. 앞의 두 구를

'양단兩單'이라 하고, 뒤의 두 구를 '구시구비俱是俱非' 또는 '쌍조쌍비雙照雙非'라 고 한다.

사누키노인讚岐院 : 일본 75대 숭덕상황崇德上皇. 조우천황鳥羽天皇의 아들이다. 보원保元 원년(1156)의 '보원의 난'에서 패하여 찬기讚岐 지방으로 유배되었다. 장관長寬 2년(1164)에 46세로 죽었다. 향천현香川縣 판출시坂出市 동부東部의 백봉산白峰山에 묘가 있다.

사다모토定基 : 대강제광大江齊光의 아들인 대강정기大江定基. 삼하三河의 수령이 되었을 때, 애첩이 죽은 일이 계기가 되어 출가하였다. 법명은 적소寂昭이다. 적심寂心, 원신 源信 등에게 배웠다. 장보長保 5년(1003)에 송나라에 들어갔고, 장원長元 7년(1034)에 항주杭州에서 73세의 나이로 죽었다.

사라림沙羅林 : 사라수沙羅樹가 무성한 숲. 중인도 쿠시나가라의 교외에 있다. 석가모니가 여기에서 입멸하였다고 한다. 학림鶴林이라고도 한다.

사리강舍利講 : 사리회舍利會 · 사리보은강舍利報恩講이라고도 한다. 부처의 사리에 공물을 바치고 그 공덕을 칭송하는 법회다.

사리불舍利佛 : 석가모니의 십대제자 가운데 한 사람으로, 지혜제일로 일컬어진다.

사마四魔 : 번뇌마煩惱魔 · 온마蘊魔 · 사마死魔 · 자재천마自在天魔를 가리킨다.

사명邪命 : 사활명 邪活命이라고도 한다. 비구가 걸식하지 않고 부처가 정한 계율을 어기면서 얻은 재물.

사변팔음四辯八音 : 부처가 갖춘 네 가지 이해와 표현의 능력 및 여덟 가지 음성의 덕. 법무애法無礙 · 의무애義無礙 · 사무애辭無礙 · 낙설무애樂說無礙 및 극호음極好音 · 유연음柔軟音 · 화적음和適音 · 존혜음尊惠音 · 불녀음不女音 · 불오음不誤音 · 심원음深遠音 · 불갈음不竭音 등이다.

사상事相 : 본체 진여에 대해 현상계의 낱낱의 차별된 모양. 밀교에서는 교상敎相(법문의 이치를 탐구하는 것)에 대해서 관정灌頂이나 수법修法 등의 위의威儀 행법을 말한다.

사생四生 : 태생胎生 · 난생卵生 · 습생濕生 · 화생化生이라고 하는, 생물이 태어나는 네 가지 방식.

사수四修 : 정토종에서 내세우는 네 가지 수행 방식. 공경수恭敬修 · 무여수無餘修 · 무간수無間修 · 장시수長時修가 그것이다.

사십구원四十九院 : 미륵이 머물고 있는 도솔천의 내원에 있는 49중의 마니보전摩尼寶殿으로, 그 하나가 무량수원無量壽院이다.

사약舍逽 : 사익舍匿, 차익車匿 등으로도 쓴다. 석가모니의 종자로, 석가모니가 출가할 때 백마 건척健陟과 함께 따랐고, 후에 출가하였으며, 석가모니 입멸 후에는 아난에게 나아가 배워 아라한과를 얻었다고 한다.

사이교西行 : 등원의청藤原義淸. 좌위문위左衛門尉 강청康淸의 아들이다. 도바상황鳥羽上皇을 섬겨 좌병위위左兵衛尉가 되었다. 화가和歌를 잘하였다. 벗이었던 헌강憲康이 갑자기 죽자 출가하여 떠돌아다녔으며, 그러면서 고야산高野山에 화엄승원華嚴乘院을 세웠다. 건구建久 원년(1190)에 73세로 죽었다. 『산가집山家集』·『택집초擇集抄』 등을 저술하였다.

사이온지西園寺 **코오소**公相 : 등원실씨藤原實氏의 2남으로, 중궁대부中宮大夫·우대장右大將·좌대장左大將·좌대신左大臣 등을 거쳐서 고초弘長 원년(1261)에 태정대신太政大臣에 올랐다. 문영文永 4년(1267)에 45세로 죽었다.

사이초最澄 : 일본 천태종의 개조. 근강近江 국분사國分寺 행표行表 밑에서 출가하였고, 동대사東大寺에서 수계受戒하였으며, 히에이잔比叡山에서 수행하였다. 이 사이에 천태교학天台教學에 경도되었다. 804년에 입당하여 천태·밀교·선·계율 등을 수학하였고, 귀국 후에 천태법화종天台法華宗을 열었다. 공해空海로부터 밀교를 배웠으나, 종교관의 차이로 결별하였다. 「산가학생식山家學生式」을 상주하여 천태종이 독자적으로 대승계단大乘戒壇이나 행업을 하도록 윤허를 구하였으나, 남도南都의 반대를 받았다. 홍인弘仁 13년(822)에 57세로 죽었다. 시호는 전교대사傳教大師이다.

사중만다라四重曼茶羅 : 태장계만다라胎藏界曼荼羅는 중앙의 중대팔엽원中臺八葉院에서 가장 바깥의 최하원最下院까지 4중으로 구획되어 있기 때문에 사중만다라라고 한다.

사중법신四重法身 : 밀교에서는 법신을 자성自性·수용受用·변화變化·등류等流의 넷으로 나눈다.

사천왕四天王 : 수미산 중간에 있는 사왕천을 맡고 있으며, 각기 한 천하를 지키는 제석천帝釋天의 외장外將. 동쪽은 지국천持國天, 남쪽은 증장천增長天, 서쪽은 광목천廣目天, 북쪽은 다문천多聞天이다. 신하나 제자들 가운데서 무력이나 재능이 빼어난 자 네 명을 지칭하는 말로도 쓰인다.

산장散杖 : 쇄수장灑水杖이라고도 한다. 밀교의 수법修法에서 쇄수기灑水器의 물을 뿌릴 때에 사용하는, 길이 1척 2촌 내지는 8촌 가량 되는 막대기다.

산화散花 : 대법회 때에 반드시 행하는 네 가지 작법, 즉 범패梵唄·산화散花·범음梵音·석장錫杖 가운데 하나. 처음에 사구게四句偈의 범패를 노래하여, 갖가지 인연을 그치고 마음속에 적정寂靜이 열리도록 한다. 이어서 또 사구게를 읊조리면서 꽃을 흩뿌려 악귀를 쫓아내고 부처를 청한다. 꽃은 하계의 정토를 의미한다. 세 번째는 범음이라고 하는 팔구게八句偈를 외우면서 삼보에 공양하고, 네 번째는 석장을 잡고 3절 23구의 게송을 읊으며 각 절이 끝날 때에 석장을 흔든다.

살타薩埵 : 보리살타菩提薩埵를 줄인 말. 원뜻은 '유정有情'이다. 보살과 같은 뜻으로 쓰인다. 각유정覺有情·개사開士·고사高士·대사大士 등으로 번역하는데, 용맹심을 가지고 보리를 구하여 중생을 제도하는 사람을 가리킨다.

삼교三教 : 교종에서 주창하는 세 가지 가르침. 첫째는 은밀한 뜻으로 성품에 기대어 형상을 설하는 것[密意依性說相教], 둘째는 은밀한 뜻으로 형상을 깨뜨리고 본성을 드러내는 것[密意破相顯性教], 셋째는 참된 마음이 곧 본성임을 드러내는 것[顯示眞心卽性教] 등이 그것이다.

삼대아승기겁三大阿僧祇劫 : 보살이 50의 위계를 차례로 지나서 불과佛果를 얻을 때까지 수행에 걸리는 무량의 시간을 셋으로 구분한 것.

삼덕三德 : 열반을 얻은 이가 갖춘 덕을 셋으로 나눈 것으로, 법신덕法身德·반야덕般若德·해탈덕解脫德이 그것이다.

삼도三途 : 삼악도三惡道와 같은 말.

삼력三力 : 경전에 따라 여러 설이 있지만, 일반적으로는 ① 아공덕력我功德力, 행자行者가 닦는 신身·구口·의意 삼밀三密의 힘, ② 여래가지력如來加持力, 부처가 중생의 신심에 더해주는 자비의 힘, ③ 법계력法界力, 불성의 일여평등한 힘을 가리킨다. 즉 행자 자신의 자력 수행, 여래의 가지加持, 본래 갖추어져 있는 불성을 세 가지 힘이라 한다.

삼론종三論宗 : 일본 남도南都의 여섯 종파 가운데 하나. 용수龍樹의 『중론』·『십이문론』과 그 제자 제파提婆의 『백론』의 삼론을 교의로 내세운 종파다. 추고推古 33년(625)에 고구려의 승려 혜관慧灌에 의해서 일본에 처음 전해졌고, 원흥사元興寺·법륭사法隆寺·대안사大安寺 세 곳에서 전해지다가 서서히 쇠퇴하여 헤이안 시대 이후로는 동대사東大寺에서만 전해졌다.

삼매야형三昧耶形 : 삼형三形이라고도 한다. 일체 중생을 제도하기 위하여 제불이 일으킨 서원을 삼매야三昧耶라 하고, 이것에 기초하여 제불이 소지한 기장器仗이나 인계印契를 총칭하여 삼매야형이라 한다.

삼명육통三明六通 : 아라한이 지닌 능력·통력을 총칭한 것. 신경통神境通, 천안통天眼通, 천이통天耳通, 타심통他心通, 숙명통宿命通, 누진통漏盡通 등을 육통이라 하고, 이 가운데서 천안통·숙명통·누진통을 가리켜 삼명이라 한다.

삼밀三密 : 밀교에서 말하는 신밀身密·구밀口密·의밀意密. 신밀은 손으로 인印을 맺고 행주좌와行住坐臥의 위의威儀를 힘쓰는 일이고, 구밀은 입으로 진언을 외우는 일이며, 의밀은 마음으로 본존을 관하는 일이다. 이것을 유상有相의 삼밀이라고도 한다.

삼법三法 : 제행무상諸行無常·제법무아諸法無我·열반적정涅槃寂靜의 삼법인三法印.

삼보三寶 : 불교를 연 부처[佛], 그 가르침[法], 그것을 받드는 사람들의 무리[僧]를 보배에 비유한 말.

삼복분三福分 : 부모나 어른을 섬기고 십선계十善戒를 지키는 세복世福, 부처가 정한 계율을 지키는 계복戒福, 보리심을 내어 불도를 수행하고 남을 불도로 이끄는 행복行福, 이 셋을 가리킨다.

삼성三性 : 모든 법이 존재하는 방식을 세 가지로 나누어서 설명하는 법상종의 교의. 편계소집성遍計所執性·의타기성依他起性·원성실성圓成實性을 가리킨다.

삼승三乘 : 대승의 성문승聲聞乘·연각승緣覺乘·보살승菩薩乘을 가리킨다.

삼신三身 : 법신法身·보신報身·응신應身을 가리킨다.

삼신불성三身佛性 : 삼인불성三因佛性이라고도 한다. 불성은 중생이 본래 갖추고 있는, 부처가 될 가능성을 가리킨다. 그런데 부처가 되는 것에는 세 가지 원인, 정인正因(본래의 진여)·료인了因(진여의 이치를 비추는 지혜)·연인緣因(지혜를 바탕으로 정인을 열게 하는 육바라밀의 수행)이 있다고 하는데, 이것이 삼신불성이다.

삼심三心 : 지성심至誠心·심심深心·회향발원심迴向發願心. 이 셋으로 염불하는 것을 삼심염불三心念佛이라 한다.

삼십칠존三十七尊 : 금강계에는 구회만다라九會曼荼羅가 있는데, 여기에 37제존諸尊이 배치되어 있다. 중앙에 대일·동방 아촉阿閦·서방 아미타阿彌陀(또는 無量壽)·남방 보생寶生·북방 불공성취不空成就의 다섯 부처와, 금강金剛·보寶·법法·갈마羯磨의 네 바라밀보살과, 살타薩埵·애愛·왕王·희喜·광光·소笑·당幢·보寶·법法·이利·어語·인因·아牙·업業·호護·권拳의 열 여섯 보살과, 희喜·만鬘·가歌·무舞의 내사공양內四供養과, 구鉤·색索·쇄鎖·영鈴의 네 섭보살과, 소향燒香·화華·등燈·도향塗香의 외사공양外四供養의 네 보살 등이다.

삼악도三惡道 : 삼악취三惡趣라고도 한다. 중생이 자신의 업에 의해 가게 되는 지옥·아귀·축생을 가리킨다. 삼도三途도 같은 말이다.

삼유三有 : 욕계·색계·무색계의 삼계에서 존재하는 방식인 욕유欲有·색유色有·무색유無色有를 가리킨다.

삼장三障 : 정도正道와 선심善心에 장해가 된다고 하는 세 가지 번뇌장煩惱障, 즉 피번뇌장皮煩惱障 · 육번뇌장肉煩惱障 · 심번뇌장心煩惱障이 그것이다. 피번뇌장은 탐욕 · 성냄 · 어리석음 등의 미혹을 가리키는데, 육진六塵 등에 대해서 일어나는 것이다. 육번뇌장은 삼계 가운데서의 견혹見惑으로, 내심의 분별에 의한 것이다. 심번뇌장은 무명無明에서 일어나는 것이다.

삼저三杵 : 세 가지의 금강저金剛杵. 금강저란 원래 고대 인도의 무기로, 견고하여 온갖 것을 다 깨뜨려 부수므로 금강이라는 이름을 붙인 것이다. 밀교에서는 번뇌를 깨뜨리는 보리심의 상징으로 사용하고 있다. 쇠나 구리로 만들며, 그 양끝이 갈라져 있지 않고 하나로 되어 있는 것은 독고獨鈷, 셋으로 갈라져 있는 것은 삼고三鈷, 다섯으로 갈라진 것은 오고五鈷라 한다. 이 각각은 일진여一眞如 · 삼밀삼신三密三身 · 오지오불五智五佛, 또는 십바라밀十波羅蜜을 나타낸다고 한다.

삼종三宗 : 선에서 주창하는 세 가지 종지. 첫째는 망상을 쉬고 마음을 닦는 것[息妄修心宗], 둘째는 끊어져 없어져서 기댈 바가 없는 것[泯絶無寄宗], 셋째는 곧바로 마음의 본성을 드러내는 것[直顯心性宗] 등이 그것이다.

삼천십계三千十界 : 삼천대천세계三千大天世界. 세계에는 소천小千 · 중천中千 · 대천大千의 구별이 있는데, 사대주四大洲의 해와 달과 여러 하늘을 일세계一世界라 하고, 그 일세계를 소천세계, 소천세계의 천 배를 중천세계, 중천세계의 천 배를 대천세계라고 한다.

삼학三學 : 도를 깨치기 위해 반드시 배우고 닦아야 할 세 가지, 계학戒學과 정학定學(禪定), 혜학慧學을 가리킨다.

삼회三會 : 과거의 모든 부처가 중생 구제를 위해 설법하려고 열었던 세 번의 대법회, 또는 미륵보살이 용화수龍華樹 아래에서 성불하고 화림원華林園에 모인 대중을 위해 세 번의 큰 법회를 열고 설법한 모임.

상경常境 : 상지常智 또는 상주지常住智의 대상인 불생불멸의 경지.

상법像法 : 불법의 융성과 쇠퇴에 따라 나눈 시기를 정법正法 · 상법像法 · 말법末法이라 하는데, 불멸 후 5백년을 정법 시대라 하고, 이를 이은 천년을 상법 시대라 한다. 이 시대에는 교학과 수행만이 존재하고 증득은 없다고 한다.

상법결의경像法決疑經 : 1권으로 되어 있고, 불멸 천년 후에 불법이 쇠퇴하거나 변화한 사정을 서술하고 보시와 대비大悲의 수행을 권한 책이다. 수대隋代 이전의 위작으로 알려져 있다.

상불경보살常不輕菩薩 : 석가모니의 전신前身. 승속을 묻지 않고 지체없이 성불시키는 자로서 가벼이 여길 수 없고 항상 예배하고 찬미해야 하는 까닭에, 이런 이름이 붙었다.

상생경上生經 : 관미륵보살상생도솔천경觀彌勒菩薩上生兜率天經의 준말이다.

상주常住 : 생멸이나 변화가 없이 영원히 늘 존재하는 것.

상지常智 : 상주지常住智라고도 하며, 영원히 존재하며 불멸하는 지혜를 가리킨다.

상호相好 : 용모형상容貌形相이라는 말이다. 상相은 현저한 부분, 호好는 세부를 뜻한다. 부처의 색신色身에 갖추어져 있는 32상 80종호를 가리킨다.

색신色身 : 부처나 보살은 중생 제도를 위해 널리 갖가지 몸으로 나타나는데, 그 몸을 색신이라 한다.

생생生生 : 생사를 되풀이하며 지내는 많은 세상.

생신生身 : 부처나 보살이 중생 구제를 위해 신통력으로 임시로 드러낸 몸.

생인生因 : 바른 과보를 낳는 원인의 씨앗.

서시西施 : 중국 춘추 시대에 월越나라 미녀. 회계會稽 전투에서 패한 월왕越王 구천句踐은 적국인 오왕吳王 부차夫差에게 서시를 바쳤다. 부차는 서시에게 빠져서 국사를 소홀히 하였고, 드디어 월나라에 망했다.

선교善巧 : 선교방편善巧方便을 줄인 말. 절묘하게 중생의 근기에 알맞는 방법으로 이끄는 것을 뜻한다.

선국禪鞠 : 터럭을 뭉쳐 공처럼 만든 것. 좌선할 때 조는 자가 있으면 이것을 던져 잠을 깨운다.

선도善導 : 당대唐代 염불문의 승려로 중국 정토교의 대성자다. 성은 주씨朱氏이며, 사주泗州 사람이다. 어렸을 때, 밀주密州의 명승법사明勝法師에게 출가하였고, 도작道綽을 사사하여 정토의 행업을 배웠다. 종남산終南山 오진사悟眞寺에서 수행한 후, 장안으로 나와 포교하였다. 『아미타교阿彌陀敎』를 서사書寫한 게 만 권, 정토변상도淨土變相圖 3백여 포를 그렸다고 한다. 『관무량수경소觀無量壽經疏』, 『법사찬法事讚』, 『반주찬般舟讚』 등 다수의 저술을 남겼다. 영륭永隆 2년(681)에 69세로 죽었다.

선무외善無畏 : 13세에 왕위를 이었지만, 아우의 질투로 인해 출가하였다. 나란타사那蘭陀寺에서 용수龍樹의 제자인 달마국다에게서 밀교를 배웠다. 중국에 전하겠다는 결심을 하고 개원開元 4년(716)에 당나라 장안에 이르렀다. 『구문지법求聞持法』, 『대일경大日經』 등의 비경秘經 및 현도만다라現圖曼荼羅를 번역했다. 인도로 돌아가지 못하고 개원 23년(735)에 99세로 죽었다.

선사善思**보살** : 석가모니 10대 제자 가운데 한 사람이며, 석가모니의 종제從弟. 석가모니의 가르침을 듣던 중에 졸다가 석가모니로부터 꾸지람을 들었다. 그 후, 잠

자지 않겠다는 맹세를 하였고, 마침내 실명失明하였다. 그러나 이것을 인연으로 해서 천안天眼을 얻어 천안제일天眼第一로 일컬어졌다. 석가 입멸 후, 비통해하는 제자들을 질책하고 또 격려하였다고 한다.

선원제전집禪源諸詮集 : 규봉종밀圭峰宗密이 선의 근원에 대한 여러 도리를 모아서 서술한 책으로, 833년에 편찬되었다. 선사상禪思想의 연구에 있어서는 필수적이다.

설계說戒 : 승려의 작법으로, 매월 반달마다 마지막 날에 같은 지역의 승려들을 모아서 계경戒經의 조문을 읽고 반달 동안에 범한 죄를 참회하고 반성하는 의식.

설상언어舌相言語 : 설상舌相은 부처의 32상 가운데 하나. 혀가 넓고 길면서 유연한 엷은 붉은 빛을 띠며, 내밀면 얼굴을 덮고 머리에까지 닿을 정도라고 한다. 이는 망어妄語를 하지 않으며 그 말은 반드시 진실임을 표시하는 것이다.

섭수攝受 : 절복折伏과 달리, 자비심으로 중생을 포용함으로써 교화하는 방법.

성구性具 : 현상세계의 일체가 본래부터 모든 것을 다 갖추고 있다고 하는 것, 즉 만유萬有에 보살계 이하 아홉 법계의 선악삼천善惡三千의 제법이 갖추어져 있는 것을 말한다. 본구本具, 체구體具, 리구理具라고도 한다.

성덕性德 : 천태종에서 주로 쓰는 말로, 일체만물이 선천적으로 갖추고 있는 선악善惡·미오迷悟의 본성을 뜻한다.

성도문聖道門 : 부처의 가르침을 크게 성도문聖道門과 정토문淨土門 두 가지로 나눌 때, 자력행에 힘써 이 세상에서 깨달음을 얻는 것을 목표로 하는 성자의 길을 성도문이라 하고, 아미타불의 본원本願을 믿고 염불로써 정토에 태어나 내세에 깨달음을 얻으려고 하는 범부의 길을 정토문이라 한다. 이는 당의 도작道綽(562~645)이 『안락집安樂集』에서 설한 것이다. 성도문은 자력교이므로 행하기 어렵고, 정토문은 타력교이므로 행하기 쉽다고 한다. 도작은, 말법 시대에는 성도문으로는 깨닫기 어렵고 정토문에 의지해야 용이하다고 하였다. 일본의 법연法然도 『선택집選擇集』에서 도작의 가르침을 이어받아, "신속하게 생사를 벗어나려고 생각한다면 두 가지 수승한 법 가운데서 성도문은 잠시 제쳐놓고 정토문을 선택하여 들어가라"고 강조하였다. 이에는 염불로써 정토에 태어나는 길이 용이하다고 하는 원리 이외에도, 말법 시대에는 사람들의 근기가 약해진다고 하는 것이 고려되어 염불 왕생이야말로 시대와 근기가 상응하는 가르침이라는 확신이 깔려 있다.

성문계聲聞戒 : 소승의 수행자가 자기를 이롭게 하기 위해 지키는 계율.

성선주의천자소문경聖善住意天子所問經 : 1권으로, 원위元魏의 비목지선毘目智仙이 번역하였다.

성실론成實論 : 20권 또는 16권으로 되어 있다. 가리발마訶梨跋摩의 저서이고 구마라집이 한역하였다.

성재聖財 : 깨달음을 얻기 위해 필요한 것을 재산에 비유한 것으로, 신信・계戒・참慚・괴愧・다문多聞・지혜智惠・사리捨離 등이다.

세세世世 : 과거・현재・미래를 가리킨다.

세지보살勢至菩薩 : 지혜를 상징하며 중생을 삼악도에서 구해 극락으로 이끄는 보살로, 관음과 함께 아미타여래의 협시다.

소가增賀 : 귤항평橘恒平의 아들이라 한다. 10세에 예산叡山으로 출가하여 자혜慈慧를 스승으로 모시며 현교와 밀교를 배웠다. 후에 다무봉多武峯에 은거하여 41년을 보냈다고 한다. 장보長保 5년(1003)에 87세로 죽었다.

소다람장素多覽藏 : 수다라장修多羅藏이라고도 하며, 삼장의 하나인 경장經藏을 가리키는 말이다. 소다람 또는 수다라는 경전을 뜻하는 산스크리트 sutra를 음역한 것이다. 부처가 설한 교법을 후세에 전하는 장구章句를 총칭하는 말이다.

소취所取 : 인식의 대상이나 객체, 또는 객관.

속산왕粟散王 : 수미산 주위의 대해大海에 곡식같이 흩어져 있는 섬나라들을 '속산국粟散國'이라 하는데, 일본도 그 가운데 하나라고 한다. 그곳의 왕을 속산왕이라 한다.

솔도파率都婆 : 탑파塔婆・부도浮圖・탑塔이라고도 한다. 옛날 인도에서는 흙을 둥그렇게 쌓아올린 묘를 가리켰는데, 석가 입멸 후에는 기념물로서 탑이 세워지게 되었다. 일본에서는 죽은 이의 추선追善 공양을 위해 탑의 모양을 본떠서 범자梵字나 경문經文 등을 기록하여 묘지 뒤쪽에 세운 가늘고 긴 판자를 가리킨다.

쇄수기灑水器 : 세정용洗淨用의 향수를 담는 그릇. 그릇 속의 물을 진언과 인계印契로 가지加持 또는 정화하고, 산장散杖이라고 하는 나무 막대기를 써서 수행자・단・도량 등에 뿌리는 작법으로, 번뇌나 더러움을 제거하는 밀교 의례가 있다.

쇼가쿠聖覺 : 속성은 등원藤原이고, 통헌通憲의 손자이며 징헌법인澄憲法印의 아들이다. 처음에 예산叡山에 가서 죽림방竹林房의 정엄靜嚴을 사사하였다. 안거원安居院에 머물면서 설법 잘하는 것으로 명성이 높았다. 권대승도權大僧都에 이르렀다. 가인이기도 했으며, 『속천재집續千載集』의 작가이기도 하다. 가정嘉禎 원년(1235)에 69세로 죽었다.

쇼게쓰보證月房 : 경정慶政. 구조양경九條良經의 아들이다. 삼정사三井寺에서 능순能舜을 사사하고, 연랑延朗・경범慶範 등에게 배웠다. 승원承元 2년(1208)에 송미松尾에 은거하였고, 후에 법화산사法華山寺를 창건하였다. 건보建保 5년(1217)에 송나라로 건너간 후, 많은 경전을 가지고 돌아왔다. 법륭사法隆寺를 수리하는데 진력하였고, 『한거우閑居友』·『비량산고인영탁比良山古人靈託』 등을 저술하였다. 문영文永 5년(1268)에 80세로 입적하였다.

쇼료슈性靈集 : 공해空海의 시詩·상주문上奏文·원문願文·비명碑銘·척독尺牘 등을 진제眞濟(800~860)가 집록한 책. 모두 열 권으로 이루어졌으나, 권8·9·10은 일실되어 전하지 않는다.

쇼무聖武 : 일본 45대 천황. 문무文武 천황의 아들이다. 국분사國分寺·동대사東大寺를 건립하였다. 천평승보天平勝寶 8년(756)에 56세로 죽었다.

쇼보聖寶 : 진언종 승려로, 리원대사理源大師라고도 한다. 정관貞觀 16년(874)에 제호사醍醐寺를 열었고, 동대사東大寺에 동남원東南院을 세워서 삼론종三論宗을 강설하였다. 엔노교자役行者의 자취를 좇아서 금봉산金峰山을 답파踏破했기 때문에 진언종眞言宗 수험修驗의 중흥이 되었다. 909년에 78세로 죽었다.

쇼산勝算 : 속성은 자야씨滋野氏, 경도京都 사람이다. 낙북洛北 수학원修學院의 개산이다. 정력正曆 2년(991)에 원성사園城寺 장리長吏가 되었으며, 권승정權僧正에도 임명되었다. 관홍寬弘 8년(1011)에 73세로 입적하였다. 칙호는 '지관智觀'이다. 『원형석서元亨釋書』·『동국고승전東國高僧傳』에 전기가 실려 있다.

쇼신性信 : 삼조천황三條天皇의 넷째 아들로, 진언종眞言宗 인화사仁和寺 2세다. 18세에 출가하여 인화사의 제신濟信에게서 득도得度하고 전법관정傳法灌頂을 받았다. 현교와 밀교에 통하였고, 법험法驗을 잘 드러내었다고 한다. 1085년에 81세로 죽었다.

쇼신법인證眞法印 : 등원설정藤原說定의 아들로, 히에이잔比叡山의 학승이다. 륭혜隆慧·영변永弁을 스승으로 모시고 배웠고, 혜심慧心·단나檀那 두 유파를 배웠다. 동탑 약왕원東塔 藥王院에 머물다가, 후에 보지방寶地房을 짓고, 거기서 저술에 전념하여 『법화삼대부사기法華三大部私記』 30권을 지었다. 문치文治 5년(1189)에 논의탐제論義探題가 되었고, 법인法印에 임명되었다. 생몰연대는 미상이다.

쇼토쿠聖德**태자** : 용명천황用明天皇의 아들. 모친은 혈수부간인穴穗部間人 황후다. 추고천황推古天皇의 황태자가 되어 섭정으로서 정치를 맡았다. 622년에 49세로 죽었다. 그가 제정한 「17조헌법」은 일본 최고最古의 성문법이다. 불교 흥륭에 진력하여 후세에 일본 불교사의 남상濫觴으로서 전설화되었다. 가마쿠라 시대는 태자신앙이 융성하던 시기였다.

수기授記 : 산스크리트 vyākaraṇa의 한역으로, 예언을 의미한다. 과거세에 과거불이 수행자에게 미래세에는 반드시 부처가 될 것이라는 예언과 보증을 준 것이다.

수능엄경首楞嚴經 : 『대불정여래밀인수증료의제보살만행수능엄경大佛頂如來密因修證了義諸

菩薩萬行首楞嚴經』이 본래 명칭이다. 중천축中天竺의 사문 반자밀체般剌密諦가 "종교는 국경을 초월할 뿐만 아니라, 시방에 유포해야 한다"는 바램을 세우고, 당 중종中宗 신룡 2년(705)에 범본梵本을 가지고 중국에 건너왔다. 광주廣州 제지사制止寺에서 여러 승려들이 동참하여 한역漢譯하였다. 중심사상은 여래장사상이다.

수능엄정首楞嚴定 : 번뇌의 마구니를 깨뜨려 물리치는 용맹하고 견고한 선정.

수덕修德 : 수행의 공으로 얻은 덕.

수리반특須利盤特 : 석가모니 제자 가운데 한 사람. 총명한 형 마가특반摩迦特槃과 함께 석가모니의 제자가 되었지만, 그는 너무도 우둔하였다. 그렇지만 석가가 주었던 약간의 게송과 계율을 지키며 수행하여 드디어 아라한과를 얻었다고 한다. 16나한의 하나다.

수적垂迹 : 자취를 드리운다는 뜻. 불보살이 구체적인 모습을 드러내어 행위나 언어 등을 통해 중생을 교화하고 구제하는 것을 가리킨다. 수적의 본원本源으로서 불보살의 깨달음 그 자체는 본지本地라 한다. 일본 불교사에서는 아주 주요한 용어다.

수희隨喜 : 가르침을 듣고 마음으로 큰 기쁨을 느끼는 것, 또는 다른 사람이 선행을 닦는 것을 보고 기뻐하는 것. 『법화경法華經』 「수희공덕품隨喜功德品」에서는, "법화경의 가르침을 듣고 수희하는 사람의 공덕이 지극히 크다"고 설한다.

숙명지宿命智 : 숙명지통宿命智通・숙명통宿命通이라고도 하는데, 과거세의 일을 전부 아는 신통력을 뜻한다.

순타純陀 : 중인도 쿠시나가라의 공사工師의 아들로, 석가 입멸 직전의 제자다. 석가가 입멸할 때에 한 그릇의 밥을 공양하였다

슌조보春乘房 : 준승방중원俊乘房重源. 기계중紀季重의 넷째 아들이다. 제호사醍醐寺에서 출가하여 진언밀교를 배웠다. 후에는 법연法然을 사사하여 정토교를 배웠다. 입송入宋 후에 평씨平氏가 불태운 동대사東大寺 재건을 위해 대권진직大勸進職을 맡았으며, 문치文治 원년(1185)에 대불개안大佛開眼 공양을 하였고, 건구建久 6년(1195)에 동대사 대불전大佛殿 낙경落慶 공양을 행하였다. 건영建永 원년(1206)에 86세로 입적하였다.

스가와라 미치자네菅原道眞 : 관원시선菅原是善의 아들. 정2위 우대신右大臣에 이르렀다가 연희延喜 원년에 등원시평藤原時平의 모함을 받아 태재권수太宰權帥에 좌천되었고, 연희 3년(903)에 그 울분으로 죽었다.

습득拾得 : 당나라 때 한산寒山과 함께 국청사國淸寺에서 노닐었다고 하는 전설적인 은

자. 그의 시가 약간 남아 전한다.

승강僧綱 : 승려를 통솔하고 모든 큰 사찰을 관리하기 위해 설치한 승직. 승정僧正·승도僧都·율사律師, 법인法印·법안法眼·법교法橋 등 삼계구단三階九段이 있다.

승군勝軍 : 7세기 말경의 논사. 서인도 소자타국蘇剌他國에서 태어났으며, 범명梵名은 도야서나闍耶犀那다. 현애賢愛로부터 인명학因明學을, 안혜安慧로부터는 성명학聲明學 및 대소승론大小乘論을 배웠고, 또 계현戒賢에게서 유가사지론瑜伽師地論을 배워 여러 학문에 정통하였다. 마갈타국의 만주왕滿胄王과 이어 계일왕戒日王으로부터 국사가 되어 달라는 청을 받았지만 거절하고, 중인도의 장림산杖林山으로 가서 제자를 가르치며 불경을 강론하였다. 당 현장은 서유西遊하는 동안, 2년간 이 논사로부터 가르침을 받았다. 100여 년을 살았다고 한다.

승만경勝鬘經 : 『승만사자후일승대방편방광경勝鬘師子吼一乘大方便方廣經』을 가리킨다. 구나발타라가 한역하였다. 사위국 파사닉왕의 딸인 승만부인이 석존께 자기 사상을 여쭈고 부처님이 이를 기쁘게 받아들인 것이 경전 내용이다.

승사承仕 : 당사堂舍나 불구佛具 등을 관리하거나 법사法事에 관한 잡다한 일을 맡아 하는 직책이나 그 승려. 선종 사원에서는 종을 치는 자를 가리킨다.

시각始覺 : 발심하고 수행한 것을 통해 처음으로 미혹을 벗어나 깨달음에 이른 것.

시게타다重忠 : 무장국武藏國 전산畠山의 장사莊司인 중능重能의 아들. 뢰조賴朝를 따라서 오주奧州 정벌에서 선봉을 맡아 공을 많이 세웠고, 가마쿠라 무사들의 모범이 되었지만, 뢰조가 죽은 후에 무장국으로 진출하려던 북조씨北條氏에 의해 이고천二股川에서 공격받아 죽었다.

시라카와인白河院 : 일본 27대 천황. 휘는 정인貞仁이다. 퇴위 후, 상왕上皇·법황法皇으로서 자식인 굴하堀河, 손자인 조우鳥羽, 증손인 숭덕천황崇德天皇의 재위 기간에 처음부터 원정院政을 하였다. 북면北面의 무사를 두고, 법승사法勝寺 외에 거대 사원을 건립하는 등 전제적인 정치를 전개하였다. 대치大治 4년(1129)에 77세로 죽었다.

시무외자施無畏者 : 두려움을 없게 하는 자, 즉 일체 중생을 삼도팔난三途八難에서 구해서 무외無畏의 반석 위에 올려놓는 자를 뜻한다.

시엔보思圓房 : 예존叡尊. 7세에 출가하여 진언을 배웠다. 공해空海의 유계遺戒에 느낀 바 있어 정경貞慶의 제자인 계여戒如로부터 계율을 배웠다. 서대사西大寺에 머물면서 계율부흥을 추진함과 동시에 궁핍한 백성을 구제하는 활동도 하였다. 정응正應 3년(1290)에 90세로 입적하였다. 정안正安 3년(1301)에 흥정보살興正菩薩이라는 시호가 내렸다. 『샤세키슈沙石集』의 저자인 무주無住도 예존叡尊의 가르침을 받았다.

시주분施主分 : 법회에서 읽는 글 가운데서, 법회를 공양한 시주의 공덕을 서술한 부분.

식차마니式叉摩尼 : 십계十戒에 더해서 육법계六法戒를 받고 구족계는 받지 않은 18~20세의 사미니沙彌尼.

신엔信圓 : 관백 등원충통藤原忠通의 아들이며, 천태좌주 자원慈圓의 형이다. 홍복사興福寺 일승원一乘院의 혜심惠心에게 입문하였고, 장준藏俊에게 법상·유식을 배웠다. 홍복사 별당別堂과 권승정權僧正을 지냈다. 정력사正曆寺를 재건하였다. 정응貞應 3년(1224)에 72세로 죽었다.

신제이信西 : 등원통헌藤原通憲. 실겸實兼의 아들로, 고계경민高階經敏의 양자가 되었다. 조우鳥羽·숭덕崇德·근위제近衛帝를 두루 모셨으며, 천양天養 원년(1144)에 소납언少納言에 임명되었다. 얼마 후, 삭발하고 원공圓空이라 하였으며, 다시 신제이로 고쳤다. 당시에 뛰어난 학자이기도 하였는데, 평치平治 원년(1159)에 일어난 평치의 난 때에 자살하였다.

신코信光 : 가마쿠라 초기의 승려. 형부대보刑部大輔였던 등원충정藤原忠定의 손자이며, 광흥법교光興法橋의 아들이다. 생몰연대는 자세하게 알려져 있지 않다.

신해信解 : 불법을 듣고 처음으로 이것을 믿게 되고, 나중에는 이를 완전히 이해하는 것을 뜻한다. 신심信心과 지해智解의 합성어다.

실교實敎 : 진실한 가르침을 뜻한다.

실보實報 : 실보토實報土 또는 실보무장애토實報無障碍土라 한다. 방편유여토에 태어날 만한 자가 다시 유와 공의 이변二邊을 떠난 정지正智의 일부중도一部中道의 이치를 증득한 후에 태어나는 곳으로, 진실한 법을 행하고 승보勝報를 감득하며 색심色心이 서로 방해하는 일이 없다고 한다.

실상實相 : 온갖 것의 알차고 있는 그대로의 모습, 즉 진리를 뜻한다.

실지悉地 : 비법을 닦아서 진언의 오묘한 결과를 성취하는 일.

심인心印 : 선종에서 부처의 내증內證의 깨달음을 도장에 비유한 말로, 불립문자不立文字·이심전심以心傳心으로 전해진다고 한다.

심지관경心地觀經 : 『대승본생심지관경大乘本生心地觀經』을 가리키며, 모두 8권이다. 당나라 때 반야般若가 번역하였다.

십륜경十輪經 : 대방광십륜경大方廣十輪經을 줄인 말. 『대방광십륜경』 8권과 『대승대집지장십륜경大乘大集地藏十輪經』 10권이 있다.

십계十界 : 『구사론俱舍論』에서는 안眼·이耳·비鼻·설舌·신身의 오근五根과, 색色·성聲·향香·미味·촉觸의 오경五境을 합하여 이르는 말. 그러나 일반적으로는 미혹시키거나 깨치게 하는 모든 경지를 10종으로 나눈 것, 즉 지옥계·아귀계·축생계·아수라계·인간계·천상계·성문계·연각계·보살계·불계 등이다. 이 가운데 지옥·아귀·축생의 셋을 삼악도, 아수라·인간·천상의 셋을 삼선도三善道라 하며, 이를 합하여 육도·육취 등으로 일컫는다.

십념十念 : 임종 때 극락왕생을 바라서 열 번 염불하는 것.

십선十善 : 열 가지 지켜야 할 일. 불살생不殺生, 불투도不偸盜, 불사음不邪淫, 불망어不妄語, 불양설 不兩舌, 불악구不惡口, 불기어不綺語, 불탐욕不貪欲, 불진에不瞋恚, 불사견不邪見.

십악十惡 : 열 가지 그릇된 일. 살생殺生, 투도偸盜, 사음邪淫, 망어妄語, 양설兩舌, 악구惡口, 기어綺語, 탐욕貪慾, 진에瞋恚, 우치愚癡.

십이두타十二頭陀 : 의식주에 관계되는 욕망을 떨어내는, 승려가 지켜야 할 열 두 가지 생활규범. 일일일식一日一食을 하거나 삼의三衣 이외에는 의복을 지니지 않는 것 등이 그것이다.

십중금계十重禁戒 : 대승의 계율에서 정한 열 가지 중대한 금계. 불살계不殺戒·불도계不盜戒·불음계不淫戒·불망어계不妄語戒·불고주계不酤酒戒·불설과죄계不說過罪戒·불자찬훼타계不自讚毁他戒·불간계不慳戒·불진계不瞋戒·불방삼보계不謗三寶戒 등이 그것이다.

쌍관경雙觀經 : 『무량수경無量壽經』, 『대무량수경大無量壽經』 또는 『대경大經』으로 불리며, 2권으로 되어 있어 '쌍권경雙卷經'이라고도 한다. 위魏의 강승개康僧鎧가 번역하였다. 사십팔대원四十八大願을 성취한 아미타불이 일체 중생을 제도한 일을 밝힌 책으로, 정토삼부경淨土三部經의 하나다.

[ㅇ]

아난阿難 : 석가모니 10대 제자 가운데 한 사람으로, 석가모니의 종제從弟. 25세 때 출가하여 석가를 25년 동안 모셨으므로, 다문제일多聞第一이라고 일컬어진다. 석가 생전에는 깨달음을 얻지 못했다가, 입멸 후 대가섭大迦葉의 일깨움을 듣고 대오하였다. 제1결집 때에 뽑혀서 경經을 암송해내었다.

아도세왕阿闍世王 : 인도 마갈타국의 왕. 부왕을 죽이고 모친을 유폐시킨 후에 왕위를 이었지만, 뒤에 죄를 뉘우치고 불교에 귀의하여 교단의 외호자外護者가 되었다.

아미타경阿彌陀經 : 구마라집이 한역한 것으로 1권이다. 극락의 장엄을 묘사하고 아미타불의 공덕을 찬양하였으며 염불에 의한 왕생을 설하였다. 정토淨土 3부경 가운데 하나다.

아방나찰 : 지옥에서 죄인을 꾸짖는 옥졸로, 소머리나 말머리를 한 귀신.

아사리阿闍梨 : 본래는 제자의 전범이 될 만한 고승을 일컫는 말이었는데, 일본에서는 승직명이 되었다.

아승기겁阿僧祇劫 : 산스크리트 asaṃkhya의 음역인 '아승기'는 헤아릴 수 없는 것을 의미한다. 일반적으로 무량無量한 수를 가리킨다. 경전에 의하면, 10의 56승乘으로 알려져 있다. 아승기겁은 그러한 무수한 시간의 단위다.

아육대왕阿育大王 : 고대 인도 마우리야 왕조의 세 번째 왕인 아쇼카왕. 고대 인도를 통일한 과업을 이루었으나, 전쟁의 살육을 후회하면서 불교에 귀의하여 전 인도에 8만 4천의 불탑을 세웠다고 한다.

아자阿字 : 산스크리트 a(阿). 본래는 힌두교에서 아자阿字를 관하는 것이 행해졌는데, 밀교에서 그것을 취하였다. 밀교에서는 전우주가 a 한 자에 집약되어 있다고 본다. 산스크리트의 a자는 모두 문자의 최초에 위치하며, 산스크리트 문자에서는 모두 a음이 포함되어 있고, 또 a자는 산스크리트의 anutpāda(離; 태어난다고 하는 작용이 없는 것)의 최초의 문자에 해당한다고 한다. 그것은 본불생本不生, 요컨대 생도 멸도 초월한 우주의 본원을 상징한다고 간주되었기 때문에 a자를 절대의 진실, 대일여래와 동일시한다. 그래서 밀교에서는 우주와 인생을 이 글자에 거두어넣고 본불생의 이치를 관하는 것을 '아자관阿字觀'이라 한다.

아키스케顯輔 : 등원현계藤原顯季의 아들. 좌경대부左京大夫, 황태후궁량皇太后宮亮 등을 거쳐 정삼위正三位에 올랐다. 만년에 가단歌壇의 제일인자가 되었고, 숭덕원崇德院의 명을 받들어 『사화집詞華集』을 편찬하였다. 구수久壽 2년(1155)에 66세로 죽었다.

악지식惡知識 : 선지식善知識과 대비되는 말로, 사악한 법을 설하여 사람을 사견邪見으로 떨어뜨리는 악덕惡德의 지자智者를 뜻한다.

악취惡趣 : 악도惡道라고도 한다. 중생이 악업의 인연으로 말미암아 가게 되는 곳.

안립제安立諦 : 진여가 언어로 표상되어서 다른 사물과의 구별이 설 수 있게 되는 것.

안심安心 : 신앙을 통해 도달하는 부동不動의 경지. 정토종에서는 아미타불에 귀의하는 것이 전제된다.

안양安養 : 극락정토를 달리 일컫는 말.

안요安養 : 천력天曆(947~957)에서 장화長和(1012~17) 연간의 사람. 어려서부터 불도에 뜻을 두어 혼인하지 않고 정토염불에만 힘썼다. 『속본조왕생전續本朝往生傳』·『저문집著聞集』 등에 나온다.

안혜安惠 : 8세기 초엽 남인도 출신의 대승불교의 학자로, 유식십대논사唯識十大論師 가운데 한 사람이다.

야마다 시게타다山田重忠 : 중만重滿의 아들로, 초명初名은 차랑次郎이다. 후조우원後鳥羽院 밑에서 벼슬하였고, 승구承久의 난에서 상황上皇을 좇아 분전하였으나 패하였다. 결국 차아嵯峨의 반야사산般若寺山에서 자진自盡하였다.

야스마사保昌 : 등원보창藤原保昌. 등원치충藤原致忠의 아들로, 여러 지방의 국사國司를 역임하였다. 장원長元 9년(1036)에 79세로 죽었다.

야스토키泰時 : 북조의시北條義時의 장자. 어렸을 때 이름은 금강金剛, 초명은 뢰시賴時였으며, 강마태랑江馬太郎이라 하였다. 육바라탐제六波羅探題의 기초를 열고, 정영식목貞永式目을 제정하였으며, 선정을 베푼 것으로 유명하다. 인치仁治 3년(1242)에 60세로 죽었다.

야차夜叉 : 모습이 추악하며, 사람을 잡아 먹는 악귀. 천天・지地・허공의 세 종류가 있으며, 불교의 수호자로 자리잡으면서 비사문천毘沙門天의 권속이 되었다.

양걸楊傑 : 북송 때 사람. 자는 차공次公, 호는 무위자無爲子다. 일찍 벼슬에 나아가 상서주객랑尙書主客郎에 이르렀다. 처음에는 선을 좋아하여 천의天衣 선사를 사사하였고, 나중에 천태산天台山 백련사白蓮寺의 처함處咸에게 나아가 삼관三觀의 법을 배워 통달하였다. 희녕熙寧(1068~77) 말에 모친을 잃고 정토를 기원하였고, 늘 장육의 미타상을 받들었으며, 임종 때는 부처의 내영來迎을 받으면서 죽었다고 한다.

양부兩部 : 밀교의 금강계와 태장계를 가리킨다.

언어도단言語道斷 : 언어의 길이 끊겼다는 말이다. 즉 진리는 언어로써 표현할 수 없이 심오하다, 또는 구극의 경지는 언어로 표현이 불가능하다는 뜻이다.

업력業力 : 전생에 지은 업이 원인이 되어서 과보를 일으키는 힘.

에신惠心 : 원신源信. 헤이안平安 중기 천태종의 승려다. 천경天慶 5년(942)에 태어났고, 량원良源을 스승으로 13세에 출가하였다. 33세에 법화회法華會의 광학수의廣學竪義(학문승이 칙사가 임석한 자리에서 질의 응답하여 급락及落을 판정받는 시험의 의식)를 통해 명성을 얻었지만, 명리를 싫어하여 횡천橫川에 은거하였다. 『왕생요집往生要集』을 짓고 염불결사念佛結社를 이루어 일본 정토교의 선양과 포교에 지대한 역할을 하였다. 혜심원惠心院에 머물었기 때문에 혜심승도惠心僧都라 일컬어졌다. 관인寬仁 원년(1017)에 76세로 죽었다.

에신보오惠心房 : 삼론종의 승려인 진공眞空. 일반적으로 회심廻心이라 부른다. 제호사醍醐寺에서 양부兩部 관정灌頂을 받았다. 목번木幡의 관음원觀音院에 머물면서 계율을 제창하였고, 그 법류法流는 목번의木幡義라 불린다. 문영文永 5년(1268)에 65세로 죽었다.

에이사이榮西 : 자는 명암明庵, 호는 엽상방葉上房이다. 일본 임제종의 개조다. 처음에 천태종을 수학하였으나, 인안仁安 3년(1168)에 입송하여 선을 배우고 돌아왔다. 문치文治 3년(1187)에 다시 송나라로 건너가서 임제선을 배웠다. 귀국 후, 교토와 가마쿠라를 왕복하면서 선을 널리 펴는 데 힘썼다. 1215년에 죽었다. 저서로는 『홍선호국론興禪護國論』·『끽다양생기喫茶養生記』 등이 있다.

에이초榮朝 : 임제종 황룡파黃龍派의 승려. 에이사이榮西로부터 황룡파의 인가와 태밀엽상류台密葉上流의 관정灌頂을 받았다. 또 태밀연화원류台密蓮華院流의 관정을 받았다. 신전의계新田義季가 귀의하면서 승구承久 3년(1221)에 장락사長樂寺를 열었다. 보치寶治 원년(1247)에 83세로 죽었다.

에이초永超 : 귤준효橘俊孝의 아들. 주은主恩에게 사사하였고, 강평康平 2년(1059)에 유마회維摩會 강사가 되었다. 관치寬治 6년(1092)에 대승도大僧都에 임명되었으며, 이어서 법륭사法隆寺 별당別當이 되었다. 가보嘉保 2년(1095)에 82세로 입적하였다. 재은사齋恩寺에서 구사종俱舍宗을 주창하였고, 저서로 『동역전등목록東域傳燈目錄』이 있다.

에치보惠知房 : 혜지慧智. 고야산高野山 이현理賢의 제자다. 『본조고승전本朝高僧傳』에는 이 사제師弟가 원뢰조源賴朝와 관계있는 것으로 나온다. 특히 원뢰조가 불렀을 때, 이현은 병을 핑계로 초대를 거절하고 제자인 혜지를 보냈다고 한다. 생몰연대는 알 수 없다.

엔노교자役行者 : 엔노오즈노役小角. 대화국大和國 모원茅原 사람으로 634년에 출생하였다. 수험도修驗道의 개조로 일컬어진다. 갈성산葛城山을 근거로 길야吉野의 금봉산金峰山·대봉산大峰山에서 수행하였다. 문무제文武帝 3년(699)에 참소에 의해 이두伊豆로 유배되었다가 대보大寶 원년(701)에 풀려났다. 그와 관련해서는 기괴한 설화들이 많다.

엔니벤엔圓爾弁圓 : 가마쿠라 시대 임제종 승려. 8세 때 원성사園城寺에서 머리를 깎았고, 교학과 유학을 배웠다. 교학이 미숙하다고 느껴 1253년에 송나라로 가서 무준사범無準師範에게서 가르침을 받고 엔니라는 이름을 받았다. 1241년에 태재부太宰府에 숭복사崇福寺, 비전肥前에 만수사萬壽寺, 박다博多에 승천사承天寺 등을 개창하였고, 구조도가九條道家가 건립한 동복사東福寺의 첫 주지가 되었다. 그는 천태와 밀교를 채용한 선을 전하였다. 1280년에 입적하였다. 죽은 후에 성일국사聖一國師라는 시호를 받았다.

엔닌圓仁 : 사이초最澄에게 사사하였으며, 승화承和 5년(838)에 입당入唐하여 오대산五臺山을 순력巡歷한 뒤 장안으로 갔고, 태장과 금강, 소실지蘇悉地의 삼부대법三部大法을 전수받았다. 귀국한 뒤에 태밀台密의 기초를 세웠다. 정관貞觀 6년(864)에 71세로 죽었다. 시호는 자각대사慈覺大師다. 『입당구법순례행기入唐求法巡禮行記』가 유명하다.

엔진圓珍 : 천태종 사문파寺門派의 개조다. 히에이잔比叡山의 의진義眞에게 사사하였다. 인수仁壽 3년(853)에 입당入唐하여 밀교와 실담悉曇을 배웠다. 귀국한 뒤에 연력사延曆寺 제5세 좌주가 되었고, 원성사園城寺를 재흥再興하였다. 관평寬平 3년(891)에 78세로 죽었다.

여선견율론如善見律論 : 『경률이상經律異相』 권48에 보인다. 『경률이상』은 경·율·논 삼장의 주요한 글들을 수집·분류하여 불교의 영이靈異를 총괄한 중국의 불서로, 보창寶唱이 양梁 천감天監 15년(516)에 저술하였으며, 전체 50권이다. 서문에 의하면, 보창이 양 무제의 칙명에 의해 승호僧豪·법생法生 등의 조력을 받아 편찬한 것으로, 이것에 앞서 508년에 승민僧旻이 칙명에 의해 편찬한 유서類書에 빠진 것이 있어 증보하여 새롭게 편찬하였다고 한다. 천부天部에서 지옥부地獄部에 이르는 39부로 구성되어 있으며, 그 사이에 불·보살·성문·사미에서 국왕·태자 이하 중서衆庶·귀신·조수·충어蟲魚에 걸친 도속道俗 일체의 부를 세워서, 각 부에 삼장에서 초출抄出한 비유와 본생담 중심의 주요 글들을 두루 수집하여, 불법의 영이한 제상諸相을 두루 살펴볼 수 있도록 하였다. 대장경의 요집적要集的 불서로서 진중珍重되고 있으며, 일본에서도 승가僧家에 활용된 헤이안平安 이후 다수의 불서에 인용되고 있다. 유력한 창도唱導 자료집으로서, 불교문학에 직·간접적으로 지대한 영향을 끼쳤다고 한다.

여의륜관음如意輪觀音 : 관음화신의 하나. 여의보주如意寶珠와 법륜法輪으로써 일체 중생의 소원을 충족시키고 고통을 덜어준다.

역수逆修 : 자신의 사후에 할 불사를 생전에 미리 닦는 것.

열반경涅槃經 : 『대반열반경大般涅槃經』을 가리킨다. 석가의 열반과 그가 열반에 들 때 행한 설법을 기록한 경전으로, 대승과 소승의 두 가지 경전이 있다. 대승의 『열반경』에는 담무참曇無讖 번역의 40권본, 혜관慧觀·혜엄慧嚴·사령운謝靈運의 36권본이 있고, 소승의 것에는 법현法顯이 번역한 3권본이 있다.

염상念想 : 부처를 마음으로 관상觀想하는 것.

영가현각永嘉玄覺 : 중국 당나라 때 승려. 절강성浙江省 영가현永嘉縣 사람. 자는 명도明道이다. 어려서 출가하여 삼장을 두루 탐구하였는데, 특히 천태지관天台止觀의 법문에 정통하였고 선관禪觀을 닦았다. 조계曹溪의 혜능慧能을 찾아가서 문답을 주고받은 후 인가를 받았다. 진각대사眞覺大師라 불리었으며, 선천先天 2년(713)에 49세로 입적하였다. 무상대사無相大師라는 시호가 내렸다. 저서로 『선종영가집禪宗永嘉集』과 『관심십문觀心十門』 등이 있다.

영명연수永明延壽 : 법안종의 승려. 임안부臨安府 여항餘杭 사람으로, 성은 왕씨王氏, 자는 충현沖玄·포일자抱一子 등이다. 어려서 출가의 뜻이 있었지만 이루지 못하고 관리가 되었다가 28세에 설봉雪峰의 법사인 취암영삼翠巖永參에게 득도得度하였다. 그 후 천태덕소天台德韶의 법을 잇고 법안종 3조가 되었다. 광순廣順 2년(952)에 설두산雪竇山 자성사資聖寺에 들어갔다. 그후 오월吳越의 충의왕忠懿王의 특별한 요청으로 영은사靈隱寺에 주석하였고, 조금 뒤 영명사永明寺(뒤의 정자사淨慈寺)로 옮겼다. 선과 염불을 겸수하고 밤에는 별봉別峰에서 행도염불行道念佛하는 것을 항상 하였다. 왕은 서방광교전西方廣教殿을 지어 주석하게 하였다. 그래서 석지종효石芝宗曉는 연사蓮社의 7조로 추앙하였다. 975년에 72세로 입적하였다. 당시 사람들이 선사를 자씨慈氏(彌勒)의 하생으로 숭앙하였다. 그의 저서인 『종경록宗鏡錄』 100권은 도속道俗 모두에게 존중받았다. 시호가 지각선사智覺禪師다. 따로 『만선동귀집萬善同歸集』 3권과 『유심결唯心訣』 등의 저서가 있다.

예반禮盤 : 도사導師가 부처에게 예배하고 경전을 독송할 때에 오르는 좌대.

오계五戒 : 재가 신자가 지켜야 할 다섯 가지 계율. 불살생不殺生, 불투도不偸盜, 불사음不邪淫, 불망어不妄語, 불음주不飮酒.

오교五教 : 부처의 교설에는 다섯 가지 양상이 있다고 하는 화엄종의 교의. 소승교小乘教·대승시교大乘始教·대승종교大乘終教·대승돈교大乘頓教·대승원교大乘圓教 등이 그것이다.

오념행五念行 : 예배禮拜·찬탄讚嘆·작원作願·관찰觀察·회향迴向의 다섯 가지.

오단법五壇法 : 다섯 개의 단을 설치하고, 중앙으로 부동명왕不動明王, 동쪽으로 항삼세명왕降三世明王, 남쪽으로 군다리야차명왕軍荼利夜叉明王, 서쪽으로 대위덕명왕大威德明王, 북쪽으로 금강야차명왕金剛夜叉明王에게 기도하는 것. 일본에서는 천황이나 국가에 중대사가 있을 때에 행하였다.

오도五道 : 지옥·아귀·축생·아수라·인간·천상의 육도 가운데서, 아수라를 지옥에 포함시켜 오도라 한다.

오백나한五百羅漢 : 부처의 입멸 후 제1결집과 제4결집에 모였던 나한들. 아라한과阿羅漢果를 얻은 자를 나한이라 한다.

오백문론五百問論 : 『불설목련문계율중오백경중사佛說目連問戒律中五百輕重事』를 가리킨다.

오분법신五分法身 : 무루無漏의 오온五蘊이라고도 하는데, 부처나 아라한이 그 자체에 구비하고 있는 다섯 가지 덕성을 말한다. ① 계신戒身 : 계율을 지킴으로써 얻는 몸, ② 정신定身 : 선정을 닦아서 얻는 몸, ③ 혜신慧身 : 지혜에 의해 증득한 몸, ④ 해탈신解脫身 : 성문과 연각이 번뇌를 떨쳐버리고 얻은 몸, ⑤ 해탈지견신解脫知見身 : 계율에서 선정을 얻고, 선정에서 지혜를 얻고, 지혜의 작용으로 해탈을 얻고, 해탈을 통해 일체의 진실한 모습을 다 보는 지견을 낳는데, 이것에 의해서 불신佛身이 이루어진다. 깨달음의 입장에서 보면, 이 오분의 법신은 별개의 것이 아니고 한 법신 가운데에서 나누어지지 않고 집약되어 있다.

오불五佛 : 밀교에서 양부만다라의 중앙불中央佛인 대일여래와, 그의 사방에 있는 네 부처를 일컫는 말. 금강계에서는 대일 · 아촉 · 보생 · 미타 · 불공성취를, 태장계에서는 대일 · 보당寶幢 · 개부화왕開敷華王 · 무량수 · 천고뇌음天鼓雷音이 오불이다.

오상유가五相瑜伽 : 밀교에서 통달보리심通達菩提心 · 수보리심修菩提心 · 성금강심成金剛心 · 증금강심證金剛心 · 불신원만佛身圓滿의 오상五相을 성취해서 금강계대일여래를 현득現得하는 것을 뜻한다. 또 유가란 사물과 상응한다는 뜻으로, 밀교에서는 결인結印 · 송주誦呪 · 염불念佛의 삼밀이 서로 상응하여 부처의 삼밀이 수행자의 삼밀로 섭입涉入되는 것을 말한다.

오역五逆 : 부친을 죽이고, 모친을 죽이고, 아라한을 죽이고, 부처의 몸에서 피가 나게 하고, 승단을 파괴하는 것을 가리킨다.

오에노 타카치카大江擧周 : 대강광형大江匡衡과 적염위문赤染衛門의 아들. 문장박사文章博士로, 동궁학사東宮學士 · 대학두大學頭 · 식부대보式部大輔를 역임하였다. 영승永承원년(1046)에 죽었다.

오조요슈往生要集 : 혜심원신惠心源信의 저술이며, 3권으로 되어 있다. 염불을 닦아서 극락왕생할 것을 권하는 내용이다. 후대의 사상이나 문학에 지대한 영향을 끼쳤던 정토 계통의 책이다.

오욕五欲 : 눈 · 귀 · 코 · 혀 · 몸의 오근五根에 의해 갖게 되는, 색 · 소리 · 냄새 · 맛 · 느낌 등에 대한 다섯 가지 욕망.

오음五陰 : 오온五蘊이라고도 한다. 물질계와 정신계 양면에 걸쳐 있는 일체의 인연에 의해서 생겨난 것, 즉 유위법有爲法을 가리킨다.

오장五藏 : 부처가 입적한 후에 굴외대중부窟外大衆部의 결집에서 법장法藏을 경 · 율 · 논 · 잡雜 · 금주禁呪의 다섯으로 분류한 것.

오지五智 : 밀교에서 설한, 부처가 구비한 다섯 가지 지혜. 일반적으로 말하는 대원경지大圓鏡智 · 평등성지平等性智 · 묘관찰지妙觀察智 · 성소작지成所作智 등의 네 지혜에 법계체성지法界體性智를 더한 것이다. 금강계에서는 이 다섯 지혜가 아촉불阿閦佛・보생불寶生佛・아미타불・불공성취불不空成就佛・비로자나불毘盧遮那拂 등에 배정되어 있다.

오진五塵 : 인간의 본성을 더럽히는, 색色・성聲・향香・미味・촉觸의 다섯 가지 대상.

오체투지五體投地 : 두 손, 두 발, 머리를 땅에 닿도록 엎드려 절하는 것.

오탁五濁 : 말세에 필연적으로 생기는 다섯 가지 더러움. 겁탁劫濁(天災・人災)・견탁見濁(사악한 견해)・번뇌탁煩惱濁(貪瞋痴 등의 마음)・중생탁衆生濁(이법에 맞지 않은 행위)・명탁命濁(수명이 짧아지는 것) 등이 그것이다.

오품五品 : 천태종에서 수행자가 처한 자리. 석가 입멸 후에 불제자가 얻어야 할 다섯 가지 공덕을 얻은 승려의 자리다.

오하라小原 : 적념寂念. 단파수丹波守였던 등원위충藤原爲忠의 아들이다. 숭덕천황崇德天皇 때에 벼슬하여 장인藏人이 되었고, 이두伊豆・가하수加賀守를 역임하였으며, 황태후궁대진皇太后宮大進에 이르렀다. 후에 대원산大原山에 은둔하였다. 두 아우인 적연寂然・적초寂超와 함께 대원大原의 삼적三寂이라 불렸다.

와다輪田 : 화전의성和田義盛. 삼포의명三浦義明의 손자이고, 의종義宗의 아들이다. 원뢰조源賴朝에게 벼슬하여 전공을 세웠지만, 원뢰조가 죽은 후에 북조의시北條義時에게 속아서 난을 일으켰다가 패사敗死하였다. 67세로 죽었다.

왕삼매王三昧 : 최상승의 선정禪定.

외원外院 : 천중天衆이 머무는 곳으로, 수명은 4천세千歲다.

요시토키義時 : 북조시정北條時政의 둘째 아들이며, '강마소사랑江馬小四郎'이라 일컬어졌다. 원구元久 2년(1205)에 제2대 집권자가 되었다. 승구承久의 난 후에 국가의 실권을 장악하였지만, 원인元仁 원년(1224), 근습近習에 의해 살해되었다.

욕계欲界 : 욕망이 지배하는 세계 또는 현상적인 육체의 세계로, 삼계의 하나. 위로는 육욕천六欲天에서, 중간에는 인간계의 사대주四大洲, 아래에는 팔대지옥八大地獄에 이른다.

욕천欲天 : 욕계의 신들을 가리킨다. 여기에는 여섯 종류가 있어 '육욕천'이라고 한다. ①사천왕중천四天王衆天에는 증상천增上天・광목천廣目天・지국천持國天・비사문천毘沙門天의 네 왕과 그에 딸린 천중天衆들이 있고, ②삼십삼천三十三天 또는 도리천忉利天에는 수미산 꼭대기의 제석천을 중심으로 사방에 8천씩의 천중들이 있으며, ③야마천夜摩天에서는 때를 따라 쾌락을 받으며, ④도솔천에서는 신들이 만족하고 있으며, ⑤낙변화천樂變化天에서는 바라는 대상을 만들어내서 스스로 즐거움을 얻으며, ⑥타화자재천他化自在天에서는 다른 신들이 만들어낸 대상에 대해서도 자재하게 즐거움을 얻는다.

용수龍樹 : 2~3세기에 활약하였던 인도의 대논사. 남인도의 바라문 출신이었지만, 대승불교에 경도되어 공空사상을 확립하였다. 저작으로 『중론中論』, 『대지도론大智度論』 등이 있다.

용신龍神 : 팔부중八部衆의 하나. 물을 다스리는, 뱀의 몸을 지닌 귀신이다. 불법의 수호자로 알려져 있다.

용화회龍華會 : 미륵이 56억 7천만년 후에 이 세상에 나서 화림원華林院의 용화수龍華樹 아래에서 여는 법회.

원교圓敎 : 원만한 교법이라는 뜻이다. 『화엄경』의 '원만인연수다라圓滿因緣修多羅' 또는 '원만경'이라는 말에서 비롯된 것이다. 대체로 자신이 가장 믿는 경전을 원교에 배당한다.

원돈圓頓 : 원만돈족圓滿頓足의 준말. 모든 진리를 곧바로 완전하게 깨달아서 성불하는 것을 의미한다. 천태사상의 핵심인데, 이 때문에 천태종을 원돈종圓頓宗이라 부르기도 한다.

위문왕魏文王 : 조조曹操의 장자 조비曹丕. 건안建安 25년(220) 부친의 사후에 후한後漢의 헌제獻帝를 폐하고 낙양洛陽에 도읍하여 위를 건국하였다. 226년에 재위 7년만에 죽었다.

위장군威將軍 : 남악대사에게 몸을 나툰 천인天人. 증장천增長天에 속하는 8장군 가운데 하나이며, 사천왕四天王의 32장군의 수장이라 한다. 승려와 사원의 수호신이다. 남악대사는 이 천인과 대화한 것을 토대로 『영위요략靈威要略』·『율상감통전律相感通傳』을 지었다고 한다.

위제희韋提希 : 마갈타국 빈바사라왕頻婆沙羅王의 왕비. 아들인 아도세왕阿闍世王의 손에 유폐당한 부왕을 위해 은밀하게 음식을 날랐는데, 그것을 안 왕은 모친도 유폐하였다. 부인은 현세를 아주 싫어하여 석가에게 도움을 구하였고, 그 바람에 응해서 석가가 설한 것이 『관무량수경觀無量壽經』이다.

유가瑜伽 : 기본적으로는 해탈이나 깨달음을 얻기 위해서 행하는 실천이나 수련을 뜻하며, 힌두사상에서는 정신을 집중하여 자기를 절대자와 합일시키는 명상 수행법의 의미로 쓴다. 불교에서는 선정이나 삼매라는 말로 주로 언급되며, 유가행파는 유식사상에 근거하여 이 행을 체계화한 것이다.

유경唯境 : 인식의 대상만이 존재하고 인식하는 마음의 움직임 자체는 존재하지 않는다고 하는 사유방식.

유관惟寬 : 시호는 대철선사大徹禪師이며, 9세기 초엽에 입적하였다. 백거이가 사사한 스님이다.

유교경遺教經 : 『불설반열반략설교계경佛說般涅槃略說教誡經』이다. '불유교경佛遺教經' 또는 '불임반열반경佛臨般涅槃經'이라고도 한다. 구마라집이 한역하였다. 석가가 입멸할 즈음, 여러 제자를 위해 남긴 최후의 유계遺誡를 기록한 것이다.

유나維那 : 절에 두는 삼강三綱 가운데 하나. 사무寺務나 승무僧務를 총괄하는 직책이다.

유동儒童 : 석가가 보살이었을 때의 이름.

유부有部 : 설일체유부說一切有部를 가리킨다. 불멸 후 300년 경에 가다연니자가 상좌부에서 출가하였다가 뒤에 새로운 교리를 조직하여, 논장論藏을 주로 하고 경장經藏·율장律藏을 부차적인 것으로 하니, 이에 구습舊習의 무리들은 이를 좇지 않고 따로 설산 아래에 있으면서 설산부雪山部가 되었고, 가다연니자는 또 한 파를 이루어 설일체유부라 하였다. 『대비바사론』·『육족론』·『발지론』 등은 이 부의 교리를 서술한 것이다.

유식唯識 : 모든 존재나 사상事象은 마음의 작용으로서의 식識에 의해서 임시로 나타난 것이라고 하는 법상종의 근본교리다.

유식론唯識論 : 『성유식론成唯識論』을 가리킨다. 당나라 현장이 번역하였으며, 법상종의 주요한 논서다.

유위법有爲法 : 무위법無爲法과 상대되는 말로, 인연으로 말미암아 생성되고 유전流轉하는 현상을 뜻한다.

육대법계六大法界 : 밀교에서는 사상事相을 가리키면서 바로 이치라고 하는데, 그 본체를 들어서 땅·물·불·바람·허공·인식의 육대六大라 하고, 이것을 육대법계라 한다.

육도六道 : 육취六趣라고도 한다. 삼악취三惡趣에 수라修羅·인간人間·천상天上의 삼선취三善趣를 더한 것으로, 중생은 번뇌로 말미암아 이 육도를 윤회하고 유전한다고 한다.

육식六識 : 여섯 감각기관, 즉 안眼·이耳·비鼻·설舌·신身·의意의 육근六根이 색色·성聲·향香·미味·촉觸·법法의 육경에 대해서 견見·문聞·취臭·미味·촉觸·지知의 작용을 하는 안식眼識·이식耳識·비식鼻識·설식舌識·신식身識·의식意識을 말한다.

육욕六欲 : 육근에 의해서 일어나는 여섯 가지 욕망. 색욕色欲·형모욕形貌欲·위의자태욕威儀姿態欲·언어음성욕言語音聲欲·세활욕細滑欲·인상욕人相欲을 가리킨다.

육폐六弊 : 육바라밀을 방해하는 여섯 가지 장애로, 간탐慳貪·파계破戒·진에瞋恚·해태懈怠·산란散亂·우치愚癡 등이다.

윤왕輪王 : 천륜성왕天輪聖王의 줄임말이며, 비행황제飛行皇帝라고도 한다. 수미須彌 사주四州, 즉 전세계를 통치하는 대왕이다. 몸에 32상을 갖추었으며, 즉위할 때에는 하늘에서 윤보輪寶를 감득하였고, 이를 굴려서 사방을 교화하고 전세계를 통치한다고 하는 이상적인 왕이다.

은소지식恩所知識 : 현재 이와 같이 존재하는 것의 내력을 아는 힘.

응신應身 : 중생을 구제하기 위해 중생의 근기에 따라 나타나는 부처의 몸.

응용應用 : 중생의 근기에 응해서 드러내는 부처의 작용.

의궤儀軌 : 밀교의 비밀한 도량에서 행하는 궤칙과 의식을 기술한 경전.

의관경등명반주삼매행도왕생찬依觀經等明般舟三昧行道往生讚 : 관경觀經 등에 의거하여 찬문讚文을 짓고, 반주삼매행도왕생般舟三昧行道往生의 법을 명확하게 한 것이다.

의락意樂 : 의념락욕意念樂欲의 준말. 어떤 목적을 향해 나아가려고 생각하는 것을 뜻하는데, 열반이나 중생제도 따위가 그것이다.

의보依報 : 그 몸을 에워싼 일체의 사물이나 국토.

의세義勢 : 수승한 사람이 어떤 일에 전념하거나 또는 굳게 지켜 결코 굽히지 않는 기력.

의전依詮 : '의전담지依詮談旨'의 준말. 언어표현으로써 부처의 진리를 설하여 나타내는 것이다.

의정義淨 : 중국 당나라 때 승려. 법현法顯이나 현장玄奘의 위업을 사모하여 인도로 가서 30여 나라를 다녔다. 많은 경전을 가지고 돌아와 한역漢譯에 종사하였다. 개원開元 원년(713)에 79세로 죽었다. 『남해기귀내법전南海寄歸內法傳』·『대당서역구법고승전大唐西域求法高僧傳』이 있다.

이에타카家隆 : 임생광륭壬生光隆의 아들이며, 적련寂蓮의 사위다. 『신고금집新古今集』 찬자 가운데 한 사람이다. 가정嘉禎 2년(1236)에 출가하였고, 법명은 불성佛性이다. 이듬해 80세로 죽었다.

이전二轉 : 이전묘과二轉妙果·이종전의과二種轉依果·이승과二勝果라고도 한다. 번뇌를 끊어버리고 얻은 보리과菩提果와, 생사 윤회를 끊고 얻은 열반과涅槃果를 가리킨다.

이즈미和泉 : 등원정국藤原定國. 고등高藤의 3남으로, 안찰사按察使·대납언大納言·우대장右大將을 거쳐서 종삼위대납언從三位大納言에 이르렀다. 연희延喜 6년(906)에 죽었다.

이즈미 시키부和泉式部 : 월전越前의 수령인 대강아치大江雅致의 딸. 귤도정橘道貞과 결혼하여 소식부小式部를 낳았다. 후에 단후丹後의 수령인 등원보창藤原保昌과 재혼하였다. 『화천식부집和泉式部集』이 있다.

이치조인一條院 : 일본 66대 일조천황一條天皇. 재위는 관화寬和 2년(986)부터 관홍寬弘 8년(1011)까지다.

이치조인一乘院 : 실신實信. 등원기통藤原基通의 아들이다. 신원信圓의 제자이다. 관희寬喜 2년(1230)에서 건장建長 3년(1251)까지 흥복사興福寺 별당을 지냈다. 강원康元 원년(1256)에 58세로 죽었다.

인계印契 : 인상印相이라고도 하는데, 밀교에서 양손가락으로 갖가지 모양을 지어 법덕法德의 표장으로 삼는 것이다. 다섯 손가락은 새끼 손가락에서부터 차례로 지地 · 수水 · 화火 · 풍風 · 공空을 나타내며, 왼손은 선정, 오른손은 지혜를 가리킨다고 한다.

인고院豪 : 호는 일옹一翁이며, 시호는 원명불연선사圓明佛演禪師다. 관원寬元 초에 송나라로 건너가 경산徑山의 무준사범無準師範에게 배웠다. 귀국 후에 장락사長樂寺에 머물렀고, 문응文應 원년(1260)에 건장사建長寺의 올암兀庵을 뵈었다. 고안弘安 2년(1279)에는 무학조원無學祖元이 인가를 받았고, 고안 4년(1281)에 장락사에서 72세로 죽었다.

인문印文 : 밀교에서 범자梵字 한 자로 부처나 보살을 나타낸 것.

인신印信 : 밀교에서 아사리가 제자에게 비법을 전수한 증표로 주는 물건을 가리키는데, 유파마다 차이가 있다. 일반적으로는 극비의 인계印契와 다라니를 기록한 것과, 상승혈맥相承血脈을 기술한 것, 혈맥의 연유를 기록한 소문紹文 등 세 가지가 그것이다.

인왕仁王 : 불법의 수호신으로, 절문의 좌우에 안치해 둔 한 쌍의 금강역사.

인위因位 : 과위果位와 상대되는 말이다. 불과佛果를 얻기 위한 원인이 되는 자리, 즉 부처가 되는데 필요한 수행의 자리로, 곧 보살의 자리를 뜻한다.

인행因行 : 인위因位에서 하는 수행.

일대사인연一大事因緣 : 일대사一大事라고도 한다. 부처가 이 세계에 출현한 일대 목적을 뜻한다. 말하자면, 부처의 지혜를 모든 중생에게 보여서 깨닫게 하는 일이다.

일대성교一代聖教 : 일대시교一代時教라고도 한다. 석존이 성도成道한 뒤 열반에 들 때까지 일생에 걸쳐 설한 대승 · 소승 · 삼장 · 십이분교 등 모든 가르침을 총칭한 것이다. 천태 지의智顗가 여래 일대의 설법 순서를 오시팔교五時八教로 분류하여 체계를 세운 데서 '시교時教'라는 말이 생겼다.

일라日羅 : 백제 사람으로, 민달천황敏達天皇의 초청으로 583년에 일본으로 건너왔다. 섭진검미산攝津劍尾山을 열었으나, 같은 해에 암살당하였다.

일불승一佛乘 : 부처를 이룰 유일한 교법.

일승一乘 : '일一'은 유일무이唯一無二를 의미하고, '승乘'은 탈 것을 뜻한다. 따라서 일체 중생을 열반의 피안으로 실어나르는 유일무이한 탈 것, 즉 일체 중생을 모두 성불시키는 교법을 가리킨다.

일월등명여래日月燈明如來 : 부처님의 광명이 하늘에서는 해나 달과 같고, 땅에서는 등불과 같으므로 이렇게 이른다.

일지비로一知毘盧 : 비로자나불毗盧遮那佛로, 중생제도를 위해 십계十界에 편재한다고 한다.

일천제一闡提 : 천제闡提라고도 한다. 욕망으로 이루어진 자로, 부처를 비방하고 성불의 인연을 결여한 중생을 가리킨다.

일행一行 : 성은 장張, 속명은 수遂이다. 당대唐代 거록鉅鹿 사람이다. 20세에 보적普寂에게 나아가 선을 배웠고, 그 후에는 율장律藏을 탐구하였으며, 산도算道 · 역법曆法에도 정통하였다. 개원開元 3년(715), 현종玄宗이 불러 광태전光泰殿에 머물었다. 선무외善無畏가 중국에 왔을 때에는 그에게서 밀교를 배웠으며, 역경 사업에도 참여하여 『대일경소大日經疏』 20권을 편찬하였다. 개원 15년(727), 칙명에 의해 『대연력大衍曆』 52권을 저술하였다. 그 해 화엄사華嚴寺에서 45세로 죽었다. 대혜선사大慧禪師라는 시호가 내렸다. 『송고승전宋高僧傳』 권5에 전기가 실려 있다.

입도자入道者 : 비구를 좇아서 오계를 받고 삭발하고 승복을 입었지만, 절에 들어가지 않고 속가에 머무는 사람이다. 거사居士와는 다르다. 일본에서 널리 쓰였던 말이다.

[ㅈ]

자구주慈救呪 : 부동명왕의 주문으로, 화계주火界呪 · 심주心呪 등과 함께 부동의 가장 중요한 다라니다.

자내증自內證 : 내증內證이라고도 한다. 스스로 마음 속에서 깨닫는 것을 뜻하며, 사려분별에 의해서 추측할 수 없는 것을 강조하는 경우에 사용된다.

자동慈童 : 자동녀장자자慈童女長者子를 줄인 말. 부처가 과거세에 가졌던 이름이다. 지옥에 떨어졌지만, 일체의 고통은 모두 내 몸에 모이라고 바랬고, 죽은 후에 도솔천에 태어났다.

자명慈明 : 송대宋代의 승려로, 이름은 초원楚圓이다. 22세 때 출가하여 분양도소汾陽道昭를 사사하여 법을 이었다. 담주潭州 도오산道吾山, 석상산石霜山 숭승선원崇勝禪院, 남악산南岳山 복엄선원福嚴禪院, 담주 흥화선원興化禪院 등을 돌며 거주하였고, 보원寶元 2년(1039)에 54세로 죽었다.

자선근慈善根 : 부처가 중생을 가엾게 여겨서 자비를 베풀어 갖가지 선을 낳는 근본.

자성自性 : 존재하는 모든 것에 고유한, 불변의 실체. 어떠한 것에도 기대지 않고 스스로 존재하는 성품으로, 불성과 같다.

자성법신自性法身 : 자신의 본성이 바로 법신이라는 것, 즉 그 자신이 본래 진리라고 하는 것이다.

자성회自性會 : 대일여래의 법신이 자수법락自受法樂을 위하여 여러 권속을 모아 삼세에

결쳐 대경大經을 설하는 법회.

자심삼매慈心三昧 : 잡념을 없애고 자비로운 마음을 한결같이 지니는 것.

자업자득과自業自得果 : 스스로 행한 행위의 과보를 그대로 자신의 몸으로 받는 것.

자자自恣 : 하안거가 끝날 때에 각자 바라는 대로 본 것[見]과 들은 것[聞]과 의심나는 것[疑] 세 가지에 대해서 죄과를 지적하고 참회하여 올바른 데로 나아가는 일.

자증自證 : 가장 수승한 이치 또는 구경의 진리인 제일의第一義를 남에게 의지하여 얻는 것이 아니라 스스로 깨달아 아는 것.

잡행雜行 : 염불을 정행正行이라 하는 데 대해서, 염불 이외의 갖가지 선을 닦아서 왕생하려는 행업들을 가리킨다.

장엄莊嚴 : 지혜나 복덕 등으로 몸이나 세계를 꾸미는 것.

재齋 : 정오 이전에 하는 정식의 식사. 그 이후의 식사는 '비시非時'라고 한다.

재계齋戒 : 부정한 마음을 깨끗하게 하는 것을 재라 하고, 몸의 허물을 금하는 것을 계라 한다.

적광寂光 : 상적광토常寂光土라고 한다. 천태종에서 내세우는 네 가지 불토佛土가 있는데, 범성동거토凡聖同居土・방편유여토方便有餘土・실보무장애토實報無障碍土・상적광토가 그것이다. 범성동거토는 인간과 천상의 범부와 성문・연각 등이 함께 머무는 곳으로, 여기에는 서방극락과 같은 정토淨土와, 사바세계와 같은 예토穢土 두 종류가 있다. 방편유여토는 견見・사思의 번뇌를 끊고 삼계의 생사를 떠난 자가 거주하는 곳으로, 이는 소승의 방편도方便道를 닦은 사람이 머무는 곳이기 때문에 '방편'이라 한 것이며, 아직 중생을 교화하기 위한 무교無敎의 법문에 이르지 못하고, 있음도 아니고 없음도 아닌 비유비무非有非無의 이치에서 헤매는 자가 태어나는 곳이기 때문에 '유여有餘'라고 한다. 실보무장애토는, 방편유여토에 태어날 만한 자가 다시 유有・공空의 이변二邊을 떠난 정지正智의 일부중도一部中道의 이치를 증득한 후에 태어나는 곳으로, 진실한 법을 행하고 승보勝報를 감득하며 색심色心이 서로 방해하는 일이 없다고 한다. 상적광토는, 진리를 깨치고 일체의 번뇌를 끊으며 진지眞智를 깨달아 안 자, 즉 제불여래諸佛如來가 머무는 곳이다.

적멸寂滅 : 생사의 인과를 없애고 윤회전생輪廻轉生하지 않는 적정寂靜한 경지.

적조寂照 : 적寂은 진리의 본체, 조照는 참된 지혜의 작용을 뜻한다. 각기 지止와 관觀에 상응한다.

절복折伏 : 중생 교화의 한 방법으로, 악인이나 악법을 위력・설법・기도 등으로써 꺾어 불법을 따르게 하는 것.

접취攝取**의 광명** : 불보살이 몸으로 내는 빛이나 지혜. 불보살은 이 광명으로 중생을 비추어 여러 가지 이익을 주거나 악마를 항복시키고, 중생을 보호하며 깨우쳐서 탐욕과 성냄과 어리석음이라는 번뇌의 어둠을 깨뜨리고 깨달음을 얻게 한다.

정광定光 : 정광錠光이라고도 하는데, 연등불燃燈佛을 가리킨다. 과거불過去佛의 하나다. 석존이 보살로서 최초로 성불의 수기授記를 받았던 것은 바로 이 연등불 때였다고 한다. 그때, 석존은 바라문 청년인 선혜善慧였는데, 연등불에게 연꽃을 받들어 올리고 진흙길에 자신의 머리칼을 펼쳐 연등불이 지나가게 하였다. 그 행위로 말미암아 연등불로부터 장차 석가모니불이 될 것이라는 수기를 받게 되었다.

정명淨名 : 유마거사維摩居士. 『유마경』의 주인공이다.

정명경淨名經 : 『유마힐소설경維摩詰所說經』을 가리킨다. 모두 3권으로, 구마라집이 한역하였다. 유마거사가 대승의 깊은 뜻을 설한 경전이다.

정법륜正法輪 : 부처가 설한 정법이 모든 삿된 법을 깨뜨리고 억누르는 것을, 수레바퀴가 통과하는 곳에서 모든 것이 억눌려버리는 것에 비유한 말이다.

정법안장正法眼藏 : 석가모니가 일대에 설한 무상無上의 법. 부처의 깨달음 그것을 가리키며, 선종에서는 교외별전教外別傳·불립문자不立文字의 근본원리로 여긴다.

정법염처경正法念處經 : 원위元魏의 구담반야류지瞿曇般若流支가 한역한 경전으로, 70권이다.

정보正報 : 과거의 업으로 말미암아 받은 내 몸.

정상왕頂上王 : 염부제閻浮提(南州)의 왕이었지만 도리천忉利天까지 손에 넣으려고 하다가 염부제로 떨어졌다. 석가釋迦 전생의 하나로 여겨진다. 『중아함경』에 나온다.

정식情識 : 범부의 번뇌에 사로잡힌 견해. 미혹한 중생을 가리키기도 한다.

정장淨藏**·정안**淨眼 : 『법화경』「묘장엄왕본사품妙莊嚴王本事品」에서 설해진 묘장엄왕의 두 왕자. 외도를 믿어 바라문경婆羅門經에 집착하는 부친을 부처의 가르침으로 이끌었다. 그 결과 정장과 정안은 각각 약왕藥王과 약상藥上보살이 되었다.

정정正定 : 팔정도八正道 가운데 하나. 생각을 흩뜨리지 않고 마음을 안정시키는 것이다.

정토론淨土論 : 천친天親의 저술로, 『무량수경우바제사원생게無量壽經優婆提舍願生偈』·『정토왕생론淨土往生論』·『왕생론往生論』이라고도 한다. 1권으로, 북위北魏의 보리류지가 한역하였다. 아미타불과 그 정토에 대해 서술한 게문偈文과 해석, 왕생을 위한 방법이나 깨달음을 얻는 것에 대해 설명한 산문散文으로 이루어져 있다.

정토종淨土宗 : 법연法然을 종조宗祖로 하는, 오로지 염불을 통해 수행하는 종파. 아미타불의 본원本願을 믿고 아미타불의 명호를 외워서 극락정토에 왕생하는 것을 설한다.

정파리淨婆梨 : 업경業鏡이라고도 한다. 염마왕 명부의 광명왕원光明王院 중앙에 있어서,

망자亡者가 세상에서 지은 죄과를 비추어주는 거울이다.

정혜定慧 : 선정과 지혜를 가리키는 것으로, 지관止觀과 상통한다.

제삼과第三果 : 소승의 수행에서 네 가지 단계 가운데 세 번째인 불환과不還果. 욕계의 번뇌를 끊고 다시 욕계로 돌아오는 일이 없는 성자의 지위다.

제문制門 : 부처가 온갖 나쁜 짓을 금하여서 조금도 용서하지 않는 가르침을 뜻한다.

제육천第六天 : 욕계의 타화자재천他化自在天. 불교에서는 중생의 세계를 육도六道로 나누는데, 그 가운데 하나에 천계天界가 있다. 천계에는 욕계·색계·무색계의 삼계가 있다고 하며, 그 가운데 욕계에 있는 육천六天을 육욕천六欲天이라 한다. 육욕천의 제6층, 즉 최상층의 타화자재천을 제육천이라 일컫는다. 천마파순天魔波旬이라든가 마왕이라고 불리는 자가 항상 많은 권속들을 거느리고 인간계에서 불도를 방해한다고 말해진다.

제이과第二果 : 일래과一來果라고도 한다. 욕계의 수혹修惑 아홉 품 가운데 앞의 육품六品을 끊는 것이다. 한번 인간과 천상 사이를 왕래하고 깨달음을 여는 자리다.

제일의第一義 : 산스크리트로는 paramārtha인데, 가장 뛰어난 도리 또는 궁극의 진리를 가리킨다. 제일의제·진제眞諦·승의제勝義諦와 같다. 언어표현 또는 언어습관을 의미하는 '세속제世俗諦'와 대립하는데, 언어로는 포착할 수 없는 구극의 진리, 곧 진여眞如·열반涅槃 등에 상당한다. 이런 의미가 확대되어 가장 중요하고 근본적인 의미를 가리키는 말이 되었다.

제일의공第一義空 : 18공空 가운데 하나이며, 열반은 공이므로 열반을 가리킨다. 일체의 미혹이 없는 절대적인 경지다.

조달調達 : 산스크리트로는 Devadatta이며, 한역으로는 제파달다提婆達多라고도 한다. 붓다의 종형從兄으로, 곡반왕斛飯王의 아들이다. 혹은 백반왕白飯王, 또는 선각장자善覺長者의 아들이라고도 한다. 붓다가 출가하기 전에 항상 경쟁을 하였지만, 그 재능이 미치지 못하였다. 붓다가 득도한 후에는 그의 제자가 되었는데, 다시 그 위세를 시기하여 붓다를 배신하고, 5백의 제자를 데리고 가야산伽耶山으로 들어가 아도세왕阿闍世王과 결탁하여 그 부왕을 살해하고 아도세왕을 왕위에 앉혔다. 또 붓다를 해치려고 하였지만 성공하지 못하였으며, 아도세왕이 죄를 뉘우치고 붓다에게 귀의한 후로는 일이 더욱 그릇되어 가는 것을 깨닫고 번민하다가 죽었다. 붓다에 대한 대역죄를 범했기 때문에 지옥에 떨어졌다고 한다.

조복調伏 : 신심身心을 바르게 하여 악업이나 번뇌를 없애는 것.

조서鳥鼠 **비구** : 승려의 모습을 하고는 있으나, 내면적으로 승려의 참됨을 갖추지 못한 자를 가리킨다.

존승다라니尊勝陀羅尼 : 『불설불정존승다라니경佛說佛頂尊勝陀羅尼經』을 가리킨다. 선주천자善住天子가 칠도축생도七道畜生道에 태어나는 업인業因이 있는 것을 구제하기 위해 부처가 준 다라니다.

종경록宗鏡錄 : 모두 100권으로, 영명연수永明延壽의 저술이다. 대승의 경론, 인도와 중국의 성현들의 저작, 선승들의 어록 등을 두루 섭렵하고, 조불동전祖佛同詮·선교일치禪敎一致의 진제眞諦를 명시하려고 한 책이다.

종자種子 : 제존諸尊이 구유하고 있는 덕을 표시하는 범자梵字. 이 범자를 각 존상尊像의 위치에 배열하여 만든 것이 바로 종자만다라種子曼茶羅다.

종지種智 : 만유를 빠짐없이 다 아는 부처의 지혜.

죄장罪障 : 깨달음이나 해탈을 방해하는 악한 행위.

조간보乘願坊 : 종원宗源. 조간은 자이고, 법연法然의 수제자다. 처음에 인화사仁和寺에서 밀종密宗을 배웠고, 실담悉曇과 천태에도 정통했지만, 후에 출리出離의 도를 구하기 위해 법연에게 귀의하여 정토의 법문을 받았다. 제호醍醐의 수하곡樹下谷에 은거하였다가 다시 청수淸水의 죽곡竹谷으로 옮겼으므로 당시 사람들은 '죽곡상인竹谷上人'이라 불렀다. 박식으로 이름이 높았으나 교법에 대해서는 담론하지 않았으며, 의약醫藥이나 음악 등에 대해서만 말하였고, 오로지 정행淨行을 닦는 데에만 열중하였다. 건장建長 3년(1251)에 84세로 죽었다.

조곤보莊嚴坊 : 퇴경행용退耕行勇. 처음에 진언종에 귀의하였으나, 후에 가마쿠라로 내려가 에이사이榮西의 법을 이어, 영조榮朝와 함께 에이사이 문하의 쌍벽으로 일컬어졌다. 건보建保 3년(1215)에 에이사이가 죽은 후에 수복사壽福寺 2세가 되었다. 북조정자北條政子·원실조源實朝가 열심으로 귀의하였다. 고야산高野山 금강삼매원金剛三昧院의 초대 장로가 되어 진언眞言·선禪·율律의 겸수도량으로 만들었다. 인치仁治 2년(1241)에 79세로 죽었다.

조도몬인上東門院 : 창자彰子, 즉 등원도장藤原道長의 딸이다. 일조천황一條天皇의 중궁으로, 후일조後一條·후주작천황後朱雀天皇의 모친이다. 승보承保 원년(1074)에 87세로 죽었다.

조켄靜憲 : 신서信西의 아들로, 법승사法勝寺 집행執行을 지냈다. 자세한 행적은 알려지지 않았다.

조켄澄憲 : 신서信西의 아들로, 설법 잘하기로 유명하였고, 그의 문언은 많이 남아 있다. 건인建仁 3년(1203)에 78세로 죽었다.

조헨淨遍 : 정편靜遍. 평뢰성平賴盛의 아들이다. 제호사醍醐寺 삼보원三寶院의 승현勝賢, 고야산高野山의 명편明遍에게 배웠다. 소야小野·광택廣澤 두 유파를 이어받고, 진언의 학승으로서 승도가 되어 명성을 얻었다. 후에 법연法然에게 귀의하여 『속선택문의요초續選擇文義要抄』 3권을 지었다. 정응貞應 3년(1224)에 59세로 죽었다.

중음中陰 : 중유中有라고도 하는데, 죽은 후 49일간의 기간을 가리킨다. 지극히 선한 자나 지극히 악한 자는 죽은 후 곧바로 다음 생을 받지만, 그 외의 사람들은 이 기간에 다음 생의 과보果報가 결정된다고 한다.

즈네후사經房 : 등원광방藤原光房의 아들이며, 모친은 등원준충藤原俊忠의 딸이다. 참의參議, 권중납언權中納言, 태재수太宰帥 등을 거쳐서 정2위 권대납언權大納言에 이르렀다. 처음에 평씨平氏에 등용되었지만, 평씨가 멸망한 후에 뢰조賴朝가 그 인품을 듣고 예를 두터이하여 중용하였다. 이에 천하총추포사天下總追捕使가 되었다. 정치正治 2년(1200)에 58세로 죽었다. 길전吉田이라 칭하였으며, 그의 일기를 길기吉記라고 한다.

즈이쇼보隨乘房 : 담혜湛惠. 송나라로 가서 경산徑山의 무준無準에게 법을 받고 도송渡宋 중이던 원이圓爾에게 배웠다. 귀국 후에 태재부太宰府 횡악橫嶽에 숭복사崇福寺를 건립하고 원이를 맞아들여 개당설법開堂說法을 행하였다. 구조도가九條道家에게 초청받아 선을 설한 이야기가 『본조고승전本朝高僧傳』 등에 보인다.

즉신성불卽身成佛 : 현재 살고 있는 동안에 살아가고 있는 이 몸으로 성불의 경지에 도달하려 하는 것, 또는 그것이 가능하다고 하는 것으로, 밀교의 이상이다.

증상연增上緣 : 네 가지 인연(因緣・等無間緣・所緣緣・增上緣) 가운데 하나로, 성불을 돕기 위한 인연이다. 여기에는 다른 것이 생기生起할 때에 힘을 주어서 조장하는 역증상연力增上緣과, 다른 것이 생기하는 것을 방해하는 부장증상연不障增上緣, 두 가지가 있다.

지관止觀 : 천태종에서 가장 중요한 수행 실천법으로, 마음을 고요하게 하여 사물을 관찰하는 것. 지止는 외계의 사물이나 망념에 흔들리지 않고 고요하게 해서 마음을 한 곳에 집중하는 것이고, 이것에 의해서 바른 지혜를 일으켜서 관조하여 진여에 계합하는 것이 관觀이다.

지묘인持明院 : 후고창원後高倉院. 고창천황高倉天皇의 둘째 아들이다. 후조우천황後鳥羽天皇의 형, 수정친왕守貞親王이다. 건력建曆 2년(1212)에 출가하여 법명을 행조行助라 하였다. 승구承久 3년(1221)에 태상법황太上法皇이 되었고, 정응貞應 2년(1223)에 지명원전持明院殿에서 45세로 죽었다.

지상률地上律 : 보살의 52위 가운데서 초지初地 이상의 자리를 지상地上이라 하는데, 이 자리에 있는 보살이 지켜야 할 계율이다.

지성심至誠心 : 진실로 왕생을 기원하는 마음.

지엄智嚴 : 당대唐代 우전국于闐國 사람이다. 성은 울특鬱特, 이름은 락樂이다. 어렸을 때 인질로 중국에 왔다가 영예와 녹을 받았으며, 홍려시鴻臚寺에 속하여 좌령군위대장군상주국左領軍衛大將軍上柱國이 되었고, 금만군공金滿郡公에 봉해졌다. 다른 나라에 와서 높은 작록을 받고 신임을 두텁게 받은 것에 느낀 바 있어, 황은에 보답하고자 당 중종中宗 신룡神龍 2년(706) 5월, 임금께 글을 올려서 자택을 절로 삼았고 11월에 출가를 허락받았다. 이듬해, 종남산終南山 지상사至相寺에 들어가 오로지 수행하였으며, 항상 석별곡石鼈谷에서 두타행을 닦았다. 개원開元 4년(716), 선무외가 범어 경전을 가지고 장안에 도착하자, 그에게 나아가 법을 받고 범어를 배웠다. 개원開元 9년에 칙명에 의해 석별곡연야石鼈谷練若 및 봉은사奉恩寺에서 경문의 번역을 행하였다. 언제 죽었는지는 알 수 없다. 『송고승전』 권3에 전기가 실려 있다.

지에慈惠 : 양원良源. 근강국近江國 천정군淺井郡 사람으로, 속성은 목진씨木津氏다. 강보康保 3년(966)에 천태좌주가 되었고, 천원天元 4년(981)에 대승정이 되었다. 관화寬和 원년(985)에 74세로 입적하였다. 히에이잔比叡山 중흥의 개조로 일컬어진다.

지의智顗 : 지자대사智者大師로 일컬어진다. 양梁·진陳·수隋에 걸쳐 중국불교를 통섭하고 천태교의의 체계를 수립한 승려로서 천태종의 개조이지만, 혜문慧文→혜사慧思의 계보에 입각해 제3조라고도 한다. 597년에 60세로 죽었다. 『법화현의法華玄義』·『법화문구法華文句』·『마하지관摩訶止觀』을 저술하였다.

지장地藏 : 석가모니 입멸 후부터 56억 7천만년 후, 인수人壽 8만세 때에 미륵이 인간세상에 나와서 중생을 제도할 때까지를 무불시대無佛時代라 하는데, 그 사이에 인간을 인도하여 정도로 이끄는 자가 지장이다.

지재持齋 : 강경講經이나 설경說經 등을 하지 않고 오로지 계율을 지켜서 자기의 다음 생을 위해 힘쓰는 것. 일반적으로는 오후 식사를 하지 않는다고 하는 계율을 지키는 일을 의미한다.

지족知足 : 도솔천을 달리 일컫는 말.

지친慈鎭 : 관백關白인 등원충통藤原忠通의 아들이며, 구조겸실九條兼實의 아우다. 천태좌주를 지냈다. 가인歌人으로서도 후조우원後鳥羽院 가단에서 활약하였다. 역사서인 『우관초愚管抄』를 저술하였고, 가집에 『습옥집拾玉集』이 있다. 가록嘉祿 원년(1225)에 71세로 죽었다.

진각眞覺 : 부처가 깨달은 구극의 경지.

진공眞空 : 미혹으로 보게 되는 모든 상을 떠난 것을 진공이라 한다. 유 아닌 유를 묘유妙有라고 하는 데 대해, 공 아닌 공을 진공眞空이라 한다.

진신眞身 : 절대적 진리로서의 몸. 법신과 통한다.

진언眞言 : 산스크리트로는 mantra다. 본래는 인도의 『리그 베다』의 본집을 형성하는 신성한 주술적 문구들을 가리키는 말이었다. 신들을 부르며 기원하는 문구지만, 그 문구 자체에 신성한 힘이 있어서 신들도 그 의미와 같이 지배할 수 있다고 생각하게 되어 이 힘에 의지하여 공적·사적 제사에서 바라문 승려에 의해 송창誦唱되었다. 그 습속이 불교의 밀교에 도입되었고, 중국에 전래되었을 때에는 '진언'으로 번역되었다. 만트라가 신들에 대한 참된 언어이기 때문에, 혹은 그 권능으로서 그 언어에 대응하는 진실을 드러낸다고 생각되었기 때문에 이렇게 번역되었다.

질다거사質多居士 : 『증일아함경』「청신사품淸信士品」 제6에, "我弟子中, 初聞法樂, 成賢聖證. 三果商客是. 第一智慧, 質多長者是"라는 구절이 보인다. 사위성 밖에서 살았던 부호였다고 한다.

짓소보實相房 : 뢰호賴豪. 등원유가藤原有家의 아들이다. 어려서 원성사園城寺로 들어가서 현밀顯密을 배워 석학碩學으로 알려졌다. 백하천황白河天皇의 황자 탄생의 기도를 행하였다. 그러나 원성사에 계단戒壇을 설립하겠다는 바람을 허락하지 않자 노하여 절식絶食하였다가 응덕應德 원년(1084)에 굶어 죽었다.

[ㅊ]

천마天魔 : 욕계 제6천의 마왕.

천수다라니千手陀羅尼 : 대비심다라니大悲心陀羅尼·대비다라니大悲陀羅尼·대비주大悲呪라고도 하는데, 천수관음의 내증內證의 공덕을 설한 근본주根本呪다.

천친天親 : 세친世親의 옛 이름. 5세기 경에 태어난, 건다라국建陀羅國의 부루사부라富婁沙富羅 사람이다. 부친은 교시가憍尸迦, 형은 무착無著이다. 유식사상의 대성자로, 그의 저서로 『유식삼십송唯識三十頌』·『구사론』 등이 있다.

청변淸辨 : 6세기 인도 중관파中觀派의 학자. 삼론종의 용수龍樹 등의 가르침을 이어, 만물은 공이라고 하는 것을 추론으로 논증하려고 하였다. 호법과 공-유의 논쟁을 전개하였다.

초과初果 : 예류과預流果라고도 한다. 욕계·색계·무색계의 견혹見惑을 끊고 처음 성자의 흐름에 들어가는 것이다. 최대 7회, 욕계의 인간과 천계 사이를 오가면서 태어난다면 깨달음을 열 수 있는 자리다.

초목성불草木成佛 : 비정성불非情成佛과 같은 말이다. 유정有情·비정非情의 차별없이 삼라만상이 곧 진여불성眞如佛性의 현현이므로 초목도 성불한다는 것이다. 『법화경』 「약초유품藥草喩品」의 비유나 『열반경』의 사상 등에서 유래되었으며, 천태종에서 강조하고 있다.

초지견도初地見道 : 보살의 52위 가운데 십지十地의 제1, 즉 관희지觀喜地를 말한다. 여기에서 처음으로 진여의 이법을 체관諦觀하는 견도見道에 들어선다고 한다.

초회初會 : 미륵이 하생하여 처음 교법을 설하는 법회.

친근보살親近菩薩 : 금강계 만다라의 중앙의 다섯 부처는 각각 네 친근보살이 시좌侍坐하고 있다. 네 친근보살은 각각 부처의 덕을 4분의 1씩 나타낸다.

칠난七難 : 일곱 가지의 재난을 뜻하는데, 경전에 따라 그 내용이 다르다. 『인왕반야경仁王般若經』 「수지품受持品」에서는 일월실도난日月失度難·이십팔수실도난二十八宿失度難·대화난大火難·대수난大水難·대풍난大風難·천지국토항양난天地國土亢陽難·적난賊難을 말하였고, 『약사경藥師經』에서는 인중질역난人衆疾疫難·타국침핍난他國侵逼難·자계반역난自界叛逆難·성수변괴난星宿變怪難·일월박식난日月薄蝕難·비시풍우난非時風雨難·과시불우난過時不雨難을 말하였다. 또 지의智顗의 『관음의소觀音義疏』는 『법화경』 「보문품普門品」에 보이는 중생의 갖가지 고뇌를, 화난火難·수난水難·나찰난羅刹難·왕난王難·귀난鬼難·가쇄난枷鎖難·원적난怨賊難의 칠난으로 정리하였다.

칠생七生 : 일곱 번 변하여 태어나는 것. 예류과預流果에 도달한 성자는 일곱 번 인간계와 천상계를 바꾸어 태어나는 것만으로 아라한과에 도달한다고 한다. 뒤에는 인간에 태어나는 한계를 가리키기도 하였다.

칠중七衆 : 불제자를 일곱 종으로 나눈 것. 비구·비구니·식차마나·사미·사미니·우바새·우바이 등이 그것이다.

[ㅌ]

탐제探題 : 법화회法華會나 유마회維摩會 등에서 문답을 할 때에 논제를 고르고 문답의 시비를 판단하는 역할.

태장계胎藏界 : 정확하게는 '대비태장생大悲胎藏生'이라 한다. 모친이 태내에서 자식을 사랑으로 기르는 것처럼, 부처도 중생에 대한 지극한 자비에서 태어났다고 하는 의미다. 금강계金剛界를 진리의 주체, 즉 지혜라고 하는 것에 대해서, 태장계는 객체, 즉 이치로 간주한다.

퇴위退位 : 오랫동안 수행하여 얻은 자리를 잃고 다시 아랫자리로 떨어질 수 있는 자리.

[ㅍ]

파일제波逸提 : 가벼운 죄의 하나로, 지옥에 떨어지는 죄. 참회하면 용서받을 수 있는 죄다.

팔계八戒 : 재가 신자가 하루 낮과 하루 밤 동안 지켜야 할 계율. 오계에 더하여, 장신구를 달거나 화장하지 말며 가무를 보거나 듣지 말라, 높고 잘 꾸민 평상에 눕지 말라, 낮이 지나면 아무 것도 먹지 말라 등이 제시되는데, 팔재계八齋戒라고도 한다.

팔공덕지八功德池 : 여덟 가지의 탁월한 공덕을 지닌 물[八功德水]로 채운 연못으로, 극락정토에 있다고 한다. 팔공덕수의 팔공덕이란, 달고, 차고, 부드럽고, 가볍고, 청정하고, 냄새가 없고, 마실 때 목을 손상하지 않고, 다 마셔도 배를 아프게 하지 않는 등의 성질을 말한다.

팔난八難 : 부처를 보는 것도 정법을 듣는 것도 할 수 없는 여덟 가지 경계. 지옥・축생・아귀・장수천長壽天・변지邊地・농맹음아聾盲瘖瘂・세지변총世智辯聰・불전불후佛前佛後 등이다.

팔상八相 : 석가모니가 중생을 교화하기 위해 일생 동안 보여준 것을 말하는데, 다음과 같다. ① 도솔천에서 이 세상으로 내려오는 강도솔降兜率, ② 모태에 들어가는 입태入胎, ③ 모태에서 행주좌와하는 주태住胎, ④ 모태에서 나오는 출태出胎, ⑤ 19세에 산에 들어가 불도를 수행하는 출가出家, ⑥ 6년의 고행을 거쳐 도를 깨치는 성도成道, ⑦ 50년간 설법하며 인간과 천상을 제도하는 전법륜轉法輪, ⑧ 80세에 열반에 드는 입멸入滅 등이 그것이다. 여기에서 주태를 빼고 대신 마구니를 항복시킨다고 하는 항마降魔를 넣기도 한다.

팔식八識 : 유식파가 설하는, 안식眼識・이식耳識・비식鼻識・설식舌識・신식身識・의식意識・말나식末那識・아뢰야식阿賴耶識의 여덟. 의식까지의 여섯은 부파불교에서도 설하고 있지만, 유식파가 유가의 실천을 통해서 심층에 작용하는 마음을 새롭게 발견하여, 그것에 말나식과 아뢰야식이라는 이름을 붙였다. 안식에서 신식까지의 오식은 각각의 사물을 인식하는 다섯 감각기관이고, 의식은 감각을 명료화하는 작용, 혹은 사물을 구체적으로 지각하는 작용, 게다가 언어를 사용하여 사고하는 작용 등을 담당하고 있다. 말나식은 심층에서 작용하는 자아집착심自我執着心이며, 아뢰야식은 자기의 마음이나 몸, 더하여 자연계를 낳는 근원적인 마음을 가리킨다. 앞의 일곱 식은 아뢰야식에 의해서 일어나는 것이기 때문에 아뢰야식을 근본식根本識 또는 종자식種子識이라고도 부른다.

팔엽八葉 : 태장계만다라의 중앙에 있는 여덟 이파리의 연화蓮華. 이는 대일여래를 중심으로 네 부처・네 보살이 에워싼 불성의 세계를 나타낸다.

팔풍八風 : 사람의 마음을 흔드는 이로움[利]・쇠약함[衰]・비방[毁]・명예[譽]・일컬음[稱]・나무람[譏]・괴로움[苦]・즐거움[樂] 등을 가리킨다.

편계遍計 : 모든 사물을 자기의 감정이나 욕망에 기초하여 차별적으로 보거나 주관적인 색채를 더해서 보는 것.

편공偏空 : 제법이 공이라고 하는 면만 보고, 공이 아닌 면은 보지 못하는 치우친 견해.

폐유리吠瑠璃**태자** : 유리왕瑠璃王이라고도 한다. 사위국舍衛國의 왕으로, 붓다가 성불한 지 40년에 부친 파사익왕을 시해하고 왕위를 찬탈하였으므로 역왕逆王이라 불렸다. 마갈타국을 멸망시키고, 또 해묵은 원한 때문에 가비라위성迦毘羅衛城의 석가족釋迦族을 멸망시켰다.

폐전廢詮 : '폐전담지廢詮談旨'의 준말. 부처의 진여는 언어표현이 미칠 수 있는 게 아니고 진실한 지혜에 의해서만 이를 수 있는 것이라는 뜻. 즉 언어나 사유를 초월한 곳에 진리의 본질이 있다는 말이다.

포살布薩 : 정주淨住・선숙善宿・설계說戒・장양長養 등으로 번역된다. 제악불선諸惡不善의 법 및 모든 번뇌를 끊어서 구경청정究竟淸淨을 닦는 일로, 보름마다 혹은 6재일에 인근의 승려들이 모여서 계경戒經을 강설하며 행위를 반성하고 죄를 참회하는 모임을 가리킨다.

풍간豊干 : 당나라 때 승려로, 생몰연대는 자세하지 않다. 봉간封干으로 쓰기도 한다. 항상 호랑이를 타고 도가道歌를 부르면서 돌아다녔다고 하는 신이한 인물이다. 후세에 한산寒山, 습득拾得과 함께 삼성三聖이라 일컬어졌다.

필바라굴畢波羅窟 : 중인도 왕사성王舍城 부근에 있던 석굴로, 불멸 후 제1결집을 행하였던 곳.

[ㅎ]

하품하생下品下生 : 9단계의 정토 가운데 최하위로, 극락정토 가운데서도 가장 모자란 자들이 태어나는 곳.

한산寒山 : 중국 당나라 때 사람. 성명은 알 수 없고, 항상 천태天台 시풍현始豊縣에 있는 한암寒巖의 깊은 굴속에 있었으므로 한산이라 하였다. 늘 국청사國淸寺에 와서 습득拾得과 함께 어울리면서 미친 짓을 하였다. 한산과 습득은 선승들 사이에 널리 알려졌고, 선종의 화제畵題로서 즐겨 거론되었다.

할喝 : 선사들이 언어로써 표현할 수 없는 것을 드러낼 때에 쓰는 방식으로, 크게 소리를 내지르는 것이다. 몽둥이로 때리는 것은 방棒이라 한다.

함식含識 : 함령 含靈이라고도 한다. 심식心識을 함유하고 있는 자를 뜻하는 것으로, 유정有情・중생衆生을 가리킨다.

항삼세降三世 : 삼세三世의 탐욕[貪]・성냄[瞋]・어리석음[癡]을 항복시키는 청색사면팔비靑色四面八臂의 분노하는 몸으로, 갖가지의 무기를 들고 화염을 짊어지고 있다.

해행解行 : 불교에서 이론적 지식을 얻는 일은 해解라 하고, 실천적 수행을 쌓는 일은 행行이라 한다.

행문行門 : 신身・구口・의意의 계행을 닦는 것을 주로 하는 법문.

헤이신오平親王 : 평장문平將門. 환무평씨桓武平氏의 손자이고, 양장良將의 아들이다. 천경天慶 2년(939)에 상륙常陸의 토호와 국수國守의 분쟁에 개입하여 국부國府를 불태워 버리고 스스로 '신황新皇'이라 칭하며 관동關東 여러 지방의 국부를 공격하였다. 천경天慶 3년에 등원수향藤原秀鄕과 평정성平貞盛 등의 공격을 받아 죽었다.

현성賢聖 : 선에 화하고 악을 제거하였으나 아직 진리를 깨닫지는 못하고 범부의 위치에 있는 자를 현賢이라 하고, 참된 지혜를 발하여 깨달음을 얻은 자를 성聖이라 한다.

현수賢首 : 당나라 초기의 승려. 법장法藏이 시호다. 화엄종의 제3조로, 역경과 화엄사상을 널리 펴는 데에 이바지하였다. 저서로는 『화엄경탐현기華嚴經探玄記』・『화엄오교장華嚴五敎章』 등이 있다. 선천先天 원년(712)에 70세로 입적하였다.

현장玄奘 : 중국 당나라 하남성河南省 낙양洛陽 출신이다. 정관貞觀 3년(629)에 장안을 출발하여 인도에 들어가 중인도의 나란다사에서 계현에게 유식설을 배웠다. 인도 각지를 돌아다니다가 정관 19년에 장안으로 돌아왔다. 역경에 종사하여 76부 1347권의 경전을 한역하여 삼장법사라 불리었다. 여행기인 『대당서역기大唐西域記』를 저술하였다. 인덕麟德 원년(664)에 입적하였다.

형계담연荊溪湛然 : 당나라 때 천태학의 승려. 강소성江蘇省 출신이다. 좌계현랑左溪玄朗을 스승으로 모시고 천태교관天台敎觀을 배웠고, 28세에 출가하여 회계산會稽山의 담일曇一에게서 율을 배웠다. 후에 개원사開元寺에서 『마하지관』을 강설하였다. 천태삼대부天台三大部의 주석과 그 외 많은 저술에 힘썼으며, 건중建中 3년(782)에 천태산 국청사國淸寺에서 72세로 입적하였다.

혜과惠果 : 당나라 경조京兆 조응照應 사람. 진언종의 제7조다. 장안 청룡사靑龍寺에 주석하였으며, 대력大曆 11년(805)에 60세로 죽었다. 일본 진언종의 창시자인 공해

空海의 스승이다.

혜능慧能 : 중국 남해南海 신흥新興 사람이다. 어려서 부친을 여의고 땔나무를 팔아서 모친을 봉양하였는데, 어느 날 장터에 갔다가 어떤 집에서 『금강경』을 읽는 소리를 듣고 보리심을 내었다. 모친의 허락을 받아 소양韶陽으로 갔다가 무진장無盡藏 비구니의 『열반경』 독송을 듣고 그 뜻을 완전히 이해하였으며, 다시 5조 홍인弘忍을 찾아가서 선의 종지를 전해 받았다. 그 후, 남방으로 가서 교화를 펴다가 조계산에 들어가 대법을 선양하였다. 선천先天 2년(718)에 80세로 입적하였다. 중국 선종의 제6조로, 육조대사六祖大師로 일컬어진다.

혜명慧命 : 불가에서 "색신은 먹는 것으로 목숨을 이루고, 법신은 지혜로써 생명을 이룬다"는 말이 있는데, 법신의 지혜를 생명에 비유한 말이다.

혜원慧遠 : 혜원惠遠으로도 쓴다. 동진東晋의 승려로, 여산에서 동지 123명과 함께 백련사白蓮社를 결성하고 무량수불에게 서방왕생을 기원하였으며, 역경·교학 등에 힘썼다. 의희義熙 12년(416)에 83세로 죽었다.

호마護摩 : 화제사법火祭祀法으로 번역된다. 밀교의 수법修法으로서 가장 널리 행해지는 것이다. 인도에서 고대부터 불의 신인 아그니를 공양하여 마구니를 없애고 복을 구하는 행법인데, 불교에 수용되었다. 불 속에 물건을 던져서 공양하면서 기원하는 것이다.

호넨法然 : 미작美作(岡山縣) 출신. 13세에 히에이잔比叡山에 올라갔으며, 15세에 황원皇圓에게 나아가 출가하였다. 구안久安 6년(1150) 18세 때, 서탑西塔의 흑곡黑谷에 은거해 있던 자안방慈眼房 예공叡空을 찾아가 제자가 되었으며, 법연방法然坊 원공源空이라고 이름도 고쳤다. 승안承安 5년(1175) 43세 때, 흑곡의 장경藏經에서 선도善導가 저술한 『관무량수경소觀無量壽經疏』의 「일심전념미타명호一心專念彌陀名號」라는 글을 읽다가 심안을 뜨고, 오로지 염불만을 닦았다. 이윽고 예산叡山을 내려와 정토염불의 가르침을 폈다. 건구建久 9년(1198), 구조겸실九條兼實의 요청에 의해 『선택본원염불집選擇本願念佛集』(일반적으로 『선택집選擇集』이라 약칭한다)을 저술하여, 일종一宗을 확립하였다. 건영建永 2년(1207) 2월, 제자 주련住蓮·안락安樂 등이 여관女官을 출가시켰는데, 이 일로 75세의 호넨은 토좌土佐(실제로는 찬기讚岐)로 유배되었다. 같은 해인 승원承元 1년(1207) 12월에 풀려났다. 건력建曆 1년(1211)에 동산東山 대곡大谷으로 돌아갔으며, 이듬해 1월 23일에 제자 원지源智에게 『일매기청문一枚起請文』을 건네주고, 이틀 뒤 80세로 죽었다. 동산천황東山天皇으로부터 원광대사圓光大師라는 시호를 받았다.

호법護法 : 유식 십대논사 가운데 한 사람. 6세기경 인도 나란타사의 학승으로서 많은 제자들을 가르쳤고, 29세 때에는 붓다가야에 은거하였고, 32세에 죽었다. 그의 유식설은 제자인 계현戒賢을 통해서 당의 현장에게 전해졌고, 자은대사에 의해 법상종으로 확립되었다.

호조法助 : 등원도가藤原道家의 5남. 가정嘉禎 4년(1238)에 인화사仁和寺 도심道深을 따라 출가하였고, 같은 해 12월 10일에 동대사東大寺 계단원戒壇院에서 수계하였다. 연응延應 원년(1239)에 일신아사리준삼후一身阿闍梨准三后가 되었고, 건장建長 원년에 인화사 제10세가 되었다. 고안弘安 7년(1284)에 58세로 죽었다.

홋신보法心房 : 성서법심性西法心. 상륙常陸의 진벽眞壁 출신으로, 진벽 성주 밑에서 벼슬하였다고 한다. 출가한 후에는 입송하여 원이변원圓爾弁圓과 함께 경산徑山의 무준사범無準師範 밑에서 수학修學하였다. 귀국 후에 원복사圓福寺의 개산이 되었다.

화계주火界呪 : 부동명왕不動明王의 진언. 자구주慈救呪 · 심주心呪와 함께 부동不動의 가장 중요한 다라니다.

화색花色**비구니** : 우발라색優鉢羅色 · 연화색蓮華色 · 연화비구니 등으로도 불린다. 비구니 가운데서 신통 제일이라 여겨졌지만, 제파달다提婆達多에게 살해되었다고 전해진다.

화장華藏 : 연화장세계蓮華藏世界의 약자. 석가의 진신眞身인 비로자나불毘盧遮那佛의 정토다.

화지보각花池寶閣 : 꽃이 피어 있는 연못과 빼어난 전각이라는 뜻으로, 곧 극락정토를 가리킨다.

화택火宅 : 번뇌를 끊지 못한 중생이 머무는 삼계를 가리킨다. 『법화경』 「비유품」에 "삼계는 편안하지 않으니, 불타는 집과 같다. 중생의 괴로움으로 가득하니, 참으로 두려워할 만하다三界無安, 猶如火宅. 衆苦充滿, 甚可怖畏"는 구절에서 유래.

회향廻向 : 자기 수행의 공덕을 다른 중생에게 돌리거나 불과를 얻는 것으로 향하는 것.

후지와라 다다자네藤原忠實 : 후이조後二條의 관백關白인 사통師通의 장남. 조부인 사실師實의 양자가 되어 관백, 종일위태정대신從一位太政大臣에 올랐다. 우치宇治의 평등원平等院에 은거하였고, 지족원知足院 · 부가전富家殿 등으로 일컬어졌다. 1162년에 죽었다.

후지와라 요리미치藤原頼通 : 등원도장藤原道長의 아들이다. 관인寬仁 원년(1017), 후일조천황後一條天皇의 섭정攝政이 된 후로 치력治曆 4년(1068) 관백직關白職을 아우인 교통敎通에게 물려줄 때까지 반세기에 걸쳐 섭관攝關 노릇을 하였다. 승보承保 원년(1074)에 83세로 죽었다.

후지와라 요리쓰네藤原賴經 : 등원도가藤原道家의 셋째 아들로, 어릴 때 이름은 삼호三虎였다. 승구承久 원년(1219), 실조實朝의 사후, 두 살 때 제4대 쇼군으로서 가마쿠라에 들어갔다. 관원寬元 2년(1244), 그의 아들 뢰사賴嗣에게 쇼군직을 물려준 후, 머리를 깎고 '행지行智'라는 이름을 얻었다. 북조씨北條氏를 토벌하려다 패하고, 교토로 돌아온 강원康元 원년(1256)에 39세로 죽었다.

후카쿠사深草 : 인명천황仁明天皇. 차아천황嵯峨天皇의 아들로, 휘는 정량正良이다. 천장天長 10년(833)에 즉위하였고, 가상嘉祥 3년(850)에 죽었다.

호조 도키요리北條時頼 : 시씨時氏의 2남으로, 오랑五郎으로 일컬어진다. 1246년에 형인 경시經時로부터 바쿠후의 집권執權 자리를 물려받는다. 강력한 정치력으로 전제정치의 길을 열었다. 재판을 신속하고 정확하게 행하기 위해 평정중評定衆 아래에 인부중引付衆을 두는 등 민정民政에도 진력하였다. 출가해서 최명사전最明寺殿이라 불렸다. 고초弘長 3년(1263)에 37세로 죽었다.

흑암천黑闇天 : 흑암녀黑闇女 · 흑야신黑夜神 · 흑이黑耳 등의 다른 이름이 있으며, 길상천吉祥天의 동생이다. 항상 언니를 따라다니는데, 용모는 추악하고, 공덕을 소모시키고 사람에게 재앙을 주는 여신이다. 밀교에서는 염마왕閻魔王의 왕비로서 밤을 관장한다고 한다. 공덕천과 흑암천이 항상 나란히 걸어다닌다고 하는 설화가 『대반열반경大般涅槃經』에 보인다.